Des Ritters Carl Von Linné Vollständiges Pflanzensystem, Volume 1...

Carl von Linné, Blasius Merrem

Nabu Public Domain Reprints:

You are holding a reproduction of an original work published before 1923 that is in the public domain in the United States of America, and possibly other countries. You may freely copy and distribute this work as no entity (individual or corporate) has a copyright on the body of the work. This book may contain prior copyright references, and library stamps (as most of these works were scanned from library copies). These have been scanned and retained as part of the historical artifact.

This book may have occasional imperfections such as missing or blurred pages, poor pictures, errant marks, etc. that were either part of the original artifact, or were introduced by the scanning process. We believe this work is culturally important, and despite the imperfections, have elected to bring it back into print as part of our continuing commitment to the preservation of printed works worldwide. We appreciate your understanding of the imperfections in the preservation process, and hope you enjoy this valuable book.

Des

Ritters Carl von Linné

vollständiges

Pflanzensystem

neu bearbeitet

und

mit den neueren Fortschritten dieser
Wissenschaft bereichert.

Zum
zweckmäßigen Gebrauch für Apotheker, künftige Landwirthe,
Thierärzte, Gärtner, gebildete Frauenzimmer und
alle Liebhaber der Pflanzenkunde die keine
Gelehrte sind.

Erster Band.

Marburg, 1811.
In der neuen academischen Buchhandlung.

(RBCAP)
8750.
589.
3
v.1

§. 1.

Pflanzen, Gewächse (Plantae, Vegetabilia) sind organische Körper ohne willkührliche Bewegung. Die wissenschaftliche Kenntniß derselben heißt Pflanzenkunde, Gewächskunde, Kräuterkunde, Pflanzengeschichte (Botanica, Botanologia, Historia plantarum, Res herbaria).

§. 2. Als organische Wesen (Corpora organica) sind die Pflanzen feste Körper, deren reitzbare Gefässe ihnen eigenthümliche flüssige Massen enthalten, und von den unorganischen Wesen d. i. bloß nach den Gesetzen der Verwandtschaft gebildeten Massen, demnach dadurch unterschieden, daß ihre festen Theile nicht allein durch anziehende, sondern auch durch von diesen verschiedne Kräfte, welche durch die Art der Pflanze bestimmt werden, Gefässe von einer bestimmten Gestalt bilden, in denen die jeder Art eigenthümliche flüssige Theile vermittelst einer besonderen Kraft, der Reitzbarkeit (irritabilitas) der festen Theile fortbewegt werden; daß sie nur durch organische Körper von bestimmter Art entstehen können; daß sie durch Ernährung (nutritio) d. h. Aufnahme fremdartiger Materie in ihre Gefässe, Vermischung derselben mit den eigenthümlichen Flüssigkeiten, Bewegung derselben in den Gefässen durch die Reitzbarkeit, und die dadurch bewirkte, von der blossen Wahlanziehung unabhängige Aehnlichmachung mit den Theilen ihres Körpers und Ansetzung derselben, zu ihrer Erhaltung selbst mitwirken und wachsen; durch eben diese Reitzbarkeit das Untaugliche aus ihrem Körper fortschaffen, und mit der Reitzbarkeit das Vermögen zu ihrer eigenen Erhaltung beyzutragen und aus den blossen Gesetzen der Mechanik und Chemie nicht erklärbare Wirkungen hervorzubringen, das Leben (vita) verlieren, sterben, und nun hinreichender Feuchtigkeit, Wärme und der Luft ausgesetzt, durch Gährung (fermentatio) zerstört werden.

§. 3. Von den Thieren unterscheiden sich die Pflanzen dadurch, daß sie

1) verhältnißmässig mehr Kohlenstoff und Sauerstoff, dagegen weniger Wasserstoff, Kalkerde, und, selbst vielleicht nicht einmal alle, Stickstoff, Phosphor und Eisen, selten Schwefel und den Grundstoff der Salzsäure, alle Pottasche, viele Thonerde, Kieselerde und Magnesium, manche auch Bittererde, Schwererde und Soda in ihrer Mischung besitzen.

2) daß ihnen Nervenmasse, Empfindung und willkührliche Bewegung fehlen

3) daß sie, ohne gröbere Nahrungsmittel in ein oder mehrere weite Behälter (Magen) willkührlich zu bringen, blos durch Einsaugung ernährt, und die nährenden Theile in den engen Gefässen ihres Körpers durch diesen verbreitet und ihm ähnlich gemacht werden;

4) daß, ausser durch die Ausdünstung, die Wegschaffung gröberer und überflüssiger Nahrungstheile nie durch weitere Gefässe und grössere Oefnungen, obgleich bey vielen (vielleicht bey allen) durch die Enden der Wurzeln geschieht;

5) daß sie, ausser bey der Rinde, die verlohren gegangenen Theile nicht ergänzen, sondern durch neue ersetzen;

6) daß die Begattungstheile, wenigstens die männlichen, nicht zugleich mit der Pflanze bemerkbar entstehn, sondern sich erst in der Folge entwickeln, und nach dem Gebrauche verschwinden.

§. 4. Ausser den im vorigen Absatz angegebenen Grundstoffen enthalten vielleicht alle Pflanzen noch Riechendes (Spiritus rector) und viele zusammenziehenden (Gerbestoff, Principium adstringens), scharfen (P. acre), betäubenden (P. narcoticum), bittern (P. amarum), färbenden Stoff (P. tinctorium) und Kampfer (Camphora), welche bis jetzt nicht in nähere Bestandtheile haben zerlegt werden können, wahrscheinlich aber zusammengesetzt sind, und vielleicht aus noch unbekannten Verbindungen der vorhin genannten einfachen Grundstoffe bestehn.

§. 5. Kohlenstoff, Wasserstoff und Sauerstoff machen vorzüglich die Grundlage der Pflanzen aus, und alle nähere Bestandtheile derselben, welche die chemische Zerlegung liefert, enthalten diese, wenigstens die beyden ersten. Aus diesen beyden allein bestehen das Wachs (Cera), die fetten (festen, fixen, Olea fixa, pinguia) und flüchtigen (wesentlichen, riechenden, ätherischen, Olea essentialia, aetherea, volatilia) Oehle, nur in verschiedenem Verhältnisse, indem das Wachs von diesen den wenigsten, die flüchtigen Oehle den mehresten Wasserstoff und viele, wenn nicht alle dieser letztern, auch Riechendes in ihrer Mischung enthalten. Mit etwas Sauerstoff verbunden, werden die Oehle zu Harzen (Resina), Balsam (Balsamum) und Kautschuk (Federharz, Resina elastica). Gleiche Theile Kohlenstoff und Wasserstoff durch Sauerstoff zur Halbsäure verbunden bilden den Zucker (Saccharum), und ebendieselben nach verschiedenen Verhältnissen vermischt und mit Sauerstoff gesättigt, die Pflanzensäuren (Acida vegetabilia), von denen die ursprünglich in den Pflanzen enthaltenen und nach ihrer Grundmischung, welche oft durch Zusatz von Stickstoff, Riechendem und Gerbestoff verändert ist, verschiede-

nen bis jetzt entdeckten merkwürdigsten Arten die Zuckersäure (Sauerkleesäure), Apfelsäure, Citronensäure, Weinsteinsäure, Benzoesäure und Gallgewächssäure sind. Die drey Hauptbestandtheile der Pflanzen geben mit Pottasche vereinigt, das Stärkemehl (Amylum), mit Pottasche und Kalkerde bey einem geringen Antheil von Sauerstoff Pflanzenschleim (Schleim, Mucilago), mit mehrerem Sauerstoff und oft etwas Phosphor Gummi (Gummi), mit Säure übersättigt, und mit etwas Stickstoff vereinigt Auszugsstoff (Extractivstoff), der mit Oehl verbunden die Gummiharze (Schleimharze, Gummi-resinae) ausmacht. Aus Kohlenstoff, Wasserstoff und Sauerstoff mit Erde und Stickstoff ist die Pflanzenfaser (Fibra vegetabilis) zusammengesetzt. Eben diese Bestandtheile bilden mit Phosphor und einem grössern Antheil von Stickstoff vermischt, in vielen Pflanzen eine Art thierischer Gallerte, Eyweißstoff (Kleber, Gluten), welcher mit Stärkemehl verbunden, das Mehl (Farina) ausmacht. Die Pflanzenkohle (Carbo vegetabilis) endlich, besteht aus Kohlenstoff, Wasserstoff, Pottasche, Erde, Magnesium und wenigem Eisen.

§. 6. Diese Bestandtheile bilden

1) das Zellengewebe (Contextus cellulosus, Tela cellulosa), welches ganz aus Blättchen zu bestehen scheint, von aussen alle Theile der Pflanzen als Oberhaut (Haut, Schälfe, Epidermis, Cutis) bedeckt, alle innere Theile derselben umgiebt und verbindet, einige Theile für sich allein bildet, und Höhlen enthält, deren Umfang gewöhnlich sechseckig, und deren Länge oft beträchtlich grösser, als ihre Weite ist. In einigen Theilen der Pflanze ist es gedrängter, in andern weiter, und nicht selten für besondere Arten von Gefässen (schnurförmige Gefässe, vasa moniliformia) angesehn. So hat man dasjenige, dessen Zellen wagerecht zwischen den Gefässen liegen, Schläuche (Bälge, Vtriculi), dasjenige, dessen Zellen senkrechte Reihen darstellen, Saftgefässe (vasa succosa, fibrosa), dasjenige, welches die Gefässe umgiebt, Nahrungsgefässe, Markgefässe (vasa propria, nutrientia, medullaria) genannt, und seine Wände in der Oberhaut für eine eigene Art Gefässe (lymphatische Gefässe, vasa lymphatica) gehalten. In gedrängter Gestalt bildet es im Innern der Pflanzen, und auf ihrer Oberhaut Drüsen (glandulae), die einen eigenthümlichen Saft, oder riechende Theile absondern, in die sich häufig ein Gefäß ergießt, und welche sich zu Zeiten als durchsichtige weiche Blattern (Papulae), oder kleine runde, weiche Erhabenheiten, Wärzchen (Papillae), oder grössere Warzen (Verrucae), oder härtere stumpfe Erhöhungen, Schwielen (Callus), oder Pocken (Granulum) zeigen.

2) **Körnige Massen**, welche mehrentheils im Zellengewebe liegen, und bald weicher, bald härter sind, und mit den im Zellengewebe enthaltenen Säften das **Fleisch** (Parenchyma), oder, bey einer größern Menge von Flüssigkeit den **Brey** (Pulpa) ausmachen.

3) **Fasern** (Fibrae), dichte, feste, fadenartige Körper.

4) **Einfache Gefässe**, lange, dünne Röhren, doch von verschiedener Weite, die eine ebene Oberfläche haben, und durchs Vergrösserungsglas betrachtet oft dunkle Querstriche in ziemlich großer, oft bestimmter Entfernung zeigen, die manche Pflanzenforscher für Querwände oder Klappen (Valvulae) hielten, und die nicht selten verursachen, daß die damit versehene Gefässe an diesen Stellen eingezogen, und daher knotig erscheinen. Diese knotigen Gefässe sind von einigen **Luftgefässe** (Vasa pneumatica, Tracheae), so wie die glatten, nach dem besondern Nutzen, den man ihnen zugeschrieben hat, **zuführende** (Arterien, Vasa adducentia), **zurückführende** (Venen, Vasa reducentia) oder, wenn sie den der Pflanze eigenthümlichen Saft führen, **eigene Gefässe** (Vasa propria) genannt worden.

5) **Getüpfelte** (punctirte, poröse) **Gefässe** (Vasa punctata), deren mehrentheils eingeschnürte Seitenwände mit zahlreichen Tüpfeln versehn sind, welche kleine Oefnungen mit einem drüsigen Rande zu seyn scheinen, die aber häufig überdem noch größere Seitenöfnungen ohne Rand haben, und hohl sind.

6) **Schraubengefässe** (Schraubengänge, Luftgefässe, Spiralgefässe, Tracheae, Vasa spiralia, pneumatochymifera, Fistulae spirales) sind Röhren, deren Wände von einer, zwo, oder mehreren schraubenförmig sich windenden Fasern (oder Röhren?) gebildet werden, stets der Länge der Pflanze nach laufen, und sich oft in **Treppengefässe**, wenn der Zusammenhang der Windungen unterbrochen wird, oder in **Ringgefässe**, in denen man, in bestimmten Entfernungen von einander, ganze Ringe bemerkt, verwandeln. Gewöhnlich sind diese Gefässe vollkommen walzenförmig, seltener knotig.

7) Unter dem Namen der **Nebengefässe** (Vasa secundaria) begreift Herr Schrank größtentheils diejenigen Theile der Pflanzen, welche Linné Pubes, Pubescentia nannte: nämlich mit der Oberhaut bedeckte, aus derselben herausgehende Röhren, welche mit dem Zellengewebe in Verbindung stehn, und sich bald in der Gestalt von **Haar** (Pilus, Pubes), bald von **Stacheln** (Aculeus) zeigen. Das Haar ist ein dünner, fadenförmiger, aus der Haut hervorragender Körper, der inwendig eine Röhre enthält, und **einfach** (simplex), **pfriemig** (subulatus), **nadelförmig** (acicularis), **zwie**-

belig (bulbosus), hakenförmig (vncinatus), knotig (nodosus), gegliedert (articulatus), gezähnelt (denticulatus), behaart (pubescens), federartig (plumosus), gabelförmig (furcatus), ästig (ramosus), oder sternförmig gestellt (stellatus) ist, oder auch seiner Bildung und Beschaffenheit nach besondere Namen erhält. So heißt es insbesondere Haar (Pilus), wenn es ziemlich lang, biegsam, elastisch, fadenförmig, an der Spitze etwas dünner ist, und einzeln steht; Borste (Seta), wenn es hart, steif ist, einzeln steht, und vom Körper mit der Spitze sich entfernet; Striegel (Striga), wenn es sehr steif und kegelförmig ist, und dicht anliegt; ein Bart (Barba), wenn die Haare gerade sind, und mit der Basis dicht beysammen stehn. Seide (Sericum) ist äusserst feines und kurzes, glänzendes, dicht anliegendes Haar: Flor, Sammet (Pubes) sehr kurzes, feines, weiches, nicht glänzendes, Zotten (Villus) sehr langes, weiches und ziemlich gerades, Wolle (Lana) langes, weiches, gekräuseltes, von einander abgesondertes, Filz (Tomentum) liegendes, dicht und so untereinander verflochtenes Haar, daß man die einzelnen Haare nicht unterscheiden kann. Bildet das Haar ein Gewebe äusserst feiner Fäden, so heißt es spinnenwebenartig (arachnoideus). Steifes mit einer gekrümmten Spitze versehenes Haar nennt man einen Haken (Hamus), wenn es eine gespaltene nach beyden Seiten gekrümmte Spitze hat, einen Wiederhaken (Glochis), und wenn es in die Haut der Thiere dringt, und einen scharfen Saft in dieselbe ergießt, eine Brennspitze (Stimulus). — Der Stachel (Aculeus) ist eine harte, kegelförmige, aus der Rinde entspringende Hervorragung, die sich von derselben abziehen läßt und gerade (rectus), aufwärtsgekrümmt (incuruus), rückwärtsgekrümmt (recuruus), schneckenförmig (spiralis), gabelig (cirrhosus), aufgerollt (circinatus), einzeln (solitarius), gepaart (geminatus), oder handförmig (palmatus) ist; die Zacken (Murices) dagegen sind kleine, weiche, nicht stechende, den Stacheln ähnelnde Theile.

§. 7. Nach der Sprache des gemeinen Lebens und der mehresten Botaniker betrachtet man als die Haupttheile der Pflanzen die Wurzel (Radix), den Stiel (Truncus, Cormus), die Blätter (Folia), die Schlingen (Cirrhi), die Zeugungstheile (Befruchtungstheile, Partes fructificationis) und die Augen (Hybernacula).

Unter der Wurzel versteht man den Theil des Pflanzenkörpers, welcher bestimmt ist, in andre Körper hineinzudringen, und aus ihnen, vermittelst der Zasern (Radiculae, Fibrillae) Nahrung einzusaugen.

Der Stiel dient die übrigen Theile der Pflanze zu erheben, ihnen den Nahrungsstoff zuzuführen, ihn zubereitet zu vertheilen, und die Ausdünstung zu befördern.

Wurzel und Stiel sind oft in Aeste (Rami), diese in Zweige (Ramuli) vertheilt.

Die Blätter sind bestimmt nährenden und reizenden Stoff aus der Luft einzuziehn und ihn mit den aus der Erde, dem Wasser oder andern Körpern vermittelst der Wurzel eingesogenen Säften zu vermischen, und zuzubereiten. Sie sitzen oft vermittelst des Blattstiels (Petiolus) am Stiele oder der Wurzel, und haben oft unter ihrer Basis Afterblätter (Stipulae).

Vermittelst der Schlingen halten sich diejenigen Pflanzen, deren Stiel zu schwach ist, für sich in die Höhe zu steigen und sich aufrecht zu erhalten, an andre Körper fest.

Die Zeugungstheile sind bey den mehresten Pflanzen von doppelter Art, männliche und weibliche. Jene welche man Staubgefässe (Stamina) nennt, bestehen aus den Staubbeuteln (Antherae), welche Behälter sind, die einen feinen befruchtenden Staub, den Blüthenstaub (Pollen) enthalten, und mehrentheils von den Staubfäden (Filamenta) getragen werden; diese, welche Stempel (Pistilla) heißen, werden von dem Fruchtknoten (Germen), dem Behälter der künftigen Saamen (Semina), gebildet, auf welche die, den befruchtenden Blüthenstaub auffangende Narbe (Stigma), entweder unmittelbar, oder vermittelst des Griffels (Stylus) aufsitzt. Der Theil der Pflanzen, welcher die eine oder die andre, oder beyde Arten der Befruchtungstheile enthält, heißt, so lange dieselben da sind und ihr Geschäft verrichten, die Blüthe (Flos); nachher wird der Fruchtknoten zur Frucht (Fructus), welche entweder aus den reifenden oder reifen Saamen allein besteht, oder diese in einem Saamengehäuse (Pericarpium) eingeschlossen enthält. Blüthe und Frucht werden häufig von einem Blüthenstiel (Pedunculus) getragen, und unter der Blüthe dienen oft von den gewöhnlichen in der Gestalt abweichende Blätter, Nebenblätter (Bracteae), diesen zum Schutz. Gewöhnlich sind die Befruchtungstheile mit einer einfachen oder mehrfachen, am öftersten doppelten, und doppeltartigen Hülle umgeben. Die zärtere, wenn mehrere da sind, stets innere Hülle, wird die Blume (Corolla), die härtere, festere, äussere, der Kelch (Calyx) genannt. Ausserdem trift man in vielen Blüthen Drüsen, oder andre von den Zeugungstheilen, der Blume und dem Kelche verschiedene, oft Honig enthaltende oder ihn beschützende Theile an, die man unter dem gemeinschaftlichen Namen der Nectarien (Nectaria) begreift. Wenn nun gleich vielleicht alle Pflanzen Zeugungstheile haben, so kann man doch nicht bey allen Staubgefässe und Stempel mit Gewißheit unterscheiden. Diejenigen Gewächse, welche sie unbezweifelt enthalten, nennt

man Deutlichehige (Plantae phaenogamae, phanerogamae), solche, bey denen diese Theile anders gebildet, und zweifelhaft sind verborgenehige, winkelehige (Plantae cryptogamae, Cryptogamia, Cryptostemones).

Ein Auge ist ein in Häuten eingehüllter, nicht durch Befruchtung erzeugter Keim einer Pflanze, oder von Theilen derselben, mit zubereitetem Nahrungsstoff versehn. Diese Augen zeigen sich auf dreyerley Art, als Knospe, als Zwiebel, oder als Knollen. Eine Knospe (Gemma) ist ein an der Wurzel oder dem Stiele entstehendes, durch sie Nahrung erhaltendes, an der lebenden Pflanze sich entwickelndes Auge, welches in blättrigen Hüllen eingeschlossene Keime einzelner Theile, als Zasern, Aeste, Stiele, Blätter, Blüthen enthält. Eine Zwiebel (Bulbus) ist ein Auge, welches wie die Knospe den Keim mit zubereitetem Nahrungsstoff in denselben Hüllen enthält, aber von der ganz abgestorbenen Pflanze allein übrig bleibt, eine ganze neue Pflanze und neue Zwiebeln entwickelt, und dann abstirbt. Ein Knollen (Bulbus) ist ein von Stiel und Wurzel verschiedener, zubereiteten Nahrungssaft enthaltender Körper, auf dessen Oberfläche ein oder mehrere Keime aufsitzen, die in besondren Hüllen eingeschlossen sind, und von ihm ernährt werden, und dann neue Pflanzen vollständig erzeugen, worauf der Knollen abstirbt. Zwiebeln und Knollen sind Fortpflanzungsmittel jährlich absterbender Pflanzen, die diese ausser dem Saamen besitzen, und die vom Stiel oder der Wurzel ohne Zuthuung der Zeugungstheile hervorgebracht werden können und gewöhnlich ohnedem hervorgebracht werden.

Dasjenige, was die Gärtner das Herz der Pflanzen nennen, enthält wie die Knospe den Keim derjenigen Theile einer Pflanze, die zur Vollständigkeit derselben noch fehlen, ist von der Knospe aber darinn unterschieden, daß dieser Keim, nicht bestimmt, sich dann zu entwickeln, wann entwickelte Blätter und Zasern mangeln, sondern dann, wann diese Nahrungssaft einsaugen und zubereiten können, er mit keinem zubereiteten Nahrungsstoff in gemeinschaftliche Hüllen eingeschlossen ist, und daß diese Hüllen selbst bey ihm häufig Blätter oder blattähnliche Theile sind.

Alle die hier genannten Theile, mit Ausnahme der Zasern und Zeugungstheile — welche letztere selbst oft zweifelhaft sind, indem es vielleicht eben so gut geschlechtslose, ohne Befruchtung Saamen hervorbringende Pflanzen, wie geschlechtslose, ohne Befruchtung Eyer legende Thiere giebt, in welchem Falle, da sie doch den Eyerstock und Fruchtknoten besitzen, wir beyden lieber die Zeugungstheile zugestehn als absprechen, und unter diesem Namen dann Theile verstehen wollen, die bestimmt sind Saamen und Eyer hervorzubringen oder zu beleben — haben nicht alle Pflanzen, noch weniger aber alle, selbst die Zasern und Befruchtungstheile nicht ausgenommen, zu jeder Zeit, oder verwechseln die letztern mit neuen. Einige von diesen Theilen sind ferner bey vielen Pflanzen von ganz anders benannten Theilen gar nicht unterschieden. Wurzel und Stiel, Stiel und Blätter, Blätter und Schlingen sind bey vielen gar nicht zu unterscheiden.

Diese merkwürdige Beobachtung führt uns auf die Frage: welches denn der wesentlichste Theil des Pflanzenkörpers, welches derjenige sey, ohne welchen die Pflanzen gar nicht leben können? Dieser Theil läßt sich eben so wenig bey ihnen im allgemeinen angeben, wie bey den Thieren. Bey keinem Thiere werden wir das Ey als solchen betrachten, wenn gleich die mehresten Thiere aus dem Ey entspringen; weil das Ey als Ey verschwindet, wenn das Thier als Thier da ist. Eben so wenig können wir also die Saamen, die Zwiebeln, die Knollen als den wesentlichsten Theil der Pflanzen ansehn. Auch können wir nicht das Herz, das Gehirn, den Magen u. s. w. bey den Thieren für diesen wichtigen Theil im allgemeinen halten, weil es Thiere ohne Herz, ohne Gehirn giebt, noch eher würde der Magen sich diesen Rang zueignen können, wenn nicht jeder, gewiß keinen Magen enthaltende Arm eines Polypen zu einem neuen Polypen werden könnte. Eben diese starke Ergänzungskraft finden wir aber auch bey vielen Pflanzen, und bey diesen, deren einzelne Zweige und Blätter und Wurzeln zu neuen Pflanzen werden, wenn sie in einer dazu geeigneten Lage versetzt werden, läßt sich kaum ein Theil als der wesentlichste betrachten. So wie aber bey vielen Thieren, und zwar bey den mehresten, sich nicht blos einer, sondern mehrere Theile angeben lassen, die zum Leben unumgänglich nöthig sind, so wie diese Theile in einem Haupttheile vereinigt zu seyn pflegen, den wir den Rumpf nennen, so verhält es sich auch bey den Pflanzen. Eben diesen Namen können wir daher diesem Haupttheile auch füglich bey den Pflanzen lassen, oder ihn auch den Stock (Caudex) nennen. Er besteht bald aus einem einzigen Ganzen, welches über der Erde die Stelle des Stiels, unter derselben die der Wurzel vertritt, da denn jener der aufsteigende (Caudex ascendens), dieser der niedersteigende Stock (Caudex descendens) genannt und jener als Stiel, dieser als Wurzel betrachtet wird, da jener Blätter und Blüthen, selten auch Zasern, dieser nur Zasern treibt; doch kann sich bey den Pflanzen, die einen solchen Stock haben, der Stiel in die Wurzel, die Wurzel in den Stiel verwandeln. Bey andern ist er ganz unter der Erde befindlich, und besteht aus einem der Wurzel gleichenden Theile, einem niedersteigenden Stocke, und einem Herzen. Bey noch andern endlich ist er theils über, theils unter der Erde, treibt aber über derselben einen besondern Stiel; man kann ihn den mittleren Stock (Caudex intermedius) nennen. Von rechtswegen sollte man nur die Zasern als die eigentlichen Wur-

zeln, die übrigen Theile unter der Erde als den Stock betrachten; hier dürfen wir indeß von dem gemeinen und linneischen Sprachgebrauch nicht abweichen.

§. 8. Pflanzen, welche einen mehrere Jahre ausdauernden aufsteigenden Stock haben, heissen holzartige Pflanzen, Holzarten (♄), solche die einen mehrere Jahre ausdauernden blos niedersteigenden Stock, oder statt dessen Zwiebeln oder Knollen haben, ausdauernde Gewächse (Plantae perennes ♃); solche deren niedersteigender Stock zwey Jahre währet, und erst im zweyten Jahre Stiel und Blüthen hervorbringt, zweyjährige Pflanzen (Plantae biennes ♂); solche bey denen die ganze Pflanze jährlich abstirbt, und nur durch Saamen sich fortpflanzt, jährige Pflanzen (Plantae annuae ☉).

§. 9. Alle Theile der Pflanzen sind mit der Oberhaut (Haut, Cuticula, Epidermis) bedeckt. Sie besteht aus einem dichten, durchsichtigen, zelligen Gewebe, dessen auf die Oberfläche senkrechte Wände das trügende Ansehn lymphatischer Gefässe hervorbringen. An dem Stiel, den Blättern und dem Kelche ist sie mit grössern, von einer Drüse umgebenen Oeffnungen versehn, welche an der Wurzel und der Blume nicht angetroffen werden, und überdem bey allen Theilen der mehresten Pflanzen von Nebengefässen durchbohrt. Sie ist daher bald glänzend (nitida), bald matt (opaca); bald eben (laeuis), bald gestreift (striata), gefurcht (sulcata), harsch (scabra), rauh (aspera), warzig (papillosa), blatterig (papulosa), schwielig (callosa), getüpfelt (punctata); bald glatt (glabra), bald haarig (pilosa), rauch (hirta), struppig (hirsuta), borstig (hispida, setosa), striegelig (strigosa), bärtig (barbata), seidenartig (sericea), atlasartig (holosericea), sammetartig (pubescens), zottig (villosa), wollig (lanata), filzig (tomentosa), spinnenwebenartig (arachnoidea), brennend (vrens), stachlig (aculeata), zackig (muricata), oder unbewaffnet (mutica, inermis); bald schuppig (lepidota, squamosa), gepudert (farinosa), bereift (pruinosa), klebrig (glutinosa), oder schmierig (viscida, viscosa).

§. 10. Die Zasern, die Wurzeln, der Stock und der Stiel sind unter der Oberhaut gewöhnlich noch mit der Rinde (Cortex), oft unter dieser noch mit Bast (Liber) bedeckt, die zusammengenommen die Borke (Schälfe, Rinde, Cutis) ausmachen. Die Rinde besteht jederzeit aus zelligem Gewebe, welches Saftgefässe bildet, und von einfachen, auf die Axe senkrechten Gefässen durchsetzt wird. Der Bast besteht ganz aus einfachen, der Länge nach laufenden Gefässen, welche geschlängelt sind, und ein unregelmässiges netzförmiges Gewebe bilden. Unter dieser Bedeckung liegt das Holz (Lignum), welches von gleichlau fenden einfachen oder Schraubengefäſſen, oder beyden gebildet wird, aber weſentliche Verſchiedenheit zeigt. Bey einigen Gewächſen nämlich beſteht das Holz groſſentheils, ſelbſt oft gröſtentheils aus Zellengewebe, wird aber von den Gefäſſen, welche mehrentheils Bündel bilden, durchdrungen, in welchem Falle dieſes Zellengewebe, wenn die Rinde fehlt, oft die Stelle derſelben vertritt; bey andern Gewächſen bilden dagegen die Holzgefäſſe eine einzige oder mehrere concentriſche Lagen. Bey den Holzarten, und überhaupt beym ausdauernden Stock mehrerer Pflanzen, werden von Zeit zu Zeit, bey den erſtern gewöhnlich jährlich, neue Lagen von Holzfaſern gebildet, welche, ſo lange ſie noch jung ſind, das weiche Holz oder der Splint (Alburnum), und dann erſt, wenn ſie vollkommen erhärtet ſind, das Holz (Lignum) im engern Sinne des Wortes heiſſen, und ſo die ſogenannte Jahrringe bilden. Das Holz umgiebt noch bey vielen Pflanzen das Mark (den Kern, Medulla), doch fehlt daſſelbe einigen Gewächſen gänzlich, und das zellige mit Fleiſch erfüllte Holz vertritt ſeine Stelle, oder vielmehr ſind bey dieſen Pflanzen Holz und Mark nicht unterſchieden, ſondern die Holzbündel laufen durch das Mark; bey andern verſchwindet es mit zunehmendem Alter, und läßt entweder eine Höhle zurück, oder wird vom Holze verdrängt; in der Wurzel, dem niederſteigenden Stocke, und den Zaſern fehlt es mehrentheils, doch iſt es auch bey einigen Pflanzen in dieſen befindlich, ja es ſcheint ſelbſt in einigen Zaſern geſtreckte Gefäſſe zu bilden, oder einfache Gefäſſe ſeine Stelle zu vertreten. In den Holzgefäſſen ſteigt der Nahrungsſaft in die Höhe, zubereitet in der Rinde herunter, durch die Schläuche bringt er zum Mark, und dieſes ſcheint die Werkſtäte oder der Sammelplatz eines feinern, zubereiteten, zur Entwicklung der Theile des Stiels, der Blätter und Blüthen nothwendigen Ernährungsmittels zu ſeyn, da, wenn auch eine Pflanze ſonſt kein Mark hat, oder alles Mark bey ihr abgeſtorben iſt, man doch jederzeit da, wo ſie neue Theile entwickelt, Mark antrifft.

Nicht alle Pflanzen haben indeß dieſe Theile, ſogar das Holz ſcheint einigen zu fehlen, und ſie ganz aus Zellengewebe, körnigen Maſſen, Faſern, Blättchen, oder hornartiger Gallerte zu beſtehn.

§. 11. Dieſe verſchiedene Beſchaffenheit des Stiels oder Stockes giebt zu wichtigen Eintheilungen der Gewächſe Veranlaſſung, um ſo mehr, wenn man zugleich auf die Befruchtungstheile dabey ſieht. Sie heiſſen nämlich

1) Pflanzen (Plantae) im engern Sinne des Wortes, wenn ſie einen Stiel und eine Wurzel haben, die von Holz gebildet werden, mit Rinde und Oberhaut bedeckt ſind und deutlichehige Blüthen tragen. Dieſe Pflanzen ſind entweder

A) **Holzarten**, und dann
   a) **Bäume** (Arbores), wenn ein einziger auffsteigender Stock sich über der Erde erhebt, und erst in einiger Entfernung von derselben sich in Aeste vertheilt.
   b) **Sträucher** (Frutices), wenn mehrere auffsteigende Stöcke aus der Wurzel hervorkommen, oder der einzige sich dicht an der Erde in Aeste vertheilt.
B) **Kräuter** (Herbae), welche keinen ausdauernden auffsteigenden Stock, sondern einen Stiel haben, der nicht länger wie ein Jahr währet. Diese sind wieder
   a) **ausdauernde** (Staudengewächse, Stauden, Suffrutices, H. perennes).
   b) **zweyjährige** (H. biennes).
   c) **jährige** (Sommergewächse, H. annuae). Diese Unterschiede sind indeß nicht wesentlich, indem durch Boden, Nahrung, Wärme, Behandlung jährige zu zweyjährigen und ausdauernden Kräutern, Kräuter zu Holzarten, Bäume zu Sträuchern werden, und umgekehrt.
2) **Gräser** (Gramina). Gewächse mit holzigem Stiele, blos mit der Oberhaut bedeckt, und mit Mark versehn, die deutliche Blüthen tragen.
3) **Palmen** (Palmae). Gewächse ohne Mark im Stiel, dessen Holz ganz aus Gefäßbündeln im Zellgewebe besteht, mit den Blattscheiden statt der Oberhaut bedeckt ist, deren Blüthenstiele nur Oberhaut bekleidet, und die deutlichehig sind.
4) **Farrenkräuter** (Filices), verborgenehige Gewächse, mit holzigen von den Blättern nicht zu unterscheidendem Stiele.
5) **Moose** (Musci), verborgenehige Gewächse, die ganz aus Zellengewebe bestehen, nur im Blüthenstiel einfache Gefäße haben, und bey denen Wurzel, Stiel, Blätter und Zeugungstheile verschiedener Art deutlich unterschieden sind.
6) **Algen** (Algae), verborgenehige Gewächse, bey denen Stiel und Blätter nicht zu unterscheiden sind, die ganz aus Zellengewebe, körnigen, fasrigen oder gallertartigen Massen bestehn, und die Befruchtungstheile in Knöpfen, Schüsselchen ꝛc. wenigstens so enthalten, daß man sie als solche erkennen kann.
7) **Pilze** (Schwämme, Fungi), verborgenehige Gewächse, bey denen man Stiel, Blätter und Befruchtungstheile nicht unterscheiden kann, und die durch ihre ganze Bildung von den übrigen Gewächsen abweichen.

§. 12. An der **Wurzel** (Radix), unter welchem Namen wir hier auch den niedersteigenden Stock, so wie die blossen Zasern, wenn sie allein die Wurzel ausmachen sollten, verstehn, die, wenn sie aus einer Zwiebel oder aus Knollen entsteht, und dann wieder Zwiebeln oder Knollen erzeugt, **zwiebelig** (bulbosa) oder **knollig** (tuberosa) genannt wird und die den Zwiebeln und Knollen zukommenden Benennungen erhält, kann man oft die **Hauptwurzel** (Caudex descendens, Wurzelstock, Rhizoma), **Aeste** (Rami) und **Zasern** (Radiculae) unterscheiden, welche letzteren nie fehlen, und an ihrer Spitze Saugeöffnungen haben. Oft aber bestehet sie aus der Hauptwurzel und Zasern allein, da sie **einfach** (simplex), so wie sonst **ästig** (ramosa) genannt wird, welchen letzteren Namen sie auch alsdann erhält, wenn sie ohne Hauptstamm ist, und gleich in dicke kegelförmige Aeste, die mit Zasern besetzt sind, vertheilt ist. Vertheilt sie sich gleich am Stamme in fadenförmige Körper, **Wurzelfasern** (Fibrillae), so heißt sie **faserig** (**fadig, zaserig,** fibrillata, fibrosa). Bey den holzigen Pflanzen währet sie so lange wie der mehrere Jahre lebende Stamm, doch auch bey vielen Kräutern, deren Stamm jährlich abstirbt, ist sie **ausdauernd** (perennis), bey andern **zweyjährig** (biennis), bey andern **jährig** (annua), d. h. sie stirbt in demselben Jahre, worinn die Pflanze aus dem Saamen hervorkam, mit dieser ab. Sie ist ferner nach ihrer Substanz **holzig** (lignosa), **fleischig** (carnosa), **dicht** (solida), **hohl** (cava), **fächerig** (loculosa); ihrer Gestalt nach **spindelförmig** (fusiformis), **walzig** (cylindrica), **kugelig** (globosa), **zwiebelförmig** (bulbosa), **fastkugelig** (subrotunda), **plattgedrückt** (depressa), **rübenförmig** (napiformis), **kuchenförmig** (placentiformis), **gelenkig** (geniculata), **fadenförmig** (filiformis), **faserig** (fibrosa), **haarartig** (capillaris), **sammetartig** (velutina), **gespalten** (fissa), **getheilt** (divisa), **schimmelartig** (byssacea), **warzig** (papillosa), **plattig** (scutiformis), **verschwindend** (evanescens), **geschopft** (comosa), **vielköpfig** (multiceps), **gezahnt** (dentata); der Oberfläche nach **schuppig** (squamosa), **geringelt** (annulata), **höckerig** (tuberculata), **narbig** (cicatrisata), **sprenig** (paleacea), **eben** (laevis); nach ihrer Richtung **lothrecht** (Pfahlwurzel, perpendicularis), **schief** (obliqua), **wagerecht** (horizontalis), **kriechend** (repens), **geschlängelt** (flexuosa), **wurmförmig** (vermicularis). An den Wurzeln einiger Wassergewächse bemerkt man kugelförmige hohle Körper, welche **Blasen** (Ampullae) heissen.

§. 13. Der **Stiel** (Truncus) ist, wie schon aus dem 10ten und 11ten §. erhellet, in mehrerer Rücksicht verschieden, und man nimmt daher mehrere Arten desselben an. Der mit Haut und Rinde bekleidete Stiel oder aufsteigende Stock der holzigen Gewächse und Kräuter heißt ein **Stamm** (Caulis), wenn er Blätter und Blüthen trägt; trägt er Blüthen allein, ein **Stengel** (Scapus, **Schaft**); der nur mit Rinde bekleidete,

r Oberfeind

gewöhnlich gelenkige Stiel der Gräser ein Halm (Culmus); der rinden- und marklose Stiel der Palmen, der, mit den Blattscheiden eingehüllt, in Blätter übergeht, ein Schaft (Stock, Caudex, Stipes); ein vom Blatte selbst nicht zu unterscheidender Stiel, und der Stiel der Pilze, ein Strunk (Stipes); der Stiel der Moose ein Reis (Surculus); ein Stiel, der aus den Augen der Wurzeläste hervorgetrieben und zu einer neuen Pflanze wird, ein Ausläufer (Soboles); ein fadenförmiger, gelenkiger aus der Wurzel entspringender, in den Gelenken Wurzeln und eine neue Pflanze erzeugender Stiel, eine Ranke (Flagellum); ein fadenförmiger, blattloser, aus der Wurzel entspringender, nur an der Spitze Wurzeln und eine neue Pflanze erzeugender Stiel, ein Schößling (Sarmentum); ein blattreicher, unten Wurzeln treibender, an der Spitze eine neue Pflanze erzeugender Stiel, eine Sprosse (Stolo).

Der Stiel der Pflanzen bleibt entweder wie die Wurzel mehrere Jahre am Leben und ist dann baumartig (caulis arboreus, Truncus, Schaft), oder strauchartig (fruticosus, frutescens), oder er stirbt jährlich ab und ist dann staudenartig (suffruticosus), oder krautartig (herbaceus). Pflanzen, welche ausser dem Stengel keinen Stiel haben, oder denen auch dieser fehlt, heissen stammlos (acaules), sonst sind sie stammtreibend, stammig (caulescentes). Ein schmarotzender Stiel (Caulis pasariticus) sitzt mit seinen Wurzeln an andern Pflanzen.

In Rücksicht seiner Substanz heißt der Stiel holzig (lignosus), wenn er aus festem Holz besteht, krautartig (herbaceus), wenn er weich und leicht schneidbar ist, fleischig (carnosus), wenn er elastisch, und verhältnißmässig dick ist, faserig (fibrosus), wenn er sich leicht in Fasern zerspalten läßt. Ferner zerbrechlich (fragilis), biegsam (flexilis), zähe (tenax), lederartig (coriaceus), schwank (schlaff, laxus), spröde, starr, steif (rigidus).

Nach seiner Dichtigkeit ist er dicht (solidus), locker (inanis), hohl (cavus), röhrig (fistulosus), fächerig (loculosus), mit Durchschlägen und hohlen Räumen versehn, welche diese bilden (septis transversis interstinctus).

Nach seiner Gestalt ist er rund (teres), halbrund (semiteres), zusammengedrückt (compressus), zweyschneidig (anceps), gerieft (angulatus), und zwar drey-, vier- — vielrieftg (tri-, quadri- — multangulus, tri-, quadri- — multangularis), kantig (angulatus), und zwar drey-, vier- — vielkantig (tri-, tetra- — polygonus, tri-, quadri- — multangularis), dreyseitig (triqueter), scharfkantig (acutangulus), stumpfkantig (obtusangulus), häutig (membranaceus), knotig (nodosus), knotenlos (enodis) oder gegliedert (articulatus), wenn er aus mehreren Stücken, die man Glieder (Articuli, Internodia) nennt, besteht, die an den Gelenken (Geniculi). d. h. da, wo sie an einander stossen, eingezogen sind; sind die Gelenke nicht eingezogen, oder wohl gar wulstig (tumida), bilden sie Knoten (Nodi), so heißt er gelenkig (geniculatus), besonders dann, wenn er am Gelenke Winkel bildet, in welchem Falle man ihn auch geknickt (infractus) nennt; sind die Gelenke weder eingezogen noch wulstig, so ist er gleichförmig (aequalis).

In Rücksicht auf seine Aeste und Zweige, von denen die letztern, wenn sie eine stechende Spitze haben, oder so lange sie jung sind, eine stechende Spitze bilden, Dorn (Spina) genannt werden, welcher Dorn einfach (simplex), schwachgetheilt (subdivisus), getheilt (divisus), ästig (ramosus), spitzeständig (terminalis) oder winkelständig (axillaris) ist, ist der Stamm höchsteinfach (simplicissimus), astlos (simplex), ungetheilt (indivisus), kaumästig (subramosus), ästig (ramosus), vielästig (ramosissimus), gipflig (integer, simplex), zertheilt (verschwindend, deliquescens), geköpft (prolifer), zwieselig (gabelförmig, dichotomus). Die Aeste stehn ferner abwechselnd (alterni), entgegengesetzt (oppositi), zerstreut (sparsi, vagi), dichtstehend (conferti, congesti), und sie oder der Stiel heissen noch nach ihrer Lage und Richtung zweyseitig, zweyzeilig (distichus), gefiedert (pinnatus), armig (brachiatus), kreuzweise (decussatus), quirlig (verticillatus), ruthenartig (virgatus), rispig (paniculatus), kronreich (fastigiatus), baumähnlich (dendroides), gedrängt (coarctatus), klaffend (patens), ausgebreitet (patentissimus), ausgesperrt (divaricatus), weitschweifig (diffusus), verwebt (intricatus), sprossend (prolifer).

In Rücksicht auf Bedeckung, Anhänge, Stützen und Waffen sind Stiel und Aeste nackt (nudus), blattlos (aphyllus), beblättert (foliatus, foliosus), durchwachsen (perfoliatus), eingescheidet (vaginatus), schuppig (squamosus), sparrig (squarrosus), geschindelt (imbricatus), afterzahnig (ramentaceus), afterblätterig (stipulatus), afterblattlos (exstipulatus), geflügelt (alatus), eingehüllt (tunicatus), eben (laevis), gestreift (striatus), gefurcht (sulcatus), rinnig (canaliculatus), rissig (rimosus), korkartig (suberosus), narbig (cicatrisatus), geringelt (annulatus), gewürfelt (tessellatus), glatt (glaber), harsch (scaber), zackig (muricatus), haarig (pilosus), sammetartig (pubescens), filzig (tomentosus), zottig (villosus), rauch (hispidus), stachlig (aculeatus), dornig (spinosus), unbewaffnet (inermis, muticus), wurzelnd (radicans).

Nach der Richtung und Lage sind Stiel und Aeste auf-

recht (erectus), gerade, steif (strictus), schwach (debilis), klimmend (scandens), windend (volubilis), schrägstehend (obliquus), aufsteigend (adscendens), niedergebogen (declinatus), aufwärtsgekrümmt, einwärtsgekrümmt (incurvatus, incurvus), herabgebogen (deflexus), überhängend (cernuus), nickend (nutans), herabhängend (pendulus), niederliegend (procumbens, humifusus), niedergeworfen (prostratus), liegend (decumbens), kriechend (repens, serpens), niedergedrückt (depressus), rankend (sarmentosus), sprossentreibend (stoloniferus), gestützt (fulcratus), gelenkig (geniculatus), geschlängelt (flexuosus), geknickt (infractus), schwimmend (natans), fliessend (fluitans), untergetaucht (demersus, submersus).

Nach dem Fortpflanzungsgeschäft sind sie ferner zwiebelntragend (bulbiferus), lebendiggebährend (viviparus), fruchtbar, blüthentragend (fructificans, floriferus) oder unfruchtbar (sterilis).

§. 14. Die Knospen (Gemmae), bestimmt die vorhandenen Pflanzen zu ergänzen, enthalten die Keime neuer Theile. Sie werden durch Verlängerung des Markes gebildet, welches den Kern und den zubereiteten Nahrungsstoff derselben hergiebt, da dann das Holz und die Rinde durch ihre Verlängerung um diesen Kern die Grundlage der Theile hergeben, welche aus diesem Keim sich entwickeln sollen, so wie die Oberhaut die ihn beschützenden blattähnlichen Bedeckungen, die eben deswegen gewöhnlich dürre sind, und, wenn sie nach der Entwickelung (Evolutio), dem Ausschlagen (Vernatio, Foliatio, Frondescentia) der Knospen, welches durch Einsaugen des Nahrungssaftes vermittelst der Wurzeln oder andrer Theile der Pflanzen, woran die Knospe sitzt, befördert wird, sitzen bleiben, Afterzähne (Ramenta) heissen. Die Knospen entspringen entweder aus dem aufsteigenden oder absteigenden Stock, sind aber nicht immer sichtbar, sondern oft unter der Rinde oder Oberhaut versteckt, und daher solchen Pflanzen, bey denen dies der Fall ist, abgesprochen worden. Sie stehn bald einzeln (Gemma simplex), bald gehäuft (aggregata), sind gewöhnlich stiellos (sessilis), seltner gestielt (pedicellata), und dienen entweder aus dem niedersteigenden Stock Zweige, Fasern oder neue Stiele, Triebe (Ausschläge, Turiones), oder aus dem aufsteigenden Zweige, da sie Holzaugen heissen, oder Blüthen und Blätter (G. foliifero-floriferae), oder Blüthen allein, Blüthknospen, Fruchtaugen (G. floriferae), oder Blätter allein, Blattaugen, Blattknospen (G. foliiferae) zu entwickeln. In den Holzaugen und Blattaugen liegen die Blätter einwärtsgerollt (involuta), zurückgerollt (revoluta), eingreiffend (obvoluta), einschliessend (equitantia), zusammengerollt (convoluta), zusammengeschlagen (conduplicata), faltig (plicata), zurückgebeugt (reclinata), aufgerollt (circinata), und daher erhalten die Knospen dieselben Benennungen.

§. 15. Die Zwiebel (Bulbus) unterscheidet sich von der Knospe dadurch, daß die zu ihr gehörige Mutterpflanze abstirbt, sie sich dadurch, oder durch Abfallen von derselben trennt, unabhängig von ihr sich entwickelt, den Keim einer ganzen neuen Pflanze enthält, und neue Zwiebeln erzeugt. Sie enthält den Keim des Stiels und der Blätter der Pflanze in Häuten eingehüllt wie die Knospe, den zubereitenden Nahrungssaft aber in einem aus Zellengewebe gebildeten Körper, der entweder die Basis der Zwiebel ausmacht, oder dem Keim zur Seite liegt, oder denselben umgiebt. Sie treibt aus diesem Körper, der zugleich die Keime neuer Zwiebeln enthält, Zasern durch blosses Einziehn von Wasser bey dem erforderlichen Grade der Wärme, und löset dadurch den enthaltenen Nahrungsstoff auf, um dem Keime Nahrung zur Entwicklung zu verschaffen, treibt unmittelbar neue Zwiebeln, und stirbt dann ab. Sie entsteht, ausser von der absterbenden Zwiebel, auch oft am Stiele der Pflanzen, und aus dem Saamen, entweder wenn dieser in die Erde kommt, oder auch manchmal beym Reifen desselben in der Frucht. Sie erscheint eingehüllt (tunicatus), derb (solidus), netzförmig (reticulatus), netzhäutig (semireticulatus), schuppig (squamosus), geschindelt (imbricatus), einzeln (solitarius), gepaart (geminatus), verdoppelt (duplicatus), zusammengesetzt (compositus), gehäuft (aggregatus), nistend (nidulans), mittelständig (centralis), seitenständig (lateralis).

§. 16. Die Knollen (Tubera), welche häufig unrichtig als die Wurzel oder Theile derselben, oder als Zwiebeln angesehn und benennt werden, unterscheiden sich von diesen dadurch, daß sie nicht ein blosses Auge, sondern ein weicher, fleischiger, von Stiel und Wurzeln verschiedener Körper sind, der aus Zellgewebe, oder aus diesem und in der Mitte aus häutigen kurzen, manchmal ästigen Gefässen von verschiedner Bildung besteht, mit Oberhaut und Rinde, welche viele in den Körper hineindringende Gefässe oder Schläuche enthält, bedeckt und mit mehligem oder schleimigem Nahrungsstoff angefüllt ist, und auf seiner Oberfläche ein oder mehrere Augen enthält, die von aussen in Häuten eingehüllt sind, mit ihrem Kern aber in das Fleisch eindringen, und Wurzeln und Stiel treiben, von denen die erstern neue Knollen bilden, und der dann abstirbt. Ein Knollen bringt daher bald eine, bald mehrere Pflanzen hervor. Nach seiner Bildung und Befestigung heißt er oder die Wurzel körnig (Radix granulata), hodenförmig (testiculata), handförmig (palmata), büschelig (fasciculata),

ge=

geballt (conglobata), hängend (pendula), gegliedert (articulata), rosenkranzförmig (moniliformis).

§. 17. Zu den Knollen oder Zwiebeln gehören auch zum Theil die abfallenden Augen (Gemmae deciduae), oder die runden länglichen Körper, die entweder von der lebenden Mutterpflanze abfallen, Sprößlinge (Fortsätze, Propagines) sind, oder von der sterbenden Mutterpflanze sich trennen, da sie Keimlinge (Knoten, Gongyli) heissen, und dann zu neuen Pflanzen werden. Einige derselben sind aber unstreitig als ohne Befruchtung erzeugte Saamen zu betrachten.

§. 18. Die Blätter (Folia) sind aus Gefäßbündeln, die in einer, zwo oder mehrern Lagen übereinander liegen, und einen Stamm bilden, von dem Aeste und Zweige auf mannigfaltige Weise ausgehn und sich untereinander verbinden, gebildete, mit der Oberhaut, die immer auf einer, gewöhnlich auf beyden Seiten Saugöfnungen und Nebengefässe hat, überzogene, mit Zellgewebe und Fleisch angefüllte Theile, welche den von den Wurzeln eingesogenen Saft durch die Holzgefässe empfangen, mit den aus der Luft eingesogenen Feuchtigkeiten und Gasarten vermischen, die überflüssigen Theile theils als Dünste oder Tropfen, theils in Gasgestalt, und zwar im Schatten als kohlengesäuertes, im Sonnenschein als Sauerstof-Gas, wieder aushauchen, dadurch sich färben, und den eigenthümlichen Saft der Pflanzen zubereiten. Wo sie fehlen, vertritt die besondere Beschaffenheit der Rinde ihre Stelle. Sie sind oft von einer verschiedenen Beschaffenheit nach der Verschiedenheit ihrer Stelle, wodurch sie auch noch einen besondern Nutzen leisten, und haben eben daher auch verschiedene Namen erhalten, nämlich den der eigentlichen Blätter (Folia), die oft an einem Blattstiel (Petiolus) festsitzen, der Afterblätter (Stipulae), der Nebenblätter (Bracteae), und der Hülle (Involocrum).

Von den Gefäßbündeln heißt der mittlere oder der Hauptstamm derselben die Mittelrippe (Costa), die stärkern Aeste, wenn sie in Verhältniß zu den Zweigen, worinn sie sich vertheilen, sehr stark sind, und ihre Vertheilung kaum äußerlich merklich ist, Rippen (Nervi); die gleich nach ihrem Ursprung sich deutlich in Zweige vertheilenden Aeste, und die feinern Zweige Adern (Venae).

§. 19. Der Blattstiel (Petiolus) stimmt ganz mit dem Wesen des Stiels überein, außer daß er verhältnißmäßig weniger Mark und mehr Holz enthält, indem er als der Anfang der Gefässe anzusehn ist, welche die Grundlage des Blattes ausmachen. Er ist seiner Bildung nach rund (teres), halbrund (semiteres), dreyseitig (triqueter), zusammengedrückt (compressus), geflügelt (alatus), häutig (membranaceus), rinnig (canaliculatus), keulig (clavatus), auf-

B

geblasen (inflatus); seiner Grösse nach sehr kurz) brevissimus), kurz (brevis), mittelmässig (mediocris), lang (longus), sehr lang (longissimus), im Verhältniß zu den Blättern, je nachdem er viel, etwas kürzer, eben so lang, länger oder viel länger wie diese ist; seiner Befestigung nach eingefugt (insertus), angewachsen (adnatus), hinablaufend (decurrens), umfassend (amplexicaulis), einscheidend (vaginans); seiner Richtung nach aufrecht (erectus), klaffend (patens), aufsteigend (adscendens), wiederaufsteigend (adsurgens), rückwärtsgekrümmt (recurvatus), gegliedert (articulatus); der Oberfläche nach glatt (glaber), stachlig (aculeatus), dornig (spinosus), verdornend (spinescens), nackt (nudus); sammetartig (pubescens), haarig (pilosus), borstig (hispidus), harsch (scaber), drüsig (glandulosus), drüsenlos (eglandulosus), belappt (appendiculatus); in Beziehung auf seinen Zweck wird er ein gemeinschaftlicher Blattstiel (P. communis) genannt, wenn an ihn mehrere Blätter befestigt sind, die in diesem Fall ein zusammengesetztes Blatt (Folium compositum) bilden, und jetzt Blättchen (Foliola, auch wohl Pinna, Pinna propria, Pinnula) heissen, deren jedes oft wieder einen besondern (P. partialis), oder eigenthümlichen Blattstiel (P. proprius), ein Blattstielchen (Pediculus) hat.

§. 20. Die zusammengesetzten Blätter sind entweder einfachzusammengesetzt (Folia simpliciter composita), da man sie schlechtweg zusammengesetzt (composita) nennt, oder doppeltzusammengesetzt (decomposita), wenn ein Blattstiel mehrere zusammengesetzte Blätter trägt, oder vielfachzusammengesetzt (supradecomposita), wenn an einem gemeinschaftlichen Blattstiele mehrere besondere Blattstiele befestigt sind, die wieder zusammengesetzte Blätter tragen. Bey den doppelt- und vielfachzusammengesetzten Blättern heissen die am allgemeinen Blattstiel ansitzenden zusammengesetzten Blätter Federblätter (Pinna, Pinna partialis).

Zu den einfach zusammengesetzten Blättern gehören die paarigen, einpaarigen (Folia conjugata), gefingerten (digitata), zweyfingerigen (binata), dreyfingerigen (ternata), vierfingerigen (quaternata), fünffingerigen (quinata), gefußten (pedata), gefiederten (pinnata), welche zweypaarig, 3-, 4-paarig ꝛc. (bijuga, trijuga, 4-juga etc.), ungleichpaarig, unpaar-gefiedert (pinnata cum impari, impari-pinnata), gleichpaarig, paarig-gefiedert (abrupte-pinnata, pari-pinnata), gabelig (cirrhosa), entgegengesetzt-gefiedert (oppositepinnata), abwechselnd-gefiedert (alternatim-pinnata), ungleich-gefiedert (interrupte-pinnata), gliederig-ge-

fiedert (articulato-pinnata), hinablaufend-gefiedert (decursive-pinnata) sind.

Die doppeltzusammengesetzten Blätter sind doppeltzwey-fingerig (bigemina, bigeminata), doppeltdreyfingerig (biternata, duplicato-ternata), doppeltgefiedert (bipinnata, duplicato-pinnata), einpaarig-gefiedert (conjugato-pinnata), fingerig-gefiedert (digitato-pinnata), und zweyfingerig-gefiedert (binato-pinnata).

Vielfachzusammengesetzt sind das dreyfach-zweyfingerige (Folium tergeminum, trigeminatum, triplicato-geminatum), dreyfach-dreyfingerige (triternatum, triplicato-ternatum), dreyfach-gefiederte (tripinnatum, triplicato-pinnatum), und vierfach-gefiederte Blatt (quadruplicato-pinnatum).

§. 21. Ihrem Standorte nach sind die zusammengesetzten und einfachen Blätter wurzelständig (Wurzelblätter, Folia radicalia), stammständig (Stammblätter, caulina), aftständig, zweigständig (Aftblätter, ramea), winkelständig (axillaria), und blüthenständig (Blüthenblätter, floralia); in Rücksicht auf ihre Lage aber sind sie, so wie in vielen Fällen die Blättchen, Federblätter und Blattstiele zerstreut (sparsa), abwechselnd (alterna), entgegengesetzt (opposita), falschpaarig (disparia), kreutzweise (decussata), quirlig (verticillata, stellata), zweyzählig, 3-, 4-, 5-, 6-, 8-zählig (bina, terna, quaterna, quina, sena, octona), zweyseitig (disticha), zweyzeilig (bifaria), dreyzeilig (trifaria), vierzeilig (quadrifaria), entferntstehend (remota), beysammenstehend (approximata), dichtstehend (conferta), zusammenfließend (confluentia), vereinigt (coadunata), zusammengewachsen (coalita, connata), büschelig (fasciculata), untergetaucht (demersa, submersa), herausragend (emersa), schwimmend (natantia), wurzelnd (radicantia); in Rücksicht der Dauer abfallend (decidua), hinfällig (caduca), bleibend (persistentia), immergrün (sempervirentia).

§. 22. Bey den einfachen Blättern und den Blättchen der zusammengesetzten kann man gewöhnlich die Basis (Basis), die obere und die untere Seite (Pagina superior und inferior), den Rand (Margo), die Scheibe (Discus), und die Spitze (Apex) unterscheiden. Bey ihnen ist noch zu bemerken, daß die hervorspringenden Theile des Randes, wenn sie rundlich sind, Lappen (Lobi), wenn sie spitz sind, Ecken (Laciniae), die einspringenden, wenn sie geradlinicht sind, Winkel (Anguli), wenn sie rund sind, Buchten (Sinus) genannt werden; daß manche Blätter mit ihrer Basis den Stiel einhüllen und um denselben eine vollkommene Röhre bilden, welche man die Blattscheide (Vagina) heißt. Diese hat an ihrem Rande und der Basis des Blattes oft ein kleines häutiges durchsichtiges Blättchen, das Züngelchen (Blatthäutchen, Ligula). Ein hohles, röhrenförmiges, offenes Blatt, oder Fortsetzung eines Blattes, wobey die Oeffnung sogar zu Zeiten einen Deckel hat, wird Schlauch (Ascidium) genannt.

Ein Blatt oder Blättchen ist seiner Substanz nach häutig (membranaceum), dürre (scariosum), fleischig (carnosum), dick (crassum), wulstig (gibbum), breyig (pulposum), dicht (solidum, compactum), röhrig (tubulosum), locker (inane), zweyfächerig (biloculare), fächerig (loculosum), gegliedert (articulatum), rund (teres), halbrund (semiteres), fadenförmig (filiforme), walzig (cylindricum), pfriemig (pfriemenförmig, subulatum), nadelig (Nadeln, Tangeln, acerosum), dreyseitig (triquetrum), dachförmig (deltoideum), vierkantig (tetragonum), plattgedrückt (depressum), zusammengedrückt (compressum), zweyschneidig (anceps), bartenförmig (säbelförmig, acinaciforme), schnitzerförmig (hobelförmig, dolabriforme), zungenförmig (lingulatum, linguiforme), warzenförmig (verrucosum), hakenförmig (uncinatum), haarartig (capillare, capillaceum), borstenförmig (setaceum).

In Ansehung der Spitze stumpf (obtusum), ausgeschnitten (retusum), ausgerandet (emarginatum), abgebissen (praemorsum), abgestutzt (truncatum), dreyzahnig (tridentatum), spitz (acutum), zugespitzt (acuminatum), scharfgespitzt (cuspidatum), stachelspitzig (mucronatum), gabelig (cirrhosum), haartragend (piliferum).

In Ansehung des Umfanges kreisförmig (orbiculatum), fastkreisförmig (subrotundum), eyförmig (ovatum), verkehrteyförmig (obovatum), elliptisch (ovale, ellipticum), länglich (oblongum), parabolisch (parabolicum), spatelförmig (spatulatum), keilförmig (cuneiforme), verkehrtherzförmig (obcordatum), lanzig (lanceolatum), ungleichseitig (subdimidiatum), dreyeckig (triangulare), viereckig (quadrangulare), rautig (rhombeum, rhomboideum), schiefviereckig (trapeziforme), spießförmig (deltoideum), fünfeckig (quinquangulare), schmahl (lineare), schwertförmig (ensiforme), pfriemenförmig (subulatum); mit besonderer Rücksicht auf die Basis herzförmig (cordatum), fastherzförmig (subcordatum), schiefherzförmig (subdimidiato-cordatum, oblique-cordatum), nierenförmig (reniforme), mondförmig, kratzenförmig (lunatum), pfeilförmig (sagittatum), ausgeschweift-pfeilförmig (cordato-sagittatum), spon-

donförmig (spießförmig, hastatum), hellbartenförmig (auritum, auriculatum), oder auf die Winkel und Buchten ganz (integrum), ungetheilt (indivisum), buchtig (sinuatum, sinuosum), geigenförmig (panduriforme), lappig (lobatum), und zwar zwey=, drey=, vier=, fünflappig (bilobum, tri-, quadri-, quinquelobum), gespalten (fissum), und dann zwey=, drey=, vier=, fünfspaltig (bi-, tri-, quadri-, quinquefidum), getheilt (partitum), und dann drey=, vier=, fünftheilig (tri-, quadri-, quinquepartitum), handförmig (palmatum), eingeschnitten (incisum), halbgefiedert (pinnatifidum), doppelthalbgefiedert (bipinnatifidum), leyerförmig (lyratum), schrotsägenförmig (runcinatum), zerrissen (laciniatum).

Dem Rande nach ganzrandig (integerrimum), gerundet (rotundatum, rotundum), ausgeschweift (repandum), rauhrandig (crenulatum), gekerbt (crenatum), und zwar stumpfkerbig (obtuse-crenatum), scharfgekerbt (acute-crenatum), zwiefachgekerbt (duplicato-crenatum), gezahnt (dentatum), und zwar stumpfgezahnt, stumpfzahnig, spitzzahnig, zwiefachgezahnt (obtuse-, acute-, duplicato-dentatum), gezähnelt (denticulatum), kerbzähnig (dentato-crenatum), sägig (sägeförmig, serratum), und dann scharf=, stumpf=, zwiefach= oder rückwärtssägig (acute-, obtuse-, duplicato-retrorsum-serratum), schwachsägig, fastsägig (subserratum), feinsägig (serrulatum), sägig=gezahnt (dentato-serratum), zersetzt (lacerum), ausgebissen (erosum), gefranzt (ciliatum), stachelrandig (spinosum), knorpelrandig (cartilagineum).

Der Ausbreitung und den Flächen nach flach (planum), gekielt (carinatum), vierfachgekielt (quadricarinatum), rippig (nervosum), und zwar drey=, fünf=, siebenrippig (tri-, quinque-, septem-nervium), drey=, fünf=, sieben=gerippt (tri-, quinque-, septem-nervatum), dreyfach=fünffach=gerippt (tripli-, quintupli-nervium), rippenlos (enervium); gerippt (costatum), gestrichelt (lineatum), aderig (venosum), aderlos, ungeadert (avenium), aderrippig (venoso-nervosum), bedecktaderig (obtecto-venosum), netzförmiggeadert (reticulato-venosum), runzlich (rugosum), gepufft (bullatum), vertieft (lacunosum), ausgehöhlt (concavum), erhaben (convexum), rinnenförmig (canaliculatum), tutenförmig (cucullatum), faltig (plicatum), wogig (undatum, undulatum), kraus (crispum), entstellt (daedaleum), sparrig (squarrosum), sparrig=zerrissen (squarroso-laciniatum).

Die Oberfläche der Blätter ist nackt (nudum), glatt

(glabrum), eben (laeve), matt (opacum), glänzend (nitidum), durchscheinend (pellucidum), farbig (coloratum), gleichfarbig (concolor), zweyfarbig (discolor), bunt (pictum), geflectt (maculatum), gestreift (striatum), gefurcht (sulcatum), getüpfelt (punctatum), durchscheinendgetüpfelt (pellucido-punctatum, pertusum, perforatum), blatterig (papulosum), schorfig (leprosum), bestäubt (incanum), warzig (verrucosum), klebrig (viscidum), sammetartig (pubescens), haarig (pilosum), zottig (villosum), filzig (tomentosum), wollig (lanatum), seidenartig (sericeum), atlasartig (holosericeum), bärtig (barbatum), borstig (hispidum), strigelig (strigosum), harsch (scabrum), stachlig (aculeatum).

Der Befestigung nach sind sie gestielt (petiolata), schildförmig (peltata), faststiellos (subsessilia), stiellos (sessilia), losstitzend (soluta), angewachsen (adnata), hinablaufend (decurrentia), halbumfassend (semiamplexicaulia), umfassend (amplexicaulia), einschliessend (equitantia), einscheidend (vaginantia), durchwachsen (perfoliata).

Endlich nach der Richtung angedrückt (adpressa), aufrecht (erecta), klaffend (patentia), ausgebreitet (patentissima), wagerecht (horizontalia), bogig (arcuata), gebogen (flexa, inflexa), einwärtsgebogen (inflexa), wiederaufsteigend (assurgentia), aufwärtsgekrümmt (incurva), zurückgebeugt (reclinata), winklig (obliqua), rückwärtsgekrümmt (recurva, recurvata), zurückgebogen (reflexa), zurückgerollt (revoluta), herabhängend (dependentia), verdreht (obliqua), scheitelrecht (verticalia), seitwärtsgerichtet (adversa), umgekehrt (resupinata).

§. 23. Afterblätter (Stipulae) sind an dem Blattstiel oder nahe bey demselben sitzende kleine Blätter, welche in der Gestalt gewöhnlich von den übrigen Blättern abweichen; sie fehlen oft (nullae), oder sind einzeln (solitariae), gepaart (geminatae), seitenständig (laterales), unterblattisch (extrafoliaceae), überblattisch (intrafoliaceae), gegenblattisch (oppositifoliae), hinfällig (caducae), abfallend (deciduae), bleibend (persistentes), maalig (notatae). Sind die Afterblätter den Blättern ähnlich, und dicht unter ihnen, so heissen sie Unterblätter (Auriculae), und das Blatt, woran sie sitzen, vervielfältiget (auctum). Zu Zeiten vertreten Stacheln die Stelle der Afterblätter, die dann afterblattisch (Aculei stipulares) heissen.

§. 24. Nebenblätter (Deckblätter, Bracteae) sind an dem Blüthenstiel, oder bey, oder zwischen den Blüthen stehende, von den andern in der Gestalt verschiedene Blätter. Sie sind

farbig (coloratae), grün (virides), ein=, zwey=, mehrere (una, duae, plures), abfallend (deciduae), hinfällig (caducae), bleibend (persistentes). Stehen viele Nebenblätter nahe beysammen über einer Menge von Blüthen an der Spitze des Stiels oder Zweiges, so nennt man sie einen Schopf (Coma).

§. 25. Blätter, welche unter dem Blüthenstiel stehen, sich von den andern durch ihre Gestalt unterscheiden, und die Blüthe vor der Entwickelung einschliessen und bedecken, heissen eine Hülle (Involucrum). Sie gehört entweder zu allen eine Dolde bildenden Blumen, und schließt alle beysammenstehende Blüthenstiele ein, ist also vielblüthig (multiflorum) und allgemein (universale), oder sie gehört zu den kleinen Dolden, die sich hernach zu einer allgemeinen Dolde vereinigen, ist mithin eine besondere Hülle (partiale), ein Hüllchen (Involucellum), oder endlich zu einer einzigen Blüthe, ist ein= blüthig (uniflorum). Sie ist ferner ein=, zwey=, drey=, vier=, fünf=, sechs=, sieben=, vielblätterig (monophyllum, di-, tri-, tetra-, penta-, hexa-, hepta-, polyphyllum), oder halb (dimidiatum). Nach der Beschaffenheit der Blätter ist sie kelchförmig (calyciforme), häutig (membranaceum), schmahl (lineare), borstenförmig (setaceum), einfach (simplex), gefiedert (pinnatum), farbig (coloratum); nach der Dauer hinfällig (caducum), abfallend (deciduum), bleibend (persistens); selten ährig (spicatum).

§. 26. Hieher kann auch noch die Tute (Ochrea) gezählt werden; ein blattähnlicher Körper, welcher die Aeste oder den Stiel umgiebt, und am Rande abgestutzt (truncata), schief (obliqua), oder blätterig (foliacea) ist.

§. 27. Bey den Palmen, wo die Blätter die Bedeckung für den Stiel ausmachen, bey vielen Farrnkräutern, und Algen sind Stiel und Blätter als eins anzusehen, und haben, in so fern sie blattähnlich sind, bey den beyden ersten den Namen des Wedels, bey diesen den des Laubes (Frons) erhalten.

§. 28. Der Wedel (Frons) der Palmen und Farrnkräuter ist fächerförmig (flabelliformis), schildförmig (peltata), gefiedert (pinnata), gefiedert mit zusammen= fliessenden Blättern (pinnata pinnis confluentibus), doppeltgefiedert (bipinnata), vierfach=, fünffach=gefiedert (quadruplicato-, quintuplicato-pinnata), doppelt= halbgefiedert (bipinnatifida), quirlig (verticillata), un= fruchtbar (sterilis), fruchtbar (fructificans).

§. 29. Das Laub (Frons *Linn.* Truncus *Hedw.* Thallus *Acharii*) der Algen ist blätterig (foliacea), rindenartig (crustacea), häutig (membranacea), lederartig (coriacea), gallertartig (gelatinosa), staubartig (pulverulenta), schorfig (leprosa), warzig (verrucosa), rahmar=

tig (tartarea), rissig (rimosa), schildförmig (umbilicata), kreisförmig (orbiculata), sternig (stellata), fadenartig (filamentosa, Lorula), höchsteinfach (simplicissima), strauchförmig (fruticulosa). Zu Zeiten bilden Wärzchen, Körner und Fasern mehr oder minder erhabene Flecken im Laube, welche Kißchen (Pulvinuli) heissen.

§. 30. Die Schlinge (Gabel, Ranke, Cirrhus) ist ein fadenförmiger Körper, welcher, wie der Stamm aus Haut, Rinde und Holz, aber wenigerem Marke besteht, und kletternde und windende Pflanzen in der Höhe zu erhalten dient, daher er, besonders an der Spitze, gewöhnlich spiralförmig gewunden ist. Man findet ihn winkelständig (axillaris), blattständig (foliaris), blattstielständig (petiolaris), blüthenstielständig (peduncularis) und gegenblattisch (oppositifolius); der Theilung nach einfach (simplex), zwey-, drey-, und vielspaltig (bi-, tri-, multifidus); der Richtung nach zusammengerollt (convolutus) und zurückgerollt (revolutus).

§. 31. Die Blüthe (Flos) enthält die zur Befruchtung nöthigen Theile der Pflanzen, wo sie also deutlich zu erkennen ist, jederzeit entweder Staubgefässe allein in männlichen Blüthen (Flores masculi ♂), oder Stempel allein in weiblichen Blüthen (Fl. foeminei ♀), oder beyde in Zwitterblüthen, zwitterlichen Blüthen (Fl. hermaphroditi ☿); überdem aber gewöhnlich noch zur Hülle und Schutz dienende, oder selbst zur Beförderung der Befruchtung beytragende, selbst oft unentbehrliche Theile, Kelche, Blume und Nectarien, welches alles unmittelbar oder mittelbar der Hälter (Receptaculum), diesen oft der Blüthenstiel (Pedunculus) trägt. Es giebt indessen Blüthen, in denen die Zeugungstheile fehlen, welche also geschlechtslos (neutri), so wie solche, in welchen, wegen mangelhafter Beschaffenheit der weiblichen Zeugungstheile die Saamen nicht ausgebildet werden können, verwerfende Blüthen (abortivi). Pflanzen oder Blüthen, bey denen derselbe Hälter männliche und weibliche Zeugungstheile trägt, heissen verbundenehige (monoclini), solche, bey denen er Blüthen trägt, deren jede nur männliche oder weibliche Zeugungstheile allein enthält, getrenntehige (diclini), und im letztern Falle einkammerig (androgyni), wenn man beyde Geschlechter in demselben Blüthenstande antrifft, einhäusige (monoeci), wenn männliche und weibliche Blüthen auf demselben Stiel sich befinden, zweyhäusige (dioeci), wenn alle Blüthen eines Stiels nur männliche, eines andren nur weibliche sind; trift man bey Pflanzen alle drey Arten der Blüthe, oder wenigstens neben Zwitterblüthen auch männliche oder weibliche an, so sind sie vielehig (polygami), in Vielehe (Polygamia).

Bey den winkelehigen Pflanzen sind die Staubgefässe und Stempel entweder gar nicht vorhanden, oder wenigstens unbekannt, zweifelhaft oder doch ganz anders gebildet, und die Betrachtung ihrer Fortpflanzungswerkzeuge muß also von denen der deutlichehigen Pflanzen getrennt werden.

§. 32. Der **Blüthenstiel** (Pedunculus, Blumenstiel, Fruchtstiel), der bey den Moosen von einigen **Borste** (Seta), bey den Flechten Podetium genannt wird, ist von derselben Beschaffenheit, wie der Stiel und Blattstiel, nur enthält er mehr Mark, wie der letztere. Zu Zeiten wird er **fleischig** (carnosus). Er trägt entweder eine einzige Blüthe, ist **einblüthig** (uniflorus), oder mehrere, da er dann **zwey-, drey- — vielblüthig** (bi-, tri- — multiflorus) seyn kann und ein **gemeinschaftlicher Blüthenstiel** (P. communis) heißt, und sich alsdann oft in mehrere besondere **Blüthenstiele, Blüthenstielchen** (Pedunculus partialis, Pediculus, Pedicellus) vertheilt. Seinem Standorte nach ist er oft ein **Stengel** (Scapus) oder **wurzelständig** (Pedunculus radicalis), **stengelförmig** (scapiformis), **stammständig** (caulinus), **astständig** (rameus), **blattstielständig** (petiolaris), **winkelständig** (axillaris), **seitenständig** (lateralis), **achselständig** (alaris), **spitzeständig** (terminalis), **gegenblattisch** (oppositifolius), **beyblattisch** (laterifolius), **unterblattisch** (extrafoliaceus), **überblattisch** (suprafoliaceus, intrafoliaceus). Der Lage nach **abwechselnd** (alternus), **zerstreut** (sparsus, vagus), **entgegengesetzt** (oppositus), **quirlig** (verticillatus); der Zahl nach **einzeln** (solitarius), **gepaart** (geminatus), eine **Dolde** (Umbella) oder **Döldchen** (Umbellula), der Richtung nach **angedrückt** (adpressus), **aufrecht** (erectus), **klaffend** (patens), **überhängend** (cernuus), **nickend** (nutans), **umgekehrt** (resupinatus), **niedergebogen** (declinatus), **schlaff** (flaccidus), **aufsteigend** (adscendens), **hängend** (pendulus), **steif** (strictus), **geschlängelt** (flexuosus), **gelenkig** (geniculatus), **zurückgeknickt** (retrofractus), **gegliedert** (articulatus); der Verhältniß zur Blüthe nach **kurz** (brevis), **sehr kurz** (brevissimus), **lang** (longus), **sehr lang** (longissimus); der Gestalt nach, **rund** (teres), **dreykantig** (triqueter), **vierkantig** (tetragonus), **fadenförmig** (filiformis), **verdünnt** (attenuatus), **keulig** (clavatus), **verdickt** (incrassatus); der Bedeckung und den Anhängen nach **nackt** (nudus), **schuppig** (squamosus), **blätterig** (foliatus), **nebenblätterig** (bracteatus).

§. 33. Der Blüthenstiel erweitert sich gewöhnlich da, wo die Blüthe an ihm befestigt ist; aber auch bey den ungestielten Blüthen unterscheidet sich die Stelle, wo diese befestigt sind, durch eine kleine Erhöhung oder Erweiterung und ihr Ansehn, und bildet den **Hälter** (**Befruchtungsboden, Fruchtboden, Blüthboden,** Receptaculum), der entweder zu einer einzigen, einer einfachen Blüthe (Flos simplex) gehört, oder mehrere Blüthen trägt, **gemeinschaftlich** (commune) ist. Er ist ferner **flach** (planum), **erhaben** (convexum), **erhöht** (elevatum), **kugelig** (globosum, sphaericum), **kegelförmig** (conicum), **keulig** (clavatum), **vierseitig** (tetragonum), **verschlossen** (clausum), gewöhnlich **trocken** (siccum), seltner **fleischigt** (carnosum); ferner **nackt** (nudum), **haarig** (pilosum), **zottig** (villosum), **borstig** (setaceum), **spreuig** (paleaceum), **höckerig** (tuberculatum), **getüpfelt** (punctatum), **grubig** (scrobiculatum), **zellig** (favosum). Wenn ein solcher gemeinschaftlicher Hälter die Blüthen unmittelbar trägt, so heißt die Blüthe **zusammengesetzt** (Flos compositus); sitzen die Blüthen aber auf besondern vom Blüthenstiel verschiedenen Stielchen, **gehäuft** (F. aggregatus), und die Blüthen, welche auf dem gemeinschaftlichen Hälter stehn, **Blüthchen** (Flosculi).

Als besondere Bildungen oder Arten des gemeinschaftlichen Hälters sind das Kätzchen und der Zapfen, die Grasähre, und der ächte Kolben zu betrachten.

§. 34. **Ein Kätzchen** (Amentum, Julus) ist ein fadenförmiger Körper, der ganz mit hohlen **Schuppen** (Squamis) bedeckt ist, die nach allen Seiten um ihn herumstehn, die Befruchtungstheile enthalten, und bey vielen Pflanzen gegen die Zeit, daß die Frucht reift, holzig werden, und den **Zapfen** (Strobilus) bilden. Das Kätzchen findet man **eyförmig** (ovatum), **walzig** (cylindricum), **verdünnt** (attenuatum), **dünn** (gracile), **arm** (depauperatum), **geschindelt** (imbricatum).

§. 35. **Die Aehre** (Spica), so wie wir sie bey den Gräsern antreffen, die Grasähre, ist gleichfalls ein fadenförmiger Körper, der statt der Schuppen mit gegeneinander überstehenden, an ihrer Basis gleichsam ein Gewinde bildenden, dünnhäutigen und sich öffnenden und schliessenden Klappen, die man **Spelzen** (Valvae) nennt, und die zusammengenommen den **Balg** (Gluma) ausmachen, bedeckt ist, welcher Balg dann eine oder mehrere Blüthen enthält. Werden diese Aehren von besondern Blüthenstielen getragen, so heissen sie bey Linné **Blüthen** (Flores), oder **Aehrchen** (Locustae, Spiculae), und ihr gemeinschaftlicher Hälter die **Axe** (Axis); trägt sie aber der Hauptstiel, so heissen sie **Aehre** (Spica), und der gemeinschaftliche Hälter **Spindel** (Rachis). Diese Aehre ist von dem Blüthenstande, der auch bey andern Pflanzen Aehre heißt, wohl zu unterscheiden. Die Grasähren sind **eins-, zwey-, drey- — vielblüthig** (uni-, bi-, tri- — multiflora), **rund** (teres), **schmahl** (linearis), **länglich** (oblon-

ga), **epförmig** (ovata), **zweyzeilig** (disticha), **vierzeilig** (tetrasticha), **sechszeilig** (hexasticha). Der Balg der Grasähren schließt gewöhnlich mehrere Bälge ein, der äusserste wird von Linné als der Kelch betrachtet und **Kelch** (Calyx) genannt; der oder die innern als **Blumen** (Corollae) angesehn. Die Spelzen der innern Bälge sind auch gewöhnlich etwas zärter, und die innere dieser Spelzen häutig, die äussere aber grün, da die Spelzen des äussern Balgs stets beyde von unveränderter Rindensubstanz sind. Die Spelzen sind **epförmig** (ovatae), **lanzig** (lanceolatae), **bauchig** (ventricosae), **flach** (planae), **gekielt** (carinatae), **pfriemig** (subulatae), **herzförmig** (cordatae), **schiffförmig** (naviculares), **zusammengedrückt** (compressae), **ausgehöhlt** (concavae), **bogig** (arcuatae), **kreisförmig** (orbiculatae), **spitz** (acutae), **zweyspitzig** (bicuspidatae), **zugespitzt** (acuminatae), **stumpf** (obtusae), **gleichlang** (aequales), **ungleichlang** (inaequales), **pergamentartig** (cartilagineae), **rippig** (nervosae), **unbewaffnet** (muticae) oder **grannig** (aristatae), d. h. mit einer fadenförmigen oder pfriemenförmigen, oft länglich-kegelförmigen Spitze, einer Granne (Arista) versehen, seltner **zweygrannig** (biaristatae). Diese Granne steht entweder an der Spitze, unter der Spitze, oder noch tiefer am Rücken der Spelze, ist **rückenständig** (dorsalis). Sie ist ferner **gerade** (recta), **gelenkig** (geniculata), **rückwärtsgekrümmt** (recurvata), **gedreht** (torta, contorta, intorta, spiraliter intorta, tortilis), **nackt** (nuda), **befiedert** (plumosa), **harsch** (scabra), **glatt** (laevis). Nach der Zahl oder der Beschaffenheit dieser Spelzen heißt nun der Balg **eins, zwey, drey, vielspelzig** (uni-, bi-, tri-, multivalvis), **doppelt** (duplex), **schmahl** (linearis), **zusammengedrückt** (compressa), **gekielt** (carinata), **zugespitzt** (acuminata), **klaffend** (patens), **grannig** (aristata), **unbewaffnet** (mutica), und der äussere, als Kelch betrachtete Balg, nach der Anzahl der Blüthen, die er umschließt, **eins, zwey, vielblüthig** (Calyx Gluma uni-, bi-, multiflora). Zu Zeiten ähnelt der aus einer einzigen Spelze bestehende äussere Balg einer Schuppe, oder ein Balg von dieser Beschaffenheit liegt unter einem zweyten äussern Balg; in diesem Falle heißt er eine Schuppe und die Aehre ein **Kätzchen** (Amentum), oder wenn die Spelzen des äussern Balges sehr flach sind, und die Bälge, welche als Blume betrachtet werden, nur von unten und aussen bedecken, nicht einschliessen, eine **Hülle** (Involucrum), und nach der Zahl der Spelzen **eins, vier-, sechsblätterig** (mono-, tetra-, hexaphyllum).

§. 36. Der ächte **Kolben** (Spadix) ist ein walzenförmiger oder kegelförmiger Hälter vieler Blüthen, bey dem weder Schuppen noch Bälge diese Blüthen schützen und trennen.

§. 37. Auf die Blüthenstiele, die Arten des Hälters, so wie auf die Lage der Blüthen oder Blüthenstiele gegen einander gründet sich der **Blüthenstand** (Inflorescentia). Darnach sind also die Blüthen entweder **einfach** (Flos simplex), **zusammengesetzt** (compositus), oder **gehäuft** (aggregatus), und alle drey entweder **gestielt** (pedunculatus), oder **ungestielt** (sessilis). In allen diesen Fällen wieder **spitzständig** (terminales), **seitenständig** (laterales), **abwechselnd** (alterni), **entgegengesetzt** (oppositi), **gegenblattisch** (oppositifolii), **winkelständig** (axillares), **aufrecht** (erecti), **überhängend** (cernui), **nickend** (nutantes), **hängend** (penduli), **umgekehrt** (resupinati), **scheitelrecht** (verticales), **wagerecht** (horizontales), **einseitig** (secundi), **einzig** (unicus), **einzeln** (solitarii), **zweyzählig** (bini), **dreyzählig** (terni) u. s. w. **zerstreut** (sparsi), oder **quirlig** (verticillati), **knopfig** (capitati), **knaulig** (glomerati, conglomerati), **ährig** (spicati), **traubig** (racemosi), **büschelig** (fasciculati), **doldig** (umbellati), **käsig** (cymosi), **straussig** (corymbosi), **rispig** (paniculati), je nachdem sie Quirle, Knöpfe, Knaule, Aehren, Trauben, Büschel, Dolden, Käse, Sträusser und Rispen bilden, denen als Blüthenstände noch das Kätzchen (§. 34.), der Knauf und Kolben beyzuzählen sind.

Ein **Quirl** (Verticillus) entsteht, wenn mehrere Blüthen in einem Kreise um den Stiel stehn. Diesen Quirl findet man **stiellos** (sessilis), **gestielt** (pedunculatus), **halb** (dimidiatus), **sechs-, acht- — vielblüthig** (sex-, octo- — multiflorus), **knopfig** (capitatus), **dichtstehend** (confertus), **entferntstehend** (distans), **nackt** (nudus), **beblättert** (foliosus), **blattlos** (aphyllus), **hüllig** (involucratus), **nebenblätterig** (bracteatus), **unnebenblätterig** (ebracteatus).

Ein **Knopf** (Kopf, Capitulum) ist eine Menge auf einem Fleck gedrängt stehender Blüthen, so daß sie zusammengenommen eine mehr oder minder vollkommne Kugel bilden. Er ist **kugelig** (globosum, sphaericum), **fastkugelig** (subrotundum, subglobosum), **halbkugelig** (hemisphaericum), **kegelig** (conicum), **halb** (dimidiatum), **nackt** (nudum), **beblättert** (foliosum), **geschopft** (comosum). Ein kleiner, unregelmäßiger, aus kleinen Blüthen bestehender Knopf heißt ein **Knaul** (Glomerulus).

Unter einer **Aehre** (Spica), im weitläuftigsten Verstande des Wortes (§. 35.), versteht man jede Befestigung vieler stiellosen Blüthen an einen einzigen Blüthenstiel. Man trift sie an **schmahl** (linearis), **eyförmig** (ovata), **bauchig** (ventricosa), **walzig** (cylindrica), **geschlossen** (arcta), **zweyzeilig** (disticha), **einseitig** (secunda), **gegliedert** (arti-

culata), unterbrochen (interrupta), knaulig (glomerata), quirlig (verticillata), kammförmig (cristata), geschindelt (imbricata), haarig (ciliata), beblättert (foliacea, foliosa), geschopft (comosa), nackt (nuda), einfach (simplex), zusammengesetzt (composita), ästig (ramosa), paarig (conjugata), büschelig (fasciculata).

Eine Traube (Racemus) unterscheidet sich von einer Aehre dadurch, daß die Blüthen vermittelst ungetheilter fast gleich langer Blüthenstielchen in fast gleichen Entfernungen von einander am allgemeinen Blüthenstiel ansitzen. Die Traube findet man einreihig (unilateralis), einseitig (secundus), nackt (nudus), beblättert (foliatus), nebenblätterig (bracteatus), unnebenblättig (ebracteatus), aufrecht (erectus), gerade (rectus), locker (laxus), steif (strictus), überhängend (cernuus), nickend (nutans), hängend (pendulus), einfach (simplex), zusammengesetzt (compositus).

Ein Strauß (Doldentraube, Corymbus), unterscheidet sich von der Traube dadurch, daß die Blüthenstielchen von ungleicher Länge sind, und stufenweise so abnehmen, daß die Blüthen fast in einer Ebene liegen.

Wenn mehrere Blüthenstiele zwar nahe bey einander, aber nicht aus einem Punkte entspringen, die Blüthen nahe beysammen stehn, und in einer Ebene liegen, so entsteht ein Büschel (Fasciculus).

Eine Dolde (Schirm, Vmbella) besteht aus mehreren fast gleichlangen aus einem Punkt entspringenden Blüthenstielen, welche bey ihr Strahlen (Radii) heissen. Trägt jeder derselben nur eine Blüthe, so ist die Dolde einfach (V. simplex), gewöhnlicher aber ist sie zusammengesetzt (composita) und es vertheilt sich jeder Strahl an der Spitze wieder in mehrere Strahlen, und so entstehn die besonderen Dolden, Döldlein (Vmbella partialis, Vmbellulae), welche zusammengenommen die allgemeine Dolde (Vmbella universalis) ausmachen. Die mittelsten Blüthen der Döldlein oder Dolde sind die Mitte (Discus), die äussern, besonders wenn sie sich durch ihre oft unregelmässige Bildung oder verschiedenen Eigenschaften auszeichnen, der Strahl (Radius) der Dolde. Sie sitzt entweder unmittelbar am Stiel, da sie stiellos (sessilis) heißt, oder noch vermittelst eines besondern Stiels an demselben, da sie gestielt (pedunculata) ist. Sie ist ferner dichtstehend (conferta), dünnstehend (rara), arm (depauperata), erhaben (convexa), flach (plana), ausgebreitet (expansa).

Ein Käs (Afterdolde, Cyma) gleicht zwar beym ersten Anblick der Dolde, die ästigen Blüthenstiele entspringen aber entweder nicht aus Einem Punkte, oder sind wenigstens nicht in regelmäßige Döldlein, wie bey den Dolden, sondern in ungleichlange Aeste unregelmäßig vertheilt, die Blüthen liegen aber beynahe in Einer Ebene, oder Fläche.

Eine Rispe (Panicula) besteht aus einem gemeinschaftlichen Blüthenstiele, dessen besondere Blüthenstiele von neuem in Blüthenstielchen vertheilt, wenigstens weder gleich lang, noch wipfelig sind. Sie ist **einfach** (simplex), **traubig** (racemosa), **dünnstehend** (rara), **haarartig** (capillaris), **ästig** (ramosa), **vielästig** (ramosissima), **zusammengesetzt** (composita), **doppeltzusammengesetzt** (decomposita), **vielfachzusammengesetzt** (supradecomposita), **zerstreut** (sparsa), **doldig** (umbellata), **zertheilt** (deliquescens), **enge** (angusta), **spitzwinklig** (angustata, contracta), **gedrängt** (coarctata), **ährenförmig** (spiciformis), **eyförmig** (ovata), **fasteyförmig** (subovata), **länglich** (oblonga), **bauchig** (ventricosa), **locker** (ampla, laxa), **walzig** (cylindrica, cylindracea), **verdickt** (incrassata), **einseitig** (secunda), **dichtstehend** (congesta), **kronreich** (fastigiata), **klaffend** (patens), **ruthenartig** (virgata), **ausgebreitet** (patentissima), **ausgesperrt** (divaricata), **weitschweifig** (diffusa), **flatternd** (effusa), **aufrecht** (erecta), **steif** (rigida), **schlaff** (flaccida), **nickend** (nutans).

Der Knauf (Strauß, Thyrsus) ist eine eyförmige Rispe mit gleichlangen ziemlich kurzen Aesten.

Kolben (Spadix) ist ausser dem Blüthenstande, welche §. 36. erklärt ist, die Benennung des Blüthenstandes der Palmen, und bald eine unächte Aehre oder **ährig** (spicatus), bald eine Traube, oder **traubig** (racemosus), bald eine Rispe, oder **rispenförmig** (paniculatus).

§. 38. Gewöhnlich sind die Befruchtungstheile in den Blüthen von aussen mit Kelch und Blume umgeben, in den **vollständigen** Blüthen (Flos completus, perfectus); manchmal fehlen beyde, dann heißt die Blüthe **nackt** (Flos nudus) oder **unvollständig** (incompletus, imperfectus); doch giebt man ihr auch diese Namen, wenn nur eins von beyden fehlt, besonders den erstern Namen, wenn der Kelch mangelt, sie **kelchlos** (corallaceus, petaloides, aphyllus); den letztern, wenn die Blume fehlt, sie **blumenlos** (apetalus) ist. Die Kätzchenschuppe (Amenti squama) und der äussere Balg der Grasähren werden (§. 33.) wie ein Kelch angesehn.

Kelch und Blume unterscheiden sich dadurch, daß jener von der Oberhaut und Rinde gebildet, nur Zellgewebe und in der Oberhaut Saugöfnungen, diese von Holz und Zellgewebe erbaut, Gefässe, und lockeres mit Fleisch angefülltes Zellgewebe enthält, und in der Haut keine Oefnungen hat, sondern diese aus Zellen besteht, die scheinbar mit vielen lymphatischen Gefässen durchflochten sind, und den färbenden Stoff enthalten. Wenn daher auch,

welches seltner der Fall ist, Kelche nicht grün, sondern anders gefärbt sind, und Blumen eine grüne Farbe haben, so kann man sie doch an den angegebenen Kennzeichen unterscheiden; doch giebt es auch Blüthen, deren Kelch und Blume vereinigt sind; sie haben kelchartige Blumen, oder blumenartige Kelche, Kelchblumen oder Blumenkelche (Corollae calycinae, Calyces corollinae). In den Systemen ist man indessen nicht immer genau genug in Bestimmung des Kelches und der Blume gewesen, wenn eins von beyden fehlt.

Unter Nectarien (Nectaria, Parapetala) sollte man, Linné's Meynung nach, zwar immer Honiggefässe verstehn; seine, und andrer Nectarien sind aber oft nichts weiter als Theile der Blume, wahre Blumenblätter, wie bey den Gräsern, übrigens aber alle Theile, die man so nennt, entweder Drüsen, oder von derselben Beschaffenheit, wie die Blume, und nur in der Gestalt von ihren Theilen verschieden, oder in ihrer Bestimmung.

§. 39. Der Kelch (Calyx), wozu man die Kätzchenschuppen und Bälge zu zählen hat, ist ausserdem noch von einer doppelten Art. Er umgiebt nämlich entweder die Blume und Befruchtungstheile unmittelbar, da er Blumendecke (Perianthium), Kelch (Calyx im engern Sinne des Wortes) heißt; oder er hüllt die noch nicht geöffnete Blüthe ein, nach der Eröffnung aber entfernt sich die Blume mehr oder weniger von demselben, und der Kelch steht ziemlich weit unter dem Hälter; man nennt ihn sodann Blumenscheide (Spatha).

§. 40. Der Kelch oder die Blumendecke eines gemeinschaftlichen Hälters heissen der gemeinschaftliche (Calyx communis, Perianthium commune, Anthodium), der ihrer Blüthchen der besondere Kelch (Calyx proprius, Perianthium proprium), bey einfachen Blüthen gewöhnlich Kelch, Blüthendecke (Calyx, Perianthium) schlechtweg.

Da die Blumendecke die Fortsetzung der Haut und Rinde ist, so umgiebt sie nothwendig jederzeit den Hälter und Fruchtknoten; gleichwohl heißt sie oben (Calyx superus, P. superum), wenn sie den Fruchtknoten ganz dicht und unzertrennlich einschließt, und erst über ihn sich in Blättchen oder Lappen zertheilt; geschieht dies aber unter dem Fruchtknoten, so heißt sie unten (C. inferus), oder wenn es in der Mitte des Fruchtknotens geschieht, halboben (semisuperus). Manchmal befindet sich eine Blumendecke über, eine unter dem Fruchtknoten, dann heißt jene der Kelch der Blume (C. oder P. floris), dieser der Kelch der Frucht (C. oder P. Fructus). Doch bezeichnet man mit dem letztern Namen auch wohl den an der reifen Frucht noch vorhandenen Kelch.

Die Blumendecke ist entweder einblätterig (monophyllus), oder mehrblätterig (polyphyllus).

Bey der einblätterigen unterscheidet man die **Röhre** (Tubus), die **Mündung** (Limbus), welche letztere selten ein blosser **Rand** (Margo), oder **ganz** (integer), d. h. ohne alle Einschnitte, sondern gewöhnlich in grössere **Lappen** (Lobi), oder kleinere **Zähne** (Dentes), oder in zwey grössere oft wieder eingeschnittene **Lippen** (Labia), eine **obere** und eine **untere Lippe** (Labium superius und inferius) zertheilt ist, den Eingang zur Röhre, den **Schlund** (Faux), der zu Zeiten **bärtig** (F. barbata) oder durch Zotten verschlossen (Faux villis clausa) ist, und die **Oefnung** (Os), welche Mündung und Schlund begreift, und bey einigen Pflanzen nach der Blühezeit verschlossen (Os post florescentiam clausum) ist. Bey den Rosen, welche eine **bauchige Röhre** (Tubus ventricosus) haben, nennt man den Theil derselben gleich unter den Kelchblättern den **Hals** (Collum), der bey ihnen **verengt** (Collum angustatum) ist. Ihren Einschnitten und Zähnen nach ist die einblätterige Blumendecke **ganz** (Calyx integer), **abgestutzt** (truncatus), **zwey-, drey-, vier-, fünfzähnig** (bi-, tri-, quadri-, quinquedentatus), **drey-, vier-, fünfspaltig** (tri-, quadri-, quinquefidus), **drey-, vier-, fünf-, vieltheilig** (tri-, quadri-, quinque-, multipartitus), **halbvierspaltig** (semiquadrifidus), **halbfünfspaltig** (semiquinquefidus), **zweylippig** (labiatus, bilabiatus), **rachig** (ringens), und ihre Mündung **fast ganz** (Os fere integrum), **schief** (obliquum), **achttheilig** (octopartitum), **spitz** (acutum), **geöffnet** (patulum), **faltig** (plicatum).

Die vielblätterige Blumendecke ist **zwey-, drey-, vier-, fünf- — vielblätterig** (Calyx di-, tri-, tetra-, penta- — polyphyllus), je nachdem sie aus zwey, drey, vier, fünf oder mehreren Blättchen, **Kelchblättern** (Foliola), die bey der gemeinschaftlichen auch oft **Schuppen** (Squamae) heissen, besteht.

Gewöhnlich ist die Blumendecke **einfach** (simplex), manchmal aber auch **doppelt** (duplex, duplicatus), **bekelcht** (calyculatus), da man denn den **innern** und **äusseren Kelch** (C. interior und exterior) unterscheiden muss. Diese bestehn entweder beyde aus gleichartigen, gleichgrossen Blättern, da der Kelch im engern Sinne des Wortes **doppelt, verdoppelt** (duplex, duplicatus) genannt wird, oder der innere Kelch ist an der Basis mit kleinen oder andersartigen Blättern, die stets **Schuppen** (Squamae, Squamulae), und der äussere dann oft **Kelchlein** (Calyculus) heissen, umgeben, und heisst dann im engern Sinne des Wortes **bekelcht** (calyculatus).

Der Dauer nach ist die Blumendecke **festsitzend** (fixus), oder **bleibend** (persistens), und in diesem Falle manchmal **beerig** (baccans, baccatus), **kapselartig** (capsularis) oder

sie

sie wird zu einem Federchen (Pappus), oder sie ist welkend (marcescens), abfallend (deciduus), hinfällig (caducus); ihrer Grösse nach unmerklich (obsoletus), unkenntlich (obliteratus), kurz (abbreviatus), viel kleiner, kürzer, so lang, oder länger als die Blume, oder man vergleicht auch ihre Grösse mit der Grösse einzelner Blumentheile. Nach ihrer Beschaffenheit ist sie gewöhnlich grün (viridis), seltner gefärbt (coloratus) und dadurch blumenartig (corollaceus), oder nur an der innern Seite gefärbt (interne coloratus), häutig (membranaceus), lederartig (coriaceus), trocken (aridus), dürre (scariosus), brandig (sphacelatus). In Rücksicht ihrer Bedeckung finden alle bey der Oberhaut angegebenen Verschiedenheiten statt. Die Blättchen, Lappen, Zähne, Lippen oder Schuppen sind gleichlang (aequalia), ungleichlang (inaequalia), abwechselnd kleiner (alterne minora), kreisförmig (orbiculata), fastkreisförmig (subrotunda), eyförmig (ovata), verkehrteyförmig (obovata), länglich (oblonga), herzförmig (cordata), abgerundet (rotundata), lanzig (lanceolata), schmahl (linearia, angusta), pfriemig (subulata), gekielt (carinata), ausgehöhlt (concava), rinnig (canaliculata), sackförmig (saccata), an der Basis bucklig (basi deorsum gibba), flach (plana), stumpf (obtusa), spitz (acuta), zugespitzt (acuminata), stachelspitzig (mucronata), ausgerandet (emarginata), dreyzahnig (tridentata), zwey=, drey=, vierspaltig (bi-, tri-, quadrifida), zweytheilig (bipartita), stachlig (spinosa, aculeata), ganz (integra), gezahnt (dentata), sägig (serrata), gefranzt (ciliata), befiedert (plumosa), gefiedert (pinnata), aufrecht (erecta), gleichlaufend (parallela), zusammengebogen (conniventia), klaffend (patentia), geöffnet (patula), zurückgebogen (reflexa), herabgebogen (deflexa). Nach der Verschiedenheit dieser Theile, doch auch der Röhre und ihrer von beyden abhängenden Gestalt heißt die Blumendecke gleichförmig (aequalis), ungleichförmig (inaequalis), geschindelt (imbricatus), gerade (rectus), aufrecht (erectus), röhrig (tubulatus), röhrenförmig (tubulosus), walzig (cylindricus, cylindraceus), eng (angustissimus), weit (amplus), schmahl (linearis), länglich (oblongus), zusammengebogen (connivens), kegelförmig (conicus), eyförmig (ovatus), bucklig (gibbus), bauchig (ventricosus), pyramidenförmig (pyramidatus), halbkugelförmig (hemisphaericus), kugelig (sphaericus, globosus), fastkugelig (subrotundus), klaffend (patens), glockenförmig (campanulatus), beckenförmig (urceolatus), becherförmig (cyathiformis), ausgehöhlt (concavus), kräuselförmig (turbinatus), nagelförmig (hypocrateriformis), flach (planus), strahlig (radiatus), rund (teres), zusammengedrückt (compressus), gerieft (angulatus), fünf-, zehnriefig (quinquangularis, decangularis), gestreift (striatus), kantig (angulatus), vier-, fünfkantig (tetra-, pentagonus), sparrig (squarrosus), abgestutzt (truncatus), stumpf (obtusus), spitz (acutus), zugespitzt (acuminatus), stachlig (spinosus), einfachstachlig (simplicissime spinosus), am Rande stachlig (margine spinosus), borstig-stachlig (setaceo-spinosus), doppelstachlig (duplicato-spinosus), handförmig-stachlig (palmato-spinosus), zersetzt (lacerus), gefranzt (ciliatus), bürstig (pectinatus), gekrümmt-federig (recurvato-plumosus), sägig (serratus), grannig (aristatus).

§. 41. Die, am häufigsten dürre, Blumenscheide (Spatha) besteht entweder aus einem einzigen Blatte, ist einzig, einfach, einklappig, einblätterig (unica, simplex, univalvis, monophylla), oder aus zwey Blättern, ist doppelt, zweyzählig, zweyklappig (duplex, bivalvis, binae), oder vielblätterig (plures), oder zerstreut (vaga), wenn mehrere Blumen ausser einer gemeinschaftlichen jede noch eine besondere Blumenscheide haben. Eine mehrere Blumen einhüllende Blumenscheide heißt nämlich vielblüthig (multiflora), oder gemeinschaftlich (communis), sonst ist sie zweyblüthig (biflora), oder einblüthig (uniflora). Sie ist ferner verwelkend (marcescens), oder bleibend (persistens), festsitzend (fixa), und der Gestalt der Blätter nach herzförmig (cordata), länglich (oblonga), stumpf (obtusa), ausgerandet (emarginata), fastkreisförmig (subrotunda), zusammengedrückt (compressa), zusammengebogen (connivens), einwärtsgerollt (involuta).

Bey einigen Pflanzen werden doch auch die unmittelbar unter dem Fruchtknoten sitzenden Kelchblätter, wenn sie größtentheils dürre und durchsichtig sind, und den Fruchtknoten einhüllende Klappen bilden, Blumenscheiden (Spathae) genannt.

§. 42. Die Blume (Blumenkrone, Krone, Corolla), welche gewöhnlich eine andre als die grüne Farbe hat, gefärbt (colorata), selten in einzelnen Theilen, durchsichtig (hyalina) ist, besteht entweder aus Einem Blumenblatt (Petalum), oder mehreren, und sitzt entweder auf dem Hälter, ist unten (infera), oder auf dem Fruchtknoten, ist oben (supera), oder auf oder am Kelche, ist kelchständig (calyci insidens). Die einblätterige, so wie die mehrblätterige Blume ist regelmässig (regularis), gleichförmig (aequalis), wenn alle ihre ähnlichliegenden Theile einerley Gestalt und Grösse haben, sonst unregelmässig (irregularis), ungleichförmig (inaequalis), und wenn die Blüthe eine Blumendecke

hat, bekelcht (Flos calyculatus) ist, so ist sie entweder kleiner, oder nur so groß, in welchem Falle sie bedeckt (Corolla tecta) heißt, oder grösser wie diese, so wie denn ihre Verhältniß oder die ihrer Theile zum Kelch bestimmt wird.

§. 43. Die einblätterige Blume (Corolla monopetala) bildet gewöhnlich an ihrer Befestigung eine Röhre (Tulus), und am andern Ende die mehr ausgebreitete Mündung (Saum, Rand, Limbus), die entweder in zwo grössere Lappen, die man dann Lippen (Labia), und zwar die eine die obere Lippe (Labium superius), oder wenn sie etwas gewölbt ist, den Helm (Galea), die andre die untere Lippe (L. inferius), oder wenn die obere ein Helm ist, auch die Lippe schlechtweg oder die Unterlippe (Labium, Labellum, Barba) nennt, oder in mehrere ziemlich gleiche kleinere Ecken (Laciniae), oder grössere Lappen (Lobi) eingetheilt ist. Der Eingang zur Röhre heißt der Schlund (Faux), mit Inbegriff der Mündung die Oefnung (Os), der Raum zwischen dem Helm und dem Bart der Rachen (Rictus), und wenn sich an der untern Lippe eine Wölbung befindet, die den Schlund ganz oder zum Theil verschließt, diese Wölbung der Gaumen (Palatum).

Die Röhre der einblätterigen Blumen ist im Verhältniß zur Mündung oder zum Kelch **sehr kurz** (brevissimus), **kurz** (brevis), **mittelmässig** (mediocris), **lang** (longus) oder **sehr lang** (longissimus), ihrer Gestalt nach **dünn** (tenuis), **fadenförmig** (filiformis), **walzig** (cylindricus, cylindraceus), **kräuselförmig** (turbinatus), **enge** (angustus), **geöfnet** (patulus), **länglich** (oblongus), **bucklig** (gibbus), **bauchig** (ventricosus), **kugelig** (globosus), **oben weiter** (superne ampliatus), **oben enger** (collo coarctatus), **zusammengedrückt** (compressus), **kantig** (angulatus); der Richtung nach **gerade** (rectus), **gebogen** (inflexus), **gekrümmt** (incurvatus), **geschlängelt** (flexuosus).

Die Ecken und Lappen der Mündung sind **lanzig** (lanceolatae), **eyförmig** (ovatae), **verkehrteyförmig** (obovatae), **verkehrtherzförmig** (obcordatae), **blumenblattförmig** (petaloideae), **sehr lang** (longissimae), **schmahl** (lineares), **ausgerandet** (emarginatae), **zweytheilig** (bipartitae), **ganz** (integrae), **stumpf** (obtusae), **spitz** (acutae), **schief** (obliquae), **aufrecht** (erectae), **klaffend** (patentes), und darnach die Mündung **flach** (Limbus planus), **klaffend** (patens), **umgerollt** (revolutus), **spitz** (acutus), **stumpf** (obtusus). Insbesondere ist die Oberlippe oder der Helm **länglich** (oblongum), **abgerundet** (rotundatum), **eng** (angustum), **schmahl** (lineare), **flach** (planum), **zusammengedrückt** (compressum), **ausgehöhlt** (concavum), **gewölbt** (fornicatum), **einwärtsgekrümmt** (incurvum), aufrecht (erectum), gerade (rectum), zurückgebogen (reflexum), ganz (integrum), stumpf (obtusum), ausgerandet (emarginatum), zweyspaltig (bifidum), dreyspaltig (trifidum), zweytheilig (bipartitum); und die Unterlippe flach (planum), zurückgebogen (reflexum), umgekehrt (resupinatum), ganz (integrum), zweyspaltig (bifidum), dreyspaltig (trifidum), dreytheilig (tripartitum), vielspaltig=haarartig (multifido-capillare), aufgeblasen (inflatum), schuhförmig (calceiforme), an den Seiten umgebogen (lateribus reflexum), oder mit einem borstigen Zahn (utrinque dente setaceo) versehen.

Der Schlund ist gezahnt (dentata), mit Zähnchen (Dentes, Radii) d. i. glatten, dreyeckigten, spitzen Blättchen verschlossen, oder gewölbt (fornicata), mit Kläppchen (Fornices), d. i. kleinen muschelförmigen, gegen die Röhre hohlen Schuppen verschlossen (Faux fornicibus clausa), oder mit Falten (Plicis clausa), welche die Mündung bildet, oder mit Drüsen besetzt (glandulis obsessa), oder strahlig (radiata), gekrönt (coronata), haarig (pilosa), bärtig (barbata), zottig (villosa), offen (pervia), nackt (nuda).

Nach diesen Verschiedenheiten der genannten Theile, und ihrer Gestalt erhält auch die Blume verschiedene Benennungen: ganz (Corolla integra), zungenförmig, gezüngelt (lingulata, ligulata) oder einlippig (unilabiata), zweylippig (bilabiata), rachig (ringens), maskirt (personata), umgekehrt (resupinata), drey=, vier=, vielzahnig (tri-, quadri-, multidentata), zwey=, drey=, vier=, fünf=, vielspaltig (bi-, tri-, quadri-, quinque-, multifida), zwey=, drey=, vier=, fünf=, vieltheilig (bi-, tri-, quadri-, quinque-, multipartita), faltig (plicata), aufrecht (erecta), klaffend (patens), geöffnet (patula), verschlossen (clausa, impervia), gedreht (contorta), bauchig (ventricosa), kugelig (globosa), keulig (clavata), röhrig (tubulosa), heberförmig (siphoniformis), nagelförmig (präsentirtellerförmig, hypocrateriformis), trichterförmig (infundibuliformis), radförmig (rotata), glockenförmig (campanulata), becherförmig, krugförmig (cyathiformis), beckenförmig (urceolata), an der Basis sackförmig (basi saccata), malvenartig (malvacea), zurückgeschlagen (refracta).

§. 44. Das Blumenblatt der mehrblätterigen Blume (Corolla polypetala), welche nämlich mehr wie ein Blumenblatt hat, besteht gewöhnlich aus einem breiteren Theil, der Platte (Lamina) und einem schmäleren, mit dessen unterem Ende es befestigt ist, dem Nagel (Vnguis). Diese Blumenblätter sind ganz (integra), ausgerandet (emarginata), herzförmig (obcordata), zwey=, drey=, vier=, fünf=

di

theilig (bi-, tri-, quadri-, quinquepartita), gekerbt (crenata), gesäumt (fimbriata), bürstig (pectinata), stumpf (obtusa), spitz (acuta), zugespitzt (acuminata), genagelt (unguiculata), ungenagelt (sessilia), fastungenagelt (subunguiculata), schmahl (linearia), lanzig (lanceolata), eyförmig (ovata), verkehrteyförmig (obovata), kreisförmig (orbiculata), fastkreisförmig (subrotunda), länglich (oblonga), keilförmig (cuneiformia), flach (plana), rinnig (canaliculata), ausgehöhlt (concava), faltig (plicata), wogig (undulata), gerade (recta), sackförmig (saccata), helmförmig (galeata), einwärtsgekrümmt (incurva), einwärtsgerollt (involuta), umgeschlagen (revoluta), zusammengedrückt (compressa), pockig (granulifera, granifera), aufrecht (erecta), klaffend (patentia), ausgebreitet (patentissima), unkenntlich (rudia).

Die mehrblätterige Blume ist zwey=, drey=, vier=, fünf=, sechs=, neun=, vielblätterig (di-, tri-, tetra-, penta-, hexa-, ennea-, polypetala), klaffend (patens), geöffnet (patula), glockenförmig (campanulata). Die regelmässige vierblätterige heißt kreuzförmig (cruciata, cruciformis), die regelmässige fünfblätterige mit Blumenblättern ohne Nägeln rosenartig (rosacea), mit Blumenblättern mit Nägeln nelkenartig (caryophyllacea), die sechsblätterige, wenn sie glockenförmig ist, lilienartig (liliacea). Die unregelmässige gleicht oft einer rachigen Blume, und heißt dann auch rachig (ringens), oder sie ist manchmal schmetterlingsförmig (eine Schmetterlingsblume, papilionacea), in welchem Falle sie gewöhnlich aus vier Blättern besteht, die eine verschiedene Gestalt haben. Das oberste, mehrentheils größte Blumenblatt, heißt die Fahne (Vexillum), welche selten zweyblätterig (dipetalum) ist; die beyden gegeneinander über zur Seite liegenden Blumenblätter nennt man die Flügel (Alae); das unterste, welches, mit der Spitze aufwärts gekehrt und zusammengedrückt, die aufwärtsgekrümmten Befruchtungstheile einschließt, heißt das Schiffchen (Kiel, Carina), welches zu Zeiten zweyblätterig (dipetala) ist.

§. 45. Hier muß noch bemerkt werden, daß Linné alle zu einer Dolde und einer zusammengesetzten oder gehäuften Blüthe gehörige Blüthchen nicht richtig die allgemeine (Corolla universalis), die Blümchen oder Blüthchen derselben die besondere Blume (Corolla propria) nenne. Sind die Blüthchen bey den Dolden alle gleichförmig, so heißt die allgemeine Blume gleichförmig (uniformis), sind aber die äussern Blüthchen unregelmässig, und mit grössern äussern Blumenblättern versehen, ungleichförmig oder strahlend (difformis, radiata, radians). Bey den zusammengesetzten sind die Blüm=

chen entweder regelmäſſig, da ſie **Ganzblüthchen** (Flosculi), oder zungenförmig, da ſie **Halbblüthchen** (Semiflosculi) heiſſen. Beſteht eine ſolche zuſammengeſetzte Blüthe ganz aus Halbblüthchen, ſo heißt ſie **halbblüthig** (Corolla semifloꞏsculosa, Flos semiflosculosus). Beſteht ſie nur aus Ganzblüthchen, iſt ſie **ganzblüthig** (Flos flosculosus) und hat einen gemeinſchaftlichen bauchigen oder kugelförmigen Kelch, ſo wird ſie **knopfig** (capitatus) genannt, ſind aber die Blüthchen oben faſt in einer Ebene und der Kelch iſt walzig, halbkugelig, oder noch flächer, ſo heißt ſie **ſcheibenförmig** (discoideus); beſteht endlich der mittlere Theil der zuſammengeſetzten Blüthe, die **Scheibe** (discus) aus Ganzblüthchen, der Umfang, der **Strahl** (Radius) aus Halbblüthchen, **ſtrahlig** (radiatus); zu Zeiten iſt ſie **halbſtrahlig** (semiradiatus). Auch bey der Dolde machen die mittleren Blüthen die **Scheibe** (Discus), die äuſſern den **Strahl** (Radius) aus.

§. 46. Unter dem Namen **Nectarien** (Nectaria) begreift Linné alle Theile der Blüthe, welche nicht Kelch, Blume, Befruchtungstheile oder Hälter ſind. Zwar iſt, wie er von allen glaubte, ein groſſer Theil derſelben beſtimmt, um, wie es ſcheint, den Saamenſtaub und das Oehl der Narbe von aller Säure zu befreyen, den geſäuerten Pflanzenſchleim, den wir **Honig** (Mel) nennen, abzuſondern, oder aufzunehmen und zu bedecken, und verdienet daher den ihnen gegebenen lateiniſchen, oder die deutſchen Namen: **Honiggefäſſe, Honigbehälter, Saftgefäſſe, Saftbehälter**; aber der ſonderbare **Fadenkranz** (Corona) der Paſſionsblume, die Kappen und tutenförmigen Nectarien (Cucullus, Nectaria, Corona cucullata) der Schwalbenwurz, die Kläppchen und Haare in der Mündung vieler Blumen, ſcheinen weit eher zu andern Zwecken beſtimmte Theile der Blume zu ſeyn, und richtiger: Parapetala, genannt zu werden. Das was Linné bey den Gräſern Nectarien nennt, ſind ihre Blumenblätter. Auch nicht alle Blumen enthalten Honig, die ihn aber enthalten, zeigen oft ſein Daſeyn mittelbar durch **Saftmahle** (Puncta indicantia) an, welche bald dunklere Flecken, bald Streifen, bald beſondere Körper ſind. Zur Abſonderung des Honigs, als **Honigwerkzeuge**, dienen jederzeit Drüſen, **Honigdrüſen** (Glandulae nectariferae), welche bald auf dem Fruchtboden, bald an der Baſis des Fruchtknotens, der Staubgefäſſe oder Blumenblätter, oder in einer Rinne der letzteren (linea longitudinalis petalis insculpta), oder auf beſondern Schuppen, **Honigſchuppen** (Squamae nectariferae), oder auch unter der Oberhaut liegen, da dann **Honiglöcher** (Pori nectariferi) zu ihnen führen. Zum **Honigbehälter, Safthälter, Saftbehälter, Honiggefäß**, dienen zugleich oft die Rinnen der Blätter, oder eine **Grube** (Fovea) in denſel-

ben; oder ein walzenförmiges Loch in der Basis der Blume, ein Röhrchen (Tubulus); oder sackförmige Verlängerungen derselben, ein Sporn (Calcar), oder die Basis der Blumenröhre selbst, oder sackförmige gestielte Kappen (Cuculli pedicellati). Den Honig für die unmittelbare Einwirkung der Sonne und der Meteore zu beschützen, zu **Safthüllen** dienen theils **blumenähnliche Nectarien** (N. petaloidea), **Kronen**, **Kränze** (Corona), die bald **einblätterig** (N. monophyllum), und dann **zweylippig** (bilabiatum), **trichterförmig** (infundibuliforme), **röhrig** (tubulosum), **walzenförmig** (cylindricum, Cylindrus), oder **zwey-, drey-, vierblätterig** (di-, tri-, tetraphyllum) sind, oder die Gestalt von Tuten haben, **tutenförmig** (auriforme, cucullatum), **Tuten** (Cucullus) sind, oder **Schuppen** (Squamae), **Staubgefässe** (stamina mentiens), oder **Fäden** (Fila) darstellen, und **gerade** (rectum), oder **hornförmig** (corniculatum), oder endlich **gekreutzt** (cruciatum) sind.

§. 47. Die **Staubgefässe** (Stamina) bestehn aus den den Blüthenstaub (Saamenstaub, Blumenstaub, Pollen) enthaltenden **Staubbeuteln** (Antherae), und gewöhnlich aus den dieselben tragenden **Staubfäden** (Filamenta); doch fehlen diese letztern manchmal, und dann sind die Staubbeutel an andere Theile der Blüthe befestigt; auch ist der Standort der Staubgefässe, sie mögen Staubfäden haben oder nicht, überhaupt sehr verschieden. Sie sitzen am Hälter in den **bodenmännigen** (Flores thalamostemonii), am Kelche in den **kelchmännigen** (F. calycostemonii), an der Blume in den **blumenmännigen** (F. petalostemonii), an dem Kelch und der Blume in den **wechselmännigen** (F. allagostemonii), am Nectarium in den **honigmännigen** (F. parapetalostemonii), am Stempel in den **stempelmännigen** (F. gynandri), und zwar entweder am Griffel in den **griffelmännigen** (F. stylostemonii), oder an der Narbe in den **narbenmännigen** Blüthen (F. stigmatostemonii). Jede männliche oder zwitterliche Blüthe enthält ein einziges Staubgefäß in den **einmännigen** (Fl. monandri), zwey in den **zweymännigen** (F. diandri), drey in den **dreymännigen** (F. triandri), vier in den **viermännigen** (F. tetrandri), fünf in den **fünfmännigen** (F. pentandri), sechs in den **sechsmännigen** (F. hexandri), sieben in den **siebenmännigen** (F. heptandri), acht in den **achtmännigen** (F. octandri), neun in den **neunmännigen** (F. enneandri), zehn in den **zehnmännigen** (F. decandri), zwölf bis achtzehn in den **zwölfmännigen** (F. dodecandri), zwanzig und mehrere kelchständige in den **zwanzigmännigen** (icosandri), oder hälterständige in den **vielmännigen** Blüthen (F. polyandri).

§. 48. Der wesentlichste Theil der Staubgefässe, der

Blüthenstaub (Pollen), aus welchem mehrere Insecten das Wachs bereiten, macht kleine kugelförmige, ellipsoidische, nierenförmige, spindelförmige, kreutzförmige, dreyeckige, viereckige, gespaltene, gedoppelte, mit einem dicken Strich versehene glatte, runzliche, gezähnelte, haarige oder mit langen Fäden versehene Bläschen aus, welche die befruchtende, in Oehl aber nicht im Wasser auflösliche, aus vier Theilen Kohlenstoff und Einem Theil Wasserstoff bestehende Masse enthalten.

§. 49. Die Staubbeutel (Antherae), welche ihn einschliessen, haben ein zelligtes Gewebe. Selten sind Staubbeutel ohne Saamenstaub, unfruchtbare (steriles), gewöhnlich sind sie fruchtbar (fertiles, polliniferae) und einfächrig (uniloculares), zweyfächrig (biloculares), oder dreyfächrig (triloculares), und entweder an der Seite, oder an der Spitze aufspringend (latere oder apice dehiscentes), oder zweylöcherig (biperforatae). Die mehrsten sind getrennt (distinctae, liberae), seltner sind sie zusammenhangend (connexae, cohaerentes), zusammengewachsen (coalitae, connatae), oder bilden wie bey den röhrenbeutlichen Pflanzen (Plantae syngenesiae) einen röhrenförmigen Staubbeutel (Anthera tubulosa), den fünf Staubfäden tragen; übrigens aber sind auf einem Staubfaden, zwar gewöhnlich nur einer, doch auch zu Zeiten zween oder drey. Der Gestalt nach sind die einzelnen Staubbeutel länglich (Anthera oblonga), schmahl (linearis), kugelig (globosa), fastkugelig (subrotunda), elliptisch (ovalis), eyförmig (ovata), nierenförmig (reniformis), mondförmig (lunularis), plattgedrückt (depressa), zusammengedrückt (compressa), pfeilförmig (sagittata), kantig (angulata), dreykantig (trigona), vierkantig (tetragona), vierriefig (quadrangularis), vierfurchig (quadrisulcata), gedoppelt (didyma), zweyspaltig (bifida), zweylappig (biloba), zweytheilig (bipartita), beyderwärts gabelförmig (utrinque bifurcata), gekreuzt (cruciata), achtspaltig (octofida), herzförmig (cordata), stumpf (obtusa), spitz (acuta), zugespitzt (acuminata), pfriemenförmig (subulata), zweyhörnig (bicornis); in Ansehung der Bedeckung und Anhänge struppig (hirsuta), haarig (pilosa), bärtig (barbata), grannig (aristata), gekammt (cristata), gelappt (cucullata), gezahnt (dentata), mit Häutchen an der Spitze (membranis ad apicem aucta), mit glänzenden Punkten bestreut (punctis nitidis adspersa), unbewaffnet (mutica); nach dem Stande aufrecht (erecta), aufliegend (incumbens), schildförmig (peltata), seitenständig (lateralis), angewachsen (adnata), herumgewachsen (circumnata), beweglich (versatilis), stiellos (sessilis), zusammengebogen (conniventes), wiederaufsteigend

(assurgens), an der Spitze zurückgebogen (apice reflexa), hervorragend (exserta), eingeschlossen (inclusa).

§. 50. Die Staubfäden (Träger, Filamenta) sind die gewöhnlichere Stütze der Staubbeutel, bestehn aus Gefässen und Zellengewebe, und sind zum Theil sehr reitzbar, so daß sie bey der geringsten Berührung sich auf mannigfaltige Weise in Bewegung setzen, und dadurch zum Aussprühen des Blüthenstaubes und seiner Verbreitung sehr viel beytragen. Es giebt indeß auch Staubfäden in einigen Pflanzen, die keine Staubbeutel tragen und dann unfruchtbar (sterilia, castrata) im Gegensatz der fruchtbaren (fertilia, antherifera) heissen; oft sind die unfruchtbaren auch kleiner wie die andern, unvollkommen (imperfecta, Rudimentum filamenti). Bey den mehresten Pflanzen sind die Staubfäden getrennt (libera, distincta), bey einigen aber zusammengewachsen (connata), da dann die Pflanzen brüderliche (Adelphia), und zwar je nachdem die Staubgefässe in einen (eine Walze, Cylindrus), zween oder mehrere Körper zusammengewachsen sind, einbrüderige (Monadelphia), zweybrüderige (Diadelphia) oder vielbrüderige (Polyadelphia) heissen. Sie sind ferner bald gleichlang (aequalia), bald ungleichlang (inaequalia), und in dem letztern Falle bey viermännigen und sechsmännigen Blüthen zwey oder vier gleichlang und länger wie die übrigen beyden, jenes in zweyherrigen (Flores didynami), dieses in vierherrigen Blüthen (F. tetradynami). Der Gestalt nach ist der einzelne Staubfaden rund (teres), walzig (cylindricum), fadenförmig (filiforme), haarartig (capillare), borstenförmig (setosum), pfriemig (subulatum), kegelig (conicum), zusammengedrückt (compressum), breit (dilatatum, planum), häutig (membranaceum), blumenblattförmig (petaloideum), erweitert (dilatatum), unten schmähler (inferne angustatum), unten breiter (inferne latius), länglich (oblongum), herzförmig (cordatum), keilförmig (cuneiforme), dreyspitzig (tricuspidatum), vielspaltig (multifidum), ästig (ramosum), gegliedert (articulatum), queergestützt (transverse-pedicellatum), einfach (simplex); der Richtung nach sind die Staubfäden aufrecht (erecta), aufsteigend (adscendentia), wiederaufsteigend (assurgentia), krumm (curva), einwärtsgebogen (inflexa), aufwärtsgekrümmt (incurva), seitwärtsgebogen (deflexa), umgebogen (circumflexa), niedergebogen (declinata), rückwärtsgekrümmt (recurva), verbogen (retroflexa), geschlängelt (flexuosa), schneckenförmig (spiralia), gerade (recta), klaffend (patentia), gleichlaufend (parallela), zusammengebogen (conniventia), durchkreuzend (cruciata); der Lage nach beysammenstehend (approximata), entferntstehend (distantia, remota), entgegengesetzt (opposita); der Bedeckung nach haarig (pilosa), rauch (hirsuta), zottig (villosa), bärtig (barbata), staubig (pulveracea), griffeltragend (stylifera).

§. 51. Die weiblichen Befruchtungstheile, die Stempel (Pistillum), bestehen aus dem Fruchtknoten (Germen) und der Narbe (Stigma), welche mehrentheils durch den Griffel (Staubweg, Stylus) zusammenhängen. Mit der Befruchtung (Fructificatio) der Pflanzen verhält es sich so: Die Narbe schwitzt, gewöhnlich aus Häärchen oder Wärzchen, die sie bedecken, ein feines Oehl aus, welches den auf sie geflogenen Blüthenstaub auflöst. Damit dieser so viel gewisser auf die Narbe gelange, neigt sich bey manchen Blüthen dieselbe gegen den Staubbeutel, oder dieser beugt sich gegen die Narbe, oder, und zwar nicht blos bey getrenntehigen, sondern auch bey zwitterlichen Blüthen, führt der Wind den Blüthenstaub zur Narbe, oder Insecten, durch ihn selbst oder den Honigsaft herbeygelockt, verrichten oder befördern die Befruchtung (Caprificatio), und viele Arten sogenannter Nectarien unterstützen sie dabey. Diese Befruchtung durch den Wind und Insecten, die man auch künstlich nachmachen kann, indem man vermittelst eines Pinsels Blüthenstaub auf die Narbe bringt, giebt manchmal zur Erzeugung von Baßarten (Species hybridae) und Ausartungen (Varietates) die Veranlassung. Der aufgelöste Saamenstaub wird nun eingesogen und durch die Gefässe oder das Zellengewebe des Griffels zu den Saamen gebracht, die bereits vor der Befruchtung sich im Fruchtknoten gebildet haben.

Manche Pflanzen haben in den weiblichen oder zwitterlichen Blüthen nur Einen, manche mehrere Stempel, und die Blüthen heissen darnach, oder nach der Zahl der Griffel, und, wenn diese fehlen, der Narben ein=, zwey=, drey=, vier=, fünf=, sechs=, sieben=, acht=, neun=, zehn=, eilf=, vielweibig (Flores mono-, di-, tri-, tetra-, penta-, hexa-, hepta-, octo-, ennea-, deca-, endeca-, polygyni).

§. 52. Die Zahl der Fruchtknoten (Germina) ist verschieden, und in einer Blüthe, oft bey einem einzigen Griffel sind ihrer mehrere, doch nennt Linné in diesem Falle den Fruchtknoten zwey=, drey=, viertheilig (bi-, tri-, quadripartitum, oder bifidum, trilobum, quadrifidum). Der Gestalt nach ist er kugelig (globosum, sphaericum), fastkugelig (subglobosum, subrotundum), eyförmig (ovatum), verkehrteyförmig (obovatum), länglich (oblongum), elliptisch (ovale), walzig (cylindraceum), rundlich (teretiusculum), rund (teres), kreisförmig (orbiculatum),

x oft

prismatisch (prismaticum), drey-, vier-, fünfkantig (tri-, tetra-, pentagonum), dreyseitig (triquetrum), riesig (angulatum), drey-, vier-, fünfriefig (tri-, quadri-, quinquangulare), gefurcht (sulcatum), zusammengedrückt (compressum), plattgedrückt (depressum), schmahl (lineare), kegelförmig (conicum), kräuselförmig (turbinatum, obconicum), gedoppelt (didymum), fünfknöpfig (pentacoccum), gestreift (striatum), wulstig (gibbum), stumpf (obtusum), ausgeschnitten (retusum), ausgerandet (emarginatum), herzförmig (cordatum), gehörnt (corniculatum), spitz (acutum), zugespitzt (acuminatum), geschnabelt (rostratum), beyderwärts dünner (utrinque attenuatum), gekrümmt (incurvatum). In Rücksicht der Oberfläche ist er haarig (pilosum), rauch (hirsutum), zottig (villosum), harsch (scabrum), mit dem Nectarium gekrönt (Nectario coronatum). Der Lage nach heißt er oben (superum), wenn er über dem Kelche und der Blume, mittler (medium), wenn er zwischen beyden, unten (inferum), wenn er unter Blume und Kelch, halbunten (semiinferum), wenn er in der Mitte vom Kelch umgeben ist. Im letztern Falle ist er oft in den Hälter versenkt (receptaculo immersum). Am gewöhnlichsten ist endlich der Fruchtknoten stiellos (sessile), seltner gestielt (pedicellatum).

§. 53. Der Griffel oder Staubweg (Stylus) ist der mittlere Theil zwischen dem Fruchtknoten und der Narbe. Oft hat jeder Fruchtknoten einen, oft mehrere Fruchtknoten einen gemeinschaftlichen Griffel, oft führen mehrere Griffel den Blüthenstaub zu einem einzigen Fruchtknoten. Wenn mehrere in einer Blüthe sich finden, so stehn diese beysammen (approximati), oder sind zusammenhängend (connexi), oder, besonders an der Basis, zusammengewachsen (coaliti), klaffend (patentes), oder ausgesperrt (divaricati). Ihre Länge wird am häufigsten mit der der Staubgefäße verglichen, doch auch wohl im Verhältniß zur Blume, da er theils hervorragend (exsertus), theils eingeschlossen (inclusus) ist, oder im Verhältniß zum Fruchtknoten betrachtet. Ein Stempel heißt insbesondere sehr lang (longissimus), wenn er bey einem kleinen Fruchtknoten weit aus der Blume hervorragt; von da an nimmt er in Länge stufenweise ab, bis er zuletzt verschwindet (nullus) und die Narbe stiellos (Stigma sessile) ist. Nach der Richtung ist er gerade (rectus), aufrecht (erectus), krumm (curvus), aufsteigend (adscendens), niedergebogen (declinatus), einwärtsgeneigt (inclinatus), aufwärtsgebogen (inflexus), aufwärtsgekrümmt (incurvus), zurückgebogen (reflexus), zurückgekrümmt (recurvus, recurvatus), umgerollt (revolutus), geschlängelt (flexuosus), gedreht (intortus, tortus); der Gestalt nach findet man ihn walzig (cylindricus, cylindraceus), rundlich (teretiusculus), fadenförmig (filiformis), haarförmig (capillaris), borstenartig (setaceus), pfriemig (subulatus), kegelförmig (conicus), keulig (clavatus), lanzig (lanceolatus), dick (crassus), zusammengedrückt (compressus), schwertförmig (ensiformis), dreykantig (trigonus, triqueter), fünfkantig (pentagonus), gestreift (striatus), faltig (plicatus); der Oberfläche nach glatt (glaber), nackt (nudus), haarig (pilosus), sammetartig (pubescens), zottig (villosus), federartig (pennatus); der Spitze nach einfach (simplex), spitz (acutus), zwey=, drey=, vier=, fünf=, vielspaltig (bi-, tri-, quadri-, quinque-, multifidus), halbzweyspaltig (semibifidus), halbdreyspaltig (semitrifidus), zweytheilig (bipartitus, dichotomus), vielspaltig (quadrifidus); der Dauer nach bleibend (persistens), welkend (marcescens), abfallend (deciduus).

§. 54. Die Narbe (Stigma) ist, wiewohl selten eine blosse Oefnung, so daß sie zu fehlen scheint (nullum), oder ein spitzeständiger Punct (Punctum terminale). Gewöhnlich unterscheidet sie sich durch ihre schmierige und rauhe oder haarige Oberfläche vom Griffel, an dem sie spitzeständig (terminale), seitenständig (laterale) oder angewachsen (adnatum) sich befindet, wenn nicht der Griffel fehlt und sie stiellos (sessile) ist; doch ist sie manchmal so klein, daß sie unmerklich (obsoletum) wird. Selten haben mehrere Griffel eine gemeinschaftliche Narbe (St. commune), ein Griffel oder Fruchtknoten aber bald eine, bald zwo, drey, vier, oder fünf Narben. Die Narbe (worunter jedoch, um nicht von den Linneischen Ausdrücken abzuweichen, bey den folgenden Ausdrücken oft der oberste Theil des Stempels zu verstehn und damit verwechselt ist) ist einfach (simplex), ungetheilt (integrum), zwey=, drey=, vier=, fünf=, vielspaltig (bi-, tri-, quadri-, quinque-, multifidum), halbzweyspaltig (semibifidum), zwey=, drey=, vier=, fünf=, sechstheilig (bi-, tri-, quadri-, quinque-, sexpartitum), zweyklappig (bivalve), zweyblätterig (bilamellatum), zweylippig (bilabiatum), zerrissen (laciniatum), sternförmig (stellatum), ästig (ramosum), kreutzförmig (cruciatum), ringförmig (annulare), bekränzt (coronulatum), gleichförmig (aequale), klaffend (patens), zusammengebogen (connivens), spitz (acutum), zugespitzt (acuminatum), stumpf (obtusum), abgestutzt (truncatum), verdickt (incrassatum), ziemlich dick (crassiusculum), dünn (tenue), kugelig (globosum), knopfig (capitatum), kräuselförmig (turbinatum), keulig (clavatum), eyförmig (ova-

o Heilig x. partitus

tum), länglich (oblongum), herzförmig (cordatum), nierenförmig (reniforme), schildförmig (peltatum), kreisförmig (orbiculare), walzig (cylindricum), fadenförmig (filiforme), schmahl (lineare), haarförmig (capillare), borstenförmig (setaceum), pfriemig (subulatum), hornförmig (corniculatum), stachelspitzig (mucronatum), scharfgespitzt (cuspidatum), zusammengedrückt (compressum), häutig (membranaceum), blumenblattförmig (petaloideum, petaliforme, foliaceum), lanzig (lanceolatum), winklig, gerieft (angulosum), dreyeckig (triangulare), drey=, vier=, fünfkantig (tri-, tetra-, pentagonum), gezahnt (dentatum), fünfzähnig (quinquedentatum), zerfetzt (lacerum), ausgerandet (emarginatum), plattgedrückt (depressum), flach (planum), ausgehöhlt (concavum), trichterförmig (infundibuliforme), röhrig (tubulosum), rinnig (canaliculatum), einscheidend (vaginans), gestreift (striatum), strahlig (radiatum), warzig (verrucosum), gespornt (calcaratum), gabelig (cirrhosum), an der Basis gabelförmig (basi bifurcatum), bärtig (barbatum), pinselförmig (penicilliforme, penicillatum), haarig (pilosum), sammetartig (pubescens), federartig (plumosum), zottig (villosum), borstig (hispidum), bartlos (imberbe), aufrecht (erectum), schiefstehend (obliquum), wagerecht (horizontale), aufsteigend (adscendens), wiederaufsteigend (assurgens), einwärtsgebogen (inflexum), aufwärtsgekrümmt (incurvatum), zurückgebogen (reflexum), rückwärtsgekrümmt (recurvatum), zusammengerollt (involutum, convolutum), zurückgerollt (revolutum), nickend (nutans), hakenförmig (uncinatum, hamosum), schneckenförmig (spirale), gedreht (contortum), verwelkend (marcescens), bleibend (persistens).

§. 55. Der entwickelte Fruchtknoten enthält bereits vor der Befruchtung künftige Saamen, die durch einen Stiel, die Nabelschnur (Funiculus umbilicalis) oder den Saamenhälter (Receptaculum) mit ihm zusammenhängen, von ihm Gefässe erhalten und so ernährt werden. Sie erscheinen als Bläschen, sind mit einer eigenthümlichen Haut, der Saamenhaut (Secundina, Secundina exterior, Testa) bekleidet, und enthalten eine breyige Masse, das Chorion (Lederhäutchen, Chorion), in welchem sich bey vielen Pflanzen nach der Befruchtung Zellen bilden; so wie eben dieses Chorion nach derselben oft noch von innen mit einer dünnen von den Gefässen der Nabelschnur gebildeten inneren Haut (Membrana interna), die an der innern Seite anfangs weich und breyartig ist; von aussen aber die Saamenhaut noch von einer flockigen oder zelligen Haut oftmals bedeckt wird. Nach der Befruchtung bemerkt man im Chorion eine Höhle, die mit einer gallertartigen Flüssigkeit, dem Amnios (Wasserhäutchen, Keimfeuchtigkeit, Amnios, Colliquamentum) angefüllt, und oft in einer von den Gefässen der Nabelschnur gebildeten Haut eingeschlossen ist. Aus ihm entspringt das bald gerade bald krumme Nabelgefäß (Vas umbilicale, Vmbilicus) und in ihm entdeckt man nach einiger Zeit den Keim (Embryo, Planta seminalis). Anfangs wachsen der Keim und das Amnios gemeinschaftlich, und das Chorion nimmt ab, bis es verschwindet; jetzt aber fängt bey einigen Pflanzen das Amnios an sich in Mehl oder eine andre feste Masse zu verhärten, bey andern aber wird es, wie das Chorion verzehrt, und verschwindet mit der Reife des Saamens. Dies ist auch oft der Fall mit der zelligen Haut, welche den Saamen umgab, doch bleibt sie auch oft und zeigt sich entweder als eine äusserst dünne dicht anliegende Oberhaut (Epidermis), oder als ein dickerer, nur am Nabel angewachsener, übrigens loser Ueberzug (Arillus), oder als ein holziger Behälter, eine Schaale (Putamen), da dann der Saame den Namen des Kerns (Nucleus) und mit der Schaale den einer Nuß (Nux) erhält. Doch ist es sehr zweifelhaft, ob die Nuß als bloßer Saame zu betrachten sey. Manche Nuß ist es gewiß nicht. Der Saame enthält demnach in seinen Bedeckungen entweder den Keim allein, oder ihn, und das aus dem Amnios entstandene Eyweiß (Albumen). Der Keim besteht aus dem Pflänzchen (Corculum) und einem, zween oder mehreren Saamenlappen (Cotyledones, Valvae, Folia seminalia, bey einigen Pflanzen Dotter, Vitellus), d. i. dicken, blattförmigen, röhrenförmigen oder knollenförmigen mit dem Pflänzchen genau verbundenen Körpern, welche zubereiteten Nahrungssaft enthalten, und ihn den Pflanzen zuführen, an welchem man das Stämmchen (Federchen, Plumula), welches oft aus einer Knospe (Gemma) und einem Stielchen (Scapus) oft aus der Knospe, selten dem Stielchen allein besteht, und das Würzelchen (Schnäbelchen, Radicula, Rostellum) unterscheiden muß. Am reifen Saamen hinterläßt die Nabelschnur einen Eindruck, welcher der Nabel (die Narbe, Keimgrube, Hilum, Cicatrix, Cicatricula, Fenestra, Vmbilicus) heißt. Dieser Nabel, welcher auch der äussere Nabel genannt wird, liegt zwar gewöhnlich über der Stelle, wo die Nahrungsgefässe die innere Haut des Saamens durchdringen, manchmal aber geschieht dies letztere an einer andern Stelle, da dann diese Stelle der innere Nabel (Vmbilicus internus) heißt, in dessen Gegend sich in diesem Falle eine Erhabenheit, der Hagel (Chalaza), so wie der Nabelstrang einen Streifen (Raphe) bildet. Die Oefnung, wodurch der Nabelstrang in den Nabel tritt, heißt das Nabelloch (Omphalopyle); ausserdem findet man aber bey vielen Saamen noch nahe dabey eine an=

dre Oefnung, das Pförtchen (Micropyle), deren Nutzen bis jetzt unbekannt ist.

Diesen Saamen umgiebt jederzeit die Haut des Fruchtknotens, es sey denn daß diese vor seiner Reife verwelkte, aufgelöst würde und verschwände. Mehrentheils aber bildet sie sich zu einem Behälter für den Saamen, ein Saamengehäuse (Pericarpium) aus, oder statt dessen werden der Hälter, der Kelch oder die Blume zu Saamendecken (Pericarpium spurium), und der Saame ist bekleidet (Semen incrustatum, obductum, scleranthum). Die Bedeckung mit dem Saamen macht die Frucht (Fructus) aus.

§. 56. Im Saamen selbst ist das Verhältniß des Pflänzchens zur Wurzel, den Saamenblättchen und dem Eyweiß sehr verschieden. Die Menge des letztern scheint sich nach der Zahl und Gröffe der Saamenblättchen zu richten, und damit in umgekehrtem Verhältniß zu stehn; oft fehlt es gänzlich, oder ist so dünn, daß es gänzlich zu fehlen scheint; bey manchen winkelehigen Pflanzen hat man es Dotter (Vitellus) genannt, weil es den Keim nicht in sich enthält, sondern vollkommen dicht und die keimende Narbe an ihm angewachsen ist; bey dem grossen Eyweis der Gräser ist aber eben dieses der Fall, dem man doch seinen Namen gelassen hat. Man hat die Saamenblättchen manchen Pflanzen ganz abgestritten und sie saamenblattlos (Acotyledones) genannt, bey denen man sie in der Folge entdeckt hat, oder man hat auch sie als einen Dotter angesehn, der aber unstreitig nur ein Saamenblatt von ungewöhnlicher Gestalt ist, welches sich freylich nicht immer über die Erde erhebt. Dagegen hat man wirkliche Blätter für Saamenblätter gehalten. Die Anzahl der letztern ist bald eins, da es sich oft in Form eines eyförmigen Schildchens (Scutellum cotyledoneum), oder eines Trichters (Vitellus infundibuliformis) bey den einsaamenblätterigen Pflanzen (Monocotyledones) zeigt, oder, und zwar am gewöhnlichsten zwey, bey den zweysaamenblätterigen Gewächsen (Dicotyledones). Ob es vielsaamenblätterige (Polycotyledones) gäbe, ist sehr zweifelhaft. Der Nabel ist gewöhnlich ausgehöhlt (Hilum concavum), seltner erhaben (convexum), geschnäbelt (rostellatum), belappt (appendiculatum), mit einer vierzähnigen Krone (corona quadridentata) umgeben, mit einer fleischigen eingeschnittenen Platte (lamina pulposa, carnosa, incisa), einem schwammigen Schüppchen (squamula fungosa), oder einer Drüse bedeckt.

Die äussere den Saamen bedeckende Haut, die Saamenhaut, Schaale (Testa, Tunica) schließt jederzeit dicht an, und ist häutig (membranacea), lederartig (coriacea), schwammig (fungosa, spongiosa, suberosa), fleischig (carnosa), rindenartig (crustacea), steinhart (ossea, lapidea); die Oberhaut (Epidermis) häutig (membranacea) oder schleimig (mubilaginosa); der Ueberzug (Arillus) häutig (membranaceus), netzartig (reticulatus), beerig (baccatus), fleischig (carnosus), saftig (succulentus), elastisch (elasticus), ganz (integer), halb (dimidiatus), an einer Seite aufspringend (hinc dehiscens), zweyklappig (bivalvis), zersetzt (lacerus), mit vierspaltiger Mündung (ore quadrifido), zu Zeiten mehreren Saamen gemeinschaftlich (communis); die Nuß (Nux) mehrentheils einfächerig (unilocularis) und ohne Klappen, aber auch zu Zeiten zweyklappig (bivalvis), zwey-, drey-, vier-, fünffächerig (bi-, tri-, quadri-, quinquelocularis), und ihrer Gestalt nach fastkugelig (subglobosa), eyförmig (ovata), länglich (oblonga), elliptisch (ovalis), zusammengedrückt (compressa), spitz (acuta), stumpf (obtusa), dreykantig (trigona, triquetra); der Oberfläche nach glatt (glabra), löcherig (foraminulis punctata, foraminulenta), mit erhabenen Näthen versehn (suturis prominulis), runzelig (rugosa), gestreift (striata), gefurcht (sulcata), gegittert (cancellata), stachlig (spinosa).

Uebrigens ist der Saame seiner Oberfläche nach glatt (glabrum), glänzend (nitidum), runzlich (rugosum), rauch (hirtum), borstig (hispidum), wollig (lanuginosum), und zwar oft mit sehr langer Wolle (Desma, Lana) besetzt, die zu Zeiten federförmig (pappiformis) ist, zackig (muricatum), harsch (scabrum), mit schwammigen brüsigen Erhöhungen, Schwielen (Strophiola, Epiphyses) versehn, gestreift (striatum), gefärbt (coloratum); der Gestalt nach kugelig (globosum), halbkugelig (hemisphaericum), fast kugelig (subrotundum), länglich (oblongum), eyförmig (ovatum), verkehrteyförmig (obovatum), ellipsoidisch (ellipticum, ovale), rundlich (rotundum), nierenförmig (reniforme), herzförmig (cordatum), zweylappig (bilobum), mondförmig (menisciforme), linsenförmig (lentiforme, lenticulare), halbkreißförmig (semiorbiculare), walzig (cylindricum), rund (teres), dreykantig (trigonum), vierkantig (tetragonum), fünfkantig (pentagonum), zusammengedrückt (compressum), blattartig (compresso-foliaceum), säulenförmig (columnare), pyramidenförmig (pyramidale), wulstig (gibbum), ausgehöhlt (concavum), auf der einen Seite erhaben, auf der andern flach (hinc convexum, inde planum) oder kantig (inde angulosum), abgestutzt (truncatum), zugespitzt (acuminatum), pfriemig (subulatum), schneckenförmig (spirale), schneckenartig (cochleatum). Noch ist in Absicht der Zahl zu merken, daß ihrer auf dem Hälter jeder

Blü-

Blüthe, oder in dem Saamengehäuse oder jedem seiner Fächer, ein, zwey, drey, vier oder viele Saamen sind, und die Pflanzen, Saamengehäuse oder Fächer darnach ein-, zwey-, drey-, vier- — vielsaamig (mono-, di-, tri-, tetra- — polysperma) heissen.

§. 57. Das Saamengehäuse (Pericarpium) entsteht aus dem Fruchtknoten und ist daher sehr wohl von den Saamendecken und Fruchthüllen (Integumentis) zu unterscheiden, welche von dem Hälter, dem Kelche und der Blume gebildet werden.

Das wahre Saamengehäuse fehlt vielleicht nie, und die Saamen heissen nur dann nackt (Semina nuda), die Pflanzen nacktsaamig (gymnospermae), wenn die Schaale, welche der Fruchtknoten bildet, äusserst dünn, und kaum bemerklich ist, oder untrennbar an der Schaale des Saamens anliegt. Man sieht dies am auffallendsten an denen nackt genannten Saamen, bey welchen der Staubweg stehn bleibt, wodurch sie mit einem Schnabel (Rostrum) oder Horn (Cornu), versehen, geschnäbelt (semina rostrata), gehörnt (cornuta), oder in einem Schwanz (Cauda) verlängert, geschwänzt (caudata) erscheinen; oder an denen, wo der Kelch ausdauert, und so gekrönte (coronata), oder gefederte Saamen (papposa) bildet. Das Federchen (Pappus) ist nichts anders, als der stehenbleibende Kelch, wenn er den Saamen zum Fliegen dient. Er zeigt sich oft als ein blosses Rändchen, ist gerandet (calyculatus, marginatus), und dann oft vierzahnig (Margo quadridentatus), oder er ist grannig (aristatus), spreuig (paleaceus), haarartig (pilosus, capillaris, simplex), befiedert (plumosus), und in den beyden letzten Fällen stiellos (sessilis) oder gestielt (stipitatus). Auch bey manchen rindigen (corticata) und überzogenen Saamen (arillata, calyptrata) und Nüssen ist die Oberhaut oder der Ueberzug als ein Saamengehäuse, eine Hautfrucht (Vtriculus) und eben so die Nuß zu betrachten; die geflügelte Nuß (Nux ala membranacea excepta), die geflügelte Capsel (Capsula alata oder ala terminata) und die trockne geflügelte Beere (Bacca exsucca compresso-membranacea oder membranaceo alata) scheinen dies vorzüglich zu beweisen, die ein häutiges Saamengehäuse sind, welches entweder am Umfang, oder an einer oder mehreren Seiten eine dünne verlängerte Verdoppelung der Haut hat, welche man Flügel (Ala), und die Frucht darnach eine Flügelfrucht (Samara), so wie diese nach der Anzahl der Flügel ein-, zwey-, drey-, vier-, fünf-, vielflügelig (alata, bi-, 3-, 4-, 5-, multialata, mono-, di-, tetra-, penta-, polypterigia oder polyptera) genannt hat.

§. 58. Das wahre Saamengehäuse der bedecktsaamigen Pflanzen (Plantae angiospermae) ist verschieden nach der verschiedenen Beschaffenheit, welche der Fruchtknoten hatte oder annimmt, und oft durch mehr oder minder häutige, holzartige, oder lederartige Scheidewände (Dissepimenta) in mehrere Höhlen, die man Fächer (Loculamenta, Loculi) nennt, eingetheilt; auch bildet seine Haut oft Klappen (Valvulae) von verschiedner Zahl, deren Ränder da, wo sie zusammenstoßen, die Näthe (Suturae) ausmachen.

Die von allen Pflanzenforschern ohne Bedenken als solche angenommenen Saamengehäuse lassen sich etwa so classificiren. Sie sind

1) einfach, und
   a) springen bestimmt auf, und sind trocken, häutig oder lederartig; diese
      α) springen an der innern Seite in einer Nath auf, und haben keine Klappen; Bälglein (Folliculus).
      β) haben zwo Klappen, und die Saamen sind alle wechselsweise an den beyden Näthen befestigt; Schote (Siliqua).
      γ) haben zwo Klappen, und die Saamen alle an einer einzigen Nath befestigt; Hülse (Legumen).
      δ) gehören zu keinen der drey vorhergehenden; Kapsel (Capsula).
   b) springen nicht auf, und sind gewöhnlich fleischig; Beere (Bacca).
2) gedoppelt; indem das unmittelbare Saamenbehälter in ein andres mehrentheils fleischiges eingeschlossen ist. Das unmittelbare Saamenbehälter ist dabey entweder
   a) eine Nuß; Pflaume (Drupa).
   b) eine Kapsel; Apfel (Pomum).

§. 59. Bey dem Bälglein (Folliculus), der am seltensten vorkommt, ist nichts weiter zu bemerken, als daß er gewöhnlich zweyzählig, jederzeit einfächerig (unilocularis), und rund (teres), bauchig (ventricosus), länglich (oblongus), spitz (acutus), zugespitzt (acuminatus), oder pfriemig (subulatus) sey.

§. 60. Die Schote (Siliqua) ist entweder verhältnißmäßig viel länger als breit, da sie im engern Sinne des Wortes Schote (Siliqua) genannt wird, oder sie ist fast eben so breit oder breiter als lang, da sie Schötchen (Silicula) heißt. Sie hat gewöhnlich eine Scheidewand (Dissepimentum), wodurch sie zweyfächerig (bilocularis, Siliqua vera) wird, ist aber zu Zeiten auch einfächerig (unilocularis, Siliqua spuria). Ihre Klappen (Valvulae), deren sie immer zwo besitzt, sind schifförmig (naviculares), kahnförmig (cymbiformes), gekielt (carinatae), zusammengedrückt (compressae), und beym Reifen manchmal schneckenförmig zu-

rückgerollt (spiraliter revolutae). Die Schoten oder Schötchen selbst sind länglich (oblonga), kreisförmig (orbiculata), herzförmig (cordata), verkehrtherzförmig (obcordata), ausgerandet (emarginata), ganz (integra), stumpf (obtusa), lanzig (lanceolata), zusammengedrückt (compressa), zweyschneidig (anceps), linsenförmig (lenticularis), klauenförmig (ungulata), walzig (cylindracea), rund (teres), schmahl (linearis), vierkantig (tetraedra), kugelig (globosa), höckerig (torosa), wulstig (gibba), gegliedert (articulata), glatt (glabra), harsch (scabra), gerade (recta), krumm (incurva), pflaumenartig (drupacea).

§. 61. Die Hülse (Legumen) hat seltner eine Scheidewand, wodurch sie zweyfächerig (bilocularis) würde, sondern ist gewöhnlich einfächerig (unilocularis), zu Zeiten aber vermittelst queerliegender Scheidewände, Queerwände in Fächer abgetheilt (dissepimentis transversis, isthmis interceptum), und dann nicht von selbst aufspringend, da sie dann von einigen neuern Botanikern Gliederhülse (Lomentum) genannt wird; seltner ist sie mit einem weichen oder mehlartigen Fleische (Pulpa farinosa) angefüllt, in welchem die Saamen liegen, ist mehlig (farinosum) oder pflaumenartig (drupaceum). Uebrigens ist sie im Verhältniß zum Blüthenstiel und stehenbleibenden Kelch sehr lang (longissimum), lang (longum), sehr klein (minimum); ferner häutig (membranaceum), lederartig (coriaceum), fleischig (carnosum), holzig (lignosum), höckerig (torulosum), durchlöchert (fenestratum), gegliedert (articulatum), mit Verengerungen versehn (isthmis interceptum), rinnig (canaliculatum), rund (teres), walzig (cylindraceum), fastkugelig (subrotundum), bauchig (ventricosum), aufgeblasen (turgidum, inflatum), dünn (tenue), länglich (oblongum), mondförmig (lunulatum), rautig (rhombeum), gerade (rectum), bogig (arcuatum), sichelförmig (falcatum), gebogen (inflexum), schneckenförmig (cochleatum), zugespitzt (acuminatum), spitz (acutum), stumpf (obtusum), degenförmig (gladiatum), mit einem Kamm (Crista) versehen, gekammt (cristatum).

§. 62. Die Kapsel (Capsula) hat entweder keine Klappen (Valvulae), ist klappenlos (evalvis), und dann offen (hians), oder an der Spitze aufspringend (apice dehiscens), unter der Spitze mit vielen Löchern aufspringend (sub apice foraminibus pluribus dehiscens), mit Löchern an der Seite aufspringend (foraminibus lateralibus dehiscens), durchbohrt (perforata), an der innern Seite der Länge nach aufspringend (logitudinaliter introrsum dehiscens), an zwey Seiten aufspringend (bifariam dehiscens), an der Basis aufspringend (basi dehiscens), durchschnitten (circumcissa, Büchse, Pyxidium, Vtriculus circumcissus), deckelig (operculata), oder sie hat Klappen, und zwar ist sie ein=, zwey=, drey=, vier=, fünfklappig (uni-, di-, tri-, quatuor-, quinquevalvis), und diese Klappen liegen entweder mit der Scheidewand gleichlaufend (Valvulae dissepimento parallelae), oder demselben entgegengesetzt (v. d. contrariae). Die Scheidewände (Dissepimenta), wodurch sie oft in mehrere Fächer (Loculi, Loculamenta) eingetheilt wird, sind oft in der Mitte an einen runden Körper befestigt, welcher das Säulchen (Columella) heißt. Man findet sie ein=, zwey=, drey=, vier=, fünffächerig (uni-, bi-, tri-, quadri-, quinquelocularis), manchmal gehn die Scheidewände nicht ganz durch, und sie ist halbzweyfächerig (semi-bilocularis) 2c. Der Substanz nach ist sie trocken (sicca, Antrum), häutig (membranacea), lederartig (coriacea), rindig (corticata), fleischig (carnosa), holzig (lignosa), saftig (succulenta), beerenartig (baccata, Beerenkapsel, Theca); ihrer Gestalt nach kugelig (globosa), fastkugelig (subrotunda), eyförmig (ovata), elliptisch (ovalis), bauchig (ventricosa), kräuselförmig (turbinata), verkehrtherzförmig (obcordata), länglich (oblonga), zusammengedrückt (compressa), hülsenähnlich (leguminosa), plattgedrückt (depressa), kreisförmig (orbiculata), walzig (cylindracea), riefig (angulata), kantig (angulata), und zwar drey=, vier=, fünfkantig (tri-, tetra-, pentagona), zugespitzt (acuminata), ausgeschnitten (retusa), geschnabelt (rostrata), zweyschnabelig (birostris), gekrönt (coronata), gedoppelt (didyma), dreyknöpfig (tricocca), fünfknöpfig (pentacocca), oft sind mehrere zusammengewachsen (connatae, coalitae). Ihre Oberfläche ist harsch (scabra), igelig (echinata), filzig (tomentosa), eben (laevis), glatt (glabra).

§. 63. Die Beere (Bacca) ist den Fächern nach ein=, zwey=, drey=, vier=, vielfächerig (uni-, bi-, tri-, quadri-, multilocularis), der Substanz nach fleischig (carnosa), saftig (succulenta), saftleer (exsucca), trocken (sicca, exarida), lederartig (coriacea), rindig (corticosa), korkartig (suberosa); der Gestalt nach kugelig (globosa), länglich (oblonga), elliptisch (ovalis), eyförmig (ovata), verkehrteyförmig (obovata), plattgedrückt (depressa), walzig (cylindrica), genabelt (umbilicata), gekrönt (coronata), zweytheilig (bipartita), drey=, vierlappig (tri-, quadriloba), zweyknöpfig (dicocca), mehrere zusammengewachsen (coalitae), gehäuft (aggregatae), oder sie bilden eine zusammengesetzte Beere (Bacca composita), welche dann aus vielen Beerchen (Acini) besteht. Ihre

Oberfläche ist glatt (glabra), eben (laevis), furchig (sulcata), vierfurchig (quadrisulca), igelig (echinata).

§. 64. Die Pflaume (Steinfrucht, Steinobst, Drupa) ist fleischig (carnosa), saftleer (exsucca), trocken (sicca), rindig (corticosa), lederartig (coriacea), faserig (fibrosa), ferner kugelig (globosa), fastkugelig (subrotunda), eyförmig (ovata), ellipsoidisch (ovalis, elliptica), kräuselförmig (turbinata), länglich (oblonga), mit einer längslaufenden Furche (sulco longitudinali), vierriefig (quadrangularis), dreyfurchig (trisulca), zugespitzt (acuminata), genabelt (umbilicata), mit dem Kelche gekrönt (calyce coronata), glatt (glabra), zottig (villosa), bereift (pruinosa), geflügelt (alata), aufspringend (dehiscens), ein-, zwey-, drey-, vierkernig (mono-, di-, tri-, tetrapyrena).

§. 65. Der Apfel (Kernfrucht, Kernobst, Pomum, Antrum) ist nach der Beschaffenheit der Kapsel, welche er in seinem Fleische enthält, ein-, zwey-, drey-, vier-, fünffächerig (uni-, bi-, tri-, quadri-, quinquelocularis), der Gestalt nach kugelig (globosum), fastkugelig (subrotundum), kräuselförmig (turbinatum), achtriefig (octangulare), genabelt (umbilicatum), mit dem Kelche gekrönt (calyce coronatum).

§. 66. Der Kürbis (die Kürbisfrucht, Pepo), welche Linné bald wie einen Apfel (Pomum), bald wie eine Beere (Bacca) betrachtet, hat keine Kapsel inwendig, und die Saamen sind an der innern Seite der Schaale befestigt.

§. 67. Beym Balg, der Kapsel, der Beere sind oft die Saamen an einem in ihnen befindlichen, vom Hälter, der Säule und der Rinde verschiedenen Körper befestigt, den man auch Hälter (Receptaculum, Saamenhaft) nennt. Es sind eins, zwey oder mehrere vorhanden, und diese sind längsliegend (longitudinale), säulenförmig (columnare), angewachsen (adnatum), der Länge nach an den Klappen (longitudinaliter valvis adnexum), oder der Scheidewand befestigt (dissepimento affixum), frey (liberum), häutig (membranaceum), fleischig (carnosum), schmahl (lineare), fadenförmig (filiforme), pfriemig (subulatum), eyförmig (ovatum), halbeyförmig (dimidiato-ovatum), kugelig (globosum), erhaben (convexum), flach (planum), vierkantig (tetragonum), rauh (asperum).

§. 68. Saamendecken (Fruchthüllen, Afterfrüchte, Integumenta) entstehn aus dem Hälter, dem Kelche, der Blume und dem Kätzchen. Bey der Rose bildet der Hälter eine fleischige Beere (Bacca carnosa ex receptaculo orta). Der Kelch (Calyx) enthält unverändert (immutatus) die Saamen (oft auch die Saamengehäuse, da dann beyde dadurch verdeckt (velata) werden), oder wird aufgeblasen (inflatus), beerig (baccans, Bacca calycina), und dabey zu Zeiten zurückgezogen (Bacca recutita), einwickelnd (incrustans). Die Blume (Corolla) wird beerig (baccans) oder kapselartig (capsulosa). Das Kätzchen (Amentum) wird dadurch, daß seine Schuppen holzig werden, zum Zapfen (Strobilus), der walzig (cylindricus), kegelig (conicus), länglich (oblongus), kugelig (globosus), aufrecht (erectus), hängend (pendulus) ist.

§. 69. Daß die winkelehigen Gewächse (Cryptogamia) sich durch Saamen fortpflanzen, daß man bey einigen männliche und weibliche Blüthen antreffe, haben längst vielfältige Erfahrungen erwiesen. Bey manchen hat man auch mit Gewißheit alle Fortpflanzungstheile entdeckt, und einige Palmen, welche Linné zu den Farrnkräutern rechnete, mit Recht davon getrennt; den Schachtelhalm (Equisetum) aber, der doch deutlich vier Staubgefässe und einen Stempel hat, mit Unrecht darunter gelassen. Bey den Moosen scheinen auch Staubgefässe vorhanden zu seyn, aber sie sind doch nicht gewiß. Noch zweifelhafter ist man in Rücksicht derselben bey den übrigen winkelehigen Pflanzen; und deswegen verdienen beyde, so wie ihrer übrigen wichtigen Verschiedenheit wegen, noch immer von den übrigen Pflanzen getrennt zu werden.

§. 70. Bey den Moosen (Laubmoosen, Musci), die beym ersten Anblick in Rücksicht der Befruchtungstheile mit den deutlichehigen Pflanzen am mehrsten übereinstimmen, zeigt sich die Blüthe entweder an der Spitze der Stämmchen und Aeste, oder in den Blattwinkeln knospenförmig (Flos gemmiformis), knopfförmig (capituliformis), kugelig (globosus), oder sternförmig (disciformis), d. h. sternförmig mit Blättern umgeben. An den Blüthen, als deren Kelch (Perichaetium) man die zärtern Blätter betrachtet, welche gleich unter der Blüthe sitzen, entdeckt man bald herzförmige, eyförmige, längliche oder, und zwar am gewöhnlichsten fast walzige Beutel, welche sich an der Spitze öfnen, und die einige daher als die Staubbeutel (Antherae), so wie den heraussstiebenden Staub, als den Blüthenstaub (Pollen) betrachten, und Blüthen, in denen man diese Werkzeuge allein antrifft, als männliche, andre Naturforscher, wie z. B. Linné hingegen, als weibliche ansehn, oder diese Beutel für Knospenkeime halten, weil sie gesäet, keimen; bald entdeckt man in einer andern oder derselben Blüthe stempelähnliche Theile, welche mit einem länglichen Fruchtknoten (Ovarium), einem röhrenförmigen Griffel und einer gespaltenen Narbe versehn zu seyn scheinen. Diesen scheinbaren Stempel umgiebt eine feine nur oben und unten befestigte Haut, welche man als die Blume (Corolla) der Moose betrachtet, die also nur die weiblichen Blüthen haben.

Die, gewöhnlich getrennten, Zeugungstheile beyder Art sind mit gegliederten fadenförmigen Körpern umgeben oder vermischt, die man **Saftfäden** (Fila succulenta, Paraphyses) nennt, und welche vielleicht den Nutzen der Honiggefässe oder Blume leisten. Von den mehreren Stempeln derselben Blüthe gedeihet stets nur einer zur Vollkommenheit, und die andern, welche man **Zuführer** (Adductores, Prosphyses) nennt, verschwinden. Der vollkommene Fruchtknoten bildet sich nun (ungewiß ob durch Saamenstaub jener Beutel, oder durch andre Werkzeuge befruchtet, oder ohne vorhergehende Befruchtung) zu einer **Kapsel** (Capsula nach Linné, welcher diese Art der Blüthen mit Unrecht für die männlichen ansah, Anthera). Diese ist stets einfächerig, besteht aus einer **Büchse** (Theca), welche von einer stärkern äussern (Sporangium) und dünnern innern Haut (Sporangidium) gebildet wird, enthält die unverkennbaren und beym Säen keimenden **Saamen** (Semina, Sporae), ist mit einem Deckel und einer Mütze bedeckt, und zerspringt nie in Klappen, sondern öfnet sich durch das Abwerfen der Mütze und des Deckels. Zugleich entwickelt sich ein fadenförmiges Stielchen, auf dem sich die Kapsel erhebt, welches man vor der Befruchtung nicht bemerkt, und das die **Borste** (Seta, Setula), besser das **Stielchen**, der **Fruchtstiel** (Pedunculus) genannt wird. Die **Mütze** (Calyptra) entsteht durch das Zerplatzen der dünnen den Stempel bekleidenden Haut. Sie heißt **ganz** (integra), wenn sie die ganze Spitze der Büchse bedeckt, **halb** (dimidiata), wenn dies zur Hälfte geschieht, **zottig** (villosa), wenn sie aus Haaren zu bestehen scheint, **gezähnt** (dentata), wenn sie am Rande zahnartige Hervorragungen hat. Der **Deckel** (Operculum) ist ein Körperchen, welches unmittelbar die Mündung der Büchse verschließt; es ist **erhaben** (convexum), **kegelförmig** (conicum), **spitz** (acutum), **zugespitzt** (acuminatum), **flach** (planum), **stachelspitzig** (mucronatum); in ihm liegt häufig ein kleiner mit Zähnchen besetzter **Ring** (Franze, Annulus, Fimbria), welcher durch seine Schnellkraft die Mütze und den Deckel abwirft. Selten wird der Deckel gar nicht abgeworfen. Die Mündung der Büchse umgiebt ein häutiger Rand, das **Maul** (Peristomium, Peristoma). Dies ist selten noch mit einer dünnen Haut, dem **Ueberfell** (Zwergfell, Epiphragma), verschlossen, heißt aber **nackt** (nudum), wenn dieser Rand ganz ist, **gezähnt** (fimbriatum), wenn er mit Zähnen (dentes), welche von der äussern, oder **gefranzt** (ciliatum), wenn er mit Franzen (Ciliis), d. h. feinen Zähnen, welche von der innern Haut der Büchse gebildet werden, eingefaßt ist, oder **gezahnt-gefranzt** (dentato-ciliatum), wenn eine doppelte Reihe, aussen eine von Zähnen, inwendig eine von Franzen, und mithin auch ein doppeltes Maul, ein äusseres (Peristoma exterius) und ein inneres (P. interius) vorhanden ist. Inwendig in der Kapsel befindet sich ein fadenförmiger Körper, das Säulchen (Sporangidium, Columnula), und die Basis der Büchse ist vermittelst einer Hervorragung, die mehrentheils fleischig ist, des Ansatzes (Apophysis) am Fruchtstiel befestigt.

§. 71. Diejenigen Pflanzen, welche unter dem Namen Algae von Linné vereinigt werden, sind so wesentlich in Rücksicht ihrer Bildung und Befruchtungstheile unter einander verschieden, daß man in neuern Zeiten mit Recht zwo Classen, Lebermoose (Hepaticae) und Algen (Algae), und mit noch grösserm Rechte drey Classen, Lebermoose (Aftermoose, Hepaticae), Flechten (Lichenes), und Algen (Algae) daraus gemacht hat.

§. 72. Die Lebermoose (Hepaticae) sind den Moosen mehr oder minder verwandt, wenigstens scheinbar auch alle getrennten Geschlechts, und mit ähnlichen Geschlechtstheilen versehn. Bey den als männliche betrachteten Blüthen findet man zu Zeiten einen häutigen die Stelle des Kelchs vertretenden Rand, und an der Spitze sich öfnende birnförmige, eyförmige, kugelförmige in den Kelch oder das Laub versenkte, oder auf einem Stiel aufsitzende, in einen Knopf sich sammelnde Beutel, sogenannte Antheren. Die weiblichen Blüthen haben gleichfalls oft einen einblätterigen Kelch, und einen mit einer, auch hier, wie bey den Moosen als Blume betrachteten dünnen Haut bekleideten Stempel, der aus einem Fruchtknoten, Griffel und einer einfachen Narbe besteht, sich in eine Kapsel (Anthera *Linn.*), deren Büchse oft in Klappen aufspringt, verwandelt, und bey vielen mit einem Mützchen bedeckt, bemützt (calyptrata), bey andern mützenlos (acalyptrata) ist. Bey den mehresten sitzen gedrehte elastische Fäden an dem Saamen. Man nennt diese Fäden Schneller, Schleuder (Elater), oder wegen des Ansehns, das sie oft haben, Kettchen (Catenula).

§. 73. Die Flechten (Lichenes) haben auf der Oberfläche ihres Laubes kleine Kügelchen (Farina *Linn.* Vesiculae *Schreb.* Globuli, Glomeruli *Willd.* Propagula *Achar.*) die Linné für weibliche Geschlechtstheile hielt, andre für männliche Zeugungstheile halten, und die kleine Häufchen (Soredia *Achar.*) bilden, die oft in einem besondern Hälter (Receptaculum) liegen, und wenn sie abgefallen sind, eine kleine Vertiefung zurücklassen. Deutlichere Hälter (Receptacula *Linn.* Thalami, Fruchtlager *Willd.* Theca *Gaertn.* Apothecia *Achar.*) enthalten gewöhnlich in ihrer Scheibe (Discus), die mit einem Rande (Margo) umgeben, und oft von dem Laube, oft von einer andern Substanz gebildet ist, manchmal in besondern durchsichtigen häutigen Büchsen (Thecae), kugelförmige Körper, welche viele für den Saamen (Semen, Sporae) aus-

sehn, und werden bey einigen von Stielen (Podetiis) getragen, die manchmal becherförmig (scyphiformia, pyxidata), Becher (Scyphi) sind. Diese Hälter sind entweder 1) Schüsselchen (Scutella), flache, runde, vom Laube gebildete Scheiben, die entweder keinen Rand haben (Orbillae *Achar.*), oder mit einem Rande versehn sind (Scutellae *Achar.*), oder sie sind 2) Höckerchen (Tubercula), d. h. erhabene Körper, entweder vom Laube gebildet und dann kugelförmig, anfangs verschlossen, hernach aufspringend und inwendig mit nackten Saamen (Cistulae *Achar.*), oder einem Kern zusammengeketteter Saamen in einem Ueberzug (Perisporio) erfüllt (Tubercula *Achar.*); oder sie enthalten die Saamen in einem Umschlag und Büchse, und sind ins Laub versenkt (Thalamia *Achar.*), oder sie sind dann mit einer saamentragenden Kruste überzogen, von verschiedner Gestalt, und entweder auf einem Stiel sitzend (Cephalodia *Achar.*), oder rindenartig mit dem Laube verwachsen (Globuli *Achar.*); oder sie sind nicht vom Laube gebildet und kreisförmig, offen und mit einem Rande umgeben (Patellulae *Achar.*). Die Hälter sind 3) Schilder (Peltae), d. h. flache mit einer zarten Haut bedeckte Körper, die oft kreisförmige oder auf mannigfaltige Weise gezogene krumme faltige Streifen zeigen (Peltae turbinatae, Tricae, Gyromata); oder 4) Becherchen (Cyphellae), schildförmig, mit einem erhabenen Rand umgeben, und in die untere Seite des Laubes versenkt. 5) Strichlein (Lineolae *Linn.* Lirellae *Achar.*) mit einer strichförmigen Scheibe und parallelem Rande. 6) Knöpfchen (Capitula *Linn.* Pilidia *Achar.*) kugelförmige, offene, mit einer Haut bedeckte, auf einem von der Masse des Laubes verschiednem Stiel aufsitzende Körper.

§. 74. Bey den Algen (Algae, Rhizospermae) im engern Sinne des Wortes, scheint keine Befruchtung statt zu finden, sondern die Fortpflanzung durch Keimlinge (Gongyli), die sich im Mutterkörper ohne Befruchtung ausbilden, und oft in Blasengestalt zeigen, zu geschehen.

§. 75. Die Farrenkräuter (Filices) hat man in neuern Zeiten, so wie die linneischen Algen, und mit gleichem Rechte, entweder in zwo Classen, die der Pteroiden (Miscellaneae *Schreb.*) und der eigentlichen Farrenkräuter (Filices), oder in drey, Aehrenfarren (Stachyopterides), Farrenkräuter (Filices), und Wasserfarren (Hydropterides, man sehe die Anmerkung zur Classe der winkelehigen Pflanzen), oder in vier Classen, Gliederfarren (Gonopterides), welche allein den zu den viermännigen Pflanzen gehörenden Schachtelhalm (Equisetum) enthält, Aehrenfarren (Stachyopterides), wohin der in Rücksicht seiner Befruchtungstheile noch so sehr der Untersuchung bedürfende Bärlapp (Lycopodium) gestellt ist, Farrenkräuter (Filices) und Wasserfarren

(Hydropterides) eingetheilt, bey welchen letztern zwar Fortpflanzungstheile bekannt, aber so abweichend von allen bis jetzt bekannten sind, daß man die Theile nur nach entfernten Aehnlichkeiten und Vermuthungen benennen kann.

§. 76. Bey den eigentlichen **Farrenkräutern** (Filices, Dorsiflorae, Epiphyllospermae) ist ein mehr oder minder kugelförmiger oder keilförmiger Fruchtknoten vorhanden, der zu einer **Kapsel** (Capsula) wird, die oft in einer **Ritze aufspringt** (rima dehiscens), oder **zweyklappig** (bivalvis), oder mit einem gegliederten **Ringe** (Saum, Annulus, Fimbria) umgeben ist, durch den sie unregelmäßig aufreißt. Fast stets stehn viele Fruchtknoten (bey einigen mit Saftfäden untermischt) und also auch viele Kapseln beysammen in **Häufchen** (Sori), und bilden **Flecken** (Maculae), **Puncte** (Puncta, Sori subrotundi) und **Linien** (Lineae), die bald **gerade** (Sorus linearis), bald **krumm** (S. lunatus), bald **unterbrochen** (interruptus), bald **zweyreihig** (biserialis), **längslaufend** (longitudinalis), **randig** (marginalis), **queerliegend** (transversus), in der **Scheibe stehend** (Disci), **gleichlaufend** (paralleli), **durchkreuzend** (decussantes) und oft mit einer dünnen Haut, einem **Schleierchen** (Decke, Indusium) bedeckt sind, welches **flach** (planum), **schildförmig** (peltatum), **becherförmig** (urceolatum), **zweyklappig** (bivalve), **zusammenhängend** (continuum), **auswärts oder einwärtsaufspringend** (externe oder interne dehiscens), **einfach** (simplex) oder **doppelt** (duplex) ist. Als männliche Befruchtungstheile hat man die Haardrüsen, die Spaltöfnungen, die Vertiefungen auf dem Laube, das Schleyerchen, den Ring und die unentwickelten Fruchtknoten betrachtet.

§. 77. Die **Pilze** (Schwämme, Fungi) weichen so sehr in ihrer Bildung von den übrigen Pflanzen ab, daß sie ihrem ganzen Bau nach hier einer Erwähnung verdienen. Ihre Wurzel hat das Ansehn eines fadigen Schimmels, ist **schimmelartig** (Radix byssacea); der **Strunk** (Stipes), welcher aus einem fadigen Gewebe besteht, fehlt manchmal, und sie sind dann **strunklos** (sessiles), sonst **strunkig** (stipiati). Ihr Körper ist **fleischig** (carnosus), **lederartig** (coriaceus), **dicht** (solidus), **röhrig** (fistulosus), **vertieft** (lacunosus), **schuppig** (squamosus), **sparrig** (squarrosus), **gestiefelt** (peronatus), **bauchig** (ventricosus), **zwiebelartig** (bulbosus). Die Hauptsache bey demselben ist der **Hälter** (Receptaculum), und dieser entweder ein **Ueberzug** (Perithecium), d. h. ein fastkugeliger, ziemlich harter, mit Büchsen ungefüllter hohler Körper, oder ein **Umschlag** (Peridium), eine trockne, mit nacktem Saamen erfüllte Haut; oder ein **Pausch** (Stroma), ein fleischig-korkartiger Körper, auf welchem Ueberzüge

oder Umschläge sitzen; oder er ist **glockenförmig** (cupulae-forme, campanulatum), **knopfförmig** (capituliforme), oder **ästig** (ramosum), oder ein **Hut** (Pileus), d. h. ein Körper, der an seiner untern Fläche zwischen Blättern oder in Löchern, Stacheln, Warzen, die Befruchtungstheile trägt. Der Hut selbst, dessen obern Mittelpunct man die **Zitze** (Nabel, Vmbo), und ihn **gezitzt** (umbonatus) nennt, wenn derselbe hervorragt, ist **flach** (planus), **erhaben** (convexus), **ausgehöhlt** (concavus), **glockenförmig** (campanulatus), **halb** (dimidiatus), **klebrig** (viscidus), **schuppig** (squamosus), **sparrig** (sqarrosus); und nach der untern den Saamen enthaltenden Fläche, **blätterig** (lamellosus), wenn er mit dünnhäutigen, blätterartigen Hervorragungen, **Blättchen** (Lamellis) versehn ist, welche **gleichlang** (aequales), **ungleichlang** (inaequales), **ästig** (ramosae), **zweyreihig** (biseriales), **dreyreihig** (triseriales), **aderig** (venosae), **hinablaufend** (decurrentes) sind, oder **löcherig** (porosus), wenn auf der Unterfläche röhrenförmige **Löcher** (Pori), **stachlig** (echinatus, aculeatus), wenn auf derselben spitze, kegelförmige Hervorragungen, **Stacheln** (Echini, Aculei), **warzig** (papillosus), wenn daselbst kleine runde Erhabenheiten, **Wärzchen** (Papillae) sich befinden. Die Saamen sitzen in Kapseln, die sich an der Spitze öffnen, unmittelbar, oder paarweise, in eine feine Haut eingehüllt, zwischen diesen Theilen, die das **Fruchtbehälter** (Hymenium) bilden, oder ohne Bedeckung in der Substanz der Pilze, die sie oft ganz ausfüllen, oder in einer gallertartigen Masse. Im letztern Fall sind sie oft mit ästigen Haaren, einer **Bürste** (Grundborste, Trichidium, Pecten) versehn, oder werden durch ein **Haarnetz** (Capillitium) festgehalten. Bey seinem Entstehn ist der Pilz in eine dicke Haut eingewickelt, die hernach platzt und dicht über der Erde bleibt, man nennt sie den **Wulst** (Volva); bey einigen Pilzen ist dieselbe sternförmig eingeschnitten, **sternförmig** (stellata), bey andern **doppelt** (duplex). Eben so umgiebt den Strunk eine dünne Haut, die anfangs mit dem Hut zusammenhängt, beym Erwachsen des Pilzes aber losreißt, und nun am Strunke sich als ein **Ring** (Annulus) zeigt, der **aufrecht** (erectus), **umgekehrt** (inversus), **sitzend** (sessilis), **beweglich** (mobilis), **bleibend** (persistens), **flüchtig** (fugax), **spinnenwebenartig** (arachnoideus) erscheint. Zu Zeiten bleibt auch ein Theil dieser Haut am Hute, und heißt dann **Manschette** (Cortina).

§. 78. Bey der Fortpflanzung durch Saamen sind zwar, wenn sich nicht Gewächse verschiedener Art unter einander begattet und Bastarte erzeugt haben, die jungen Gewächse gewöhnlich denjenigen, von welchen sie entstanden, vollkommen ähnlich, und zeigen nur unwichtige, die einzelnen Dinge bezeichnende Unterschiede; sind also mit den elterlichen Gewächsen von einerley Art (Species). Nahrung, Klima und Standort verändern aber oft einige wesentlichere Theile der Bildung, und es entstehen Ausartungen (Varietates), die sich entweder in der veränderten Gestalt fortpflanzen, da sie Abarten, oder nicht so fortpflanzen, da sie Spielarten oder Mißbildungen (Monstra) sind. Hinlängliche aber mässige Nahrung befördert die Zeugungsfähigkeit, die bey den jährigen Pflanzen im ersten, bey den zweyjährigen Pflanzen im zweyten (selten im ersten) Jahre, bey den ausdauernden erst nach einem bestimmten, oft längern, oft kürzern Alter eintritt, und bey ihnen mehrere Jahre währet; zu kärgliche, so wie zu reichliche Nahrung bringen aber Unfruchtbarkeit zuwege, und durch sie verwandeln sich sogar die Staubgefässe in Blumenblätter und liefern gefüllte Blumen (Flores pleni, multiplicati).

§. 79. Ausser durch Saamen pflanzen sich die Gewächse aber auch durch Ergänzungskraft, Sprossen, Ausläufer, Knollen, Zwiebeln, Keimlinge, Sprößlinge und dadurch fort, daß ihre Aeste und Stiele an Stellen, wo sich Augen befinden, besonders wenn diese die Erde berühren, Wurzel schlagen.

§. 80. Die Säfte werden in den Pflanzen durch die Reizbarkeit der Gefässe bewegt, die ihren Graden nach sehr verschieden ist, und theils durch die in den Säften selbst enthaltenen Alkalien und Sauerstoff, theils durch die Einwirkung der Wärme, der Elektricität, des Lichtes und selbst der blossen Berührung äusserer Dinge in Thätigkeit gesetzt wird. Zu schwacher wie zu starker Reiz schwächen sie wie die Thiere, und bringen Schlaf (Somnus), der sich durch Senken und Zusammenklaffen der Blätter und Verschliessen der Blumen, besonders des Nachts (doch schlafen auch einige bey Tage, und wachen (Vigiliae) bey Nacht) zeigt, und bey vielen auch Winterschlaf zuwege, bey welchem letztern sie die Blätter und Blüthen verlieren, entblättert (defoliatio) werden, und oft selbst der Stiel abstirbt. Diese Theile werden hernach durch neue ersetzt, und also findet bey den Pflanzen auch eine Mauser statt.

§. 81. Die Pflanzen ziehen den Nahrungsstoff, der mehrentheils aus Kohlenstoff und Wasserstoff, mit etwas Sauerstoff und Erde vermischt, besteht, aus der Erde, wenige aus dem Wasser, die Schmarotzerpflanze (Plantae parasiticae), schon mehr zubereitet, aus andern Pflanzen, vermittelst der Wurzeln, doch unstreitig auch vielen Nahrungsstoff durch die Sauggefässe der Oberhaut, vielleicht auch manche durch die sogenannten Nebengefässe ein. Auch kann man ihnen das Athmen nicht ganz absprechen. Auch sie zersetzen, wie die Thiere, Luft und Wasser, und entziehen ihnen den Sauerstoff, der sich im Schatten und jederzeit in den Blumen mit dem überflüssigen

Kohlenstoff verbindet, und als kohlengesäuertes Gas fortgeht. Im Sonnenschein aber wirkt das mehr gereitzte Pflanzenleben in den Blättern stärker. Die Wirkung der Gewächse auf den Kohlenstoff wird in den Blättern durch den Sonnenschein vermehrt, dadurch der eingesogene Kohlenstoff mit dem Wasserstoff, den sie enthalten, innig vereinigt, zu eigenthümlichem Nahrungssaft verändert, und die Pflanzen dadurch gefärbt und ihre Theile fester. Wegen der innigen Verbindung, die hierbey der Kohlenstoff und Wasserstoff eingehn, kann sich ersterer nicht mit dem Sauerstoff vereinigen, und dieser Sauerstoff bildet daher mit dem freywerdenden oder hinzugekommenen Wärmestoff Sauerstoffgas, und indem die Pflanzen den Wärmestoff in allen diesen Fällen binden, kühlen sie die Luft ab.

Der durch die Wurzeln eingesogene Nahrungssaft steigt in den Holzgefäßen in die Höhe, wird in den Blättern oder blattähnlichen Theilen zu eigenthümlichem Saft verwandelt, der bey den **milchenden** Pflanzen (lactescentibus) in Gestalt einer ziemlich dicken gefärbten Flüssigkeit aus den Wunden hervordringt, steigt im Zellgewebe, welches die Rinde bildet, oder zwischen den Gefäßbündeln senkrecht liegt, bis zur Wurzel wieder herab, und verbreitet sich durch das queerliegende Zellgewebe in alle Theile der Pflanzen. Das Ueberflüssige wird theils durch Nebengefässe und Oeffnungen der Haut ausgedünstet, theils als klebriger oder schmieriger Saft, oder Honig durch Drüsen ausgeschwitzt, theils durch die Wurzelenden abgesondert.

§. 82. Nach ihrer verschiedenen Reitzbarkeit und Nahrung erfordern die Pflanzen ein verschiednes Klima, wovon ihr **Vaterland** (Patria), und einen verschiedenen Boden, oder eine verschiedne Lage ihres Aufenthalts, wovon ihr **Standort** (Locus) abhängt, die beyde zusammengenommen ihre **Wohnung** (Habitatio) ausmachen.

§. 83. Ausserdem kommen noch bey den Pflanzen in Betrachtung die verschiedenen Zeitpuncte ihres Lebens, nämlich des Aufgehns aus dem Saamen, des **Keimens** (Germinatio), des Hervorbrechens der Blätter aus den Augen, des **Ausschlagens** (Frondescentia, Vernatio), des **Schlafes** (Somnus), des **Entblätterns** (Defoliatio), des **Blüthknospenzustandes** (Vernatio), des **Oefnens der Blüthen** (Anthesis), der **Dauer derselben** (Aestivatio, Florescentia), der **Befruchtung** (Fructificatio), des Offenseyns der Blüthen nach den Stunden des Tages, oder des **Wachens** (Vigiliae), des **Ansetzens der Frucht** (Grossificatio), der **Reife derselben** (Maturatio) und des **Ausstreuens des Saamens** (Disseminatio), und ihr Verhalten dabey.

Ferner ihre Farbe, Geruch, Geschmack und andre auszeichnende Eigenschaften.

§. 84. Alle Pflanzen, die in allen wesentlichen Theilen

gleich sind, machen eine Art (Species) aus. Stimmen mehrere Arten so sehr in den wesentlichen Theilen überein, daß sie Bastarte erzeugen können, so bilden sie eine Gattung (Genus). Aber die Gattungen selbst haben oft grosse Aehnlichkeiten, und die Grade derselben, so wie die Grade der Verschiedenheiten sind höchst mannigfaltig. Wären wir im Stande sie nach diesen zu ordnen, die ähnlichsten zusammenzustellen, die unähnlichsten am weitesten von einander zu entfernen, so würden wir eine wesentliche Anordnung (Systema naturale) derselben besitzen; aber dazu reichen unsre Kenntnisse des innern und äussern Baues der Pflanzen noch nicht hin, und die Versuche natürliche Systeme zu entwerfen, welche Linné, Adanson, Oeder, Erxleben, Jussieu, Batsch u. a. machten, mußten schon zum Theil deswegen der Natur nicht entsprechen, weil manche statt ihr zu folgen, ihr Gesetze vorschreiben wollten, und nach selbst gebildeten Regeln verfuhren. Wir haben daher bis jetzt nur künstliche Anordnungen, in welchem jeder Gattung, die immer natürlich seyn sollte, ein Gattungsname (Nomen genericum) gegeben, und ihr Kennzeichen (Character genericus) angegeben wird, welches entweder wesentlich (Character naturalis) oder unterscheidend (Character essentialis) ist. Die Arten benennt man mit einem zum Gattungsnamen hinzugefügten Beyworte (Nomen triviale), und giebt gleichfalls seine Unterscheidungsmerkmale (Character speciei) mit wenigen Worten an. Die in willkührlich, doch nach einem bestimmten Gesetz angenommenen Kennzeichen, übereinstimmenden Gattungen werden in eine Classe (Classis) vereinigt, die man, das Nachschlagen zu erleichtern, nach ähnlichen Gesetzen in Ordnungen (Ordines) abtheilt. Grosse Ordnungen werden zu gleichem Zwecke in Abtheilungen, zahlreiche Gattungen in Familien (Familiae) zerlegt.

§. 85. Von den künstlichen Systemen ist das Linneische das fast allgemein angenommene. Die Gründe seiner Eintheilung und seine Classen sind folgende:

Die Pflanzen haben
I. deutliche, unzweifelhafte Befruchtungstheile,
  A. in zwitterlichen Blüthen
    a. von einander getrennte Staubgefässe und Stempel
      ª. freye Staubgefässe
        * von willkührlicher Länge
          1. Einmännige. Monandria.
          2. Zweymännige. Diandria.
          3. Dreymännige. Triandria.
          4. Viermännige. Tetrandria.
          5. Fünfmännige. Pentandria.
          6. Sechsmännige. Hexandria.
          7. Siebenmännige. Heptandria.

8. Achtmännige. Octandria.
9. Neunmännige. Enneandria.
10. Zehnmännige. Decandria.
11. Zwölfmännige. Dodecandria.
12. Zwanzigmännige. Icosandria.
13. Vielmännige. Polyandria.
** von bestimmter Länge.
14. Zweyherrige. Didynamia.
15. Vierherrige. Tetradynamia.
β. zusammengewachsene Staubfäden.
16. Einbrüderige. Monadelphia.
17. Zweybrüderige. Diadelphia.
18. Vielbrüderige. Polyadelphia.
γ. röhrenförmige Staubbeutel.
19. Röhrenbeutliche. Syngenesia.
b. stempelständige Staubgefässe.
20. Stempelmännige. Gynandria.
B. in Blüthen verschiedenen Geschlechts.
21. Einhäusige. Monoecia.
22. Zweyhäusige. Dioecia.
23. Vielehige. Polygamia.
II. zweifelhafte oder unkenntliche Befruchtungstheile.
24. Winkelehige. Cryptogamia.
Anhang. Palmen. Palmae.

Die Ordnungen entlehnt Linné bey der ersten bis dreyzehnten Classe von der Anzahl der Griffel und Narben, wornach die Pflanzen Einweibige (Monogynia), Zweyweibige (Digynia) u. s. w. sind; bey der vierzehnten von der Bedeckung des Saamens; er theilt sie in Nacktsaamige (Gymnospermia) und Bedecktsaamige (Angiospermia); die funfzehnte Classe enthält nach der Gestalt der Schoten zwo Ordnungen, Langschotige (Siliquosa) und Kurzschotige (Siliculosa); bey der sechzehnten, siebenzehnten, achtzehnten, zwanzigsten und einundzwanzigsten bestimmt die Anzahl der Staubgefässe, die Ordnungen, als Einmännige (Monandria), Zweymännige (Diandria) u. s. w. wozu bey den beyden letztern Classen noch einbrüderige (Monadelphia), verwachsenbeutliche (Syngenesia) und stempelmännige (Gynandria) kommen. Die neunzehnte Classe besteht größtentheils aus zusammengesetzten Blüthen, und ihre Ordnungen sind gleichförmige Vielehe (Polygamia aequalis), wenn alle Blüthchen zwitterlich; überflüssige Vielehe (Polygamia frustranea), wenn die mittleren Blüthchen fruchtbare zwitterliche, die äussern fruchtbare weibliche; vergebliche Vielehe (Polygamia frustranea), wenn die mittleren fruchtbare zwitterliche, die äussern narbenlose und daher unfruchtbare weibliche; Nothwendige Vielehe (Polygamia necessaria), wenn die mittleren narbenlose unfruchtbare zwitterliche, die äussern fruchtbare weibliche Blüthchen sind; Getrennte Vielehe (Polygamia segregata), wenn jedes Blüthchen ausser dem gemeinschaftlichen einen deutlichen besonderen Kelch hat; Einehige (Monogamia), wenn alle Blüthen einfach sind. Bey der drey und zwanzigsten Classe sind die Ordnungen Einhäusige (Monoecia), Zweyhäusige (Dioecia) und Dreyhäusige (Trioecia), in der vierundzwanzigsten Farrenkräuter (Filices), Moose (Musci), Algen (Algae) und Pilze (Fungi).

In neuern Zeiten haben manche die brüderigen, stempelmännigen und getrenntehigen Pflanzen, so wie die Palmen und einehigen röhrenbeutlichen Pflanzen, mit den ersten dreyzehn Classen nach der Zahl der Staubgefässe, und die zwölfte und dreyzehnte Classe zusammen vereinigt; und die winkelehigen Gewächse ganz anders eingetheilt.

§. 86. Linné's, von ihm selbst noch für unvollkommen gehaltene, sogenannte natürliche Ordnungen (Ordines naturales) und deren so gut und kurz wie möglich bestimmten Unterscheidungsmerkmale sind folgende:

1. Palmae. Palmen. Schaft. Blumenscheide. Blume 6-blätterig. Staubgefässe 6. Fruchtknoten 1, 3. Pflaumen 1, 3.
2. Piperitae. Gepfefferte Gewächse. Blumenscheiden oder ein verdickter Blüthenstiel und eine ihn einhüllende Haut. Blüthen auf Kolben oder in Aehren. Keine Blume. Beeren.
3. Calamariae. Rohrartige Gewächse. Halm knotenlos. Blüthen einfach.
4. Gramina. Gräser. Halm knotig. Blüthen in Aehren und Bälgen.
5. Tripetaloideae. Dreyblüthenblätterige Gewächse. Kelch ohne Blume, oder Blume ohne Kelch, oder bekelchte Blume, jedes 3-blätterig. 6 Staubgef.
6. Ensatae. Schwertblätterige G. Blumenscheide. Blume 6-blätterig oder 6-theilig. Staubgef. 3 oder 6. Kaps. 3-fächerig, 3-klappig.
7. Orchideae. Stendelwurzelige G. Wurzel knollig. Blume 5-blätterig, mit einem Nectarium, oben. Staubgef. 2, stempelständig. Blätter einscheidend.
8. Scitamineae. Würzige G. (Bananengewächse). Wurzel fleischig. Blätter mit einscheidendem Stiele. Blume unregelmässig, einblätterig, oben. Staubgef. blumenblattständig.
9. Spathaceae. Scheidenblumige G. Blumenscheide. Blume einblätterig, 6-theilig, regelmässig. Staubgef. 6 oder 12. Blätter schmahl.
10. Coronariae. Lilienartige G. (Liliaceae, Lilia). Kein Kelch oder Blumenscheide. Blume 6- oder 3-blätterig, oder 6- oder 3-theilig. Kapsel 3-fächerig.
11. Sarmentaceae. Rankende G. Blüthen 6-blätterig oder 6-thei=

theilig, gewöhnlich ohne Kelch oder ohne Blume. Staubgef. 6, selten 8 oder 12. Griffel 3, 4, oder ein 3theiliger. Beere oder Kapsel 3= oder 6=fächerig.

12. Oleraceae. **Gemüsige G.** Kelch 4= oder 5=theilig. Keine Blume. Staubgef. 5 oder 10. Kapsel 1=saamig, im stehenbleibendem Kelche.

13. Succulentae. **Saftige G.** Blätter dick, saftig, unschmackhaft, geruchlos.

14. Gruinales. **Spitzkapselige G.** Gewöhnlich Kelch 5=blätterig, Blume 5=blätterig. Staubgef. 5 oder 10. Griffel 5. Nackte Saamen oder Kapseln 5.

15. Inundatae. **Sumpfliebende G.** Im Wasser blühend. Stiel gelenkig. Keine Blume.

16. Calyciflorae. **Kelchblütige G.** Kelch ohne Blume, oben, staubgefässetragend. Pflaume oder Beere 1=saamig.

17. Calycanthemae. **Kelchblumige G.** Kelch vielspaltig, Blumenblätter und Staubgefässe tragend. Kapsel oder Beere.

18. Bicornes. **Zweyhörnige G.** Blätter abwechselnd, hart, immergrün. Kelch 1=blätterig. Blume meist 1=blätterig. Staubgef. 4 bis 10. Griffel 1 oder 2. Kapsel oder Beere.

19. Hesperideae. **Myrtenartige.** Blätter immergrün. Kelch 1=blätterig. Blume 4= oder 5=blätterig. Staubgefässe viele, kelchständig. Beere, Pflaume oder Kapsel.

20. Rotaceae. **Radblumige.** Blätter entgegengesetzt. Kelch 4= oder 5=spaltig. Blume 4= oder 5=theilig. Staubgef. blumenständig. Saamengehäuse 2=fächerig.

21. Preciae. **Frühblühende.** Stammlos. Blätter einfach. Blüthe regelmässig, oben. Kelch und Blume 5=spaltig. Staubgefässe 5. Griffel 1. Kapsel 1=fächerig.

22. Caryophylleae. **Nelkenartige.** Wurzel faserig. Blätter einfach, entgegengesetzt. Kelch 1= oder mehrblätterig. Blume mehrblätterig. Kapsel.

23. Trihilatae. **Dreynarbige.** Kelch 4= oder 5=blätterig, oder 5=theilig. Blume 4= oder 5=blätterig. Nectarien. Frucht 3= bis 5=fächerig.

24. Corydales. **Kappige.** Kelch 2= oder 4=blätterig. Blumen und Nectarien von besonderer Form.

25. Putamineae. **Hartschaalige.** Wurzeln ästig. Blätter abwechselnd. Fruchtknoten gestielt. Beere oder Schote.

26. Multisiliquae. **Vielschotige.** Blume vielblätterig, unten. Kapseln gehäuft oder mehrere.

27. Rhoeadeae. **Mohnartige.** Kelch hinfällig. Blume vielblätterig. Kapsel.

28. Luridae. **Betäubende.** Kelch und Blume 5=theilig. Staubgef. 4 oder 5. Griffel 1. Saamengehäuse mit einem Säulchen.

29. Campanaceae. **Glockenblumige.** Kelch und Blume 5=

spaltig. Staubgefässe 5. Griffel 1. Kapsel 1- bis 5-fächerig, oben oder an den Seiten aufspringend. Blätter abwechselnd.

30. Contortae. **Gedrehte.** Kelch 5-spaltig. Blume 1-blätterig, regelmässig, gedreht. Staubgefässe 5. Stempel 2, oder 2 Narben. Balg.

31. Vepreculae. **Buntkelchige.** Ein oder 2 Kelche, gefärbt, einblätterig. Blume 0. Staubgefässe kelchständig. Beere oder Kapsel 1-saamig.

32. Papilionaceae. **Schmetterlingsblüthige (Hülsenfrüchte, Leguminosae).** Kelch einblätterig, unregelmässig. Blume schmetterlingsförmig. Staubgefässe 10, ein- oder zweybrüderig. Stempel 1. Hülse.

33. Lomentaceae. **Gliederhülsige.** Sträucher. Kelch 5-spaltig. Blume vielblätterig, fastregelmässig. Hülse.

34. Cucurbitaceae. **Kürbistragende.** Blätter abwechselnd, einfach. Afterblätter. Kelch 5-blätterig oder 5-theilig. Blume 5-theilig. Staubgefässe kelchständig. Griffel 1, Narben 3. Kürbis.

35. Senticosae. **Stachlige.** Blätter abwechselnd. Afterblätter. Kelch 1-blätterig. Blume vielblätterig. Kein Saamengehäuse.

36. Pomaceae. **Obsttragende.** Blätter abwechselnd. Kelch 1-blätterig. Blume vielblätterig. Fruchtknoten bald oben, bald in den Kelch versenkt oder unten. Saamengehäuse.

37. Columniferae. **Säulentragende.** Wurzel faserig. Blätter abwechselnd. Afterblätter. Kelch einfach oder doppelt. Blume unten, malvenartig.

38. Tricoccae. **Dreyknöpfige.** Keine eigentliche Blume. Frucht 2- oder 3-knöpfig.

39. Siliquosae. **Schotentragende (Schotengewächse).** Blätter abwechselnd. Blüthen büschelig oder traubig. Kelch und Blume 4-blätterig. Staubgefässe 4-herrig. Schote.

40. Personatae. **Maskirte.** Blume 1-blätterig, unregelmässig. Saamen bedeckt.

41. Asperifoliae. **Rauchblätterige.** Wurzel faserig. Stiele ästig. Blätter abwechselnd, rauh. Keine Afterblätter. Kelch und Blume 5-spaltig. Staubgefässe 5. Stempel 1. Saamen 4, nackt.

42. Verticillatae. **Quirlblüthige.** Kelch unten, bleibend. Blume rachenförmig. Staubgefässe 2 oder 4. Stempel 1. Saamen 4, nackt.

43. Dumosae. **Markige.** Kelch und Blume 4-, 5-, 6-theilig oder blätterig. Staubgefässe eben so viele. Fruchtknoten oben. Starke Markröhre.

44. Sepiariae. **Bittere.** Blüthen in Rispen oder Sträussen. Kelch und Blume unten, 4-theilig. Staubgefässe 2 oder 4. Beere oder Kapsel.

45. Umbellatae. **Doldentragende (Doldengewächse, Schirmpflanzen).** Blüthen in Dolden, oben. Kelch 5=zahnig. Blume 5=blätterig. Staubgefäße 5. Griffel 2. Saamen 2, nackt.

46. Hederaceae. **Traubige.** Blüthen in Trauben oder Rispen. Blume 4= oder 5=blätterig. Staubgefäße 4 oder 5. Beere.

47. Stellatae. **Sternförmige.** Blätter wagerecht, entgegengesetzt oder quirlig. Blume 4= bis 6=theilig. Staubgefäße 4, 5, 6. Frucht 2=knöpfig.

48. Aggregatae. **Gehäuftblüthige.** Blüthen gehäuft.

49. Compositae. **Zusammengesetztblüthige.** Blüthe zusammengesetzt.

50. Amentaceae. **Kätzchentragende.** Blätter breit, abwechselnd. Blüthen in Kätzchen. Nackter Saamen oder Kapseln.

51. Coniferae. **Zapfentragende (Nadelholz, Tangelholz, Schwarzholz).** Blätter nadelnförmig. Blüthen in Kätzchen. Zapfen.

52. Coadunatae. **Zusammengesetztbeerige.** Kelch 3=blätterig. Blume vielblätterig. Staubgefäße und Stempel viele. Beeren viele, saamig, vereinigt.

53. Scabridae. **Harschblätterige.** Blätter rauh, Blattansätze. Blüthen in Kätzchen oder fleischigem Hälter. Keine Blume. Staubgefäße 4 bis 6. Saame 1 im bleibenden Kelch.

54. Miscellaneae. **Unbestimmte.**
55. Filices. **Farrenkräuter** §. 11.
56. Musci. **Moose.** §. 11.
57. Algae. **Algen.** §. 11.
58. Fungi. **Pilze.** §. 11.

§. 87. Außer dem Betrachten, Beschreiben, Abbilden und Beobachten der Pflanzen an ihrem Wohnort oder in Gärten kann es sehr zur Belehrung und Vergleichung beytragen, sie künstlich zubereitet aufzubewahren. Dies geschieht in einer **Pflanzensammlung** (Herbarium vivum). Die deutlichsten und alle winkelehigen Pflanzen, außer den saftigern Pilzen, trocknet man zu dem Ende zwischen Druckpapier, oder besser in einem alten Buche, vermittelst des Pressens; bey manchen saftreichen und mit dem Safte die Farbe verlierenden Gewächsen muß man aber manchmal Postpapier oder ein Biegeleisen zu Hülfe nehmen. Auch die Pilze lassen sich größtentheils durch oft abwechselndes Pressen zwischen trocknem Löschpapier und Trocknen an der Luft und Sonne trocken bewahren; diejenigen, wobey dies nicht angeht, verwahrt man mit gutem Erfolg in einer kaum gefärbten Auflösung von Kupfervitriol in destillirtem Wasser mit einem Drittheil Weingeist vermischt. Die getrockneten Pflanzen verwahrt man am besten in Bogen

Papier, worauf man den Namen schreibt, auch andre Merkwürdigkeiten von der Pflanze aufzeichnen kann, und befestigt sie entweder gar nicht, oder nur mit Papierstreifen. Bloß solche Pflanzen, die getrocknet die Blätter verlieren, klebe man mit Hausenblase auf. Die Moose und Flechten kann man am besten in ihrer natürlichen Gestalt aufbewahren. So viel möglich müssen die Pflanzen vollständig seyn, und sonst die einzelnen fehlenden Theile, da man nicht immer an einem Exemplare Blüthe, Frucht und Blätter zugleich haben kann, in mehreren Exemplaren zu verschiedenen Zeiten gesammelt und eingelegt werden.

TERMINI ARTIS.

Abbreviatus, kurz.
abortivus, verwerfend.
abrupte-pinnatus, paarig=gefiedert.
acalyptratus, mützenlos.
acaulis, stammlos, strunklos.
acerosus, nadelig.
acinaciformis, bartenförmig.
acicularis, nadelförmig.
Acida vegetabilia, Pflanzensäuren, §. 5.
Acinus, Beerchen, §. 63.
acotyledonius, saamenblattlos.
aculeatus, stachlig.
Aculeus, Stachel, §. 66. 77.
acuminatus, zugespitzt.
acutangulus, spitzwinklig, scharfkantig, scharfeckig.
acute-crenatus, scharfgekerbt.
acute-dentatus, spitzzahnig.
acute-serratus, scharfsägig.
acutus, spitz.
Adelphia, brüderliche Pflanzen.
Adductores, Zuführer, §. 70.
adnatus, angewachsen.
adpressus, angedrückt.
adscendens, aufsteigend.
adsurgens, wiederaufsteigend.
adversus, südwärtsgerichtet.
aequalis, gleich, gleichlang, gleichförmig.
Aestivatio, Blühezeit, §. 83.
aggregatus, gehäuft.
Aggregatae, gehäuftblüthige Gewächse, §. 86.

Ala, Flügel, §. 45. 57.
alaris, achselständig.
alatus, geflügelt, einflügelig.
Albumen, Eyweiß, §. 55. 56.
Alburnum, Splint, §. 10.
Algae, Algen, §. 11. 71=74. 85. 86.
allagostemonius, wechselmännig, §. 47.
alternus, abwechselnd.
alternatim-pinnatus, abwechselnd=gefiedert.
Altitudo, Höhe.
Amentaceae, Kätzchentragende Pflanzen, §. 86.
Amentum, Kätzchen, §. 34. 35. 68.
Amnios, Wasserhäutchen, §. 55.
amplexicaulis, umfassend.
ampliatus, erweitert, weiter.
Ampulla, Blase, §. 12.
amplus, locker, weit.
Amylum, Stärkemehl, §. 5.
anceps, zweyschneidig.
androgynus, einkammerig.
Angidium, trockne Beere, klappenlose Kapsel.
Angiospermia, bedecktsaamige Pflanzen, §. 85.
angiospermus, bedecktsaamig.
angularis, eckig.
angulatus, gerieft, kantig.
Angulus, Winkel, Ecke, Kante, Riefe.

F

angustatus, spitzwinklig, verengt.
angustus, enge, schmahl.
annularis, ringförmig.
annulatus, geringelt, gesäumt
Annulus, Ring, §. 70. 75. 77.
annuus, jährig, §. 8. 11.
Anthera, Staubbeutel, §. 7. 47. 49. 70. 72.
Anthesis, das Offenseyn der Blüthe, das Blühen.
antherifera filamenta, fruchtbare Staubfäden.
Anthodium, gemeinschaftlicher Kelch, §. 40.
Antrum, trockne Beere, §. 62. Apfel, §. 65.
apetalus, blumenlos.
aphyllus, blattlos, kelchlos.
Apex, Spitze.
Apophysis, Ansatz, §. 70.
Apothecium, Hälter, §. 73.
appendiculatus, belappt.
approximatus, beysammenstehend.
arachnoideus, spinnenwebenartig.
Arbor, Baum, §. 11.
arboreus, baumartig.
arctus, geschlossen.
arcuatus, bogig.
aridus, trocken.
arillatus, überzogen.
Arillus, Ueberzug, §. 55. 56.
Arista, Granne, §. 35.
aristatus, grannig.
articulate-pinnatus, gliederig gefiedert.
articulatus, gegliedert.
Articulus, Gelenk, Glied.
ascidiformis, schlauchartig.
Ascidium, Schlauch, §. 22.
asper, rauh.
Asperifoliae, rauhblätterige Pflanzen, §. 86.
attenuatus, verdünnt.
auctus, vervielfältigt.

avenius, ungeadert.
Auricula, Unterblättchen. §. 23.
auriculatus, hellbartenförmig.
auriformis, tutenförmig.
auritus, hellbartenförmig.
Axillae, Blattwinkel.
axillaris, winkelständig.
Axis, Axe, §. 35.

Bacca, Beere, §. 58. 63. 66. 68.
baccans, beerig.
baccatus, beerig.
Balsamum, Balsam, §. 5.
Barba, Bart, §. 6, 6. Unterlippe, §. 43.
barbatus, bärtig.
Basis, Basis.
bialatus, zweyflügelig.
biaristatus, zweygrannig.
Bicornes, zweyhörnige Gewächse, §. 86.
bicornis, zweyhörnig.
bicuspidatus, zweyspitzig.
bidentatus, zweyzähnig.
biennis, zweyjährig, §. 8. 11.
bifarius, zweyzeilig.
bifidus, zweyspaltig, zweytheilig.
biflorus, zweyblüthig.
bifurcatus, gabelförmig.
bifurcus, gabelförmig.
bigeminatus, doppeltzweyfingerig.
bigeminus, doppeltzweyfingerig.
bijugus, zweypaarig.
bilabiatus, zweylippig.
bilamellatus, zweyblätterig.
bilateralis, zweyseitig.
bilobus, zweylappig, zweytheilig.
bilocularis, zweyfächerig.
binatus, zweyfingerig.
binato-pinnatus, zweyfingerig gefiedert.
binus, zweyzählig.
bipartitus, zweytheilig.
biperforatus, zweylöcherig.

bipinnatifidus, doppelthalbgefiedert.
bipinnatus, doppeltgefiedert.
birostris, zweyschnäbelig.
biserialis, zweyreihig.
biserratus, zwiefachfägig.
biternatus, doppelt-dreyfingerig.
bivalvis, zweyklappig, zweyspelzig.
Botanica, Pflanzenkunde, §. 1.
Botanologia, Pflanzenkunde, §. 1.
brachialis, ellenlang.
brachiatus, armig.
Bractea, Nebenblatt, §. 7. 19. 24.
bracteatus, nebenblätterig.
bulbiferus, zwiebeltragend.
bulbosus, zwiebelig, zwiebelförmig.
Bulbus, Zwiebel, §. 7. 15.
bullatus, gepufft.
byssaceus, schimmelartig.

Caducus, hinfällig.
Calamariae, rohrartige Gewächse, §. 86.
Calcar, Sporn, §. 46.
calcaratus, gespornt.
calceiformis, schuhförmig.
Callus, Schwiele, §. 6.
calycinus, aus dem Kelch entstanden.
Calycanthemae, Kelchblühende Gewächse, §. 86.
Calyciflorae, Kelchblumige Gewächse, §. 86.
calyciformis, kelchförmig.
calycinus, kelchartig.
calycostemonius, kelchmännig, §. 47.
calyculatus, bekelcht, gerandet.
Calyculus, Kelchlein.
Calyptra, Mütze, §. 70.
calyptratus, überzogen, bemützt.
Calyx, Kelch, §. 7. 35. 38. 39. 40. 68.

Campanaceae, glockenblumige Gewächse, §. 86.
campanulatus, glockenförmig.
Camphora, Kampfer.
canaliculatus, rinnig.
cancellatus, gegittert.
capillaris, haarartig.
Capillitium, Haarnetz, §. 77.
capitatus, knopfig.
capituliformis, knopfförmig.
Capitulum, Knopf, §. 37. Knöpfchen, §. 73.
Caprificatio, Befruchtung mit Hülfe von Insecten.
Capsula, Kapsel, §. 57. 58. 62. 70. 75.
capsularis, kapselartig.
capsulosus, kapselartig.
Carbo, Kohle, §. 5.
Carina, Schiffchen, Kiel, §. 45.
carinatus, gekielt.
carnosus, fleischig.
cartilagineus, knorpelrandig, knorpelig.
caryophyllaceus, nelkenartig, §. 45.
Caryophylleae, nelkenartige Gewächse, §. 86.
castratus, unfruchtbar.
Catenula, Schneller, §. 72.
Cauda, Schwanz.
caudatus, geschwänzt.
Caudex, Rumpf, Stamm, Schaft, Stock, §. 7. 13. descendens, Wurzel, §. 7. 12. ascendens, Stiel, §. 7. 10.
caulescens, stammtreibend, stammig.
caulinus, stammständig.
Caulis, Stamm, §. 13.
cavus, hohl.
centralis, mittelständig.
Cephalodium, §. 73.
Cera, Wachs, §. 5.
cernuus, überhängend.
Chalazae, Hagel, §. 55.

Character, Kennzeichen, §. 84.
Chorion, Lederhäutchen, §. 55.
Cicatricula, Narbe.
cicatrisatus, narbig.
Cicatrix, Narbe.
Ciliae, Franzen, §. 70.
ciliatus, gefranzt, haarig.
circinatus, aufgerollt.
circumcissus, durchschnitten.
circumflexus, umgebogen.
circumnatus, herumgewachsen.
cirrhosus, gabelig.
Cirrhus, Schlinge, §. 7. 30.
Cistula, §. 73.
Classis, Klasse, §. 84.
clavatus, keulig.
clausus, verschlossen.
Coadunatae, zusammengesetztbeerige Gewächse, §. 86.
coadunatus, vereinigt.
coalitus, zusammengewachsen.
coarctatus, gedrängt, enger,
  verengt.
Coccum, zusammengesetzte Kapsel.
cochleatus, schneckenartig.
cohaerens, zusammenhängend.
Collum, Hals, §. 40.
Color, Farbe.
coloratus, farbig.
Columella, Säulchen, §. 62.
columnaris, säulenförmig.
Columniferae, säulenblumige
  Gewächse, §. 86.
Columnula, Säulchen, §. 70.
Coma, Schopf, §. 24.
communis, gemeinschaftlich.
comosus, geschopft.
compactus, dicht.
completus, vollständig.
Compositae, zusammengesetztblüthige Gewächse, §. 86.
compositus, zusammengesetzt.
compresso-foliaceus, blattartig.
compressus, zusammengedrückt.
concavus, ausgehöhlt.
concolor, gleichfarbig.

conduplicatus, zusammengeschlagen.
confertus, dichtstehend.
confluens, zusammenfliessend.
congestus, gedrängt, dichtstehend.
conglobatus, geballt.
conglomeratus, knaulig.
conicus, kegelförmig, kegelig.
Coniferae, zapfentragende Gewächse, §. 86.
coniugato-pinnatus, einpaarig-
  gefiedert.
coniugatus, paarig, einpaarig.
connatus, zusammengewachsen.
connexus, zusammenhängend.
connivens, zusammengebogen.
Contextus cellulosus, Zellengewebe, §. 6.
contiguus, aneinanderliegend.
continuus, ununterbrochen.
contortoplicatus, verwickelt.
Contortae, gedrehte Gewächse,
  §. 86.
contortus, gedreht.
contractus, spitzwinklig.
contrarius, verkehrt.
convergens, gegeneinandergeneigt.
convexus, erhaben.
convolutus, zusammengerollt.
Corculum, Keim, §. 55.
cordato-sagittatus, ausgeschweift-pfeilförmig.
cordatus, herzförmig.
coriaceus, lederartig.
Cormus, Stiel, §. 7.
corneus, hornartig.
corniculatus, hornförmig.
Cornu, Horn.
cornutus, gehörnt, hornförmig.
Corolla, Blume, §. 7. 35. 38.
  42-45. 68. 70.
corollaceus, kelchlos.
corollinus, blumenartig.
Corona, Krone, Fadenkranz,
  §. 46.

Coronariae, lilienartige Gewächse, §. 86.
coronatus, gekrönt.
Corpora organica, organische Wesen, §. 2.
Cortex, Rinde, §. 10.
corticatus, rindig.
corticosus, rindig.
Cortina, Manschette, §. 77.
Corydales, läßige Gewächse, §. 86.
corymbiferus, straußtragend.
corymbosus, straußig.
Corymbus, Strauß, §. 37.
Costa, Rippe, Mittelrippe, §. 18.
costatus, gerippt.
Cotyledon, Saamenblatt, §. 55. 56.
crassus, dick.
crenatus, gekerbt.
crenulatus, rauhrandig.
crispus, kraus.
Crista, Kamm.
cristatus, gekammt, kammförmig.
cruciatus, gekreutzt, kreutzförmig, durchkreutzend.
cruciformis, kreutzförmig.
crustaceus, rindenartig.
Cryptogamia, winkelehige Gewächse, §. 7. 69. 85.
cryptogamicus, winkelehig.
Cryptostemones, winkelehige Gewächse, §. 7.
cubitalis, anderthalb Fuß lang.
cucullatus, gekappt, tutenförmig.
Cucullus, Kappe, §. 46.
Cucurbitaceae, Kürbistragende Gewächse, §. 86.
Culmus, Halm, §. 13.
cuneiformis, keilig.
cupulaeformis, glockenförmig.
curvatus, gekrümmt.
curvus, krumm, gekrümmt.
cuspidatus, scharfgespitzt.

Cuticula, Oberhaut, §. 9.
Cutis, Borke, §. 10.
cyathiformis, becherförmig.
cylindraceus, walzenförmig.
cylindricus, walzenförmig.
Cylindrus, Walze, §. 50. walzenförmiges Nectarium, §. 46.
Cyma, Käs, §. 37.
cymbiformis, kahnförmig.
cymosus, käsig.
Cyphella, Becherchen, §. 73.

Daedaleus, entstellt.
debilis, schwach.
decagynus, zehnweibig.
Decagynia, Zehnweibige Pflanzen, §. 85.
Decandria, Zehnmännige Pflanzen, §. 85.
decandrus, zehnmännig.
decemangularis, zehneckig.
decemangulatus, zehnriefig.
decemflorus, zehnblüthig.
deciduus, abfallend.
declinatus, niedergebogen.
decompositus, doppeltzusammengesetzt.
decumbens, liegend.
decurrens, hinablaufend.
decursive-pinnatus, hinablaufend-gefiedert.
decussans, durchkreutzend.
decussatus, kreutzweise.
deflexus, herabgebogen, seitwärtsgebogen.
Defoliatio, Entblätterung, §. 80. 83.
dehiscens, aufspringend.
deliquescens, zertheilt.
deltoideus, dachförmig, spießförmig.
demersus, untergetaucht.
dendroides, baumähnlich.
dentato-ciliatus, gezahnt-gefranzt.
dentato-crenatus, kerbzähnig.

dentato-dehiscens, zahnförmig-
aufspringend.
dentato-serratus, sägig-gezahnt.
dentatus, gezahnt.
Dentes, Zähne, §. 40.
denticulatus, gezähnelt.
denus, zehnzählig.
depauperatus, arm.
dependens, herabhängend.
depressus, plattgedrückt, niedergedrückt.
Desma, Wolle.
devius, abweichend.
dextrorsum, rechts.
Diadelphia, Zweybrüderige
Pflanzen, §. 50.
Diandria, Zweymännige Pflanzen, §. 85.
diandrus, zweymännig.
Dichotomia, Zwiesel.
dichotomus, zwieselig.
diclinus, getrenntehig, §. 31.
dicoccus, zweyknöpfig.
Dicotyledones, Zweysaamenblätterige Pflanzen.
didymus, gedoppelt.
Didynamia, Zweyherrige Pflanzen, §. 85.
didynamicus, zweyherrig.
difformis, ungestaltet, ungleichförmig.
diffusus, weitschweifig.
digitato-pinnatus, fingerig-gefiedert.
digitatus, gefingert.
Digynia, Zweyweibige Pflanzen, §. 85.
digynus, zweyweibig.
dilatatus, erweitert, filamenta, breit.
dimidiatus, halb.
Dioecia, Zweyhäusige Pflanzen, §. 85.
dioecus, zweyhäusig.
dipetalus, zweyblätterig.
diphyllus, zweyblätterig.
dipterigius, zweyflügelig.

dipyrenus, zweykernig.
disciformis, sternförmig.
Discoideae, Scheibenblüthige
Gewächse.
discoideus, sternförmig, scheibenförmig.
discolor, zweyfarbig.
Discus, Scheibe, §. 22. 45.
dispar, falschpaarig.
dispermus, zweysaamig.
dispersus, zerstreut.
Disseminatio, Ausfallen des
Saamens.
Dissepimentum, Scheidewand,
§. 58.
dissimilis, ungleichförmig.
distans, entferntstehend.
distichus, zweyzeilig, zweyseitig.
distinctus, getrennt
divaricatus, ausgesperrt.
divergens, ausgebreitet.
divisus, getheilt.
Dodecandria, Zwölfmännige
Pflanzen, §. 85.
dodecandrus, zwölfmännig.
dodrantalis, spannenlang.
dolabriformis, schnitzerförmig.
dorsalis, rückenständig.
Dorsiflorae, Farrenkräuter.
dorsiflorus, rückenblüthig.
Dorsum, Rücken.
Drupa, Pflaume, §. 64. 68.
drupaceus, pflaumenartig.
Dumosae, markige Gewächse,
§. 86.
duodenus, zwölffach.
duplex, doppelt.
duplicato-crenatus, zwiefach-
gekerbt.
duplicato-dentatus, zwiefach-
gezahnt.
duplicato-pinnatus, doppeltgefiedert.
duplicato-serratus, zwiefach-sägig.

duplicato-spinosus, doppelt-
    stachlig.
duplicato-ternatus, doppelt-
    dreyfingerig.
duplicatus, verdoppelt, doppelt.
durus, hart.

Ebracteatus, unnebenblätterig.
echinatus, igelig, stachlig.
Echinus, Stachel, §. 77.
eglandulosus, drüsenlos.
effusus, flatternd.
elasticus, elastisch.
Elater, Schneller, §. 72.
elevatus, erhöht.
ellipticus, elliptisch, ellipsoi-
    disch.
elongatus, lang.
emarginatus, ausgerandet.
emersus, herausragend.
Embrio, Keim, §. 55.
Endecagynia, Eilfweibige
    Pflanzen.
Endecandria, Eilfmännige
    Pflanzen.
Enneagynia, Neunweibige
    Pflanzen.
Enneandria, Neunmännige
    Pflanzen, §. 85.
enneandrus, neunmännig.
enervius, rippenlos.
enodis, knotenlos.
Ensatae, Schwertblätterige Ge-
    wächse, §. 86.
ensiformis, schwertförmig.
Epidermis, Oberhaut, §. 6. 9.
    55. 56.
Epiphragma, Ueberfell, §. 70.
Epiphyllospermae, Farrenkräu-
    ter.
Epiphysis, Schwiele. §. 56.
equitans, einschliessend.
erectus, aufrecht.
erosus, ausgebissen.
essentialis, unterscheidend. §.
    84.
evalvis, klappenlos.

evanescens, verschwindend.
Evolutio, Ausschlagen, Ent-
    wickelung.
exaridus, trocken.
exasperatus, harsch.
expansus, ausgebreitet.
explicatus, geöffnet.
exsertus, hervorragend.
exstipulatus, afterblattlos.
exsuccus, saftleer.
extrafoliaceus, unterblattisch.

Falcatus, sichelförmig.
Farina, Mehl, §. 5. Kügelchen.
    §. 73.
farinosus, mehlig, gepudert.
fascicularis, büschelig.
fasciculatus, büschelig.
Fasciculus, Büschel, §. 37.
fastigiatus, kronreich.
favosus, zellig.
Faux, Schlund. §. 40. 43.
femineus, weiblich.
Fenestra, Nabel. §. 55.
fenestratus, durchlöchert.
fertilis, fruchtbar.
Fibra, Faser. §. 6. Fibra ve-
    getabilis, Pflanzenfaser. §. 5.
Fibrilla, Zaser, §. 7. Wurzel-
    faser. §. 12.
fibrillatus, zaserig.
fibrosus, faserig, zaserig.
Figura, Gestalt.
figuratus, gezahnt.
filamentosus, fadenartig.
Filamentum, Staubfaden, Trä-
    ger. §. 7. 47. 50.
Filices, Farrenkräuter. §. 11.
    75. 76. 85. 86.
filiformis, fadenförmig.
Filum, Faden, succulentum,
    Saftfaden. §. 70.
Fimbria, Saum. §. 75.
fimbriatus, gesäumt, gezahnt.
fissus, gespalten, spaltig.
Fistulae spirales, Schrauben-
    gefässe. §. 6, 5.

fistulosus, röhrig, hohl.
fixus, festsitzend.
flabelliformis, fächerförmig.
flaccidus, schlaff.
Flagellum, Ranke. §. 13.
flexilis, biegsam.
flexuosus, geschlängelt.
flexus, gebogen.
floralis, blüthenständig, Folium florale, Blüthenblatt.
Florescentia, das Blühen, die Blühezeit.
floriferus, blüthetragend, Gemma florifera, Blüthknospe.
Flos, Blüthe. §. 7. 31=54. 70. 72. aggregatus, compositus, simplex, gehäufte, zusammengesetzte, einfache Blüthe. §. 33.
flosculosus, ganzblüthig.
Flosculus, Ganzblüthchen, Blüthchen. §. 33. 45.
fluitans, fliessend.
foliaceus, blätterig, blumenblattförmig.
foliaris, blattständig.
Foliatio, Ausschlagen. §. 84.
foliiferus, blätterbringend, Gemma foliifera, Blätterknospe.
foliifero-floriferus, Blätter und Blüthen bringend.
foliatus, beblättert.
Foliolum, Blättchen, Kelchblatt.
foliosus, beblättert.
Folium, Blatt. §. 7. 18=22.
Folliculus, Bälglein. §. 58. 59.
foraminulentus, löcherig.
fornicatus, gewölbt.
Fornix, Käppchen. §. 43.
Fovea, Grube. §. 46.
fragilis, zerbrechlich.
friabilis, zerreiblich.
Frondescentia, Ausschlagen. §. 84.
frondosus, belaubt.

Frons, Laub, Wedel. §. 27. 28. 29.
fructiferus, fruchttragend.
fructificans, blüthetragend, fruchtbar.
Fructificatio, Befruchtung. §. 51. 83.
Fructificationis partes, Zeugungstheile. §. 7.
Fructus, Frucht. §. 7. 55.
frustraneus, vergeblich.
frutescens, strauchartig.
Frutex, Strauch. §. 11.
fruticosus, strauchartig.
fruticulosus, strauchförmig.
fugax, flüchtig.
Fulcra, unter diesem Namen begreift Linné die Nebengefässe, Blattstiele, Blüthenstiele, Dornen, Stacheln, Gabeln, Afterblätter und Nebenblätter.
fulcratus, gestützt.
Fungi, Pilze. §. 11. 77. 85. 86.
fungosus, schwammig.
Funiculus umbilicalis, Nabelstrang.
furcatus, gabelförmig.
fusiformis, spindelförmig.

Galea, Helm. §. 43.
galeatus, helmförmig.
gelatinosus, gallertartig.
geminatus, gepaart.
geminus, zweyzählig.
Gemma, Knospe. §. 7. 14. 17. 55.
gemmiformis, knospenförmig.
geniculatus, gelenkig.
Geniculum, Gelenk.
Genus, Gattung. §. 84.
Germen, Fruchtknoten. §. 7. 51. 52.
Germinatio, Keimen. §. 83.
gibbosus, wulstig, bucklig.
gibbus, wulstig, bucklig.
glaber, glatt.

gladiatus, degenförmig.
Glandula, Drüse. §. 6.
glandulosus, drüsig.
globosus, kugelig.
Globulus, Kügelchen. §. 73.
Glochis, Wiederhaken. §. 6, 6.
glomeratus, knaulig.
Glomerulus, Knaul. §. 37. Kügelchen. §. 73.
Gluma, Balg §. 35.
Gluten, Kleber. §. 5.
glutinosus, klebrig.
Gongylus, Keimling. §. 17. 74.
Gonopterides, Gliederfarren. §. 75.
gracilis, dünn.
Gramina, Gräser. §. 11. 86.
graniferus, pockig.
granulatus, körnig.
granuliferus, pockig.
Granulum, Pocke. §. 6, 1.
Grossificatio, Fruchtansatz. §. 83.
Gruinales, Spitzkapselige Gewächse. §. 86.
Gummi, Gummi. §. 5.
Gummi-resina, Gummiharz. §. 5.
Gymnospermia, Nacktsaamige Pflanzen. §. 85.
gymnospermus, nacktsaamig.
Gynandria, Stempelmännige Pflanzen. §. 47. 85.
Gyroma, §. 73.

Habitatio, Wohnung. §. 81.
hamosus, hakenförmig.
Hamus, Haken. §. 6, 6.
hastatus, spondonförmig.
Hederaceae, Traubige Gewächse. §. 86.
hemisphaericus, halbkugelig.
Hepaticae, Lebermoose. §. 71. 72.
Heptandria, Siebenmännige Pflanzen. §. 85.

heptandrus, siebenmännig.
Heptagynia, Siebenweibige Pflanzen.
heptagynus, siebenweibig.
Herba, Kraut. §. 10.
herbaceus, krautartig.
Herbarium, Pflanzensammlung. §. 87.
hermaphroditus, zwitterlich, Flos hermaphroditus, Zwitterblüthe.
Hesperides, Myrtenartige Gewächse. §. 86.
hexagonus, sechskantig.
Hexandria, sechsmännige Pflanzen. §. 85.
hexandrus, sechsmännig.
Hexagynia, Sechsweibige Pflanzen.
hexagynus, sechsweibig.
hexapetalus, sechsblätterig.
hexaphyllus, sechsblätterig.
hexastichus, sechszeilig.
hians, offen.
Hilum, Nabel. §. 55. 56.
hirsutus, struppig, rauch.
hirtus, rauch.
hispidus, borstig.
Historia plantarum, Pflanzengeschichte. §. 1.
holosericeus, atlasartig.
horizontalis, wagerecht.
humifusus, niederliegend.
hyalinus, durchsichtig.
Hybernaculum, Auge. §. 7.
Hybridae species, Bastarten. §. 57.
Hydropterides, Wasserfarren.
Hymenium, Fruchtbehälter. §. 77.
hypocrateriformis, nagelförmig.

Icosandria, Zwanzigmännige Pflanzen. §. 85.
icosandrus, zwanzigmännig.
imberbis, bartlos.

imbricatus, geschindelt.
immersus, versenkt.
impari-pinnatus, unpaargefiedert.
imperfectus, unvollständig, unvollkommen.
impervius, verschlossen.
inaequalis, ungleichlang.
inaequilaterus, ungleichseitig.
inanis, locker.
incanus, bestäubt.
incisus, eingeschnitten.
inclinatus, einwärtsgeneigt.
inclusus, eingeschlossen.
incompletus, unvollständig.
incrassatus, verdickt.
incrustans, einwickelnd.
incrustatus, bekleidet.
incumbens, aufliegend.
incurvatus, aufwärtsgekrümmt, einwärtsgekrümmt.
incurvus, aufwärtsgekrümmt, einwärtsgekrümmt, gekrümmt.
indivisus, ungetheilt, astlos, ganz.
Indusium, Schleyerchen. §. 76.
inermis, unbewaffnet.
inferus, unten.
inflatus, aufgeblasen.
inflexus, einwärtsgebogen, gebogen.
Inflorescentia, Blüthenstand. §. 37.
infractus, geknickt.
infundibuliformis, trichterförmig.
insertus, eingefügt.
integer, ganz, ungetheilt, astlos, ununterbrochen, gipfelig.
integerrimus, ganzrandig.
Integumentum, Fruchthülle, Saamenhülle. §. 57. 60.
interfoliaceus überblattisch.
Internodium, Glied.
interrupte-pinnatus, ungleichgefiedert.
interruptus, unterbrochen.

intortus, gedreht.
intrafoliaceus, überblattisch.
intricatus, verwebt.
inversus, umgekehrt.
Inundatae, Sumpfstiehende Gewächse. §. 86.
Involucellum, Hüllchen, besondere Hülle. §. 25.
involucratus, hüllig.
Involucrum, Hülle. §. 18. 25. 35.
involutus, einwärtsgerollt, hüllig.
irregularis, unregelmässig.
Irritabilitas, Reitzbarkeit. §. 2.
Isthmi, Querwände, Verengerungen. §. 61.
Iugum, Rippe, Paar.
Iulus, Kätzchen. §. 34.

Labellum, Unterlippe. §. 43.
labiatus, zweylippig.
Labium, Lippe. §. 40. 43.
lacerus, zerfetzt.
Lacinia, Ecke.
laciniatus, zerrissen.
lactescens, milchig.
lacunosus, vertieft.
laevis, eben.
Lamella, Blättchen.
lamellosus, blätterig.
Lamina, Platte. §. 44.
Lana, Wolle. §. 6, 6.
lanatus, wollig.
lanceolatus, lanzig.
lapideus, steinhart.
lateralis, seitwärtsbefestigt, seitenständig.
laterifolius, beyblattisch.
latus, breit.
laxus, schwank, locker.
Legumen, Hülse. §. 58. 61.
Leguminosae, Schmetterlingsblüthige Gewächse. §. 85.
leguminosus, hülsenähnlich.
lenticularis, linsenförmig.
lentiformis, linsenförmig.

lepidotus, schuppig.
leprosus, schorfig.
Liber, Bast, §. 10.
liber, getrennt
Lichenes, Flechten. §. 71. 73.
lignosus, holzig.
Lignum, Holz. §. 10.
Ligula, Züngelchen. §. 22.
ligulatus, gezüngelt, zungenförmig.
Lilia. Liliengewächse. §. 86.
Liliaceae, Lilienartige Gewächse. §. 86.
liliaceus, lilienartig. §. 45.
Limbus, Mündung. §. 40. 43.
Linea, Linie. §. 76.
linearis, schmahl.
lineatus, gestrichelt.
Lineola, Strichlein §. 73.
linguiformis, zungenförmig, gezüngelt.
lingulatus, zungenförmig, gezüngelt.
Lirella, Strichlein, §. 73.
lobatus, lappig.
Lobus, Lappen. §. 22. 40. 43.
Loculamentum, Fach. §. 58.
Loculum, Fach. §. 58.
loculosus, fächerig.
Locus, Stelle, Standort. §. 81.
Locusta, Aehrchen. §. 35.
Lomentaceae, Hülsichte Gewächse. §. 86.
Lomentum, Gliederhülse §. 61.
longitudinalis, längslaufend.
longus, lang.
loricatus, gepanzert.
Lorulus, fadenartiges Laub.
lunatus, kratzenförmig, mondförmig, krumm.
lunulatus, kratzenförmig, mondförmig.
Luridae, Betäubende Gewächse. § 86
lyratus, leyerförmig.

Macula, Fleken. §. 76.

maculatus, gefleckt.
malvaceus, malvenartig.
marcescens, welkend.
marginalis, randig.
marginatus, gerandet.
Margo, Rand. §. 22. 57. 73.
masculus, männlich.
Maturatio, Reife. §. 83.
medius, mitten. §. 52.
Medulla, Mark. §. 10.
Mel, Honig. §. 46.
Membrana, Häutchen, interna, innere Haut. §. 55.
membranaceus, häutig.
menisciformis, mondförmig.
Mensura, Maaß.
Miscellaneae, Pteroiden. §. 75. Unbestimmte Gewächse. §. 86.
mobilis, beweglich.
Monadelphia, Einbrüderige Pflanzen. §. 50.
monadelphus, einbrüderig.
Monandria, Einmännige Pflanzen. §. 85.
monandrus, einmännig.
moniliformis, rosenkranzförmig.
Monocotyledones, Einsaamenblätterige Gewächse.
monoclinus, verbundenehig. §. 31.
Monoecia. Einhäusige Pflanzen. §. 85.
monogynus, einweibig.
Monogynia, Einweibige Pflanzen. §. 85.
monoicus, einhäusig.
Monogamia, Einehe. §. 85.
Monopetalae, Pflanzen mit einblätteriger Blume.
monopetalus, einblätterig.
monophyllus, einblätterig.
monopterigius, einflügelig.
monopyrenus, einkernig.
monospermus, einsaamig.
Monstra, Krüppel, Mißbildungen.

mucilaginosus, schleimig.
Mucilago, Schleim. §. 5.
mucronatus, stachelspitzig.
multangularis, vieleckig, vielriefig.
multialatus, vielflügelig.
multiceps, vielköpfig.
multidentatus, vielzahnig.
multifidus, vielspaltig.
multiflorus, vielblüthig.
multijngus, vielpaarig.
multilocularis, vielfächerig.
multipartitus, vieltheilig.
multiplex, vielfach.
multiplicatus, gefüllt. §. 78.
Multisiliquae, Vielschotige Gewächse. §. 86.
multivalvis, vielklappig, vielspelzig.
muricatus, zackig
Murices, Zacken. §. 6, 6.
Musci, Moose. §. 11. 70. 85. 86.
muticus, unbewaffnet.
Mycropyle, Pförtchen. §. 55.

Napiformis, rübenförmig.
natans, schwimmend.
naturalis, wesentlich. §. 84.
navicularis, schiffförmig.
necessarius, nothwendig. §. 85.
nectariferae Glandulae, Honigdrüsen, Squamae, Honigschuppen, nectariferi Pori, Honiglöcher. §. 46.
Nectarium, Nectarium. §. 7. 38. 46.
nervosus, rippig.
Nervus, Rippe. §. 18.
neuter, geschlechtlos.
nidulans, nistend.
nitidus, glänzend.
nodosus, knotig.
Nodus, Knoten.
Nomen genericum, triviale, Gattungsname, Beywort. §. 84.

notatus, maalig.
Nucleus, Kern. §. 55.
nudus, nackt.
nullus, keiner.
nutans, nickend.
Nutritio, Ernährung. §. 2.
Nux, Nuß. §. 55. 56. 57.

Obconicus, kräuselförmig.
obcordatus, verkehrt=herzförmig.
obductus, bekleidet.
obliquus, schief, schräghängend, schrägstehend, schiefwinkelig, verdreht.
obliteratus, unkenntlich.
oblongus, länglich.
obovatus, verkehrt=eyförmig.
obsoletus, unmerklich.
obtecte-venosus, bedeckt=aderig.
obtusangulus, stumpfeckig, stumpfkantig.
obtuse-crenatus, stumpfkerbig.
obtuse-dentatus, stumpfgezahnt, stumpfzahnig.
obtuse-serratus, stumpfsägig.
obtusus, stumpf.
obversus, umgekehrt.
obvolutus, eingreifend.
Ochrea, Tute. §. 26.
octagynus, achtweibig.
Octandria, Achtmännige Pflanzen. §. 85.
octandrus, achtmännig.
octangularis, achteckig.
octangulatus, achtriefig.
octofidus, achtspaltig.
octoflorus, achtblüthig.
octonus, achtzählig.
octopartitus, achttheilig.
Oleraceae, Gemüsige Gewächse. §. 86.
Oleum, Oehl, aethereum. essentiale, riechendes Oehl, pingue, fettes Oehl §. 5.
Omphalopyle, Nabelloch. §. 55.
opacus, matt.

operculatus, deckelig.
Operculum, Deckel. §. 70.
opposite-pinnatus, entgegengesetzt-gefiedert.
oppositus, entgegengesetzt.
oppositiflorus, gegenblüthisch.
oppositifolius, gegenblättisch.
orbiculatus, kreisförmig.
Orbilla, §. 73.
Orchideae, Stendelwurzelige Gewächse. §. 86.
Ordo, Ordnung. §. 84.
orgyalis, eine Klafter oder 6 Fuß lang.
osseus, steinhart.
Os, Oeffnung. §. 40. 43.
ovalis, elliptisch, ellipsoidisch.
ovatus, eyförmig.

Pagina, Seite. §. 22.
Palatum, Gaumen. §. 43.
Palea, Spreu.
paleaceus, spreuig.
Palmae, Palmen. §. 11. 85. 86.
palmaris, einer Handbreit lang.
palmato-spinosus, handförmig-stachlig.
palmatus, handförmig.
panduraeformis, geigenförmig.
Panicula, Rispe. §. 37.
paniculatus, rispig.
Papilionaceae, Schmetterlingsblüthige Gewächse. §. 86.
papilionaceus, schmetterlingsförmig. §. 45.
Papillae, Wärzchen. §. 6. 77.
papillosus, warzig.
pappiformis, federförmig.
papposus, federig.
Pappus, Federchen. §. 40. 57.
Papula, Blatter. §. 6.
papulosus, blatterig.
parabolicus, parabolisch.
parallelus, gleichlaufend.
Paraphyses, Saftfaden. §. 70.
Parapetala, Nectarien. §. 46.

parapetalostemonius, honigmännig. §. 47.
parasiticus, schmarotzend.
Parenchyma, Fleisch. §. 6.
paripinnatus, paariggefiedert.
Partes generationis, Zeugungstheile. §. 7.
partialis, besonders.
partitus, getheilt, theilig.
Patellula, §. 77.
patens, klaffend.
patentissimus, ausgebreitet.
Patria, Vaterland. §. 81.
patulus, geöffnet.
paucus, wenig.
pauciflorus, wenigblühend.
Pecten, Bürste. §. 77.
pectinatus, bürstig.
pedalis, fußlang.
pedatus, gefußt.
pedicellatus, gestielt.
Pedicellus, Blüthenstielchen.
Pediculus, Blattstielchen.
peduncularis, blüthenstielständig.
pedunculatus, gestielt.
Pedunculus, Blüthenstiel. §. 7. 31. 32. 73.
pellucidus, durchscheinend.
Pelta, Schild. §. 73.
peltatus, schildförmig.
pendens, hängend.
pendulus, herabhängend, hängend.
penicillaris, pinselförmig.
penicillatus, pinselförmig.
penicilliformis, pinselförmig.
pennatus, federartig.
pentacoccus, fünfknöpfig.
pentagonus, fünfkantig.
Pentagynia, Fünfweibige Pflanzen. §. 85.
pentagynus, fünfweibig.
Pentandria, Fünfmännige Pflanzen. §. 85.
pentandrus, fünfmännig.

Pentapetalae, Gewächse mit fünfblätterigen Blumen.
pentapetalus, fünfblätterig.
pentaphyllus, fünfblätterig.
pentapterus, fünfflügelig.
Pepo, Kürbiß. §. 66.
perennis, ausdauernd.
perfectus, vollkommen.
perfoliatus, durchwachsen.
perforatus, durchwachsen, durchbohrt, durchscheinend-getüpfelt.
Perianthium, Blumendecke. §. 39. 40.
Pericarpium, Saamengehäuse. §. 7. 55. 57.
Perichaetium, Kelch. §. 70.
Peridium, Umschlag. §. 77.
Perisporium, Ueberzug. §. 73.
Peristoma, Maul. §. 70.
Peristomium, Maul. §. 70.
Perithecium, Ueberzug. §. 77.
peronatus, gestiefelt.
perpendicularis, lothrecht, senkrecht.
persistens, bleibend.
Personatae, Maskirte Gewächse. §. 86.
personatus, maskirt.
pertusus, durchscheinend-getüpfelt.
pervius, offen.
petaliformis, blumenblattförmig
petaloideus, kelchlos, blumenblattförmig.
petalostemonius, blumenmännig. §. 47.
Petalum, Blumenblatt. §. 42. 44.
petiolaris, blattstielständig.
petiolatus, gestielt.
Petiolus, Blattstiel. §. 7. 18. 19.
Phanerogamae plantae, deutlichehige Pflanzen. §. 7.

Phenogamae plantae, deutlichehige Pflanzen. §. 7.
pictus, bunt.
Pileus, Hut. §. 77.
Pilidium, Knöpfchen. §. 73.
pilifer, haartragend.
pilosus, haarig, haarartig.
Pilus, Haar. §. 6, 6.
Pinna, Blättchen, Federblatt, partialis, Federblatt, propria, Blättchen.
pinnatifidus, halbgefiedert.
pinnatus, gefiedert.
Pinnula, Blättchen.
Piperitae, Gepfefferte Gewächse. §. 86.
Pistillum, Stempel. §. 7. 51. 54.
placentiformis, kuchenförmig.
Planta, Pflanze. §. I. II. phanerogama, phenogama, deutlichehige Pflanze; cryptogama, winkelehige Pflanze. §. 7. annua, jährige, biennis, zweyjährige, perennis, ausdauernde. §. 8. seminalis, Keim. §. 55.
planus, flach, breit.
plenus, gefüllt. §. 78.
Plica, Falte.
plicatus, faltig.
plumosus, federartig, befiedert.
Plumula, Herzchen, Federchen, Pflänzchen. §. 55.
plurimus, zahlreich.
Podetium, §. 32. 73.
Pollen, Blüthenstaub. §. 7. 47. 48. 70.
pollicaris, zolllang.
pollinifer, fruchtbar.
Polyadelphia, Vielbrüderige Pflanzen. §. 50. 85.
Polyandria, Vielmännige Pflanzen. §. 85.
polyandrus, vielmännig.
Polycotyledones, vielsaamenblätterige Pflanzen.

Polygamia, Vielehe, vielehige Pflanzen. §. 85.
polygamus, vielehig.
polygonus, vielkantig.
Polygynia, Vielweibige Pflanzen.
polygynus, vielweibig.
polypetalus, vielblätterig, mehrblätterig.
polyphyllus, vielblätterig.
polypterus, vielflügelig.
polyspermus, vielsaamig.
polystachios, vielährig.
Polystemones, Vielmännige Pflanzen.
Pomaceae, Obsttragende Gewächse. §. 86.
Pomum. Apfel. §. 58. 65. 66.
Pori, Löcher. §. 77. nectariferi, Honiglöcher. §. 46.
porosus, löcherig.
praemorsus, abgebissen.
Preciae, Frühblühende Gewächse. §. 86.
Principium acre, schärfer Stoff, — adstringens, zusammenziehender Stoff, — narcoticum, betäubender Stoff.
prismaticus, prismatisch.
procumbens, niederliegend.
prolifer, geköpft, sprossend.
Prominentiae, Kläppchen.
Propago, Sprößling. §. 17.
Propagula, Kügelchen. §. 73.
propinquus, nahestehend.
proprius, eigenthümlich.
Prosphysis, Zuführer. §. 70.
prostratus, niedergeworfen.
pruinosus, bereift.
Pubes, Nebengefässe, Haar, Flor, Sammet. §. 6, 6.
pubescens, sammetartig, behaart.
Pubescentia, §. 6, 6.
Pulpa, Brey. §. 6, 2.
pulposus, breyig.
pulverulentus, staubartig.

Pulvinulus, Kißchen. §. 28.
Puncta, Puncte. §. 76. Puncta indicantia, Saftmaale. §. 46. terminale, spitzeständiger Punct. §. 54.
punctatus, getüpfelt.
pulveraceus, staubig.
pungens, stechend.
Putamen, Schaale. §. 55.
Putaminea, Hartschaalige Gewächse. §. 86.
pyramidatus, pyramidenförmig.
Pyrena, ein Steinkern, d. h. eine in eine Pflaume eingeschlossene Nuß.
pyxidatus, becherförmig.
Pyxidium, Büchse. §. 62.

Quadrangularis, viereckig, vierkantig.
quadrialatus, vierflügelig.
quadridentatus, vierzähnig.
quadrifarius, vierzeilig.
quadrifidus, vierspaltig.
quadriflorus, vierblüthig.
quadrijugus, vierpaarig.
quadrilobus, vierlappig, viertheilig.
quadrilocularis, vierfächerig.
quadripartitus, viertheilig.
quadrisulcatus, vierfurchig.
quadrivalvis, vierklappig.
quadruplex, vierfach.
quadruplicato-pinnatus, vierfach-gefiedert.
quaternatus, vierfingerig.
quaternus, vierzählig.
quinatus, fünffingerig.
quinquangularis, fünfeckig.
quinquangulatus, fünfriefig.
quinquealatus, fünfflügelig.
quinquedentatus, fünfzähnig.
quinquefidus, fünfspaltig.
quinqueiugus, fünfpaarig.
quinquelobus, fünflappig.
quinquelocularis, fünffächerig.
quinquenervius, fünfrippig.

quinquepartitus, fünftheilig.
quintuplicato-pinnatus, fünffach-gefiedert.
quintuplinervius, fünffachgerippt.
quinus, fünfzählig.

Racemus, Traube. §. 37.
racemosus, traubig.
Rachis, Spindel. §. 35.
radians, strahlend.
radiatus, strahlig.
radicalis, wurzelständig.
radicans, wurzelnd.
Radicula, Faser. §. 7. 12. Würzelchen. §. 55.
Radius, Strahl. §. 37. Zähnchen, §. 43.
Radix, Wurzel. §. 7. 12.
ramentaceus, afterzahnig.
Ramentum, Afterzahn. §. 14.
rameus, aststänbig, zweigständig.
ramosissimus, vielästig.
ramosus, ästig.
Ramulus, Zweig. §. 7. 13.
Ramus, Ast. §. 7. 12. 13.
Raphe, Streif. §. 55.
rarus, dünnstehend.
Receptaculum, Hälter. §. 31. 33. 67. 73. 77.
reclinatus, zurückgebeugt, zurückliegend.
rectus, gerade.
recurvatus, rückwärtsgekrümmt, herabgekrümmt.
recurvus, rückwärtsgekrümmt.
recutitus, zurückgezogen.
reflexus, zurückgebogen.
refractus, zurückgeschlagen.
regularis, regelmässig.
remotus, entferntstehend.
reniformis, nierenförmig.
repandus, ausgeschweift.
repens, kriechend.
Res herbaria, Pflanzenkunde. §. 1.

Resina, Harz, elastica, Kautschuck. §. 5.
resupinatus, umgekehrt.
reticulato-venosus, netzförmiggeadert.
reticulatus, netzförmig.
retroflexus, verbogen.
retrofractus, zurückgeknickt.
retrorsum-serratus, rückwärtssägig.
retusus, ausgeschnitten.
revolutus, zurückgerollt, umgerollt.
Rhizoma, Würzelstock.
Rhizospermae, Algen. §. 75.
rhizospermus, wurzelsaamig.
Rhoeadeae, Mohnartige Gewächse. §. 86.
rhombeus, rautig.
rhomboideus, rautig.
Rictus, Rachen. §. 43.
rigidus, spröde, starr, steif.
Rima, Spalte.
rimosus, rissig.
ringens, rachig.
rosaceus, rosenartig. §. 45.
Rostellum, Würzelchen. §. 55.
rostellatus, geschnabelt.
rostratus, geschnabelt.
Rostrum, Schnabel. §. 57.
Rotaceae, Radblumige Gewächse. §. 86.
rotatus, radförmig.
rotundus, gerundet.
rotundatus, gerundet.
rudis, unkenntlich.
Rudimentum, unvollkommen.
rugosus, runzlig.
runcinatus, schrotsägenförmig.

Saccatus, sackförmig.
Saccharum, Zucker. §. 5.
sagittatus, pfeilig.
Samara, Flügelfrucht. §. 57.
Sarmentaceae, rankende Gewächse. §. 86.
sarmentosus, rankend.

Sar-

Sarmentum, Schößling. §. 13.
scaber, harsch.
Scabridae, Harschblätterige Gewächse. §. 86.
scandens, klimmend.
Scapus, Stengel. §. 13. Stielchen. §. 55.
scapiformis, stengelförmig.
scariosus, dürre.
Scitamineae, Würzige Gewächse. §. 86.
scleranthus, bekleidet.
scrobiculatus, grubig.
scutellatus, geschüsselt.
Scutellum, Schüsselchen.
scutiformis, plattig.
scyphifer, becherförmig.
Scyphus, Becher. §. 73.
Secundina, §. 55.
secundus, einseitig.
segregatus, getrennt. §. 85.
Semen, Saamen. §. 7. 55. 56. 57. 70. 73.
semiamplexicaulis, halbumfassend.
semibifidus, halbzweyspaltig.
semibilocularis, halbzweyfächerig.
semiflosculosus, halbblüthig.
Semiflosculus, Halbblüthchen. §. 45.
semilocularis, halbfächerig.
Seminale folium, Saamenblatt. §. 55.
semiquadrifidus, halbvierspaltig.
semiquinquefidus, halbfünfspaltig.
semiradiatus, halbstrahlig.
semireticulatus, netzhäutig.
semisuperus, halboben.
semiteres, halbrund.
semitrifidus, halbdreyspaltig.
sempervirens, immergrün.
senus, sechszählig.
Senticosae, Stachlige Gewächse. §. 86.

Sepiariae, Bittere Gewächse. §. 86.
septemnervius, siebenrippig.
septenus, siebenzählig.
Septum, Durchschlag.
septuplinervius, siebenfachgerippt.
Sericum, Seide. §. 6, 6.
sericeus, seidenartig.
serpens, kriechend.
serratus, sägig.
serrulatus, feinsägig.
sessilis, stiellos, ungenagelt.
Seta, Borste. §. 6, 6. 32. 70.
setaceo-spinosus, borstig=stachlig.
setaceus, borstenförmig, borstig.
setosus, borstig.
Setula, Stielchen. §. 70.
sexangularis, sechseckig, sechsriefig.
sexflorus, sechsblüthig.
Sexus, Geschlecht.
siccus, trocken.
Silicula, Schötchen. §. 60.
Siliculosa, Kurzschotige Gewächse. §. 85.
Siliqua, Schote. §. 58. 60.
Siliquosa, Langschotige Gewächse. §. 85.
Siliquosae, Schotentragende Gewächse, langschotige Gewächse. §. 85. 86.
simplex, einfach, astlos, einzeln, haarartig, gipflich.
simplicissime-spinosus, einfach=stachlig.
simplicissimus, höchsteinfach.
simpliciter-compositus, einfach zusammengesetzt.
sinistrorsum, links.
sinuatus, buchtig.
Sinus, Bucht. §. 22.
siphoniformis, heberförmig.
Situs, Lage.
Soboles, Ausläufer. §. 13.

solidus, derb, dicht.
solitarius, einzeln.
solutus, loßsitzend.
Somnus, Schlaf. §. 80.
Soredia, Häufchen. §. 73.
Sorus, Häufchen. §. 76.
Spadix, Kolben. §. 33. 35. 37.
sparsus, zerstreut.
Spatha, Blumenscheide. §. 40. 41.
Spathaceae, Scheidenblumige Gewächse. §. 86.
spatulatus, spatelförmig.
Species, Art. §. 78. 84.
sphacelatus, brandig.
sphaericus, kugelig.
Spica, Aehre. §. 35. 37.
spicatus, ährig.
spicifer, ährentragend.
spiciformis, ährenförmig.
Spicula, Aehrchen. §. 35.
Spina, Dorn. §. 13.
spinescens, verdornend.
spinosus, dornig, stachelrandig.
spiralis, schneckenförmig.
spiraliter-intortus, gedreht.
Spiritus rector, Riechendes.
spithameus, sieben Zoll lang.
splendens, glänzend.
spongiosus, schwammig.
Sporae, Saamen. §. 70. 73.
Sporangidium, Säulchen. §. 70.
spurius, falsch, unächt.
Squama, Schuppe. §. 34. 35. 38. 40. nectarifera, Honigschuppe. §. 46.
squamiformis, schuppenförmig.
squamosus, schuppig.
Squamula, Schuppe.
squarroso-laciniatus, sparrig-zerrissen.
squarrosus, sparrig.
Stachiopteris, Aehrenfarren. §. 75.
Stamen, Staubgefäß. §. 7. 47. 50.

staminiformis, staubgefäßförmig.
Stellatae, Sternförmige Gewächse. §. 86.
stellatus, quirlig, sternig.
sterilis, unfruchtbar.
Stigma, Narbe. §. 7.
stigmatostemonius, narbenmännig. §. 47.
Stimulus, Brennspitze. §. 6, 6.
Stipes, Schaft, Strunk. §. 13.
stipitatus, strunkig, gestielt.
Stipula, Afterblatt. §. 7. 19. 23.
stipularis, afterblattisch.
stipulatus, afterblätterig.
Stolo, Sprosse. §. 13.
stoloniferus, sprossentreibend.
striatus, gestreift.
strictus, steif, gerade.
Striga, Striegel. §. 6, 6.
strigosus, striegelig.
Strobilus, Zapfen. §. 34. 68.
Stroma, Pausch. §. 77.
Strophiola, Schwiele. §. 56.
Structura, Bau, Bildung.
styliferus, griffeltragend.
stylostemonius, griffelmännig. §. 47.
Stylus, Griffel. §. 7.
subalaris, winkelständig.
subaphyllus, fastblattlos.
subcordatus, fastherzförmig.
subdimidiato-cordatus, schiefherzförmig.
subdimidiatus, ungleichseitig.
subdivisus, schwachgetheilt.
suberosus, korkartig.
submersus, untergetaucht.
subovatus, fasteyförmig.
subramosus, kaumästig.
subrotundus, fastkugelig oder fastkreisförmig.
subscaber, etwas rauh.
subserratus, schwachsägig, fastsägig.
subsessilis, faststiellos.

Substantia, Substanz.
subteres, rundlich.
subverticillatus, quirlähnlich.
subunguiculatus, fastungenagelt.
subulatus, pfriemig.
succosus, saftig.
succulentus, saftig.
Succulentae, Saftige Gewächse. §. 86.
suffruticosus, staudenartig.
Suffrutex, Staude. § 11.
sulcatus, gefurcht.
Superficies, Oberfläche.
superfluus, überflüssig. §. 85.
superior, oberer.
superus, oberer, oben.
supradecompositus, vielfachzusammengesetzt.
suprafoliaceus, überblättisch.
Surculus, Reis. §. 13.
Sutura, Nath. §. 58.
Syngenesia, Röhrenbeutlige Pflanzen. §. 48. 85.
Systema, Anordnung. §. 84. 86.

Tartareus, rahmartig.
tectus, bedeckt.
Tela cellulosa, Zellengewebe. §. 6.
tenax, zähe.
teres, rund.
teretiusculus, rundlich.
tergeminus, dreyfach-zweyfingerig.
terminalis, spitzeständig.
ternato-pinnatus, dreyfach-gefiedert.
ternatus, dreyfingerig.
ternus, dreyzählig.
tessellatus, gewürfelt.
Testa, Saamenhaut, Schaale. §. 55. 56.
testiculatus, hodenförmig.
Tetradynamia, Vierherrige Pflanzen. §. 85.

tetradynamicus, vierherrig.
tetraedrus, vierseitig.
tetragonus, vierkantig, vierseitig.
Tetragynia, Vierweibige Pflanzen. §. 85.
tetragynus, vierweibig.
Tetrandria, Viermännige Pflanzen. §. 85.
tetrandrus, viermännig.
tetrapetalus, vierblätterig.
tetraphyllus, vierblätterig.
tetrapterus, vierflügelig.
tetrapyrenus, vierkernig.
tetraspermus, viersaamig.
tatrastichus, vierzeilig.
thalamostemonius, bodenmännig. §. 47.
Thalamium, §. 73.
Thalamus, Hälter. §. 73.
Thallus, Laub. §. 29.
Theca, Beerenkapsel. §. 62. Büchse. §. 70. 73. Hälter. §. 73.
Thyrsus, Knauf. §. 37.
tomentosus, filzig.
Tomentum, Filz. §. 6, 6.
tortilis, gedreht.
torulosus, höckerig.
tortus, gedreht.
torosus, höckerig.
Tracheae, Luftgefässe. §. 6, 4. Schraubengefässe. §. 6, 5.
transversalis, queerliegend.
transverse-pedicellatus, queergestützt.
transversus, queerliegend.
trapeziformis, schiefviereckig.
trialatus, dreyflügelig.
Triandria, Dreymännige Pflanzen. §. 85.
triandrus, dreymännig.
triangularis, dreyeckig, dreyriefig.
triangulatus, dreyriefig, dreykantig.
Trica, §. 73.

Trichidium, Bürste. §. 77.
trichotomus, dreytheilig.
tricoccus, dreyknöpfig.
Tricoccae, dreyknöpfige Gewächse. §. 86.
tricuspidatus, dreyspitzig.
tridentatus, dreyzahnig.
trifarius, dreyzeilig.
trifidus, dreyspaltig.
triflorus, dreyblüthig.
trifurcatus, dreygabelig.
trigeminatus, dreyfach-zweyfingerig.
trigonus, dreykantig.
Trigynia, Dreyweibige Pflanzen. §. 85.
trigynus, dreyweibig.
Trihiliatae, Dreynarbige Gewächse. §. 86.
trijugus, dreypaarig.
trilobus, dreylappig, dreytheilig.
trilocularis, dreyfächerig.
trinervatus, dreygerippt.
trinervius, dreyrippig.
trinus, dreyzählig.
Trioecia, Dreyhäusige Pflanzen. §. 85.
tripartitus, dreytheilig.
Tripetalae, Dreyblumenblätterige Gewächse.
Tripetaloideae, Dreyblüthenblätterige Gewächse. §. 86.
tripetalus, dreyblätterig.
triphyllus, dreyblätterig.
tripinnatus, dreyfachgefiedert.
triplex, dreyfach.
triplicato-geminatus, dreyfach-zweyfingerig.
triplicato-pinnatus, dreyfachgefiedert.
triplicato-ternatus, dreyfach-dreyfingerig.
triplicatus, dreyfach.
triplinervius, dreyfachgerippt.
tripteriguus, dreyflügelig.
tripyrenus, dreykernig.

triqueter, dreyseitig, dreykantig.
triserialis, dreyreihig.
trispermius, dreysaamig.
triternatus, dreyfach-dreyfingerig.
trivalvis, dreyklappig, dreyspelzig.
triviale nomen, Namen der Art.
truncatus, abgestutzt.
Truncus, Stiel, Stamm, Schaft, Laub. §. 7. 10. 13. 29.
Tuber, Knollen. §. 7. 16.
tuberculatus, höckerig.
tuberculosus, höckerig.
Tuberculum, Höckerchen. §. 73.
tuberosus, knollig.
tubulatus, röhrig.
tubulosus, röhrig, röhrenförmig.
Tubulus, Röhre, Röhrchen. §. 46.
Tubus, Röhre. §. 40. 43.
tumidus, wulstig.
Tunica, äußere Saamenhaut. §. 56.
tunicatus, eingehüllt.
turbinatus, §. 73. kräuselförmig.
turgidus, aufgeblasen.
Turio, Trieb. §. 14.

Vagina, Blattscheide. §. 22.
vaginans, einscheidend.
vaginatus, eingescheidet, scheidenartig.
vagus, zerstreut.
Valva, Spelze. §. 35. Saamenblatt. §. 55.
Valvula, Klappe. §. 6. 58. 60.
varicosus, dickaderig.
Varietas, Abart, Ausartung, Spielart. §. 57. 78.
varius, ungleichförmig.
Vasa, Gefässe. §. 6.
velatus, verdeckt.

velutinus, sammetartig.
Vegetabilia, Gewächse. §. 1.
Vena, Ader. §. 18.
venoso-nervosus, aderrippig.
venosus, aderig.
ventricosus, bauchig.
Vepreculae, buntkelchige Gewächse. §. 86.
vermicularis, wurmförmig.
Vernatio, Ausschlagen, Blüthknospenzustand. §. 83.
Verruca, Warze. §. 6, 1.
verrucosus, warzig, warzenförmig.
versatilis, beweglich.
verticalis, scheitelrecht.
Verticillatae, Quirlblüthige Pflanzen. §. 86.
verticillatus, quirlig.
Verticillus, Quirl.
Vesicula, Bläschen, Kügelchen.
vesicularis, blasig.
Vexillum, Fahne. §. 45.
vicinus, nahestehend.
Vigiliae, Wachen §. 80. 83.
villosus, zottig.
Villus, Zotten. §. 6, 6.
virgatus, ruthenartig.
viscidus, schmierig.
viscosus, schmierig.
Vita, Leben. §. 2.
Vitellus, Dotter. §. 55. 56.
viviparus, lebendiggebährend.
vlnaris, Ellenlang.

Vmbella, Dolde. §. 37.
Vmbellatae, Doldentragende Gewächse. §. 86.
vmbellatus, doldig.
Vmbellula, Döldchen §. 37.
vmbilicatus, schildförmig, genabelt.
Vmbilicus, Nabel, Nabelgefäß. §. 55.
Vmbo, Nabel, Zitze. §. 77.
vmbonatus, gezitzt.
vncinatus, hakenförmig.
vndatus, wogig.
vndulatus, wogig.
vnguiculatus, genagelt.
Vnguis, Nagel. §. 44.
vngulatus, klauenförmig.
vnialatus, einflügelig.
vnicus, einzig.
vniflorus, einblüthig.
vniformis, gleichförmig.
vniforus, einklappig.
vnilabiatus, einlippig.
vnilateralis, einreihig.
vnilocularis, einfächerig.
vnivalvis, einklappig, einspelzig.
vniversalis, allgemein.
Volva, Wulst. §. 77.
volubilis, windend.
vrceolatus, beckenförmig.
vrens, brennend.
Vtriculus, Schlauch. §. 6. Ueberzug. §. 55. Hautfrucht. §. 57. 62.

Kunstwörter.

Abart, Varietas. §. 78.
abfallend, deciduus, erst eine geraume Zeit nach der Entstehung von dem Körper abfallend, wozu es gehört. — abfallende Augen, Gemmae deciduae. §. 17.
abgebissen, praemorsus, an der Spitze mit einer unordentlich buchtigen oder winkligen Linie oder einer unebenen Fläche abgestumpft.

abgestutzt, truncatus, sich in eine gerade Linie oder ebene Fläche endigend.

abwechselnd, alternus, heissen solche Dinge, wovon immer eins von dem Ende des Hauptkörpers um etwas entfernter steht als das andere.

abwechselnd-gefiedert, alternatim-pinnatum, ein gefiedertes Blatt, bey dem die Blättchen abwechselnd stehen.

abweichend, devius, heißt der Nabel, wenn er in der Are, der Keim hingegen wagerecht im Umfange des Saamens liegt.

achselständig, alaris, in den Winkeln der Aeste stehend oder sitzend.

achtblüthig, octoflorus, mit acht Blüthen oder Blüthchen.

achteckig, octangularis, mit acht Ecken.

achtmännig, octandrus, mit acht Staubgefässen.

Achtmännige Pflanzen, Octandria. §. 85.

achtriefig, octangulatus, mit acht Riefen.

achtspaltig, octofidus, achtmal gespalten.

achttheilig, octopartitus, mit acht tiefen Einschnitten.

achtweibig, octogynus. §. 51.

achtzählig, octonus, je acht beysammen.

aderlos, avenius, ohne sichtbare Adern.

Adern, Venae. §. 18.

ader-rippig, venoso-nervosus, ein rippiges Blatt, dessen Rippen jedoch einige Aeste haben.

aderig, venosus, mit Adern durchflochten.

Aehrchen, Spicula, Locusta. §. 35.

Aehre, Spica. §. 33. 35. 37.

Aehrenfarren, Stachyopteris. §. 75.

ährentragend, spicifer, Pflanzen, deren Befruchtungstheile Aehren bilden.

ährig, spicatus, 1) Aehren bildend, 2) Aehren umgebend, 3) Aehren tragend, 4) vom Ansehn einer Aehre.

ährenförmig, spiciformis, vom Ansehn einer Aehre.

ästig, ramosus, was in Aeste oder Zweige vertheilt ist, besonders wenn dieser viele sind, die ordentlich stehen.

afterblätterig, stipulatus, mit Afterblättern versehen.

Afterblatt, Stipula. §. 7. 19. 23.

afterblattisch, stipularis, an oder bey einem Afterblatte befindlich; die Stelle eines Afterblattes vertretend.

afterblattlos, exstipulatus, ohne Afterblätter.

Afterdolde, s. Käs.

Afterfrüchte, s. Saamendecke.

Aftermoose, s. Lebermoose.

Afterzähne, Ramenta. §. 14.

afterzähnig, ramentaceus, mit Afterzähnen versehen, mit dürren Blättern oder Schuppen besetzt.

Algen, Algae. §. 11. 71-74. 85. 86.

allgemein, universalis, bey zusammengesetzten Dingen, das Ganze oder was zu allen gehört.

aneinanderliegend, contiguus, zwey Körper, die mit ganzen Flächen sich dicht berühren.

angedrückt, adpressus, bis zur Berührung nahe anliegend.

angewachsen, adnatus, nicht blos mit der Grundfläche, sondern auch mit einem grössern Theil der Oberfläche befestigt.

anliegend, adcumbens, sich mit der Spitze dem Hauptkörper nähernd.

Anordnung, Systema. §. 84=86.

Ansatz, Apophysis. §. 70.

Ansetzen, Grossificatio. §. 83.

Apfel, Pomum. §. 58. 65. 66.

arm, depauperatus, wenige Blüthen oder Blüthenstiele tragend, und grosse Zwischenräume lassend.

armig, brachiatus, mit entgegengesetzten, fast wagerechten, sich paarweis durchkreutzenden Zweigen.

Art, Species. §. 78. 84.

Arterien, Vasa adducentia. §. 6, 4.

Ast, Ramus. §. 7. 12. 13.

Astblatt, Folium rameum, ein aststándiges Blatt.

astlos, simplex, integer, indivisus, ohne Aeste und Zweige.

aststándig, rameus, am Aste befindlich.

atlasartig, holosericeus, mit feinen stark glänzenden weichen Haaren bedeckt.

aufgeblasen, inflatus, turgidus, 1) weit und hohl, 2) beym Blattstiel: in der Mitte dicker, als an beyden Enden.

aufgerollt, circinnatus, von der Basis gegen die Spitze gerollt, so daß die Spitze oder das Ende der Krümmung in der Krümmung selbst liegt.

aufliegend, incumbens, heissen die Staubbeutel, wenn sie wagerecht oder schief auf dem Träger ruhen.

aufrecht, erectus, bey Stielen fast gerade in die Höhe stehend, ohne vollkommen gerade zu seyn; bey Staubfäden und Staubbeuteln, ganz oder fast senkrecht stehend; beym Ringe der Pilze angewachsen und mit der Mündung nach oben gekehrt; bey Aesten, Zweigen und Blättern mit dem Stamme sehr spitze Winkel machend.

aufspringend, dehiscens, bezeichnet die Art und Weise, wie Behälter sich öfnen, die keine Klappen haben.

aufsteigend, adscendens, mit einem Bogen sich erhebend, so daß die Spitze nach oben gekehrt, und der größte Theil aufrecht ist.

aufwärtsgekrümmt, incurvus, incurvatus, gekrümmt mit der Spitze nach oben.

Auge. §. 7.

Ausartungen, Varietates. §. 57.

ausdauernd, perennis, mehrere Jahre während.
Ausdauernde Gewächse, Plantae perennes. §. 8. Kräuter, Herbae perennes. §. 11.
ausgebissen, erosus, mit einspringenden Bogen am Rande, die ausserhalb Winkel bilden.
ausgebreitet, divergens, patentissimus, expansus, was mit dem Hauptkörper rechte Winkel macht.
ausgehöhlt, concavus, was ein Stück einer hohlen Kugel bildet; bey Blättern insbesondere, wenn die obere Fläche hohl, die untere erhaben ist.
ausgerandet, emarginatus, an der Spitze mit einem Kerb oder Ausschnitt versehen.
ausgeschnitten, retusus, stumpf an der Spitze mit einem schwachen rundlichen Ausschnitt.
ausgeschweift, repandus, am Rande durch abwechselnd hohle und erhabene, flache Bogen begränzt.
ausgeschweift-pfeilförmig, cordato-sagittatus, pfeilförmig mit ausgeschweiften Seiten.
ausgesperrt, divaricatus, wenn die Zweige mit einem gegen den Gipfel stumpfen Winkel, sich vom Stamme entfernen.
Ausläufer, Soboles. §. 13.
Ausfallen, Disseminatio. §. 83.
Ausschlag, Turio. §. 14.
Ausschlagen, Frondescentia, Vernatio, Evolutio, Foliatio. §. 14. 83.
Auszugstoff, Principium extractivum. §. 5.
Axe, Axis. §. 35.

Bälglein, Folliculus. §. 58. 59.
bärtig, barbatus, mit büschelweis beysammenstehenden Haaren besetzt
Balg, Gluma. §. 35. 38. Vtriculus. §. 6.
Balsam, Balsamum. §. 5.
Bananengewächse, s. würzige Gewächse.
Bart, Barba. §. 6, 6.
bartenförmig (säbelförmig), acinaciformis, zusammengedrückt-eyförmig, die gerade Kante stumpf, die convexe schneidend.
bartlos, imberbis, ohne Bart oder Pinsel.
Basis, Basis, dasjenige Ende eines Körpers oder Theiles eines Körpers, woran derselbe befestigt ist.
Bast, Liber. §. 10.
Bastarte, Species hybridae. §. 51.
Bau, Structura.
bauchig, ventricosus, in der Mitte dicker als an beyden Enden.
Baum, Arbor. §. 11.

baumähnlich, dendroides, ein Reis das aufrecht steht, und sich an der Spitze in eine Menge dichtstehender Aeste vertheilt.

baumartig, arboreus, heißt der Stiel der Pflanzen, wenn er einen einzigen ausdauernden holzigen Stamm bildet, der entfernt von der Erde die Aeste trägt.

beblättert, foliatus, foliosus, mit Blättern besetzt, oder mit Blättern untermischt.

Becher, Scyphus. §. 73.

Becherchen, Cyphella. §. 73.

becherförmig, cyathiformis, scyphiformis, pyxidatus, scyphiferus, röhrenförmig, sich allmählig nach oben erweiternd, mit aufrechtem nicht zurückgebogenem Rande.

bedeckt, tectus, eine Blume die nicht grösser oder doch nicht viel grösser ist, wie der Kelch.

bedecktaderig, obtecto-venosus, wenn bey einem aderigen Blatte, über die Adern drey Rippen, die aus der Basis kommen, laufen.

bedecktsaamig, angiospermius, die Saamen in einem Saamengehäuse eingeschlossen enthaltend.

Beerchen, Acinus. §. 63.

Bedecktsaamige Gewächse, Angiospermiae. §. 85.

Beere, Bacca. §. 58. 63. 66.

Beerenkapsel, Theca. §. 62.

beerig, baccatus, baccans, sich in eine Beere verwandelnd.

befiedert, plumosus, mit vielen Haaren umgeben, die an den Seiten kleine Häärchen haben.

behaart, pubescens, mit feinen Haaren besetzt.

Befruchtung, Fructificatio. §. 51. 53.

Befruchtungsboden, Receptaculum. §. 33.

Befruchtungstheile, Partes generationis. §. 7.

bekelcht, caliculatus, mit einem Kelche versehen; insbesondere von Kelchen, die noch einen besondern Kelch haben.

bekleidet, vestitus, obductus, incrustatus, scleranthus, mit einer Bedeckung umgeben. §. 55.

beckenförmig, krugförmig, urceolatus, über einer kurzen Röhre halbkugelförmig sich erweiternd.

belappt, appendiculatus, auriculatus, mit Anhängen versehn.

belaubt, frondosus, mit kleinen Blättchen bedeckt.

bemützt, calyptratus, mit einer Mütze bedeckt.

bereift, pruinosus, mit einem weissen Staube so fein bedeckt, daß man die einzelnen Staubkörnchen nicht unterscheiden kann.

besonders, partialis, bey vielfach zusammengesetzten Dingen, jedes einfach zusammengesetzte, oder das zu diesem gehörige.

Bestandtheile der Pflanzen. §. 3. 4. 5. nähere §. 5.

bestäubt, incanus, wie mit einem weissen kaum bemerkbaren Staube so bedeckt, daß das Ganze eine weißliche oder weisse Farbe erhält.

Betäubende Gewächse, Luridae. §. 86.
Betäubender Stoff, Principium narcoticum. §. 4.
beweglich, mobilis, 1) heißt der Ring der Pilze, wenn er nicht angewachsen ist, sondern sich auf und niederschieben läßt, 2) versatilis, heissen aufliegende Staubbeutel, welche fast nur in einem Punkte mit dem Staubfaden zusammenhängen, und daher bey der mindesten Erschütterung sich bewegen.
beyblattisch, laterifolius, neben dem Blatte am Aste oder Stamme befestigt.
beysammenstehend, approximatus, nicht weit von einander, dicht beysammen.
biegsam, flexilis, was sich ohne zu knicken oder zu zerbrechen, leicht hin und her biegen läßt.
Bildung, Structura.
Bittere Gewächse, Sepiariae. §. 86.
Blättchen, Foliolum, jedes einzelne Blatt, eines Kelches eines zusammengesetzten Blattes oder Laubes; bey den mehrfach-zusammengesetzten heißen sie auch pinnula, pinna, pinna propria. §. 19.; bey einigen Pilzen heißen die dünnplattigen Hervorragnngen unter dem Huthe Blättchen, lamellae.
blätterig, foliaceus, in Blätter zertheilt. 2) lamellosus, mit Blättchen besetzt.
Blase, Ampulla. §. 12.
blasig, vesicularis, mit Bläschen angefüllt.
Blatt, Folium. §. 7. 18. 22.
blattartig, compresso-foliaceus, platt wie ein Blatt.
Blattauge, Gemma foliifera. §. 14.
Blatter, Papula. §. 6, 1.
blatterig, papulosus, mit kleinen hohlen Bläschen bedeckt.
Blatthäutchen, Ligula. §. 22.
Blattknospe, Gemma foliifera. §. 14.
blattlos, aphyllus, ohne Blätter.
Blattscheide, Vagina. §. 22.
blattständig, foliaris, aus dem Blatte entspringend.
Blattstiel, Petiolus. §. 7. 18. 19.
Blattstielchen, Pediculus, der eigenthümliche Stiel eines Blättchens.
blattstielisch, intrafoliaceus, am Blattstiele, zwischen der Basis desselben und dem Blatte sitzend.
blattstielständig, petiolaris, an der Spitze eines gemeinschaftlichen Blattstiels.
Blattwinkel, Axillae, der Raum oberhalb zwischen dem Blatte und dem Stamme oder Aste.
bleibend, persistens, jeder Theil, der so lange bleibt, wie der Haupttheil zu dem er unmittelbar gehört.
Blühen, das, Florescentia, Anthesis. §. 83.
Blühezeit, Aestivatio, Florescentia. §. 83.

Blüthboden, Receptaculum. §. 33.
Blüthchen, Flosculus. §. 33.
Blüthe, Flos. §. 7. 31=54. 35. 70. 72.
Blüthenblatt, Folium florale, ein nahe unter der Blüthe stehendes Blatt.
blüthenständig, floralis, dicht unter der Blüthe.
Blüthenstand, Inflorescentia. §. 37.
Blüthenstaub, Pollen. §. 7. 47. 48. 70.
Blüthenstiel, Pedunculus. §. 7. 31. 32.
Blüthenstielchen, Pedicellus, Pediculus, Pedunculus partialis. §. 32.
Blüthenstielständig, peduncularis, am Blüthenstiel sitzend.
blüthetragend, floriferus, frutificans, was männliche, weibliche, oder Zwitterblüthen trägt.
blüthisch, floralis, zur Blüthe gehörig.
Blüthknospen, Gemma florifera. §. 14.
Blume, Corolla. §. 7. 35. 38. 42=45. 68. 70.
blumenartig, corollinus. §. 38.
Blumenblatt, Petalum. §. 42. 44. 46.
blumenblattförmig, petaloideus, petaliformis, foliaceus, das Ansehn eines oder mehrerer Blumenblätter habend.
Blumendecke, Perianthium. §. 39. 40.
Blumenkrone, s. Blume.
blumenlos, apetalus, Blüthe ohne Blume.
Blumenmännige Blüthen, Flores petalostemonii. §. 47.
Blumenscheide, Spatha. §. 39. 41.
Blumenstaub, s. Blüthenstaub.
Blumenstiel, s. Blüthenstiel.
Bodenmännige Blüthe, Flos thalamostemonius. §. 47.
bogig, arcuatus, einen sehr kleinen Kreisbogen beschreibend.
Borke, Cutis. §. 10.
Borste, Seta. §. 6, 6. 32.
borstenförmig, setaceus, 1) dünn, steif, rund, an der Wurzel etwas dicker, wie an der Spitze, 2) aus borstenförmigen Theilen bestehend.
borstig, hispidus, setosus, setaceus, mit Borsten bedeckt oder besetzt.
borstig=stachlig, setaceo-spinosus, mit feinen, borstenähnlichen Stacheln besetzt.
brandig, sphacelatus, mit einem dunkelbraunen oder schwarzen Flecken.
breit, latus, dilatatus, planus, der Durchmesser der Breite ist groß, im Verhältniß zur Länge und Dicke.
brennend, vrens, mit Brennspitzen besetzt.
Brennspitze, Stimulus. §. 6, 6.
Brey, Pulpa. §. 6, 2.
breyig, pulposus, weich und saftig.

Brüderliche Pflanzen, Adelphia, Pflanzen deren Staubfäden zusammengewachsen sind.

Bucht, Sinus. §. 22.

Büchse, Pyxidium. §. 62. Theca. §. 70. 73.

buchtig, sinnuatus, wenn der Rand hohlbogenförmige Ausschnitte hat.

bucklig, gibbus, gibbosus, an einem Theile mit einer converen Hervorragung versehen.

Bürste, Pecten, Trichidium. §. 77.

bürstig, pectinatus, mit gleichlaufenden schmahlen Lappen, Borsten, oder einer Bürste.

Büschel, Fasciculus, die Befestigung mehrerer Körper durch Stiele an der Spitze eines andern Körpers, ohne daß jedoch diese Stiele von einem gemeinschaftlichen Mittelpuncte ausgehen. §. 37.

büschelig, fasciculatus, fascicularis, Dinge, die mit ihrem einen Ende sehr nahe beysammenstehen, mit dem andern Ende aber weiter von einander entfernt sind.

bunt, pictus, mit großen anders gefärbten Flecken und Zeichnungen.

Buntkelchige Gewächse, Vepreculae. §. 86.

Classe, Classis. §. 84.

Dachförmig, deltoideus, dreykantig, kurz, an beyden Enden spitz.

degenförmig, gladiatus, gerade, zusammengedrückt, zweyschneidig, gleichbreit, zugespitzt.

Deckblatt, s. Nebenblatt.

Decke, s. Schleyerchen.

Deckel, Operculum. §. 70.

deckelig, operculatus, 1) mit einem Deckel versehen, 2) eine Kapsel, die oben rund herum aufspringt, als wenn sie einen Deckel hätte.

derb, solidus, dicht, nicht aus Blättern oder abgesonderten Stücken bestehend.

Deutlichehige Pflanzen, Plantae phenogamae, phanerogamae. §. 7.

dicht, solidus, compactus, was seinen Umfang ohne Höhlungen und große Zwischenräume anfüllt.

dichtstehend, confertus, congestus, sehr nahe und in großer Menge bey einander, ohne zusammengewachsen zu seyn.

dick, crassus, im Verhältniß zur Länge und Breite.

dickaderig, varicosus, mit dicken Adern.

Döldlein, Vmbellula. §. 37.

Dolde, Vmbella. §. 37.

Doldentragende Gewächse, Vmbellatae. §. 86.

Doldentraube, s. Strauß.
doldig, vmbellatus, in Dolden gewachsen, Dolden tragend, Dolden scheinbar bildend, und bey Blättern, wenn diese in großer Menge an der Spitze eines Blattstiels sitzen, sich strahlenförmig ausbreiten, und so einen Schirm bilden.
doppelstachlig, duplicato-spinosus, mit gepaarten Stacheln besetzt.
doppelt, duplex, in zweyfacher Zahl vorhanden, so daß gewöhnlich das eine im andern enthalten ist.
doppeltdreyfingerig, biternatus, duplicato-ternatus, wenn Ein Blattstiel dreyzählige Blätter trägt.
doppeltgefiedert, bipinnatus, gefiedert, aber statt der Blättchen gefiederte Blätter habend.
doppelthalbgefiedert, bipinnatifidus, halbgefiedert, mit halbgefiederten Lappen.
doppeltzusammengesetzt, decompositus, wenn ein einziger Stiel mehrere zusammengesetzte Körper trägt.
doppeltzweyfingerig, bigeminatus, bigeminus, wenn ein Blattstiel zwey zweyfingerige Blätter trägt.
Dorn, Spina. §. 13.
dornig, spinosus, mit Dornen besetzt.
Dotter, Vitellus. §. 55. 56.
dreyblätterig, tripetalus, triphyllus, drey Blätter habend.
Dreyblüthenblätterige Gewächse, Tripetaloideae. §. 86.
dreyblüthig, triflorus, mit drey Blüthen oder Blüthchen.
Dreyblumenblätterige Gewächse, Tripetalae, Pflanzen mit drey Blumenblättern.
dreyeckig, triangularis, mit drey Ecken versehen, ein Dreyeck darstellend.
dreyfach, triplex, triplicatus, je drey beysammen.
dreyfach=gefiedert, tripinnatus, triplicato-pinnatus, gefiedert, statt der Blättchen mit doppeltgefiederten Blättern.
dreyfach=gerippt, tripli-nervius, mit drey vor der Basis aus der Mittelrippe entspringenden Rippen.
dreyfach=dreyfingerig, triternatus, triplicato-ternatus, wenn Ein Blattstiel drey doppelt=dreyfingerige Blätter trägt.
dreyfach=zweyfingerig, tergeminus, trigeminatus, triplicato-geminatus, ein doppelt zweyfingeriger am Hauptstiel Einpaariger Blattstiel.
dreyfächerig, trilocularis, Behälter mit drey Fächern.
dreyfingerig, ternatus, wenn drey Blätter an der Spitze eines einzigen Blattstiels befestigt sind.
dreyflügelig, trialatus, triptrigius, mit drey Flügeln versehen.
dreygabelig, trifurcatus, gabelförmig mit drey Spitzen.
dreygerippt, trinervatus, mit drey hinter der Basis aus dem Blattstiel entspringenden Rippen.

dreyhäusig, trioecus, wenn bey vielehigen Pflanzen alle drey Blüthenarten auf verschiedenen Stämmen sind.
Dreyhäusige Pflanzen, Trioecia. §. 85.
dreykantig, trigonus, triqueter, mit drey stumpfen Kanten.
dreykernig, tripyrenus, drey Nüsse einschliessend.
dreyklappig, trivalvis, mit drey Klappen.
dreyknöpfig, tricoccus, eine dreyfächerige Frucht, welche aus drey verschiedenen Früchten zu bestehen scheint.
Dreyknöpfige Gewächse, Tricoccae. §. 86.
dreylappig, trilobus, durch zwey Ausschnitte lappig.
dreymännig, triandrus, mit drey Staubgefässen.
Dreymännige Pflanzen, Triandria. §. 85.
Dreynarbige Gewächse, Trihiliatae. §. 86.
dreypaarig, triiugus, mit drey Paar Blättern gefiedert.
dreyriefig, triangulatus, mit drey Riefen.
dreyreihig, triserialis, 1) in drey Reihen, 2) bey den Pilzen, wenn zwischen je zwey langen Blättchen zwey kurze stehen.
dreyrippig, trinervius, mit drey aus der Basis entspringenden, nach der Spitze hinlaufenden Rippen.
dreysaamig, trispermus, mit drey Saamen.
dreyseitig, triqueter, was drey ebene Seitenflächen und scharfe Kanten hat.
dreyspaltig, trifidus, zweymahl gespalten.
dreyspelzig, trivalvis, ein aus drey Spelzen bestehender Balg.
dreyspitzig, tricuspidatus, in drey Spitzen sich endigend.
dreytheilig, tripartitus, trichotomus, was in drey Lappen getheilt ist, oder sich in drey Spitzen, Aesten endigt. 2) tripartitus, trilobus, aus drey Fruchtknoten bestehend.
dreyweibig, trigynus. §. 51.
Dreyweibige Pflanzen, Trigynia. §. 85.
dreyzählig, ternus, trinus, zu dreyen beysammenstehend.
dreyzähnig, tridentatus, mit drey Zähnen oder Spitzen.
dreyzeilig, trifarius, in drey gleichlaufenden Reihen.
Drüse, Glandula. §. 6, 1.
drüsenlos, eglandulosus, ohne in die Augen fallende Drüsen.
drüsig, glandulosus, mit Drüsen auf der Oberfläche.
dürre, scariosus, trocken und ziemlich steif und hart.
dünn, gracilis, in Verhältniß der Länge schmahl und nicht dick.
dünnstehend, rarus, mit wenigen von einander entferntstehenden Zweigen, Blättern, Strahlen, Blüthen u s. w.
durchbohrt, perforatus, auf beyden Seiten mit einem Loche aufspringend.
durchkreutzend, cruciatus, decussans, eins über dem andern so liegend, daß Scheitelwinkel entstehen.
durchlöchert, fenestratus, mit großen Löchern durchbohrt.
durchscheinend, pellucidus, an einzelnen Stellen die Lichtstrahlen durchlassend.

durchscheinend-getüpfelt, pellucido-punctatus, perforatus, pertusus; mit äusserst feinen, das Licht durchlassenden Puncten.

Durchschlag, Septum, Häute, die einen Raum der Queere nach in Fächern abtheilen. §. 13.

durchschnitten, circumcissus, Behälter, welche rund um in der Mitte zerspringen.

durchsichtig, hyalinus, die Lichtstrahlen durchlassend.

durchwachsen, perfoliatus, perforatus, wenn der Stamm mitten durch ein Blatt geht.

Eben, laevis, wenn die Oberfläche weder Erhöhungen noch Vertiefungen hat.

Eigene Gefässe, Vasa propria. §. 6, 4.

eigenthümlich, proprius, den einzelnen Theilen eines zusammengesetzten Ganzen gehörig.

Eilfmännige Pflanzen, Endecandria, Pflanzen, deren Blüthen eilf Staubgefässe haben.

eilfweibig, endecagynus. §. 51.

einblätterig, monopetalus, monophyllus, aus einem einzigen Blatte bestehend.

einblüthig, uniflorus, eine einzige Blüthe tragend, zu einer einzigen Blüthe gehörig.

einbrüderig, monadelphus, wenn alle Staubfäden verwachsen sind.

Einbrüderige Pflanzen, Monadelphia. §. 85. 85.

Einehe, Monogamia. §. 85.

einfach, simplex, 1) was ein Ganzes bildet, ohne Theile zu haben, die man jedes als ein besonderes für sich bestehendes Ganze ansehn könnte, dem Zusammengesetzten entgegengesetzt — ohne Aeste — nicht doppelt oder mehrfach. 2) Aus einfachen Theilen bestehend. Einfache Blüthe, Flos simplex. §. 33. 37.

einfachstachlig, simplicissime-spinosus, mit einfachen Stacheln besetzt.

einfach-zusammengesetzt, simpliciter-compositus, ein Blatt, dessen gemeinschaftlicher Blattstiel nur Blätter, und nicht mehrere zusammengesetzte Blätter tragende Blattstielchen trägt.

einfächerig, unilocularis, Behälter ohne Scheidewand.

einflügelig, monopterigius, unialatus, mit einem Flügel.

eingefügt, insertus, etwas, dessen Befestigung an einem andern Theile nicht viel grösser, wie der Durchmesser des befestigten Körpers und durch deutliche Grenzen bezeichnet ist.

eingehüllt, tunicatus, 1) mit einer lockeren Haut umgeben, 2) aus concentrischen Blättern bestehend.

eingescheidet, vaginatus, mit einer los herum sitzenden Haut, oder andern rundum einschliessenden Bekleidung, wie in einer Scheide steckend, bedeckt.

eingeschlossen, inclusus, Körper oder Theile derselben, die kürzer sind, als die sie umgebenden, und die also ganz innerhalb der letztern liegen.

eingeschnitten, incisus, mit einem oder mehrern einspringenden Winkeln, die nicht tief eindringen an allen Seiten.

eingreifend, obvolutus, wenn jedes von zwey Blättern in der Knospe zusammengeschlagen ist, und die Hälften in einander greifen.

einhäusig, monoecus, wenn alle Arten der Blüthen verschiedener Geschlechter, die man bey einer Pflanzenart antrifft, auf demselben Stamme sind.

Einhäusige Pflanzen, Monoecia. §. 85.

einkammerig, androgynus, wenn männliche und weibliche Blüthen in einem Blüthenstand vereinigt sind.

einkernig, monopyrenus, eine Nuß enthaltend.

einklappig, univalvis, mit einer Klappe.

einlippig, unilabiatus, eine rachenförmige Blume, der die eine Lippe fehlt.

einmännig, monandrus, mit Einem Staubgefäß.

Einmännige Pflanzen, Monandria. §. 85.

einpaarig, conjugatus, ein Paar Blätter, die in fast gerade entgegengesetzter Richtung stehen, so daß sie mit dem Stiel fast rechte Winkel machen.

einpaarig-gefiedert, conjugato-pinnatus, wenn ein gemeinschaftlicher Blattstiel zwey gefiederte Blätter trägt.

einreihig, unilateralis, nur an einer Seite befestigt, oder nur an einer Seite befestigte Theile enthaltend.

Einsaamenblätterige Gewächse, Monocotyledones, mit Einem Saamenblatt keimend.

einsaamig, monospermus, Einen Saamen enthaltend.

einscheidend, vaginans, eine Röhre bildend, die einen andern Körper von allen Seiten einschließt.

einschliessend, equitans, wenn Blätter so zusammengeschlagen sind, daß sie eine Rinne bilden, in denen der Stengel, Stamm, Stiele, oder andere Blätter liegen, und von einer Seite umfaßt werden.

einseitig, secundus, nur nach einer Seite hinstehend.

einspelzig, univalvis, ein Balg, der aus einer einzigen Spelze besteht.

einwärtsgebogen, inflexus, so gebogen, daß die Spitze nach innen gekehrt ist.

einwärtsgekrümmt, incurvus, incurvatus, gekrümmt mit der Spitze gegen den Hauptkörper, oder nach innen gekehrt.

einwärtsgeneigt, inclinatus, aufrecht, mit der Spitze nach innen gebogen.

einwärtsgerollt, involutus, gerollt, so daß die Windungen nach der innern Seite hinliegen.

einweibig, monogynus, einen Griffel oder Stempel enthaltend.
Einweibige Pflanzen, Monogynia. §. 85.
einwickelnd, incrustans, wird der Kelch, wenn er einen rindenartigen Ueberzug um die Saamen bildet.
einzeln, solitarius, simplex, wenn nicht mehrere gleichartige Dinge dicht beysammen, oder an einem gemeinschaftlichen Blüthenstiele oder Blattstiele oder in einer Höhle sind.
einzig, unicus, nur einmal an einer Pflanze oder in oder an einem ihrer Theile vorhanden.
Ecke, 1) Lacinia, bey Blättern und Blüthen die ausspringenden spitzen Winkel, oder vielmehr die Scheitel derselben. §. 22. 43. 2) Anguli, bey Körpern der Scheitel eines körperlichen Winkels.
eckig, angularis, Ecken habend.
elastisch, elasticus.
ellipsoidisch, ovalis, ellipticus, was die Form einer Ellipsoide hat.
elliptisch, ovalis, ellipticus, was die Form einer Ellipse hat.
enge, angustus, mit verhältnißmäßig kleinen Durchmessern der Breite und Dicke.
Entblätterung, Defoliatio. §. 80. 83.
entferntstehend, distans, remotus, gleichnamige Dinge, Blätter, Quirle ꝛc., wo eins von dem andern durch eine sehr bemerkbare Weite entfernt ist.
entgegengesetzt, oppositus, Dinge, deren gleichnamige Enden gegeneinander gekehrt sind.
entgegengesetzt-gefiedert, opposite-pinnatus, ein gefiedertes Blatt, dessen Blättchen gerade gegeneinander über stehn.
entstellt, daedaleus, mannigfaltig gebogen und zersetzt.
erhaben, convexus, einen Kreisabschnitt oder Kugelabschnitt darstellend, mit dem Scheitel des Bogens nach aussen, oder oben.
erhöht, elevatus, ein Solidum, welches sich paraboloidisch oder eyförmig erhebt.
Ernährung, Nutritio. §. 2.
erweitert, dilatatus, ampliatus, ein Körper, der irgendwo breiter oder dicker, oder beydes wird.
etwas rauh, subscaber, kaum dem Gefühle merklich rauh.
Extractivstoff, Principium extractivum. §. 5.
eyförmig, ovatus, ein Körper, dessen Durchmesser der Länge den der Breite übertrifft, und der an beyden Enden mit ungleichen Halbkreisen oder Halbkugeln begränzt ist.
Eyweiß, Albumen. §. 55. 56.
Eyweißstoff, Gluten. §. 5.

Fach, Loculamentum, Loculum. §. 58.
Faden, Filum, ein länger walzenförmiger Körper.

H

fadenartig, filamentosus, einen oder mehrere lange biegsame Walzen bildend.
fadenförmig, filiformis, walzenförmig und in Verhältniß zur Länge dünn.
Fadenkranz, Corona. §. 46.
fadig, fibrosus, aus fadenförmigen Theilen bestehend.
fächerförmig, flabelliformis, kreisrund, oder keilförmig, oder doch von dem Ansehn eines kreisrunden, keilförmigen Blattes, und mit vielen regelmäßigen Einschnitten, und von diesen, bis zu einem bestimmten Punkt laufenden Falten versehen.
fächerig, loculosus, inwendig durch Scheidewände in mehrere Höhlen getheilt.
Fahne, Vexillum. §. 45.
falsch, spurius, das Ansehen eines Körpers andrer Art habend.
falschpaarig, dispar, wenn von zwey gepaarten Blättern, das eine eine andere Gestalt hat, als das andere.
Falte, Plica, die Kante oder der Neigungswinkel, die ein dünner Körper da bildet, wo seine in verschiedenen Ebenen liegende Theile zusammenstoßen.
faltig, plicatus, Falten bildend, in regelmäßige scharfkantige Falten gelegt.
Farbe, Color.
farbig, coloratus, von einer andern als der grünen Farbe.
Farrenkräuter, Filices. §. 11. 75. 76. 85. 86.
faserig, fibrosus, aus Fasern, Wurzelfasern, Zasern bestehend.
Fasern, Fibrae, dünne fadenförmige Körper. §. 6, 3.
fastblattlos, subaphyllus, mit sehr wenigen Blättern, die selbst manchmal fehlen.
fasteyförmig, subovatus, sich der Eygestalt nähernd.
fastherzförmig, subcordatus, mit kaum merklicher Vertiefung an der Basis.
fastkreisförmig, subrotundus, nicht vollkommen kreisrund, aber sich der Kreisform nähernd.
fastkugelig, subrotundus, ein großes Kugelstück darstellend, oder sich der Kugelform sehr nähernd.
fastsägig, subserratus, mit kaum bemerkbaren Einschnitten am Rande.
faststiellos, subsessilis, mit kaum sichtbarem Stiele.
fastungenagelt, subunguiculatus, mit sehr kurzem Nagel.
federartig, pennatus, plumosus, fadenförmige mit dünnen Fasern versehene Körper.
Federblatt, pinna partialis, jedes gefiederte Blatt eines mehrfach gefiederten oder zusammengesetzten Blattes oder Wedels.
Federchen, Pappus. §. 40, 57. Plumula, s. Pflänzchen.
federförmig, pappiformis, von der Gestalt eines Federchens.
Federharz, Resina elastica. §. 5.

federig, papposus, mit einem Federchen versehn.
feinsägig, serrulatus, mit kaum merklichen Zähnen am Rande.
festsitzend, fixus, heißt ein stielloser bleibender Kelch.
Filz, Tomentum. §. 6, 6.
filzig, tomentosus, mit in einander verwebten weichen Haaren bedeckt.
fingerig-gefiedert, digitato-pinnatus, wenn ein Blattstiel an der Spitze mehrere gefiederte Blätter trägt.
flach, planus, ohne Krümmungen.
flatternd, effusus, heißt eine Rispe, deren Blüthenstiele lang, nickend und geschlängelt sind.
Flechten, Lichenes. §. 71. 73.
Fleisch, Parenchyma. §. 6, 2.
fleischig, carnosus, elastisch, weich, verhältnißmässig dick.
Flecken, Macula. §. 76.
fliessend, fluitans, unter dem Wasser in wagerechter Richtung schwimmend.
Flor, Pubes. §. 6, 6.
flüchtig, fugax, Körper oder Theile, die bald nach ihrem Entstehen, oder unbemerkt an den Körpern, woran sie sitzen, verschwinden.
Flügel, Ala. §. 45. 57.
Flügelfrucht, Samara. §. 57.
Fortsatz, Propago. §. 17.
Franze, Annulus, s. Ring. Ciliae. §. 70.
Frucht, Fructus. §. 7. 55.
Fruchtansatz, Grossificatio. §. 83.
Fruchtauge, Gemma florifera. §. 14.
Fruchtbehälter, Hymenium. §. 77.
fruchtbar, fertilis, polliniferus, fariniferus, antheriferus, fructificans, 1) Staubgefässe, Stempel, und ganze Blüthen, welche mit den zur Befruchtung nöthigen Theilen versehen sind, Saamenstaub, Narbe oder Fruchtknoten haben; 2) fruchtbare Blüthen tragend.
Fruchtboden, Receptaculum. §. 33.
Fruchthülle, s. Saamendecke.
Fruchtknoten, Germen, Ovarium. §. 7. 51. 52. 70.
Fruchtlager, s. Hälter.
Fruchtstiel, s. Blüthenstiel. §. 73.
fruchttragend, fructiferus, nicht blos blühend, sondern auch Früchte bringend.
Frühblühende Gewächse, Preciae. §. 86.
fünfblätterig, pentapetalus, pentaphyllus, mit fünf Blättern.
fünfeckig, quinquangularis, was fünf Ecken hat.
fünffach-gefiedert, quintuplicato-pinnatus, gefiedert mit vierfach gefiederten Blättern.

fünffachgerippt, quintuplinervius, mit fünf Rippen, welche über der Basis des Blattes aus der Mittelrippe entspringen.
fünffächerig, quinquelocularis, in fünf Fächer eingetheilt.
fünffingerig, quinatus, wenn fünf Blätter an der Spitze Eines Stieles sitzen.
fünfgerippt, quinquenervatus, mit fünf hinter der Basis entspringenden Rippen.
fünfflügelig, quinquealatus, pentapterus, mit fünf Flügeln.
fünfkantig, pentagonus, was fünf Kanten hat.
fünfknöpfig, pentacoccus, wenn eine fünffächerige Kapsel aussieht, als wenn sie aus fünf Kapseln bestände.
fünflappig, quinquelobus, durch vier Ausschnitte lappig.
fünfmännig, pentandrus, mit fünf Staubgefässen.
Fünfmännige Pflanzen, Pentandria. §. 85.
fünfpaarig, quinqueiugus, gefiedert mit fünf Paar Blättchen.
fünfriesig, quinquangulatus, quinquangularis, mit fünf Riesen.
fünfrippig, quinquenervius, mit fünf Rippen, die von der Basis des Blattes gegen die Spitze laufen.
fünfspaltig, quinquefidus, viermahl gespalten.
fünftheilig, quinquepartitus, in fünf Lappen getheilt.
fünfweibig, pentagynus. §. 51.
Fünfweibige Pflanzen, Pentagynia. §. 85.
fünfzählig, quinus, je fünf beysammen.
fünfzähnig, quinquedentatus, mit fünf Zähnen.

Gabel, Cirrhus. §. 30.
gabelig, cirrhosus, mit einer oder mehreren Schlingen versehn, oder sich darinn endigend.
gabelförmig, furcatus, bifurcus, an der Spitze gespaltne Körper, deren durch die Spaltung entstandene Theile sich von einander entfernen, s. zwiesessig.
Gallerte, Gluten. §. 5.
gallertartig, gelatinosus, sehr weich, schlüpfrig, elastisch, mit einem Worte von der Consistenz einer Gallerte.
ganz, integer, ungetheilt, 1) ohne tiefe Einschnitte, Buchten und Lappen; 2) eine Mütze, welche die ganze Spitze der Büchse bedeckt.
ganzblüthig, flosculosus, aus lauter Ganzblüthchen bestehend.
Ganzblüthchen, Flosculus. §. 45.
ganzrandig, integerrimus, am Rande ohne irgend eine Art von kleinen Einschnitten.
Gattung, Genus. §. 84.
Gaumen, Palatum. §. 43.

geballt, conglobatus, wenn mehrere große Knollen dicht an einander sitzen.
gebogen, flexus, inflexus, wenn die Krümmung mehr, wie einen Viertelkreis beträgt.
gedoppelt, didymus, das Ansehn habend, als wenn es aus zwey Dingen bestände.
gedrängt, coarctatus, mit dicht an einander stehenden dicht am Stamm aufsteigenden Aesten.
gedreht, contortus, tortilis, spiraliter intortus, intortus, tortus, einen einzigen Schraubengang beschreibend.
Gedrehte Gewächse, Contortae. §. 86.
Gefässe, Vasa. §. 6. Schnurförmige. §. 6, 1. Einfache. §. 6, 4.
gefiedert, pinnatus, Blätter, Laub, Zweige, Stiele und Reiser, bey denen Blätter oder Zweige paarweise an zwo entgegengesetzten Seiten eines Stieles stehen.
gefingert, digitatus, heißt ein Blatt, wenn ein Blattstiel an seiner Spitze mehrere Blätter trägt.
gefleckt, maculatus, mit kleinen Flecken von anderer Farbe.
geflügelt, alatus, 1) mit Flügeln versehen, 2) mit breiten häutigen Kanten.
gefranzt, ciliatus, 1) am Rande mit Borsten oder Haaren besetzt, die mit der Fläche des Körpers in derselben Ebene liegen; 2) mit Franzen besetzt.
gefüllt, multiplicatus, plenus, heißen Blumen, deren Staubfäden sich in Blumenblätter verwandelt haben. §. 58.
gefurcht, sulcatus, mit breiten, tiefen Streifen.
gefußt, pedatus, ein getheilter Stiel, der nur an einer Seite Blätter oder Blüthen trägt.
gegenblattisch, oppositifolius, einem Blatte gerade gegenüberstehend.
gegenblüthisch, oppositiflorus, einer Blüthe gerade gegenüberstehend.
gegeneinandergeneigt, convergens, mit der Spitze näher bey einander, wie mit der Basis, ohne stark gekrümmt oder gebogen zu seyn.
gegittert, concellatus, mit netzförmigen, längslaufenden und querlaufenden Streifen oder Theilen.
gegliedert, articulatus, was aus verschiedenen durch Einschnitte oder Gelenke von einander abgesonderten Theilen besteht, oder zu bestehen scheint.
gehäuft, aggregatus, 1) beysammenstehend; 2) entweder auf einem gemeinschaftlichen Hälter, doch nicht unmittelbar befestigt; gehäufte Blüthen, Flos aggregatus. §. 33. 37.; 3) so nahe beysammenstehend, daß man nur durch genauere Untersuchung bemerkt, daß die Dinge nicht vereinigt und zusammengewachsen sind.

Gehäuftblüthige Gewächse, Aggregatae. §. 86.

gehörnt, cornutus, mit hornförmigen Ansätzen oder Verlängerungen.

geigenförmig, panduraeformis, ein Blatt, welches an beyden Enden zween mehr oder minder vollkommene Kreise bildet, die in der Mitte durch eine Bucht von einander getrennt sind.

gekammt, cristatus, mit gezähnelten knorpelartigen Anhängen, Kanten oder Kämmen versehen.

gekappt, cucullatus, mit einer Kappe bedeckt.

gekerbt, crenatus, mit einspringenden Winkeln am Rande, die Bogen oder ausspringende Winkel bilden, deren beyde Schenkel gleich sind.

gekielt, carinatus, durch die Neigung zwoer Flächen gegeneinander in spitzen Winkeln an einer Seite scharfkantig.

geknikt, infractus, ein gegliederter Stamm oder Halm, dessen unteres Gelenke niederliegt, das übrige aber aufrecht steht.

geköpft, prolifer, wenn der Hauptstamm in mehrere Aeste sich theilt, und diese wieder Zweige treiben, der Hauptstamm aber nicht weiter fortgeht.

gekreuzt, cruciatus, in vier Theile gespalten, die je zween grössere oder kleinere Winkel mit einander machen.

gekrönt, coronatus, heißt 1) der Schlund der Blumen, wenn er an den Blumenblättern bey seiner Oefnung mit Blättchen eingefaßt ist, 2) der Fruchtknoten oder die Frucht, wenn die Blume, der Kelch oder Nectarien darauf sitzen.

gekrümmt, curvatus, curvus, incurvus, wenn die Krümmung nicht mehr wie einen Viertelkreis beträgt.

Gelenk, Articulus, Geniculum. §. 13.

gelenkig, geniculatus, mit eingebogenen Gelenken.

gemeinschaftlich, communis, was zu mehreren gleichartigen Dingen gehört.

Gemüsige Gewächse, Oleraceae. §. 86.

genabelt, vmbilicatus, mit einer Vertiefung an dem der Basis entgegengesetzten Ende.

genagelt, vnguiculatus, mit einem Nagel versehn.

geöfnet, explicatus, patulus, eine Blume oder Kelch, deren Platten oder Mündung mit der Röhre oder den Nägeln ziemlich grosse Winkel machen, wenigstens nicht gegeneinandergeneigt sind.

gepaart, geminatus, wenn je zwey beysammen sind.

gepanzert, loricatus, aus abgesonderten knorpeligen Stücken bestehend.

Gepfefferte Gewächse, Piperitae. §. 86.

gepudert, farinosus, mit einem weissen mehlartigen Staube bedeckt.

gepufft, bullatus, heissen Blätter, die mit Adern durchwebt

sind, durch welche der Umfang, nicht aber die Mitte des Blattes verengt wird, wodurch hohle Erhöhungen auf dessen Oberfläche entstehen.

gerade, strictus, rectus, linearis, ohne alle Krümmungen nach einer Richtung hin sich erstreckend.

gerandet, calyculatus, marginatus, mit einem erhabenen Rande umgeben, einen erhabenen Rand bildend.

Gerbestoff, Principium adstringens. §. 4.

gerippt, costatus, mit erhabenen Streifen auf der Oberfläche, bey den Blättern mit Rippen, die sich von der Mittelrippe aus in großer Zahl fast rechtwinklicht nach den Rand hin erstrecken.

gerieft, angulatus, kantig, mit hohlen Seitenflächen.

geringelt, annulatus, bey Wurzeln mit Erhöhungen und Vertiefungen, beym Stiele mit ähnlichen Erhöhungen oder auch mit einer kreisförmigen Haut umgeben.

gerollt, volutus, so gebogen, daß der Durchschnitt eine Schneckenlinie bildet.

gerundet, rotundatus, rotundus, ohne Winkel und Spitzen.

gesäumt, fimbriatus, mit einem erhabenen Rande umgeben.

geschindelt, imbricatus, mit Blättern, Schuppen, oder andern flachen dünnen Körperchen, die ganz dicht auf einander passen oder liegen, so bedeckt, auch solche Blätter, Schuppen, selbst, wenn sie so liegen, daß die Spitze der unteren die Basis der oberen versteckt.

geschlängelt, 1) flexuosus, stumpfwinkelig oder bogig von einer Seite zur andern fortgehend; 2) undulatus, heißt ein Staubbeutel, der auf dem obern Theil des erweiterten Staubfadens wellenförmig auf und absteigt.

Geschlecht, Sexus.

geschlechtlos, neuter. §. 31.

geschlossen, arctus, heißt eine Aehre, deren Aehrchen dicht anliegen.

geschnabelt, rostratus, rostellatus, mit einer langen kegelförmigen oder pyramidenförmigen geraden oder gekrümmten Spitze.

geschopft, comosus, am obersten Ende mit Blättern, Fasern oder faserartige getheilte Stiele wie mit einem Busche besetzt.

geschüsselt, scutellatus, mit Schüsselchen versehn.

geschwänzt, caudatus, mit einer langen biegsamen Spitze.

gespalten, fissus, 1) mit Einschnitten, die nicht bis zur Mitte gehn, aber ohne daß die Lappen große Zwischenräume zwischen sich haben; 2) sich in zwo Spitzen endigend.

gespornt, calcaratus, einen Sporn bildend, oder mit einem Sporn versehn.

Gestalt, Figura.

gestiefelt, peronatus, bis zur Mitte von unten mit einer krausen Masse umgeben.

gestielt, petiolatus, stipidatus, pedunculatus, pedicellatus, durch einen Stiel oder besondere Stütze mit einem andern Körper verbunden. Bey den Blättern wird dieser Ausdruck dann im engern Verstande genommen, wenn der Stiel an der Basis des Blattes sitzt.

gestreift, striatus, mit feinen, vertieften Streifen.

gestrichelt, lineatus, ganz dicht mit parallelen flachen Rippen von der Basis bis zur Spitze durchzogen.

gestützt, fulcratus, heißt ein Stamm oder die Aeste desselben, wenn diese bis zur Erde herabhängen, und dort von neuem wurzeln.

getheilt, partitus, divisus, fast bis zur Grundfläche, wenigstens über die Mitte, in zween Lappen zerschnitten, oder in zween Aeste endigend.

getrenntehig, diclinus. §. 51.

getrennt, distinctus, liber, segregatus, nicht zusammenvereinigt s. Vielehe. §. 85.

getüpfelt, punctatus, mit kleinen feinen, nur durchs Gesicht, nicht durchs Gefühl bemerkbaren Löcherchen, oder seltner Erhabenheiten.

Gewächse, Vegetabilia. §. 1.

Gewächskunde, Botanica. §. 1.

gewölbt, fornicatus, auswärts erhaben, inwendig hohl, und unten offen.

gewürfelt, tessellatus, wenn das Laub eines Wedels eine Narbe zurückläßt, wodurch der Schaft ein würfliges Ansehn erhält.

gezähnelt, denticulatus, mit ganz kleinen Zähnen.

gezahnt, dentatus, figuratus, fimbriatus, mit spitzen Zähnen am Rande, Schlunde oder Umfange besetzt.

gezahnt-gefranzt, dentato-ciliatus, auswendig mit Zähnen, inwendig mit Franzen eingefaßt.

gezitzt, umbonatus, ein kreisförmiger oder erhabener in der Mitte mit einer Erhöhung versehener Körper. §. 77.

gezüngelt, ligulatus, linguiformis, 1) einblätterige Blumen, bey denen sich die kurze Röhre in eine einzige lange Lippe verlängert; 2) eben so viel als Halbblüthchen.

gipfelig, simplex, integer, ein Stamm, der zwar Aeste hat, sich aber bis zur höchsten Spitze des Gipfels erstreckt.

glänzend, nitidus, splendens, vollkommen glatt und die Lichtstrahlen stark zurückwerfend.

glatt, glaber, ohne Haare, Borsten, Stacheln u. s. w.

gleich, aequalis, heissen mehrere Dinge, in so fern das eine eben so ist wie das andere.

gleichfarbig, concolor, auf beyden Seiten oder an den verschiedenen Theilen von gleicher Farbe.
gleichförmig, aequalis, uniformis, 1) etwas wobey alle gleichnamige Dinge gleiche Gestalt und Größe haben; 2) beym Stiel ohne dickere Gelenke.
gleichlang, aequalis, wenn eins so lang ist wie das andere.
gleichlaufend, parallelus, stets in gleichen Entfernungen von einander bleibend.
Glied, Articulus, Internodium, jedes durch ein Gelenk oder Einschnitt vom Hauptkörper oder anderm Gliede getrennte Stück. §. 12. 13.
Gliederfarren, Gonopterides. §. 75.
gliederig-gefiedert, articulate-pinnatum, ein gefiedertes Blatt, dessen gemeinschaftlicher Blattstiel zwischen den Blättchen erweitert, oder mit Lappen besetzt ist.
Gliederhülse, Lomentum. §. 61.
Gliederhülsige Gewächse, Lomentaceae. §. 86.
Glockenblumige Gewächse, Campanaceae. §. 86.
glockenförmig, campanulatus, cupulaeformis, an dem verschlossenen Ende halbkugelförmig, am kürzern offnen walzenförmig, oder erweitert, und diese Erweiterung gekrümmt, von der Form einer Glocke.
Gräser, Gramina. §. 11. 86.
Granne. Arista. §. 35.
grannig, aristatus, mit Grannen oder kleinen borstenförmigen Spitzen versehn.
Griffel, Stylus. §. 7. 51. 53.
griffelmännig, stylostemonius. §. 47.
griffeltragend, styliferus, heissen Staubfäden, an denen ein pfriemenförmiger Körper ansitzt, der mitten in der Blume hervorragt und daher das Ansehn eines Griffels hat.
grubig, scrobiculatus, mit tiefen runden Gruben.
Grube, Fovea. §. 46. Foveola.
Grundstoffe (Elementa) der Pflanzen. §. 3. 4.
Grundborste, s. Bürste.
Gummi, Gummi. §. 5.
Gummiharz, Gummi-resina. §. 5.

Haar, Pilus, Pubes. §. 6, 6.
haarartig, capillaris, 1) capillaceus, dünne wie ein Haar und lang, 2) pilosus, simplex, aus dünnen haarförmigen Theilen bestehend.
haarig, pilosus, mit langen, ziemlich weichen von einander abgesonderten Haaren bedeckt, bey Aehren ciliatus, wenn zwischen den Blüthen Haare stehn.
Haarnetz, Capillitium. §. 77.

haartragend, pilifer, mit einem einzigen Haar an der Spitze.

Hälter, Receptaculum. §. 31. 33. 66. 68. 73. 77.

hängend, pendens, pendulus, 1) am obern Ende befestigt, am untern frey; 2) Knollen, die durch fadenförmige Enden oben zusammenhängen.

Häufchen, Soredia. §. 73. Sori. §. 76.

Haut, innere, Membrana interior. §. 55.

häutig, membranaceus, ganz dünn und breit.

Hagel, Chalazae. §. 55.

Haken, Hamus. §. 6, 6

hakenförmig, uncinatus, hamosus, gerade oder fast gerade, mit gekrümmter Spitze.

halb, dimidiatus, nur zur Hälfte bedeckend oder umgebend, halbkreisförmig, oder halbkugelig.

Halbblüthchen, Semiflosculus. §. 45.

halbblüthig, semiflosculosus, eine zusammengesetzte Blüthe, welche aus lauter gezüngelten Blüthchen besteht.

halbdreyspaltig, semitrifidus, bis zur Hälfte dreyspaltig.

halbfächerig, semilocularis, wenn die Scheidewand nicht hinreicht, sich mit einer andern, einer Säule, oder der entgegengesetzten Seite zu verbinden.

halbfünfspaltig, semiquinquefidus, bis zur Mitte fünfspaltig.

halbgefiedert, pinnatifidus, durch auf die Axe senkrechte Einschnitte an der Seite in Lappen zertheilt.

halbkreisförmig, semiorbicularis, einen Halbkreis darstellend.

halbkugelig, hemisphaericus, von der Gestalt einer Halbkugel.

halboben, semisuperus. §. 40.

halbrund, semiteres, ein Körper, dessen Querdurchschnitte Halbkreise sind.

halbstrahlig, semiradiatus, wenn nur die eine Hälfte einer zusammengesetzten Blüthe am Rande zungenförmige Blüthchen hat.

halbumfassend, semiamplexicaulis, den halben Umfang des Stengels umfassend.

halbunten, semiinferus. §. 52.

halbvierspaltig, semiquadrifidus, bis zur Mitte vierspaltig.

halbzweyfächerig, semibilocularis, f. halbfächerig.

halbzweyspaltig, semibifidus, bis zur Mitte gespalten.

Halm, Culmus. §. 13.

Hals, Collum. §. 40.

handförmig, palmatus, über die Mitte in Lappen getheilt, welche mit der Spitze sich von einander entfernen.

handförmig-stachlig, palmato-spinosus, mit handförmigen Stacheln besetzt.
harsch, scaber, exasperatus, mit kleinen körnigen harten Punkten auf der Oberfläche.
Harschblätterige Gewächse, Scabridae. §. 86.
hart, durus, nur mit Mühe oder gar nicht biegsam und zerbrechlich.
Hartschaalige Gewächse, Putamineae. §. 86.
Harz, Resina. §. 5.
harzig, viscidus, viscosus, mit einem nicht im Wasser auflösbaren harzigen Safte bedeckt.
Hauptwurzel, Rhizoma, Caudex descendens. §. 12.
Haut, Epidermis. §. 9.
Hautfrucht, Vtriculus. §. 57.
heberförmig, siphoniformis, röhrig und so gebogen, daß die beyden Enden der Röhre gleichlaufend sind.
hellbartenförmig, auriculatus, auritus, ein Blatt mit lappenförmigen Anhängen oder runden Lappen an der Basis.
Helm, Galea. §. 43.
helmförmig, galeatus, gewölbt, inwendig hohl, etwas zusammengedrückt.
herabgebogen, deflexus, gebogen, mit dem Scheitel des Bogens nach oben.
herabgekrümmt, recurvatus, gekrümmt, so daß der Bogen höher liegt, wie die Enden, oder wenigstens die nicht befestigte Spitze.
herabhängend, dependens, pendulus, senkrecht herunter hängend.
herausragend, emersus, bey Wasserpflanzen die Theile, die sich über dem Wasser erheben.
herumgewachsen, circumnatus, Staubbeutel, welche den untern Theil des Staubfadens umgeben.
hervorragend, exsertus, Körper oder Theile, die kürzer sind, als die sie umgebenden, und also zum Theil ausserhalb der letztern liegen.
Herz. §. 7.
herzförmig, cordatus, an der Basis in zween runde Lappen getheilt.
hinablaufend, decurrens, angewachsene Körper, die sich an den Seiten des Körpers, woran sie angewachsen sind, mit ihrer Grundfläche noch weit hinziehn.
hinablaufend-gefiedert, decursive-pinnatus, wenn jedes Blättchen eines gefiederten Blattes am gemeinschaftlichen Blattstiele hinabläuft.
hinfällig, caducus, bald nach der Entwickelung abfallend.
hobelförmig, s. schnitzerförmig.

Hodenförmig, testiculatus, aus zwey oder drey eyförmigen Knollen, die mit der Spitze zusammenhängen, bestehend.

Höchsteinfach, simplicissimus, bey Stielen nicht allein astlos, sondern auch mit ungetheilten Blüthenstielen versehn; bey andern Dingen so viel als ungetheilt, einfach und ganzrandig zugleich.

Höhe, Altitudo, wird nach dem Maaße oder den Theilen des Hauptkörpers, oder den Theilen unter sich bestimmt.

Höckerchen, Tuberculum. §. 73.

höckerig, 1) torosus, torulosus, heißt eine Schote oder Hülse, bey der die Saamen ausserhalb deutlich in die Augen fallende Höcker bilden; 2) tuberculatus, tuberculosus, auf der Oberfläche mit grossen Erhabenheiten versehen.

hohl, cavus, fistulosus, inwendig ohne Maße, oder eine einzige Röhre bildend.

Holz, Lignum. §. 10. weiches, Alburnum. §. 10.

Holzarten. §. 8. 11.

Holzartige Pflanzen. §. 8.

Holzauge. §. 14.

holzig, lignosus, festes und hartes Holz habend.

Honig, Mel. §. 46.

Honigbehälter. §. 46.

Honigdrüsen, Squamae nectariferae. §. 46.

Honiggefäß, Nectarium. §. 38. 46.

Honiglöcher, Pori nectariferi. §. 46.

Honigmännige Blüthen, Flores parapetalostemonii. §. 47.

Honigschuppe, Squama nectarifera. §. 46.

Honigwerkzeuge. §. 46.

Horn, Cornu. §. 57.

hornartig, corneus, elastisch und hart.

hornförmig, corniculatus, cornutus, kegelförmig, und etwas gebogen.

Hüllchen, Involucellum. §. 25.

Hülle, Involucrum. §. 18. 25. 35.

hüllig, involucratus, mit einer Hülle umgeben.

Hülse, Legumen. §. 58. 61.

Hülsenähnlich, leguminosus, Kapseln, die die Gestalt einer Hülse haben.

Hülsenfrüchte, s. Schmetterlingsblüthige Gewächse.

Hülsentragende Gewächse, s. Schmetterlingsblüthige Gewächse.

Hut, Pileus. §. 77.

Jährig, annuus, in demselben Jahre entstehend und absterbend.

Jährige Pflanzen, Plantae annuae. §. 8. **Kräuter.** Herbae annuae. §. 11.
Jahrringe. §. 10.
igelig, echinatus, mit feinen Spitzen besetzt.
immergrün, sempervirens, ausdauernde, am Stamme im Winter nicht verwelkende Blätter.

Käs, Cyma. §. 37.
käsig, cymosus, in einem Käs stehend, Käs tragend.
Kätzchen, Amentum, Iulus. §. 33. 34. 35. 68.
Kätzchenschuppe, Amenti squama. §. 38.
Kätzchentragende Pflanzen, Amentaceae. §. 86.
kahnförmig, cymbiformis, halbeyförmig, hohl, gekielt.
Kamm, Crista, eine Verlängerung der Bedeckung, welche glatt, dünn und gezahnt ist.
kammförmig, cristatus, zusammengedrückt, breit, oben breiter und wellenförmig, von der Gestalt eines Hahnenkamms.
Kampfer, Camphora. §. 4.
Kante, Angulus, die gerade Linie, worinn sich zwo Flächen schneiden.
kantig, angulatus, mit Kanten versehen.
Kappe, Cucullus, ein tutenförmiger oder hohler kegelförmiger Körper. §. 46.
Kappige Gewächse, Corydales. §. 86.
Kapsel, Capsula. §. 57. 58. 62. 70. 72. 75.
kapselartig, capsularis, sich in eine Kapsel verwandelnd, das Ansehn einer Kapsel annehmend.
kaumästig, subramosus, mit wenigen schwachen Aesten, die manchmal ganz fehlen.
Kautschuck, Resina elastica. §. 5.
kegelig, conicus, von der Gestalt eines Kegels.
kegelförmig, conicus, von der Gestalt eines Kegels.
keilig, cuneiformis, abgestutzt, gegen die Basis spitz zulaufend.
Keim, Corculum, Embryo, Planta seminalis. §. 55.
Keimen, Germinatio. §. 83.
Keimgrube, s. Nabel.
Keimling, Gongylus. §. 17. 74.
Kelch, Calyx. §. 7. 35. 38. 39. 40. 68. Kelch der Blume, der Frucht, C. floris, fructus. §. 40. Perichaetium. §. 70.
kelchartig, calycinus. §. 38.
Kelchblatt, Foliolum. §. 40.
Kelchblüthige Gewächse, Calycanthemae. §. 86.
Kelchblumige Gewächse, Calyciflorae. §. 86.
kelchförmig, calyciformis, das Ansehn eines Blüthenkelchs habend.
Kelchlein, Calyculus. §. 40.

Kelchlos, aphyllus, petaloideus, corollaceus, eine Blüthe ohne Kelch.

Kelchmännige Blüthen, Flores calycostemonii. §. 47.

Kelchständig, calyci inserta, heissen Theile der Blüthe, die nicht am Halter sondern an dem Kelch, oder zwischen den Lappen desselben befestigt sind.

Kennzeichen, Character. §. 84.

Kerb-zähnig, dentato-crenatus, gekerbt, mit einem kleinen abgerundeten Zahn an der Basis jedes größern.

Kern, Medulla. §. 10. Nucleus. §. 55.

Kernfrucht, s. Apfel.

Kernobst, s. Apfel.

Kettchen, Catenula. §. 72.

Keulig, clavatus, rund, gegen die Basis hin dünner.

Kiel, Carina. §. 45.

Kißchen, Pulvinulus. §. 29.

Kläppchen, Fornices. §. 43.

Klaffend, patens, mit dem Hauptkörper, einem andern Körper oder unter sich Winkel von etwa 45 Graden machend.

Klappe, Valvula. §. 6, 4. 58. 60.

Klappenlos, evalvis, ohne Klappen.

Klauenförmig, vngulatus, heissen Schötchen, die unten mit ihren Klappen zusammenschliessen, gegen die Spitze aber sich von einander entfernen.

Kleber, Gluten. §. 5.

Klebrig, glutinosus, mit einer klebrigen im Wasser auflöslichen Materie bedeckt.

Klimmend, scandens, ein Körper, der, indem er sich an andere Körper anhält, in die Höhe steigt.

Knauf, Thyrsus. §. 37.

Knaul, Glomerulus. §. 37.

Knaulig, conglomeratus, glomeratus. §. 37.

Knöpfchen, Capitulum. §. 73.

Knollen, Tuber. §. 7. 16.

Knollig, tuberosus, aus fleischigen, dicken, unförmlichen, an Fäden hängenden Theilen oder Knollen bestehend, oder Knollen bildend und daraus entstanden. §. 12.

Knopf, Capitulum. §. 37.

Knopfförmig, capituliformis, kugelig, unten flach.

Knopfig, capitatus, einen Knopf bildend, oder sich in einen Knopf endigend. §. 37. 45.

Knorpelig, cartilagineus, von der Härte und Elasticität eines Knorpels.

Knorpelrandig, cartilagineus, mit knorpelartigem Rande.

Knospe, Gemma. §. 7. 14. 55.

Knospenförmig, gemmiformis, Moosblüthen, welche zwi

schen den Blättern sitzen, und das Ansehn einer aufgeschwollenen Knospe haben.

Knoten, Gongylus. §. 17. Nodus. §. 13.

knotenlos, enodis, ohne Knoten und dickere Gelenke.

knotig, nodosus, in bestimmten Zwischenräumen mit kugelförmigen Erweiterungen oder dicken Gelenken versehen.

Kohle, Carbo. §. 5.

Kolben, Spadix. §. 33. 36. 37.

Kopf, s. Knopf.

korkartig, suberosus, ziemlich weich und elastisch, oder mit einer solchen Haut bedeckt.

körnig, granulatus, aus lauter kleinen kugelförmigen Körpern oder Knollen bestehend.

Körnige Masse. §. 6, 2.

Kräuter, Herbae, Pflanzen, deren Stamm jährlich bis zur Wurzel abstirbt, wenigstens nicht holzigt ist. §. 11.

Kräuterkunde, Botanica. §. 1.

Kranz, s. Krone.

Kratze, Striga. §. 6, 6.

kratzend, strigosus, mit Kratzen besetzt.

kratzenförmig, lunatus, lunulatus, mondförmig, mit einer Spitze in der Mitte des erhabenen Bogens.

kraus, crispus, große Falten, besonders am Rande habend.

Kraut, Herba. §. 11.

krautartig, herbaceus, heißt ein jährlich absterbender Pflanzenstamm, besonders dann, wenn er weich und leicht zu zerschneiden ist.

kreiselförmig, turbinatus, obconicus, kegelförmig, die Spitze befestigt, die Basis oben.

kreisförmig, orbiculatus, von kreisrundem Umfange.

kreutzförmig, cruciformis, cruciatus, Körper, die in vier Theile zerspalten sind, oder aus vier Theilen bestehen, welche rechte Winkel mit einander machen.

kreutzweise, decussatus, Körper, von denen vier je paarweise einander entgegengesetzt sind, so daß sich die Paare in rechten Winkeln schneiden.

kriechend, repens, serpens, Stiel, Aeste und Wurzeln, die in horizontaler Richtung weit auslaufen, und keimen, oder Wurzeln treiben.

Krone, Corona. §. 46. Corolla, s. Blume.

kronreich, fastigiatus, mit Aesten oder Blüthen, deren Spitzen sich fast in gleicher Ebene befinden.

krugförmig, s. beckenförmig.

krumm, curvus, lunatus, einen Kreisbogen beschreibend.

kuchenförmig, placentiformis, bey Hältern flach ausgedehnt, und ohne Kelch, bey Wurzeln plattgedrückt und rund.

Kügelchen, Globulus, Glomerulus, Vesicula, Farina, Propagulum. §. 73.

Kürbis, Pepo. §. 66.
Kürbistragende Gewächse, Cucurbitaceae. §. 86.
kugelig, globosus, sphaericus, von der Gestalt einer Kugel, oder sich derselben doch sehr nähernd.
kurz, 1) abbreviatus, heißt ein Kelch, wenn er viel kürzer wie die Blume ist; 2) brevis, der Blattstiel, wenn er kürzer wie das Blatt ist, andre Theile der Pflanzen im Verhältniß zu den übrigen, besonders denen, zu welchen sie unmittelbar gehören.
Kurzschotige Gewächse, Siliculosa. §. 85.

Länglich, oblongus, wenigstens noch einmal so lang als breit, an den Enden abgerundet.
längslaufend, longitudinalis, der Länge nach sich erstreckend.
Lage, Situs.
lang, elongatus, longus, wenn die Länge die Breite und Dicke mehrmals übertrifft.
Langschotige Gewächse, Siliquosa, Siliquosae. §. 85.
lanzig, lanceolatus, ablang, an beyden Enden zugespitzt.
Lappen, Lacinia, Lobus. §. 22. 40. 43.
lappig, lobatus, mit winkligten Ausschnitten, so daß zwischen den Lappen grosse Zwischenräume sind.
Laub, Frons. §. 27. 29.
Laubmoose, s. Moose.
Leben, Vita. §. 2.
lebendig-gebährend, viviparus, am Stiele Zwiebeln, Knollen oder abfallende wurzelnde Augen tragend.
Lebermoose, Hepaticae. §. 71. 72.
lederartig, coriaceus, aus einer dicken und zähen Haut bestehend.
Leberhäutchen, Chorion. §. 55.
leyerförmig, lyratus, der Queere nach in Lappen getheilt, von denen der von der Basis entferntere viel grösser ist, als die übrigen, und eine kreisähnliche Gestalt hat.
liegend, decumbens, wagerecht, oder fast wagerecht auf dem Boden liegend.
lilienartig, liliaceus. §. 45.
Lilienartige Gewächse, Liliaceae. §. 86.
Linie, Linea. §. 76.
links, sinistrorsum, mit dem Lauf der Sonne.
linsenförmig, lentiformis, lenticularis, kreisförmig, aus zwey Kugelabschnitten zusammengesetzt.
Lippe, Labium. §. 40. 43.
Löcher, Pori. §. 77.
löcherig, foraminulentus, foraminibus punctatus, porosus, mit mässig grossen Löchern durchbohrt, oder auf der Oberfläche versehen.

locker, 1) inanis, ein Körper, der mit vielen und großen Zwischenräumen versehen ist; 2) laxus, amplus, eine Traube oder Rispe, deren Aeste lang, und weit von einander entfernt sind.

losssitzend, solutus, nur in einem Punkte befestigt.

lothrecht, perpendicularis, strictus, was mit der Horizontalebene rechte Winkel macht.

Luftgefässe, Vasa pneumatica, Tracheae. §. 6, 4. 5.

Lymphatische Gefässe, Vasa lymphatica. §. 6, 1.

Maalig, notatus. mit einem schwarzen Flecken in der Scheibe.

Maaß, Mensura, am besten wählt man dazu den pariser Fuß und dessen Theile, nicht so gut die Vergleichung mit andern Dingen.

männlich, masculus, Staubgefässe, aber keine Stempel enthaltend.

malvenartig, malvaceus, eine einblätterige Blume, die aus fünf Blumenblättern zu bestehen scheint, indem die Lappen des einzigen Blattes nur sehr wenig an der Basis zusammenhängen.

Manschette, Cortina. §. 77.

Mark, Medulla. §. 10.

Markgefässe, Vasa medullaria. §. 6, 1.

Markige Gewächse, Dumosae. §. 86.

maskirt, personatus, eine rachenförmige Blume, deren Oefnung verschlossen ist.

Maskirte Gewächse, Personatae. §. 86.

matt, opacus, die Lichtstrahlen wenig zurückwerfend, ohne Glanz.

Maul, Peristoma, Peristomium. §. 70.

Mauser. §. 80.

Mehl, Farina. §. 5.

mehlig, farinosus, 1) von der Beschaffenheit eines feinen Pulvers; 2) Hülsen, deren Saamen mit einem weissen Staube umgeben sind.

mehrblätterig, polypetalus. §. 44.

milchig, lactescens, vielen dicken gefärbten Saft enthaltend, der bey jeder kleinen Verwundung ausfließt.

Mißbildungen, Monstra. §. 78.

mittel, medius. §. 52.

Mittelrippe, Costa. §. 18.

mittelständig, centralis, im Mittelpunct stehend, aus dem Mittelpunct hervortreibend.

Mohnartige Gewächse, Rhoeadeae. §. 86.

mondförmig, lunatus, lunulatus, menisciformis, mit einem erhabenen und einem hohlen Bogen begränzt, von denen der letztere einen größern Durchmesser hat, als der erstere.

Moose, Musci. §. 11. 70. 85. 86.

Mündung, Limbus. §. 40. 43.

Mütze, Calyptra. §. 70.
mützenlos, acalyptratus, ohne Mütze.
Myrtenartige Gewächse, Hesperides. §. 86.

Nabel, Hilum, Vmbilicus, Fenestra. §. 55. 56. Umbo, s. Zitze.
Nabelgefäß, Vas vmbilicale, Vmbilicus. §. 55.
Nabelloch, Omphalopyle. §. 55.
nadelförmig, acicularis, kurzes, starkes, länglich-kegelförmiges, sehr spitzes Haar.
nadelig, nadelartig, acerosus, (Nadeln, Tangeln) steife, schmahle oder pfriemenförmige ausdauernde Blätter.
Nadelholz, s. Zapfentragende Gewächse.
Nadeln, Folia acerosa, ein nadeliges Blatt.
Nagel, Unguis. §. 44.
nagelförmig, hypocrateriformis, eine mit einer engen Röhre und flacher Mündung versehene Blume, oder Blumendecke.
nahestehend, propinquus, vicinus, nicht weit von einander.
Nahrungsgefässe, Vasa nutrientia, propria. §. 6, 1.
nackt, nudus, ausser der gewöhnlichen ohne besondere Bedeckung, von Blättern, Schuppen, Haaren ꝛc.
Nackte Blume, Flos nudus. §. 38. **Nacktes Maul**, Peristomium nudum. §. 70.
nacktsaamig, gymnospermus, ohne Saamengehäuse.
Nacktsaamige Pflanzen, Gymnospermia. § 85.
Narbe, Cicatrix, Cicatricula, Stigma. §. 7. 51. 54. Hilum, s. Nabel.
narbenmännig, stigmatostemonius. §. 47.
narbig, cicatrisatus, mit zurückgebliebenen Erhöhungen von abgefallenen Blättern, Stielen oder Zweigen.
Nath, Sutura, 1) kantige Hervorragungen an Nüssen; 2) zusammenstossender Rand von Klappen. §. 58.
Nebenblatt, Bractea. §. 7. 19. 24.
nebenblätterig, bracteatus, mit Nebenblättern versehen.
Nebengefässe, Vasa secundaria. §. 6, 6.
Nectarien, Nectaria. §. 7. 38. 46.
nelkenartig, caryophyllaceus. §. 45.
Nelkenartige Gewächse, Caryophylleae. §. 86.
neunmännig, enneandrus, mit neun Staubgefässen.
Neunmännige Gewächse, Enneandria. §. 85.
neunweibig, enneagynus. §. 51.
Neunweibige Gewächse, Enneagynia. §. 85.
netzförmig, reticulatus, von dem Gewebe eines feinen Netzes, aus netzförmigen Häuten bestehend.
netzförmig-geadert, reticulato-venosum, ein aderiges Blatt, bey dem die kleinen Zweige der Adern sich in Vierecken unter einander verbinden.

netzhäutig, semireticulatus, mit einer netzförmigen Haut umgeben, übrigens aber nicht aus netzförmigen Häuten bestehend, sondern derb.

niedergebogen, declinatus, schwach doch so gebogen, daß der Bogen nach oben gekehrt, und die Spitze nach unten geneigt ist.

niedergedrückt, depressus, heißt ein Stiel, der und dessen Aeste fast horizontal liegen, ohne doch über der Erde wegzukriechen und Wurzel zu schlagen.

niedergeworfen, prostratus, sich an der Wurzel etwas erhebend, dann auf der Erde liegend.

niederliegend, procumbens, humifusus, schwach, und daher horizontal auf der Erde liegend.

nierenförmig, reniformis, auf der einen Seite mit einem Bogen, auf der andern mit zwey Halbkreisen und einer Bucht zwischen beyden begränzt.

nistend, nidulans, bey Zwiebeln, wenn in ihnen kleine Zwiebeln entstehen — bey Saamen, wenn sie so im Fleische einer Beere auf einem Haufen beysammen sind, daß man ihre Befestigung nicht bemerkt.

nickend, nutans, mit gebogenem Stiel oder Ende, ohne mit der Spitze ganz gegen die Erde gekehrt zu seyn.

nothwendig, necessarius, s. Vielehe. §. 85.

Nuß, Nux. §. 55. 56. 57.

Oben, superus. Ein oberer Kelch, eine obere Blume sind solche, die auf dem Fruchtknoten sitzen; ein oberer Fruchtknoten ein solcher, der in der Blüthe ist.

Oberfläche, Superficies.

Oberhaut, Epidermis. §. 6. 7. 9. 55. 56.

Obsttragende Gewächse, Pomaceae. §. 86.

Oehl, Oleum. §. 5.; **fettes,** fixes, pingue; **flüchtiges, riechendes, ätherisches, wesentliches,** aethereum, essentiale. §. 5.

Oefnung, Os. §. 40. 43.

offen, pervius, heißt der Schlund einer Blume, wenn er weder durch Haare, Klappen, noch Falten oder andere Theile verschlossen ist; hians, eine oben nicht verschlossene Kapsel, ein nicht dicht an die Blume anschliessender Kelch.

Ordnung, Ordo. §. 84.

Organische Wesen, Corpora organica. §. 2.

Paar, Iugum, die zwey gegeneinander überstehenden Blättchen eines gefiederten Laubes oder Blattes.

paarig, coniugatus, wenn zwey, nicht verbundene Körper an der Spitze oder den entgegengesetzten Seiten eines einzigen Stieles stehn.

paarig-gefiedert, abrupte-pinnatus, pari-pinnatus, wenn an der Spitze eines gefiederten Blattes kein einzelnes steht.

Palmen, Palmae. §. 11. 85. 86.

parabolisch, parabolicus, gegen die Spitze allmählig schmähler, an derselben abgerundet.

Pausch, Stroma. §. 77.

pergamentartig, cartilagineus, steif und dick.

Pfahlwurzel, Radix perpendicularis, der lothrechte Hauptstamm einer Wurzel.

pfeilig, pfeilförmig, sagittatus, an der Basis in zwey spitze Ecken getheilt, die zusammen einen spitzen Winkel machen.

Pflänzchen, Plumula. §. 55.

Pflanzen, Plantae. §. 1. 11.

Pflanzenfaser, Fibra vegetabilis. §. 5.

Pflanzengeschichte, Historia plantarum. §. 1.

Pflanzenkohle, Carbo vegetabilis. §. 5.

Pflanzenkunde, Botanica, Botanologia, Historia plantarum, Res herbaria. §. 1.

Pflanzensäuren, Acida vegetabilia. §. 5.

Pflanzensammlung, Herbarium. §. 87.

Pflanzenschleim, Mucilago. §. 5.

Pflaume, Drupa. §. 58. 64.

pflaumenartig, drupaceus, heissen Schötchen, die von aussen mit einer weichen Haut bekleidet sind.

Pförtchen, Micropyle. §. 55.

pfriemig, pfriemenförmig, subulatus, schmahl oder fadenförmig, vorn spitz.

Pilze, Fungi. §. 11. 77. 85. 86.

pinselförmig, penicillaris, penicilliformis, penicillatus, mit Häärchen an der Spitze, die alle nach einer Richtung gekehrt sind.

Platte, Lamina. §. 44.

plattgedrückt, depressus, ein Körper, dessen Höhe kleiner ist, als die Breite und Dicke.

plattig, scutiformis, in eine dünne Platte ausgebreitet.

Pocke, Granulum. §. 6, 1.

pockig, granuliferus, graniferus, eine Pocke habend.

präsentirtellerförmig, s. nagelförmig.

prismatisch, prismaticus, säulenförmig, mit Kanten und ebenen Seiten.

Pteroiden, Miscellaneae. §. 75.

Puncte, Puncta. §. 76.

pyramidenförmig, pyramidatus, kantig, gegen die Spitze zusammenlaufend, an der Basis mit grösserm Durchmesser.

Queergestützt, transverse pedicellatus, ein Staubfaden, der auf einem queerliegenden stielförmigen Körper aufsitzt.

queerliegend, transversus, transversalis, der Breite nach liegend.

Queerwände, Isthmi. §. 61.

Quirl, Verticillus, in einem Kreise gestellte Theile.

quirlähnlich, subverticillatus, um den Stamm so herumsitzend, daß es das Ansehn eines Quirls hat, bey genauerer Untersuchung aber kein Quirl ist.

Quirlblüthige Pflanzen, Verticillatae. §. 86.

quirlig, verticillatus, stellatus, 1) einen Quirl bildend, 2) mit Quirlen umgeben.

Rachen, Rictus. §. 43.

rachig, ringens, 1) eine einblätterige Blume oder Kelch mit zweylippiger ungleichförmiger Mündung und offenem Schlunde; 2) eine vielblätterige Blume, welche zwo Lippen zu haben scheint.

Radblumige Gewächse, Rotaceae. §. 86.

radförmig, rotatus, eine einblätterige Blume fast ohne Röhre, mit flacher Mündung.

rahmartig, tartareus, eine dicke, dichte, rissige oder warzige Haut.

Rand, Margo. §. 22. 73. Limbus, s. Mündung.

randig, marginalis, längst dem Rande sich erstreckend.

Ranke, Flagellum. §. 13. Cirrhus, s. Schlinge.

rankend, sarmentosus, Ranken treibend.

Rankende Gewächse, Sarmentaceae. §. 86.

rauch, hirtus, mit kurzen steifen Haaren bedeckt.

rauh, asper, mit harten, scharfen oder spitzen Erhöhungen von mannichfaltiger Beschaffenheit auf der Oberfläche.

Rauhblätterige Pflanzen, Asperifoliae. §. 86.

rauhrandig, crenulatus, mit sehr kleinen Kerben am Rande

rautig, rhombeus, rhomboideus, von der Gestalt einer Raute, oder länglichten Raute.

rechts, dextrorsum, gegen den Lauf der Sonne von W nach Ost.

regelmäßig, regularis. §. 42.

Reife, Maturatio. §. 83.

Reis, Surculus. §. 13.

Reitzbarkeit, Irritabilitas. §. 2. 80.

Riechendes, Spiritus rector. §. 4.

Riefe, Angulus, eine hohle Seite, welche mit der nächst eine Kante bildet.

Rinde, Cortex. §. 10. Cutis. §. 10.

rindenartig, crustaceus, leicht zerreiblich, und trocken, u gleichsam eine Schaale bildend.

rindig, corticatus, corticosus, mit einer dicken, ziemlich harten, aber doch biegsamen Haut bekleidet.

Ring, Annulus. §. 70. 75. 77.

ringförmig, annularis, von der Gestalt eines Ringes.

Ringgefässe. §. 6, 5.

rinnig, canaliculatus, 1) mit einer tiefen Rinne auf der Oberfläche versehen, 2) so gekrümmt, daß dadurch eine oben offene Röhre gebildet wird.

Rippe, 1) Costa, Nervus, bey den Blättern die grössern sichtbaren Gefäßbündel; 2) Costa, Iugum, bey Saamen und Früchten starke erhabene Streifen auf der Oberfläche.

rippenlos, enervius, ohne Rippen, welche aus der Basis des Blattes entspringen.

rippig, nervosus, Blätter mit ganz einfachen Gefäßbündeln, oder Rippen, die von der Basis zur Spitze laufen.

Rispe, Panicula. §. 37.

rispig, paniculatus, Rispen tragend, in Rispen wachsend.

rissig, rimosus, wenn die Oberfläche Spalten hat.

Röhrchen, Tubulus. §. 46.

Röhre, Tubus. §. 40. 43.

Röhrenbeutelige Pflanzen, Syngenesia. §. 48. 85.

röhrenförmig, tubulosus, eine Röhre von fast überall gleicher Weite, ohne weitere Mündung bildend.

röhrig, tubulosus, 1) einen säulenförmigen, inwendig hohlen Körper bildend; 2) tubulatus, mit einer Röhre versehen; 3) fistulosus, inwendig Röhren enthaltend.

Rohrartige Gewächse, Calamariae. §. 86.

rosenartig, rosaceus. §. 45.

rosenkranzförmig, moniliformis, aus vielen in einer Reihe an einander befestigten Kügelchen bestehend.

rübenförmig, rapiformis, fast kugelförmig, plattgedrückt, unten in eine Spitze oder umgekehrten Kegel verlängert.

Rücken, Dorsum, die äussere Fläche eines Körpers.

rückenblüthig, dorsiflorus, die Blüthe auf der untern Seite des Wedels tragend.

rückenständig, dorsalis, Grannen, welche in oder unter der Mitte des Balges befestigt sind.

rückwärtsgekrümmt, recurvus, recurvatus, retroflexus, so gekrümmt, daß die Spitze nach aussen oder unten gekehrt ist.

rückwärts-sägig, retrorsum-serratus, wenn die Zähne die umgekehrte Lage wie beym sägeförmigen haben.

Rumpf, Caudex. §. 7. 9. folg.

rund, teres, ein Körper, dessen Queerdurchschnitte Kreisflächen sind.

rundlich, subteres, teretiusculus, fast rund, sich dem runden nähernd, ohne vollkommen rund zu seyn.

ruthenartig, virgatus, mit schwachen kurzen Zweigen.

runzlich, rugosus, mit vielen großen, wellenförmigen Erhabenheiten und Vertiefungen auf der Oberfläche.

Saamen, Semen, Sporae. §. 7. 55. 56. 57. 70. 73.
Saamenblatt, Cotyledon, Folium seminale. §. 55. 56.
saamenblattlos, acotyledoneus, ohne Saamenblätter keimend.
Saamendecke, Pericarpium spurium. §. 55. 57. 68.
Saamengehäuse, Pericarpium. §. 7. 55. 57.
Saamenhaft, Receptaculum. §. 67.
Saamenhaut, Testa, Tunica. §. 55. 56.
Saamenlappen, s. Saamenblatt.
Saamenstaub, Pollen, s. Blüthenstaub.
säbelförmig, s. bartenförmig.
sägeförmig, s. sägig.
sägig, serratus, wenn der Rand Einschnitte hat, die spitze Winkel bilden, deren Schenkel mit dem Rande nach vorn spitze, nach hinten stumpfe Winkel machen.
sägig-gezahnt, dentato-serratus, mit mäßig weit von einander entfernten stumpfwinklichten Einschnitten.
Säulchen, Columella, Columnula, Sporangidium. §. 62. 70.
säulenförmig, columnaris, der ganzen Länge nach von gleicher Breite und vielseitig.
Säulentragende Gewächse, Columniferae. §. 86.
Saftbehälter, Nectarium. §. 46.
Saftfaden, Filum succulentum, Paraphysis. §. 70. 76.
Saftgefässe, Vasa succosa, fibrosa. §. 6, 1. Nectaria. §. 46.
Safthülle, Nectarium. §. 46.
saftig, succosus, succulentus, aus einer sehr weichen, viele Flüssigkeit enthaltenden Substanz bestehend.
Saftige Gewächse, Succulentae. §. 86.
saftleer, exsuccus, sehr wenigen, fast keinen Saft enthaltend.
Saftmaale, Puncta indicantia. §. 46.
sackförmig, saccatus, eine an einem Ende offene Höhle bildend.
Sammet, Pubes. §. 6, 6.
sammetartig, 1) pubescens, mit kurzen weichen Haaren bedeckt; 2) velutinus, aus äusserst feinen Fäserchen bestehend.
Saum, Annulus, Fimbria. §. 75. Limbus, s. Mündung.
Schaale, Testa, s. Saamenhaut; Putamen. §. 55.
schaalisch, parietalia, heissen die Scheidewände, wenn sie an den Schaalenstücken festsitzen.
Schaft, Caudex, Truncus, Stipes. §. 10. 13.
Scharfer Stoff, Principium acre. §. 4.
scharfeckig, acutangulus, was scharfe Scheitel hat.
scharf-gekerbt, acute-crenatus, ausgezackt, mit ausspringenden, geradlinigten Winkeln.

scharfgespitzt, cuspidatus, allmählig in eine scharfe stechende borstenartige Spitze auslaufend.

scharfkantig, acutangulus, was scharfe Kanten hat.

scharfsägig, acute-serratus, mit spitzen Zähnen des sägigen Randes.

Scheibe, Discus, der mittlere Theil. §. 22. 45. 73.

Scheibenblüthige Gewächse, Discoideae, Gewächse, die scheibenförmige Blüthen haben.

scheibenförmig, discoideus, heißt eine zusammengesetzte Blüthe, welche aus lauter Ganzblüthchen besteht, und keinen kugeligen Kelch hat.

scheidenartig, vaginatus, vaginans, soviel als einscheidend.

Scheidenblumige Gewächse, Spathaceae. §. 86.

Scheidewand, Dissepimentum. §. 58.

scheitelrecht, verticalis, 1) ein so gedrehtes Blatt, daß seine Ränder nach oben und unten, also seine Flächen senkrecht stehen; 2) eine Blüthe, deren Oefnung gegen den Scheitelpunct, die Basis gegen den Fußpunct gekehrt ist.

schief, obliquus, 1) was mit irgend einer Fläche, besonders der Horizontalebene spitze Winkel macht; 2) sich in eine schiefe Linie oder Ebene endigend.

schief-herzförmig, subdimidiato-cordatus, herzförmig, aber dabey ungleichseitig.

schiefviereckig, trapeziformis, mit vier gänzlich ungleichen Seiten, so daß keine der andern gleich ist.

Schiffchen, Carina. §. 45.

schiffförmig, navicularis, halb elliptisch oder halb eyförmig, inwendig hohl, am Rücken gekielt, oder kantig.

Schild, Pelta. §. 73.

schildförmig, peltatus, umbilicatus, scheibenförmige Körper, deren Stiel in oder nahe bey ihrem Mittelpuncte befestigt ist.

schimmelartig, byssaceus, Wurzeln, welche in feine wollige Fäden vertheilt sind, und dadurch das Ansehn von Schimmel haben, oder als wenn sie mit Schimmel überzogen wären.

Schirm, s. Dolde.

Schirmpflanzen, s. Doldentragende Gewächse.

Schlaf, Somnus. §. 80.

schlaff, flaccidus, dünn und sehr biegsam, so daß ein sehr geringes Gewicht es herunterbeugt.

Schlauch, Ascidium. §. 22. Vtriculus. §. 6.

schlauchartig, ascidiformis, walzenförmig, hohl, an einem Ende verschlossen.

Schleim, Mucilago. §. 5.

Schleimharz, Gummi-resina. §. 5.

schleimig, mucilaginosus, weich, fast flüssig.
Schleuder, Elater. §. 72.
Schleyerchen, Indusium. §. 76.
Schlinge, Cirrhus. §. 7. 30.
Schlund, Faux. §. 40. 43.
schmahl, linearis, angustus, 1) wo der Durchmesser der Breite viel kleiner ist, wie der der Länge, und die Seiten gleichlaufend sind; 2) aus schmahlen Blättern bestehend.
schmarotzend, parasiticus, Pflanzen, die auf anderen Pflanzen wachsen.
Schmetterlingsblume, Corolla papilionacea §. 45.
Schmetterlingsblüthige Gewächse, Papilionaceae. §. 86.
schmetterlingsförmig, papilionaceus. §. 45.
schmierig, viscosus, viscidus, mit einer in Wasser nicht auflöslichen harzigen, oder fettigen Materie überzogen.
Schnabel, Rostrum. §. 57.
Schnäbelchen, Rostellum. §. 55.
schneckenartig, cochleatus, wie ein Schneckengehäuse gewunden, so daß einige Windungen größer sind, wie die andern.
schneckenförmig, spiralis, wie eine Uhrfeder, oder wie ein Schraubengang gewunden.
Schneller, Elater, Catenula. §. 72.
schnitzerförmig, (hobelförmig) dolabriformis, zusammengedrückt, halb oder fastkreisförmig, an der Basis rund, an der Spitze abgerundet, an einer Kante scharfschneidig, an der andern stumpf.
Schnurförmige Gefässe, Vasa moniliformia. §. 6, I.
Schößling, Sarmentum. §. 13.
Schötchen, Silicula. §. 60.
Schopf, Coma. §. 24.
schorfig, leprosus, mit kleinen rauhen Erhöhungen auf der Oberfläche.
Schote, Siliqua. §. 58. 60.
Schotentragende Gewächse, Siliquosae. §. 86.
schräg, obliquus, was mit der Horizontalfläche schiefe Winkel macht, s. schräghängend, schrägstehend.
schräghängend, obliquus, gegen den Horizont geneigt, die Grundfläche oben, die Spitze unten.
schrägstehend, obliquus, gegen den Horizont geneigt, die Grundfläche unten, die Spitze oben.
Schraubengänge, Tracheae. §. 6, 5.
Schraubengefässe, Tracheae. §. 6, 5.
schrotsägenförmig, runcinatus, heißt ein halbgefiedertes Blatt, dessen Lappen spitzig und mit der Spitze nach hinten gekehrt sind.
Schüsselchen, Scutellum. §. 73.

schuhförmig, calceiformis, walzig, an der Spitze in eine hohle Halbkugel sich endigend, an der Basis oben offen.

Schuppe, Squama, Squamula. §. 34. 35. 40.

schuppenförmig, squamiformis, in der Gestalt eines kleinen, breiten, hohlen Blattes.

schuppig, squamosus, lepidotus, mit Schuppen bedeckt, oder wenigstens das Ansehn habend, als wenn Schuppen die Oberfläche bedeckten.

schwach, debilis, ein Stiel der nicht Festigkeit genug hat, sich aufrecht zu erhalten.

schwachgetheilt, subdivisus, was wenige Einschnitte oder Aeste hat.

schwachsägig, subserratus, mit kaum merklichen Einschnitten am Rande.

schwammig, fungosus, spongiosus, mit vielen Poren, weich und elastisch.

schwank, laxus, zwar gerade stehend, aber durch die geringste Kraft biegsam und beweglich.

Schwanz, Cauda. §. 57.

Schwarzholz, s. Zapfentragende Gewächse.

Schwertblätterige Gewächse, Ensatae. §. 86.

schwertförmig, ensiformis, ein zusammengedrücktes, zweyschneidiges, an der Basis gleichbreites, dann allmählig abnehmendes, stark zugespitztes, mehr oder weniger bogenförmiges Blatt.

Schwiele, Epiphysis, Strophiola.. §. 56. Callus. §. 6, 1.

schwielig, callosus, mit Schwielen versehen.

schwimmend, natans, auf dem Wasser ruhend.

sechsblätterig, hexapetalus, eine Blume, oder hexaphyllus, ein Kelch oder Hülle mit sechs Blättern.

sechsblüthig, sexflorus, mit sechs Blüthen oder Blüthchen.

sechseckig, sexangularis, mit sechs Ecken.

sechskantig, hexagonus, was sechs Kanten hat.

sechsmännig, hexandrus, mit sechs Staubgefässen, von denen nicht vier gleichlange länger wie die übrigen zwey, ebenfalls unter sich gleichlange sind.

Sechsmännige Pflanzen, Hexandria. §. 85.

sechsriefig, sexangulatus, mit sechs Riefen.

sechsweibig, hexagynus. §. 51.

sechsweibige Pflanzen, Hexagynia. §. 85.

sechszählig, senus, je sechs beysammen.

sechszeilig, hexastichus, in sechs gleichlaufenden Reihen.

Seide, Sericum. §. 6, 6.

seidenartig, sericeus, mit sehr feinen, kurzen, glänzenden Haaren dicht bekleidet

Seite, Pagina. §. 22.

seitenständig, lateralis, an den Seiten des Hauptkörpers,

Stiels, Astes, Triebes einer Pflanze, nicht an der Spitze oder Mittelpuncte befindlich; insbesondere bey Blüthen an derjenigen Seite, wo keine Blätter stehn.

seitwärtsbefestigt, lateralis, mit einer Seite an der Befestigung angewachsen.

seitwärtsgebogen, deflexus, von der Mitte weg nach aussen gebogen.

seitwärtsgerichtet, adversus, mit dem Rande gegen den Stamm gekehrt.

senkrecht, perpendicularis, etwas, das mit einer gegebenen geraden Linie, oder der Tangente einer krummen oder mit einer Fläche rechte Winkel macht.

sichelförmig, falcatus, einen Kreisbogen von wenigstens 90 Graden bildend.

siebengerippt, septemnervatus, mit sieben über der Basis aus der Mittelrippe entspringenden Rippen.

siebenmännig, heptandrus, mit sieben Staubgefässen.

Siebenmännige Pflanzen, Heptandria. §. 85.

siebenrippig, septemnervius, mit sieben Rippen, die aus der Basis des Blattes entspringen.

siebenweibig, heptagynus. §. 51.

Siebenweibige Pflanzen, Heptagynia. §. 85.

siebenzählig, septenus, je sieben beysammen.

Sommergewächse, Herbae annuae. §. 11.

Spalte, Rima.

spatelförmig, spatulatus, verkehrt-eyförmig, an der Wurzel gleichbreit, aber schmähler als vorn.

sparrig, squarrosus, in Lappen zertheilt, oder mit Schuppen und Blättchen bedeckt, die nicht flach liegen, sondern umgebogen sind, oder doch mit ihren Spitzen von einander abstehn.

sparrig-zerrissen, squarroso-laciniatus, ein Blatt, dessen Rand tiefe fast bis zur Mitte gehende Einschnitte hat, und wobey die Lappen nach allen Richtungen hinstehen.

Spelze, Valva. §. 35.

spießförmig, deltoideus, zwey gleichschenklichte Dreyecke bildend, von denen die Schenkel des einen an der Spitze länger sind, als die des andern, welches die Basis ausmacht, s. auch spondonförmig.

Spindel, Rachis. §. 35.

spindelförmig, fusiformis, lang, rund, an beyden Enden spitz.

spinnenwebenartig, arachnoideus, aus einem Gewebe äusserst feiner Fäden bestehend.

Spiralgefässe, Vasa spiralia. §. 6, 5.

spitz, acutus, in eine kurze Spitze auslaufend.

Spitze, Apex, der von der Befestigung entfernteste Theil.

spitzeständig, terminalis, an der Spitze, am äussersten Ende.
Spitzkapselige Gewächse, Gruinales. §. 86.
spitzwinklig, angustatus, contractus, heißt eine Rispe, deren Aeste mit dem Stamm sehr spitze Winkel machen.
spitzzahnig, acute-dentatus, mit ausspringenden Winkeln gezahnt.
Splint, Alburnum. §. 10.
spondonförmig, (spießförmig) hastatus, mit zwey spitzigen Lappen an der Basis, die in einer geraden Linie liegen.
Sporn, Calcar. §. 46.
Spreu, Palea, dürre Blättchen, welche zwischen oder auf andern Körpern sitzen.
spreuig, paleaceus, mit dürren Blättchen oder Spreu bedeckt.
spröde, rigidus, ein Körper, der sich nicht biegen läßt, sondern wenn er gebogen werden soll, zerspringt, oder bricht.
Sprößling, Propago. §. 17.
Sprosse, Stolo. §. 13.
sprossend, prolifer, wenn ein Stamm, Stengel, Ruthe, Aehre, Blüthe ꝛc. einen ähnlichen Stamm, Stengel, Ruthe, Aehre, Blüthe ꝛc. hervortreibt.
sprossentreibend, stoloniferus, aus der Basis Sprossen erzeugend.
Stachel, Aculeus. §. 6, 6. 23. 77. Echinus. §. 77.
stachelrandig, spinosus, mit Stacheln am Rande
stachelspitzig, mucronatus, stumpf, mit einer feinen stechenden Spitze oder Borste am Ende.
stachelig, aculeatus, mit Stacheln bewaffnet; 2) echinatus, mit weichen stachelartigen Hervorragungen. §. 77.
Stachelige Gewächse, Senticosae. §. 86.
Stärkemehl, Amylum. §. 5.
Stamm, Caulis, Truncus. §. 13.
Stammblatt, Folium caulinum, ein stammständiges Blatt.
stammig, caulescens, mit einem Stamm versehen.
stammlos, acaulis, eine Pflanze, welche keinen Stamm hat, sondern bey welcher Blätter und Stengel, oder Blüthen, unmittelbar aus der Wurzel kommen.
stammständig, caulinus, aus dem Stamm entspringend, am Stamme befindlich.
stammtreibend, caulescens, nicht blos Stengel, Blumen und Blätter, sondern einen Stamm hervorbringend.
Standort, Locus. §. 81.
starr, rigidus, was sich nicht biegen läßt, aber doch auch nicht spröde ist.
staubig, pulveraceus, wie mit Staube bedeckt.
staubartig, pulverulentus, aus feinen nicht unter einander zusammenhängenden Körnern bestehend.
Staubbeutel, Antherae. §. 7. 47. 4). 70.

Staubfäden, (Träger). Filamentum. §. 7. 47. 50.
Staubgefäß, Stamen. §. 7. 47=50.
staubgefäßförmig, staminiformis, stamina mentiens, das Ansehn von Staubgefässen habend.
Staubweg, s. Griffel.
Staude, Suffrutex. §. 11.
staudenartig, suffruticosus, heißt ein holziger Pflanzenstamm, der an der Wurzel ausdauert, dessen Zweige aber jährlich absterben.
Staudengewächs, Suffrutex. §. 11.
stechend, pungens, mit einer scharfen, harten Spitze versehen.
steif, strictus, rigidus, ganz gerade, und wenig biegsam.
Steinfrucht, s. Pflaume.
steinhart, osseus, lapideus, kaum zu zerbeissen, zu zerbrechen oder zu zerschlagen.
Steinobst, s. Pflaume.
Stelle, Locus, der Punkt des Hauptkörpers, an dem die Theile befestigt sind.
Stempel, Pistillum. §. 7. 51=54. 70.
stempelmännig, gynandrus. §. 47.
Stempelmännige Pflanzen, Gynandria. §. 85.
Stendelwurzelige Gewächse, Orchideae. §. 86.
Stengel, Scapus, ein Blüthenstiel, der unmittelbar aus der Wurzel kommt. §. 13.
stengelförmig, scapiformis, ein blattloser Blüthenstiel, der aus der Basis des Stammes, oder einem kriechenden Stamm entspringt.
sterben, mori. §. 2.
sternförmig, sternig, stellatus, kreisförmig, mit spitzen Einschnitten am Rande; 2) discoideus, disciformis, heißt die Blüthe der Moose, wenn ihre Kelchblättchen weit geöffnet sind, so daß die Zeugungstheile offen liegen, und die Blättchen einen Stern bilden; 3) so gestellte Theile, daß alle aus einem Mittelpunct zu divergiren scheinen; 4) sternförmig=eingeschnitten.
Sternförmige Gewächse, Stellatae. §. 86.
Stiel, Caudex adscendens, Truncus. §. 7. 13. Podetium. §. 73.
Stielchen, Scapus. §. 55. Seta, Setula, die Stütze der Blüthen der Laubmoose zwischen der Umgebung und Blume. §. 70.
stiellos, sessilis, ohne besondere Stütze an einen Körper befestigt.
Stock, Caudex. §. 7. 13.
Strahl, Radius. §. 37. 45.
strahlend, radians. §. 45.
strahlig, radiatus, 1) zusammengesetzte und doldige Blüthen, die in der Mitte aus kleinern regelmässigen Blüthchen, am

Rande aus grössern unregelmässigen bestehn. §. 45.; 2) ein Kelch, dessen spitze Blätter zahlreich in einer ebenen Kreisfläche liegen; 3) mit im Kreise stehenden Spitzen versehen.

Strauch, Frutex. §. 11.

strauchartig, fruticosus, frutescens, holzige Stämme, mit holzigen Aesten, deren mehrere aus einer Wurzel entspringen, oder die sich gleich an der Erde in Aeste zertheilen.

strauchförmig, fruticulosus, ein ziemlich steifes, mehr oder weniger fadenförmiges ästiges Laub.

Strauß, Corymbus. §. 37. Thyrsus, s. Knauf.

straußig, corymbosus, einen Strauß bildend, einen Strauß tragend.

straußtragend, corymbiferus, ein Stamm oder Ast, der die Blüthen in einem oder mehreren Sträußern trägt.

Streif, Raphe. §. 55.

Strichlein, Lineola, Lirella. §. 73.

Striegel, Striga. §. 6, 6.

striegelig, strigosus, mit Striegeln bedeckt.

Strunk, Stipes. §. 13.

strunkig, stipitatus, Pilze, die einen Strunk haben.

strunklos, acaulis, ein Pilz ohne Strunk.

struppig, hirsutus, dicht mit langen steifen Haaren bedeckt.

stumpf, obtusus, was sich in einen Bogen, oder in ein Kugelstück endigt.

stumpfeckig, obtusangulus, was stumpfe Scheitel hat.

stumpfgezahnt, obtuse-dentatus, mit stumpfen Zähnen.

stumpfkantig, obtusangulus, was stumpfe Kanten hat.

stumpfkerbig, obtuse-crenatus, gekerbt mit bogenförmigen Ausschnitten.

stumpfsägig, obtuse-serratus, mit stumpfen Zähnen des sägigen Randes.

stumpfzähnig, obtuse-dentatus, mit ausspringenden Ausbuchten gezahnt.

Substanz, Substantia.

südwärts=gerichtet, adversus, nach Süden gerichtet.

Sumpfliebende Gewächse, Inundatae. §. 86.

Tangelholz, s. Zapfentragende Gewächse.

Tangeln, Folia acerosa, nadelige Blätter.

Tod, Mors. §. 2.

Träger, Filamentum, s. Staubfaden.

Traube, Racemus. §. 37.

traubig, racemosus, in Trauben stehend, Trauben bildend, Trauben tragend, vom Ansehn einer Traube.

Traubige Gewächse, Hederaceae. §. 86.

Treppengefässe. §. 6, 5.

trichterförmig, infundibuliformis, eine einblätterige Blu

me, deren lange Röhre sich nach oben erweitert, und deren Rand umgekehrt kegelförmig ist.

Trieb, Turio. §. 14.

trocken, siccus, aridus, exaridus, nicht fleischig oder saftig, von Ansehen, als wie vertrocknet.

Tute, Ochrea. §. 26. Cucullus. §. 46.

tutenförmig, auriformis, cucullatus, ein Körper in Form eines hohlen Kegels, oder so zusammengerollt, daß er dadurch eine Tute oder hohlen Kegel bildet.

Ueberblattisch, intrafoliaceus, suprafoliaceus, über dem Blatte am Stamm oder Aste befestigt.

Ueberfell, Epiphragma. §. 70.

überflüssig, superfluus, s. Vielehe.

überhängend, cernuus, am Ende gebogen, oder mit einem so gebogenen Stiele versehn, daß dadurch die Spitze ganz gegen die Erde gekehrt ist.

überzogen, arillatus, calyptratus, Saamen, welche einen Ueberzug haben.

Ueberzug, Arillus, Vtriculus. §. 55. 56. Perisporium. §. 13. Perithecium. §. 77.

umfassend, amplexicaulis, mit der Basis den Stiel oder Ast umgebend, ohne ihn einzuwickeln.

umgebogen, circumflexus, so gebogen, daß die Spitze gegen den gebogenen Körper selbst gekehrt ist.

umgekehrt, 1) resupinatus, obversus, dasjenige, bey dem das, was gewöhnlich oben zu seyn pflegt, unten ist; 2) umgekehrt zu seyn scheinend, besonders bey rachigen Blumen, wenn die Oberlippe zurückgekrümmt, die untere gerade oder aufsteigend ist; 3) inversus, heißt der Ring der Pilze, wenn er festgewachsen und die Mündung nach unten gekehrt ist.

umgerollt, revolutus, ein in sich zurückgebogener Rand.

Umschlag, Peridium. §. 77.

Unbestimmte Gewächse, Miscellaneae. §. 86.

unbewaffnet, muticus, inermis, ohne Stacheln, Spitzen, Dornen, Grannen, Kämme, Borsten ꝛc.

unfruchtbar, sterilis, castratus, mit den zur Befruchtung nöthigen Theilen, Saamenstaub, Staubbeutel, Narbe oder Fruchtknoten nicht versehn; keine Blüthen tragend.

ungeadert, avenius, ohne äusserlich bemerkbare Adern.

ungenagelt, sessilis, ohne Nagel.

ungestaltet, difformis, einblätterige Blumen oder Blätchen, deren Rand in ungleiche Lappen eingetheilt ist.

ungetheilt, indivisus, integer, simplex, ohne tiefe Einschnitte, Lappen, Zwiesel, Aeste, u. s. w.

ungleichförmig, difformis, dissimilis, varius, inaequalis,

wo ein Theil von andrer Bildung ist, als ein anderer gleichartiger.

ungleich=gefiedert, interrupte-pinnatus, gefiedert mit kleinen Blättchen, zwischen den größern.

ungleichlang, inaequalis, von verschiedener Länge.

ungleichseitig, 1) inaequilaterus, wenn die eine Seite von einer andern Beschaffenheit ist, wie die andere; 2) subdimidiatus, wenn die eine Seite schmäler ist, wie die andere.

unkenntlich, rudis, obliteratus, klein und von ungewöhnlicher Bildung und Farbe.

unmerklich, obsoletus, kaum bemerkbar.

unnebenblätterig, ebracteatus, ohne Nebenblätter.

unpaar=gefiedert, impari-pinnatus, pinnatus cum impari, gefiedert mit einem einzelnen Blatt an der Spitze des gemeinschaftlichen Blattstiels.

unregelmässig, irregularis, dasjenige, wobey die gleichnamigen Theile nicht von gleicher Gestalt und Grösse sind. §. 42.

unten, inferus, bey Blumen und Kelchen, wenn sie den Fruchtknoten umgeben, beym Fruchtknoten, wenn er die übrigen Blüthentheile trägt.

Unterblättchen, Auricula. §. 23.

unterblattisch, extrafoliaceus, unter dem Blatte oder Blattstiel sitzend.

unterbrochen, interruptus, wenn in gerader Linie liegende, oder eine gerade Linie bildende Dinge grosse Zwischenräume haben.

unterer, inferior, dem Mittelpunkte der Erde näher.

untergetaucht, demersus, submersus, was unter dem Wasser ist.

Unterlippe, Labium inferius, Labellum, Barha. §. 43.

ununterbrochen, continuus, Dinge, die in einer Reihe liegen, ohne Zwischenräume.

unvollkommen, imperfectus, Rudimentum, etwas, dem wesentliche Theile fehlen, um das zu seyn, was es zu seyn scheint.

unvollständig, incompletus, imperfectus, Blüthen, denen der Kelch, die Blume, oder beydes fehlt.

Vaterland, Patria. §. 81.

Venen, Vasa reducentia. §. 6, 4.

verbogen, retroflexus, nach allen Seiten hin gebogen.

Verborgenehige Pflanzen, Plantae cryptogamae. §. 7.

verbundenehig, monoclinus. §. 31.

verdeckt, velatus, heißt die Frucht oder der Saamen, wenn der Kelch um denselben herum stehn bleibt.

verdickt, incrassatus, an einer Stelle dicker, wie an der andern, besonders gegen die Spitze hin dicker.

verdoppelt, duplicatus, in zwiefacher Zahl, so daß eins auf oder bey dem andern da ist.

verdornend, spinescens, sich in einen Dorn verwandelnd.

verdreht, obliquus, so gedreht, daß an der Spitze die Flächen nach andern Gegenden gekehrt sind, als an der Basis.

verdünnt, attenuatus, an Dicke oder Breite abnehmend.

vereinigt, coadunatus, wenn mehrere Dinge so unter einander fest verbunden, und zusammengewachsen sind, daß man an dieser Stelle sie nicht mehr unterscheiden kann.

Verengerungen, Isthmi, Stellen eines Körpers, welche schmähler sind wie diejenigen, zwischen denen sie liegen.

verengt, angustatus, coarctatus, von kleinerem Durchmesser, wie die andern zu demselben Körper oder Theile gehörigen Theile.

vergeblich, frustraneus, s. Vielehe. §. 85.

verkehrt, contrarius, gegen den Lauf der Sonne.

verkehrt=eyförmig, obovatus, eyförmig, doch so, daß das stumpfe Ende an der Spitze, das spitze an der Basis ist.

verkehrt=herzförmig, obcordatus, von der Gestalt eines Kartenherzens, dessen Spitze gegen den Stiel gekehrt ist.

verschlossen, clausus, impervius, ein Behälter bildend, welches entweder keine, oder doch nur eine kaum merkliche Oefnung hat; oder wo Theile die Oefnung bedecken.

verschwindend, evanescens, heißt der abwärtssteigende Stock der Schmarotzer=Pflanzen, wenn er sich allmählig in den Körper der Pflanzen verliert, auf denen sie wachsen.

versenkt, immersus, Körper, die mit ihrem untern Theil in den Körper stecken, der ihnen zur Stütze dient.

vertieft, lacunosus, mit grossen Vertiefungen auf der Oberfläche, bey Blättern insbesondere auf der obern Seite.

vervielfältigt, auctus, mit einem dem Körper, woran er sitzt, gleichartigen Anhang versehn.

verwebt, intricatus, mit zahlreichen in einander verflochtenen oder verwachsenen Aesten.

verwerfend, abortivus, blühend, doch keine Früchte bringend.

verwickelt, contortuplicatus, auf mannigfaltige Weise gedreht und gewunden.

vielästig, ramosissimus, in viele Aeste zertheilt.

vielblätterig, polypetalus, polyphyllus, aus vielen Blättern bestehend.

vielblüthig, multiflorus, 1) viele Blüthen tragend oder hervorbringend; 2) zu vielen Blüthen gehörig.

Vielbrüderige Pflanzen, Polyadelphia. §. 50. 85.

Vielehe, Polygamia. §. 31. Die Beschaffenheit der Fortpflanzungswerkzeuge in den Blüthen der röhrenbeutlichen Gewächse. §. 85.

vielehig, polygamus, männliche, weibliche, oder beyderley Blüthen und Zwitterblüthen in derselben Pflanze u. t.

Vielehige Pflanzen, Polygamia. §. 85.

vieleckig, multangularis, mit vielen Ecken und einspringenden Winkeln.

vielfach, multiplex, in mehrfacher Zahl vorhanden.

vielfachzusammengesetzt, supradecompositus, wenn ein gemeinschaftlicher Stiel mehrere Stiele trägt, die wieder zusammengesetzte Körper unterstützen.

vielfächerig, multilocularis, ein Behälter mit vielen Abtheilungen.

vielflügelig, multialatus, polypterus, mit vielen Flügeln.

vielkantig, polygonus, was mehr wie fünf Kanten hat.

vielklappig, multivalvis, mit mehr wie fünf Klappen.

vielköpfig, multiceps, eine Wurzel, die oben in mehrere Köpfe getheilt ist, aus deren jedem neue Triebe hervorkommen.

vielmännig, polyandrus, mit zwanzig und mehreren am Hälter befestigten Staubgefässen.

Vielmännige Pflanzen, Polyandria, Polystemones. §. 85.

vielpaarig, multiiugus, mit vielen Paaren von Blättchen.

vielriefig, multangularis, mit vielen Kanten und Riefen.

Vielsaamenblätterige Pflanzen, Polycotyledones. §. 56.

vielsaamig, polyspermus, viele Saamenkörner enthaltend.

Vielschotige Gewächse, Multisiliquae. §. 86.

vielspaltig, multifidus, mehr wie fünfmal gespalten.

vielspelzig, multivalvis, ein aus mehr wie zwey oder drey Spelzen bestehender Balg.

vieltheilig, multipartitus, was in viele Enden ausgeht, oder in mehr als fünf Lappen getheilt ist.

vielweibig, polygynus. §. 57.

Vielweibige Pflanzen, Polygynia. §. 85.

vielzahnig, multidentatus, mit vielen Zähnen.

vierblätterig, tetrapetalus, tetraphyllus, aus vier Blättern bestehend.

vierblüthig, quadriflorus, mit vier Blüthen oder Blüthchen.

viereckig, quadrangularis, was vier Ecken, Winkel oder Kanten und vertiefte Seiten hat.

vierfach, quadruplex, viermal vorhanden.

vierfach-gefiedert, quadruplicato-pinnatus, gefiedert mit dreyfach-gefiederten Blättern.

vierfächerig, quadrilocularis, Behälter mit vier Abtheilungen.

vierfingerig, quaternatus, wenn vier Blätter an der Spitze eines Stiels sitzen.

vierflügelig, quadrialatus, tetrapterus, mit vier Flügeln.

vierfurchig, quadrisulcatus, was vier Furchen hat.

vierherrig, tetradynamicus, wenn von den sechs Staubge-

fässen Einer Blüthe, vier gleichlang und grösser wie die beyden übrigen unter sich gleichlangen sind.

Vierherrige Pflanzen, Tetradynamia. §. 85.

vierkantig, tetragonus, was vier Kanten hat, und vier ebene Seiten.

vierkernig, tetrapyrenus, vier Nüsse enthaltend.

vierklappig, quadrivalvis, mit vier Klappen versehn.

vierlappig, quadrilobus, durch drey Einschnitte lappig.

viermännig, tetrandrus, mit vier Staubgefässen, von denen zwey gleichlange nicht länger, wie zwey gleichfalls unter sich gleichlange sind.

Viermännige Pflanzen, Tetrandria. §. 85.

vierpaarig, quadrijugus, mit vier Paar Blättern gefiedert.

vierriefig, quadrangulatus, quadrangularis, mit vier Riefen.

viersaamig, tetraspermus, vier Saamen enthaltend.

vierseitig, tetrandrus, tetragonus, mit vier ebenen Seiten.

vierspaltig, quadrifidus, dreymahl gespalten.

viertheilig, quadripartitus, 1) in vier Lappen getheilt; 2) quadripartitus, quadrilobus, aus vier Fruchtknoten bestehend.

vierweibig, tetragynus. §. 51.

Vierweibige Pflanzen, Tetragynia. §. 85.

vierzählig, quaternus, zu vier beysammenstehend.

vierzähnig, quadridentatus, mit vier Zähnen versehn.

vierzeilig, quadrifarius, tetrastichus, in vier gleichlaufenden Reihen.

vollkommen, perfectus, seinem Endzwecke als solchen, in so fern wir denselben erkennen, entsprechend, und also mit allen dazu nöthigen Theilen versehen.

vollständig, completus, perfectus, heißt eine Blüthe, wenn sie einen Kelch und eine Blume hat.

Wachen, Vigiliae. §. 80. 83.

Wachs, Cera. §. 5.

Wärzchen, Papillae. §. 6, 1.

wagrecht, horizontalis, mit dem Horizont gleichlaufend.

Walze, Cylindrus. §. 50.

walzig (walzenförmig), cylindricus, cylindraceus, rund, oben und unten gleichdick und im Verhältnis zur Dicke mäßig lang.

Wärzchen, Papillae, kleine, runde, weiche Erhabenheiten.

Warze, Verruca. §. 6, 1.

warzenförmig, verrucosus, kurze, fleischige, abgestumpfte, in dichten Haufen stehende Blätter.

warzig, papillosus, verrucosus, mit Warzen bedeckt, oder mit weichen Erhabenheiten versehn.

Wassergarten, Hydropterides. §. 75.

Wasserhäutchen, Amnios. §. 55.

wechselmäßig, allagostemonius. §. 47.
Wedel, Frons. §. 27. 28.
weiblich, femineus, nur Griffel enthaltend und keine Staubgefäße.
weit, amplus, den inwendig enthaltenen Körper nicht dicht einschließend, sondern in einer merklichen Entfernung umgebend.
weitschweifig, diffusus, mit weithin und unter großen Winkeln sich verbreitenden Aesten.
welkend, marcescens, am Stamme oder nach der Blüthe verwelkend, und so eine Zeitlang bleibend, ehe es abfällt.
wenig, paucus.
wesentlich, naturalis.
wiederaufsteigend, adsurgens, herabsteigend, und dann wieder in die Höhe gebogen, so daß die Spitze nach oben gekehrt ist.
Wiederhaken, Glochis. §. 6, 6.
windend, volubilis, in Schneckenlinien um andere Körper herum aufsteigend.
Winkel, Angulus, ein einspringender Winkel.
winkelehig, cryptogamicus, ohne deutlich zu erkennende Befruchtungstheile.
Winkelehige Gewächse, Plantae cryptogamae, Cryptogamia, Cryptostemonia. §. 7. 69. 85.
winkelständig, axillaris, subalaris, da, wo das Blatt oder der Blattstiel entspringt, befindlich.
winklich, obliquus, an der Basis in die Höhe steigend, an der Spitze wagerecht.
Winterschlaf. §. 80.
wipfelig, prolifer, aus der Spitze des Stammes Zweige treibend.
wogig, vndatus, vndulatus, ein Körper, dessen Rand im Bogen auf und absteigt.
Wohnung, Habitatio. §. 81.
Wolle, Lana, Desma. §. 6, 6.
wollig, lanatus, mit langen, weichen, gekräuselten, von einander unterschiedenen Haaren bedeckt.
Würzelchen, Rostellum, Radicula. §. 55.
Würzige Gewächse, Scitamineae. §. 86.
Wulst, Volva. §. 77.
wulstig, 1) gibbosus, gibbus, wenn die Seiten eines fleischigen Blattes sehr conver sind; 2) tumidus, Gelenke, welche dicker sind, wie die Glieder.
wurmförmig, vermicularis, walzenförmig und hin und her gebogen.
Wurzel, Radix. §. 7. 12.
Wurzelblatt, Folium radicale, ein wurzelständiges Blatt.
Wurzelfasern, Fibrillae. §. 12.
wurzelnd, radicans, Wurzeln treibend.

wurzelsaamig, rhizospermus, den Saamen an der Wurzel tragend.

wurzelständig, radicalis, aus der Wurzel entspringend, oder an derselben befindlich.

Wurzelstock, Rhizoma. §. 12.

Zähe, tenax, biegsam, nur mit Mühe zu zerreissen, oder zu zerbrechen.

Zähne, Dentes, Radii, jede kleine spitzwinklige oder stumpfwinkliche Hervorragung am Rande eines Körpers, oder in der Mündung desselben. §. 40. 43.

zahlreich, plurimus.

zahnförmig-aufspringend, dentato-dehiscens, aufspringend, so daß die Stelle des Sprunges gezähnt erscheint.

Zacken, Murices. §. 6, 6.

zackig, muricatus, mit spitzen, weichen Erhöhungen bedeckt.

Zapfen, Strobilus. §. 34. 68.

Zapfentragende Gewächse, Coniferae. §. 86.

zaserich, fibrosus, fibrillatus, die Wurzeln der Pflanzen, wenn sie ganz aus Zasern oder Wurzelfasern bestehen, oder der aus Zasern bestehende Theil derselben.

Zasern, Radicula, Fibrilla. §. 7. 12.

zehnblüthig, decemflorus, zehn Blüthen oder Blüthchen tragend.

zehneckig, decemangularis, was zehn Ecken hat.

zehnmännig, decandrus, mit zehn Staubgefässen.

Zehnmännige Pflanzen, Decandria. §. 85.

zehnriefig, decemangulatus, mit zehn Riefen.

Zehnweibige Pflanzen, Decagynia. §. 85.

zehnweibig, decagynus. §. 57.

zehnzählig, denus, je zehn beysammen.

Zellgewebe, Tela cellulosa. §. 6.

zellig, favosus, mit grossen tiefen nahe an einander liegenden eckigen Löchern auf der Oberfläche.

zerbrechlich, fragilis, bey geringer Kraft zerbrechend.

zersetzt, lacerus, mit vielfachen ungleichförmigen Einschnitten am Rande.

zerreiblich, friabilis, spröde, und durch geringen Druck in kleine Theile zu verwandeln.

zerrissen, laciniatus, auf mannigfaltige Weise in Lappen zertheilt, die wieder Einschnitte und Lappen haben.

zerstreut, aparsus, vagus, dispersus, ohne bestimmte Ordnung. Zerstreute Blumenscheide, Spatha vaga. §. 41.

zertheilt, deliquescens, ästig, aber so zertheilt, daß der Hauptstiel sich in die Aeste verliert, und nicht mehr zu unterscheiden ist.

Zeugungstheile, Partes fructificationis. §. 7.

Zitze, Vmbo. §. 77.

Zotten, Villus. §. 6, 6.
zottig, villosus, mit sehr langen, weichen, deutlich von einander abgesonderten Haaren bedeckt.
Züngelchen, Ligula. §. 22.
Zuführende Gefässe, Vasa adducentia. §. 6, 4.
Zuführer, Adductores, Prophyses. §. 70.
zugespitzt, acuminatus, sich in eine lange Spitze endigend.
Zucker, Saccharum. §. 5.
zungenförmig, linguiformis, lingulatus, ligulatus, 1) gleichbreit, plattgedrückt, mit etwas converer unterer Seite, an der Spitze abgerundet; 2) so viel als gezüngelt.
Zurückführende Gefässe, Vasa reducentia. §. 6, 4.
zurückgebeugt, reclinatus, zurückliegend, aber an der Basis gebogen.
zurückgebogen, reflexus, so gebogen, daß die Spitze nach aussen gekehrt ist.
zurückgeknickt, retrofractus, mit einem Winkel rückwärts oder nach unten gekehrt.
zurückgerollt, revolutus, gerollt, so daß die Schneckenlinie von innen nach aussen, oder von vorn nach hinten läuft.
zurückgeschlagen, refractus, heißt eine Blume, deren Mündung gegen die Basis des Kelchs zurückgebogen ist.
zurückgezogen, recutitus, eine Beere, die den obern Theil des Saamens unbedeckt läßt.
zurückliegend, reclinatus, etwas, dessen festes Ende nach innen, das freye nach aussen gekehrt ist.
zusammenfliessend, confluens, an der Basis vereinigt, oder ganz dicht beysammen, so daß man an der Basis die Gegenstände kaum unterscheiden kann.
zusammengebogen, connivens, mehrere mit der gebogenen Spitze gegen einander sich wendende Körper.
zusammengedrückt, compressus, ein Körper, dessen Höhe und Breite grösser ist, wie seine Dicke.
zusammengerollt, convolutus, nach innen schneckenförmig gerollt.
zusammengeschlagen, conduplicatus, mit beyden Flächen einen sehr spitzen Winkel bildend oder sich berührend.
zusammengesetzt, compositus, 1) aus mehreren gleichartigen Körpern bestehend; 2) so viel als einfach zusammengesetzt.
Zusammengesetzte Blüthe, Flos compositus. §. 33. 37.
Zusammengesetztbeerige Gewächse, Coadunatae. §. 86.
Zusammengesetztblüthige Gewächse, Compositae. §. 86.
zusammengewachsen, coalitus, connatus, so vereinigt, daß keine Trennung möglich ist, ohne durch Zerschneiden.
zusammenhängend, cohaerens, connexus, was unter einander vereinigt ist.
Zusammenziehender Stoff, Principium adstringens. §. 4.

zwanzigmännig, icosandrus, mit zwanzig und mehreren am Kelch angewachsenen Staubgefäſſen.
Zwanzigmännige Pflanzen, Icosandria. §. 85.
Zweig, Ramulus. §. 7. 13.
zweigſtändig, rameus, am Zweige ſitzend.
Zwergfell, ſ. Ueberfell.
zweyblätterig, dipetalus, diphyllus, bilamellatus, aus zwey Blättern beſtehend.
zweyblüthig, biflorus, zwey Blüthen oder Blüthchen tragend.
zweybrüderig, diadelphus, die Staubfäden in zwey Haufen verwachſen.
Zweybrüderige Pflanzen, Diadelphia. §. 50. 85.
zweyfächerig, bilocularis, vermittelſt einer Scheidewand in zwey Behälter oder leere Räume eingetheilt.
zweyfarbig, discolor, wenn die eine Seite eine andere Farbe hat, wie die andere.
zweyfingerig, binatus, wenn zwey Blätter an der Spitze eines Blattſtiels ſtehen.
zweyfingerig-gefiedert, binato-pinnatus, wenn an der Spitze eines Blattſtiels zwey gefiederte Blätter ſtehen.
zweyflügelig, bialatus, dipterigius, mit zwey Flügeln.
zweygrannig, biaristatus, mit zwo Grannen oder grannenähnlichen Spitzen.
zweyhäuſig, dioecus, wenn Blüthen verſchiedenen Geſchlechtes auf verſchiedenen Stämmen derſelben Art ſind.
Zweyhäuſige Pflanzen, Dioecia. §. 85.
zweyherrig, didynamicus, wenn zwey gleichlange Staubfäden länger ſind, als die zwey übrigen gleichlangen in derſelben Blüthe.
Zweyherrige Pflanzen, Didynamia. §. 85.
zweyhörnig, bicornis, am Ende mit zwey ſpitzen Verlängerungen.
Zweyhörnige Gewächſe, Bicornes. §. 86.
zweyjährig, biennis, zwey Jahre dauernd.
Zweyjährige Pflanzen, Plantae biennes. §. 7. Kräuter, Herbae biennes. §. 11.
zweykernig, dipyrenus, zwey Nüſſe enthaltend.
zweyklappig, bivalvis, was zwo Klappen hat, oder aus zwo Klappen zu beſtehen ſcheint.
zweyknöpfig, dicoccus, zweyfächerige Frucht, welche aus zwo verſchiedenen Früchten zu beſtehen ſcheint.
zweylappig, bilobus, was zween Lappen bildet, und lappig iſt.
zweylippig, labiatus, bilabiatus, mit einer obern und untern Lippe verſehn; in zween Theile getheilt, von denen der eine ſich herabkrümmt.
zweylöcherig, biperforatus, Staubbeutel, die zwo Oefnungen haben.
zweymännig, diandrus, mit zwey Staubgefäſſen.

Zweymännige Pflanzen, Diandria. §. 85.
zweypaarig, bijugus, gefiedert, mit zwey Paar Blättchen.
zweyreihig, biserialis, in zwey gleichlaufenden Reihen dicht neben einander.
Zweysaamenblätterige Pflanzen, Dicotyledones. §. 56.
zweysaamig, dispermus, zwey Saamen enthaltend.
zweyschnäbelig, birostris, in zwey kegelförmige Spitzen sich endigend.
zweyschneidig, anceps, mit zwey gegen einander überstehenden scharfen Kanten.
zweyseitig, bilateralis, distichus, nach zwo Seiten hin gekehrt.
zweyspaltig, bifidus, einmal gespalten.
zweyspelzig, bivalvis, ein aus zwo Spelzen bestehender Balg.
zweyspitzig, bicuspidatus, mit zwo borstenförmigen Spitzen versehen.
zweytheilig, bipartitus, 1) in zween Theile getheilt; 2) bipartitus, bifidus, bilobus, beym Fruchtknoten aus zween Fruchtknoten bestehend.
zweyweibig, digynus. §. 51.
Zweyweibige Pflanzen, Digynia. §. 85.
zweyzählig, binus, geminus, je zwey bey einander.
zweyzähnig, bidentatus, mit zween Zähnen.
zweyzeilig, bifarius, distichus, in zwo entgegengesetzten Reihen liegend.
Zwiebel, Bulbus. §. 7. 15.
zwiebelig, bulbosus, 1) an der Basis einen kugelartigen Körper bildend; 2) mit einer Zwiebel versehn. §. 12.
zwiebeltragend, bulbiferus, was Zwiebeln trägt.
zwiefach-gekerbt, duplicato-crenatus, wenn jeder ausspringende Winkel oder Bogen, wieder ausgeschnitten ist.
zwiefach-gezahnt, duplicato-dentatus, gezahnt, wobey jeder Zahn wieder gezahnt ist.
zwiefach-sägig, biserratus, duplicato-serratus, sägeförmig, wobey jeder Zahn wieder sägeförmig ist, oder noch einen kleinern Zahn hat.
Zwiesel, Dichotomia, die Winkel, welche zwieseliche Aeste zusammen bilden.
zwieselig, dichotomus, immer in je zween Theile getheilt.
Zwitterblüthe, Flos hermaphroditus §. 31.
zwitterlich, hermaphroditus, was Staubgefässe und Stempel in Einer Blüthe hat.
zwölffach, duodenus, je zwölf beysammen.
zwölfmännig, dodecandrus, mit zwölf bis neunzehn Staubgefässen.
Zwölfmännige Pflanzen, Dodecandria.

Erste Klasse.
MONANDRIA.
Einmännige Pflanzen.

MONOGYNIA. Einweibige.

Scitamineae inferae: Fructu loculari infero.

Würzige Gewächse: mit unterer fächriger Frucht.

2. AMOMUM.   Cor. 3-partita [patens]: labio ouato. [Nectarium in fauce corallae. Cal. cylindricus].
   Ingwer.   Blume 3-theilig, klaffend. Nectarium im Schlunde der Blume. Kelch walzig.

6. CURCUMA.   Cor. 4-partita: labio ouato: Stam. 4, sterilia.
   Curcuma.   Blume 4-theilig. Staubgef. 4, unfruchtbare.

5. MARANTA.   Cor. 5-fida [3-fida], ringens: labio 2-partito magno. [Nect. 3-partitum: lacinia superiore antherifera].
   Maranta.   Blume 3-spaltig. Nectar. mit staubbeuteltragendem oberen Lappen.

7. KAEMPFERIA.   Cor. 6-partita: labio 2-partito plano.
   Kämpferie.   Blume 6-theilig mit 2-theiliger flacher Lippe.

2. CANNA.   Cor. 6-partita: labio [Nectario] 2-partito, reuoluto. Cal. 3-phyllus.
   Canna.   Blume 6-theilig. Nectar. 2-theilg, umgerollt. Kelch 3-blätterig.

4. ALPINIA.   Cor. 6-fida, ventricosa [3-partita, aequalis]: lobis lateralibus 2. emarginatis. [Nect. 2-labiatum: labio inferiore patente].
   Alpinie.   Blume 3-theilig, gleichförmig. Nectar. 2-lippig mit klaffender Unterlippe.

3. COSTUS.   Cor. [3-partita] ringens: labio 3-fido, media emarginata. [Nect. 2-labiatum, labio inferiore maximo trifido. Cal. gibbus].
   Costwurz.   Blume 3-theilig, rachig. Nect. 2-lippig mit grosser 3-spaltiger Unterlippe. Kelch wulstig.

**Monospermae. Einsaamige.*

9. HIPPURIS.   Cal. 0. [obsoletus, superus, margo bilobus]. Cor. 0.
   Tannenwedel.   Kelch unmerklich, oben, ein 2-lappiger Rand. Blume 0.

8. SALICORNIA.   Cal. 1-phyllus [ventricosus]. Cor. 0.
   Glasschmalz.   Kelch 1-blätterig, bauchig. Blume 0.

† MANGIFERA. Mango. VALERIANA. Baldrian. SCIRPUS. Binse. CYPERUS. Cypernwurz. APHANES. Sinau.

DIGYNIA. Zweyweibige.

10. CALLITRICHE. *Cal.* o. *Cor.* 2-petala.. *Capsula* 2-locularis.
    Wasserstern. Kelch o. Blume 2:blätterig. Kapsel 2:fächerig.
11. BLITUM. *Cal.* 3-fidus baccatus. *Cor.* o. *Sem.* 1.
    Schminkbeere. Kelch 3:spaltig, beerig. Blume o. Saame 1.

MONOGYNIA. Einweibige.

1. CANNA. *Corolla* 6-partita, erecta: labio [*Nectario*] bipartito reuoluto. *Stylus* lanceolatus, corollae adnatus. *Calyx* 3-phyllus.
1. Canna. Blume 6:theilig, aufrecht. Nectarium 2:theilig, umgerollt. Griffel lanzig, an der Blume angewachsen. Kelch 3:blätterig. Blumenrohr.

indica.   1. C. foliis ouatis vtrinque acuminatis neruosis [costatis].
Katu=bala.   C. mit eyförmigen beyderwärts zugespitzten gerippten Blättern. ♃
   W. heisse Zone. Glashauspflanze. Bl. 6=9.

2. AMOMVM. *Cor.* 4-fida: lacinia prima patente [3-partita, inaequalis, patens. *Nectarium* bilabiatum. *Calyx* cylindricus].
2. Ingwer. Kelch 3:spaltig, walzenförmig. Blume 3:theilig, ungleichförmig, klaffend. Nectar. 2:lippig.

Zingiber.   1. A. scapo nudo, spica ovata. [foliis lineari-lanceolatis]. *Zingiberis communis, nigri, albi Radix.*
Achter.   I. m. nacktem Stengel, eyförmiger Aehre, schmahlen lanzigen Blättern. ♃
   W. Ostindien, Madagaskar, Westküste von Afrika. Zahm daselbst auf den Antillen und in Guyana. Gewürz. Bl. 9. 10.

Zerumbet.   2. A. scapo nudo, spica oblonga obtusa [squamis subrotundis, foliis lanceolatis]. *Zerumbetum.*
Zerumbet.   I. m. nacktem Stengel, länglicher stumpfer rundschuppiger Aehre, lanzigen Blättern. ♃
   W. Ostindien. Bl. 7. 8.

[Zedoaria.   3. A. scapo nudo, spica laxa truncata]. *Zedoariae (longae?) Radix.*
Zittwer.   I. m. nacktem Stengel, lockerer abgestutzter Aehre. ♃
   W. Ostindien.

Cardamomum.   4. A. scapo simplicissimo brevissimo, bracteis alternis laxis. *Cardamomi Semina.*
Cardamom.   I. m. höchsteinfachen kurzen Stengeln, abwechselnden lockeren Rebenblättern. ♃
   W. Ostindien. Gewürz. Man hat kleine, mittlere und lange Cardamomen, welche vielleicht von verschiedenen noch nicht hinlänglich bekannten Arten dieser Gattung kommen.

Grana Paradisi.   5. A. scapo ramoso brevissimo. [fol. ovatis]. *Grana Paradisi.*

Monogynia. **Einweibige.** 3

Paradieskör- 5. J. m. ästigem sehr kurzem Stengel, epförmigen Blät-
ner. tern. ♃
W. Guinea, Madagaskar. Gewürz.

3. COSTVS. [*Cal.* 3-fidus, gibbus]. *Cor.* interior inflata ringens: labio inferiore trifido. [*Cor.* 3-partita, ringens.
Nect. 2-labiatum: labio inferiore maximo 3-fido].

3. **Costwurz.** Kelch 3-spaltig, wulstig. Blume 3-thei-
lig, rachig. Nectar. 2-lippig, mit grosser 3-spaltiger
Unterlippe.

arabicus. 1. C. [foliis subtus sericeis. C. speciosus *Smith*]. *Co-
sti arabici, dulcis, amari Radix.*
Sab. C. m. unten seidenartigen Blättern. ♃
W. Ostindien.

[glabratus. 2. C. foliis utrinque glabris. C. arabicus *Willd.*].
glatte. C. m. beyderseits glatten Blättern. ♃
W. Südamerica.

4. ALPINIA. *Cor.* 6-fida, ventricosa: lobis 3, patentibus.
[*Cor.* 3-fida, aequalis. *Nect.* 2-labiatum: labio inferiore
patente].

4. **Alpinie.** Blume 3-spaltig, gleichförmig. Nectar. 2-lip-
pig: mit klaffender Unterlippe.

racemosa. 1. A. [racemo terminali spicato, floribus alternis, nectarii labio trifido: foliis oblongis acuminatis].
traubige. A. mit spitzständiger ähriger Traube, abwechselnden
Blüthen, dreyspaltiger Lippe des Nectar., länglichen
zugespitzten Blättern. ♃
W. Thalwälder des wärmern America.

Galanga. 2. A. v. Marantam.

5. MARANTA. *Cor.* ringens, 5-fida [3-fida]: laciniis 2, alternis patentibus. [*Nect.* 3-partitum]: lacinia prima antherifera.

5. **Maranta.** Blume 3-spaltig. Nectar. 3-theilig, mit
staubbeuteltragendem obersten Lappen.

Galanga. 1. M. culmo simplici, [foliis lanceolatis subsessilibus.
Alpinia Galanga *Willd*]. *Galangae α. maio-
ris, β. minoris Radix.*
Galgant. M. m. astlosem Stengel, lanzigen faststiellosen Blättern. ♃
W. α. Java, Malabar; β. China. Gewürz. Zahm
in Ostindien.

6. CVRCVMA. *Stamina* 4 sterilia, quinto fertili. *Curcuma. Terra merita.*

6. **Curcuma.** Staubfäden 4 unfruchtbare, 1 fruchtbarer.
Kutkumey. Gilbwurz. Gelber Ingwer.

rotunda. 1. C. fol. lanceolato-ovatis: nervis lateralibus rarissimis.
Curcumae rotundae Radix.
runde. C. m. lanzig-epförmigen an den Seiten wenig gerippten Blättern. ♃
W. Ostindien. Zahm daselbst. Gewürz. Färbestoff.

longa. 2. C. fol. lanceolatis: nervis lateralibus numerosissimis. *Curcumae longae Radix.*
lange. C. m. lanzigen häufig gerippten Blättern. ♃

W. Ostindien. Zahm daselbst. Gewürz. Färbestoff.

7. **KAEMPFERIA.** *Cor.* 6-partita: laciniis 3 maioribus patulis, unica bipartita. [*Stigma* bilamellatum].

7. **Kämpferie.** Blume 6=theilig, m. 3 grösseren klaffenden, Einem 2=theiligen Lappen. Narbe 2=blätterig.

Galanga. 1. K. foliis ovatis sessilibus.
Galgant. K. m. epförmigen ungestielten Blättern. ♃
W. Ostindien.

rotunda. 2. K. fol. lanceolatis petiolatis. *Zedvariae rotundae Radix.*
Zittwer. K. m. langen gestielten Blättern. ♃
W. Malabar.

8. **SALICORNIA.** *Cal.* ventricosus, integer. *Petala* 0. *Sem.* 1. Soda.

8. **Glasschmalz.** Kelch bauchig, ungetheilt. Blume 0. Saame 1.

herbacea. 1. S. herbacea patula, articulis apice compressis emarginato-bifidis.
Krautartiges. G. krautartig klaffend, m. zusammengedrückten ausgerandet=zweyspaltigen Gliedern. ☉ Glaskraut. Seekrapp. Schenau.
W. Seeküsten, Salzseen, Salzquellen. Liefert mit den andern Glasschmalzarten Soda. Bl. 7. 8.

arabica. 2. S. fol. alternis vaginalibus obtusis hinc dehiscentibus.
Soda. G. mit abwechselnden einscheidenden stumpfen, an einer Seite aufspringenden Blättern. ♃
W. Arabien, Sibirien.

9. **HIPPVRIS.** *Cal.* 0 [obsoletus, margo bilobus]. *Petala* 0. *Stigma* simplex. *Sem.* 1.

9. **Tannenwedel.** Kelch ein kaum bemerkbarer 2=lappiger Rand. Blume 0. Narbe einfach. Saame 1.

vulgaris. 1. H. foliis octonis subulatis.
Schachtelhalm. T. m. achtzähligen pfriemigen Blättern. ♃ Seetännchen, Rossschwanz, Katzenzahl, Schafthalm.
W. Quellen, Gruben, Teiche, Sümpfe, Ufer. Dient zum Polieren von Holzwerk. Bl. 5. 6.

DIGYNIA. Zweyweibige.

10. **CALLITRICHE.** *Cal.* 0. *Petala* 2. *Capsula* 2-locularis, 4-sperma.

10. **Wasserstern.** Kelch 0. Blume 2=blätterig. Kaps. 2=fächerig, 4=saamig. Sternkraut. Linsenkraut.

verna. 1. C. fol. superioribus ovalibus, flor. androgynis.
früher. W. m. elliptischen oberen Blättern, einkammerigen Blumen. ♃
W. Gräben, stehendes Wasser. Bl. 4. 5. 6.

[intermedia. 2. C. fol. superioribus ovalibus, caulinis linearibus apice bifidis].
mittler. W. m. elliptischen oberen, aber schmahlen an der Spitze zweyspaltigen stammständigen Blättern.
W. Wassergräben, Sümpfe. Bl. 5. 6.

autumnalis.	3. C. fol. omnibus linearibus apice bifidis, flor. hermaphroditis.
herbstlicher.	W. m. lauter schmahlen an der Spitze zweyspaltigen Blättern, zwitterlichen Blüthen.
	W. langsam fliessende und stehende Wasser. Bl. 7-10.

11. **BLITVM.** *Cal.* 3-fidus. *Petala.* 0. *Sem.* 1, calyce baccato.
11. **Schminkbeere.** Kelch 3=spaltig. Blume 0. Saame 1, im beerigen Kelche. Erdbeerspinat. Beermelde. Schminkblume. Blutkraut.

capitatum.	1. B. capitellis spicatis terminalibus.
ährenblüthige.	S. m. spitzeständigen ährigen Knöpfen. ☉
	W. trockne Plätze in Südeuropa. Gartenpflanze. Bl. 6. 7.
virgatum.	2. B. capitellis sparsis lateralibus.
winkelblüthige.	S. m. zerstreuten seitenständigen Knöpfen. ☉
	W. Südeuropa, Tatarey. Gartenpflanze. Bl. 6. 7.

Zweyte Klasse.
DIANDRIA.
Zweymännige Pflanzen.

MONOGYNIA. Einweibige.

* *Flores inferi, monopetali, regulares.*
* **Blüthen unten, einblätterig, regelmässig.**

16. OLEA.	*Cor.* 4-fida [laciniis subouatis]. *Drupa* [sub-monosperma].
Olive.	Blume 4=spaltig: m. fasteyförmigen Lappen. Pflaume 1=saamig.
17. CHIONANTHUS.	*Cor.* 4-fida: laciniis longissimis. [*Drupa* monosperma].
Schneeblume.	Blume 4=spaltig: m. sehr langen Lappen. Pflaume 1=saamig.
15. PHILLYREA.	*Cor.* 4-fida. *Bacca* 1-sperma. [bilocularis].
Phillyrea.	Blume 4=spaltig. Beere 2=fächerig.
14. LIGUSTRUM.	*Cor.* 4-fida. *Bacca* 4-sperma.
Hartriegel.	Blume 4=spaltig. Beere 4=saamig.
18. SYRINGA.	*Cor.* 4-fida: lacin. linearibus. *Capsula* 2-locularis.
Syringe.	Blume 4=spaltig: m. schmahlen Lappen. Kaps. 2=fächerig.
13. JASMINUM.	*Cor.* 5-fida. *Bacca* dicocca.
Jasmin.	Blume 5=spaltig. Beere 2=knöpfig.
12. NYCTANTHES.	*Cor.* 8-fida. *Bacca* dicocca.
Nachtblume.	Blume 8=spaltig. Beere 2=knöpfig.

Diandria. Zweymännige Pflanzen.

** *Flores inferi, monopetali, irregulares. Fructus capsularis.*
** Blüthen unten, einblätterig, unregelmässig. FruchtKapsel.

20. VERONICA.	*Cor.* 4-partito limbo: lacinia inferiore angustiore.	
Ehrenpreis.	Blume m. 4-theiliger Mündung und schmählerem unterem Lappen.	
21. GRATIOLA.	*Cor.* 4-fida, irregularis. *Stam.* 4: 2 sterilia.	
Erdgalle.	Blume 4-spaltig, unregelm. Staubf. 4: 2 unfruchtbare.	
22. CALCEOLARIA.	*Cor.* ringens, inflata. *Cal.* 4-fidus.	
Schuhblume.	Blume rachig, aufgeblasen. Kelch 4-spaltig.	
23. PINGUICULA.	*Cor.* ringens, calcarata. *Cal.* 5-fidus.	
Butterwurz.	Blume rachig, gespornt. Kelch 5-spaltig.	
24. UTRICULARIA.	*Cor.* ringens, calcarata. *Cal.* 2-phyllus.	
Wasserschlauch.	Blume rachig, gespornt. Kelch 2-blätterig.	
† BIGNONIA.	Trompetenblume.	

*** *Flores inferi, monopetali, irregulares. Fructus gymnospermi.*
*** Blüthen unten, einblätterig, unregelm. Frucht nacktsaamig.

25. VERBENA. *Cor.* subaequalis. *Cal.* lacinia suprema breviore.
Eisenhart. Blume fastgleichförm. Kelch m. kürzerm obern Lappen.
26. LYCOPUS. *Cor.* subaequalis. *Stam.* distantia.
Wolfsfuss. Blume fastgleichförm. Staubgef. entfernt.
27. AMETHYSTEA. *Cor.* subaequalis: lacinia infima concava.
Bläuling. Blume fastgleichförmig: m. ausgehöhltem unterem Lappen.
28. MONARDA. *Cor.* ringens: galea lineari obvolvente genitalia.
Monarde. Blume rachig: m. schmahlem, die Geschlechtstheile umwickelnden Helm.
29. ROSMARINUS. *Cor.* ringens: galea falcata. *Stam.* curva.
Rosmarin. Blume rachig: m. sichelförm. Helm. Staubfäd. krumm.
30. SALVIA. *Cor.* ringens. *Filamenta* transverse pedicellata.
Salbey. Blume rachig. Staubfäd. queergestellt.
31. COLLINSONIA. *Cor.* subringens: labio capillari multifido.
Collinsonie. Blume fastrachig: m. haarartig-vielspaltiger Lippe.

**** *Flores inferi, tetrapetali.*
**** Blüthen unten, vierblätterig.
† LEPIDIUM. Kresse. IBERIS. Iberis. FRAXINUS. Esche.

***** *Flores superi.* Blüthen oben.

19. CIRCAEA. *Cal.* 2-phyllus. *Cor.* 2-petala, obcordata.
Circke. Kelch 2-blätterig. Blume 2-blätterig, verkehrtherzförmig.

****** *Flores incompleti vel graminei.*
****** Blüthen unvollständig oder Grasblüthen.
† SALICORNIA. Glasschmalz. SCHOENUS. Rusch. CYPERUS.* Cyperwurz. SCIRPUS. Binse.

---

*) *Cladium. Cal.* multivalvis, 1-florus; valvis glumaceis, imbricatis. *Cor.* o. *Nux* putamine duplici. *Schrad.*

Monogynia. Einweibige.

DIGYNIA. Zweyweibige.

32. ANTHOXANTHUM. *Cal.* Gluma 1-flora, oblonga. *Cor.* Gluma aristata.
    Meloten.   Kelch: 1-blumiger länglicher Balg. Blume: grannniger Balg.

TRIGYNIA. Dreyweibige.

33. PIPER.   *Cal.* 0. *Cor.* 0. Bacca 1-sperma.
    Pfeffer.   Kelch 0. Blume 0. Beere 1-saamig.

MONOGYNIA. Einweibige.

12. NYCTANTHES. *Cor.* 8-fida. *Cal.* 8-fidus. *Pericarpium* dicoccum.
12. Nachtblume. Blume 8-spaltig. Kelch 8-spaltig. Frucht 2-knöpfig.

Sambac.   1. N. fol. inferioribus cordatis obtusis, superioribus ovatis acutis. *Jasminum Sambac.* Willd. *
Samback.   N. m. herzförmigen stumpfen untern, eyförmigen spitzen oberen Blättern. ♄ Arabischer Jasmin.
         W. Ostindien, Zeilon, Ambonia, Egypten, Arabien. Zierpflanze. Bl. 4-10.

13. JASMINUM. *Cor.* 5-fida. [*Cal.* 5-dentatus]. *Bacca* dicocca. *Sem.* arillata. *Antherae* intra tubum.
13. Jasmin. Blume 5-spaltig. Kelch 5-zahnig. Beere 2-knöpfig. Saamen überzogen. Staubbeutel in der Röhre.

officinale.   1. J. fol. oppositis pinnatis: foliolis distinctis [acuminatis]. *Jasmini Flores.*
gebräuchlicher.   J. m. entgegengesetzten gefiederten Blättern, getrennten zugespitzten Blättchen. ♄ Jasmin.
         W. Ostindien. Zierpflanze. Bl. 7. 8.

grandiflorum.   2. J. fol. oppositis pinnatis: foliolis [obtusiusculis] extimis confluentibus.
grosser.   J. m. entgegengesetzten gefiederten Blättern: zusammenkommenden äussern, ziemlich stumpfen Blättchen. ♄ Weisser spanischer Jasmin.
         W. Ostindien. Zierpflanze. Bl. 7. 8.

azoricum.   3. J. fol. oppositis ternatis; [foliolis acuminatis ovatis subcordatisque].
herzblätteriger.   J. m. entgegengesetzten dreyfingerigen Blättern: zugespitzten eyförmigen und fastherzförmigen Blättchen. ♄
         W. Azorische Inseln, Ostindien. Zierpflanze. Bl. 7. 11.

fruticans.   4. J. fol. alternis ternatis simplicibusque [foliolis obtusis], ramis angulatis.

---

*) *Nyctanthes Cor.* hypocrateriform.: laciniis truncatis. *Caps.* 2-locul., marginata. *Sem.* solitaria.
Jasminum. Cor. hypocrateriform., 5-8-fida. *Bacca* dicocca. *Sem.* solitaria, arillata. *Willd.*

Diandria. Zweymännige Pflanzen.

staudiger. 4. J. mit abwechselnden dreyfingerigen und einfachen Blättern, stumpfen Blättchen, kantigen Zweigen. ♄ Gemeiner gelber Jasmin.
W. Südeuropa. Zierpflanze. Bl. 6. 7.

humile. 5. J. foliis alternis acutiusculis ternatis pinnatisque, ramis angulatis.
niedriger. J. m. abwechselnden etwas spitzen dreyfingerigen und gefiederten Blättern, kantigen Zweigen. ♄ Italienischer gelber Jasmin.
W. unbekannt. Zierpflanze. Bl 6. 7.

odoratissimum. 6. J. fol. alternis obtusis ternatis pinnatisque, ramis teretibus.
wohlriechender. J. m. abwechselnden stumpfen dreyfingerigen und gefiederten Blättern, runden Zweigen ♄
W. Madera. Zierpflanze. Bl. 5-7.

14. LIGVSTRVM. *Cor.* 4-fida. *Bacca* 4-sperma.

14. Hartriegel. Blume 4-spaltig. Beere 4-saamig.

vulgare. 1. L. [foliis lanceolatis, panicula coarctata]. *Ligustri Flores, Folia.*
Rheinweide. H. m. lanzigen Blättern, gedrängter Rispe. ♄ Beinholz, Zaunriegel, Liguster, spanische Weide, Klingerten.
  * foliis deciduis.
  gemeiner, m. abfallenden Blättern.
  β italicum, foliis sempervirentibus.
  italienischer, m. immergrünen Blättern.
W. Hecken, Büsche, Wälder. Englische Gärten, Lusthecken. Bl. 5-7.

15. PHILLYREA. *Cor.* 4-fida. *Bacca* monosperma [2-locularis. *Sem.* solitaria].

15. Phillyrea. Blume 4-spaltig. Beere 2-fächerig. Saamen einzeln. Steinlinde.

angustifolia. 1. P. fol. lineari-lanceolatis integerrimis.
schmahlblätterige. P. m. schmahl-lanzigen ganzrandigen Blättern. ♄
W. Spanien, Italien. Zierpflanze. Bl. 5. 6.

latifolia. 2. P. fol. ovato-cordatis serratis.
breitblätteriger. P. m. eyförmig-herzförmigen sägigen Blättern. ♄
W. Südeuropa. Zierpflanze. Bl. 5. 6.

16. OLEA. *Cor.* 4-fida: laciniis subovatis. *Drupa* [sub-] monosperma.

16. Olive. Blume 4-spaltig: m. fasteyförmigen Lappen. Pflaume fasteinsaamig. Oelbaum. Olivenbaum.

europaea. 1. O. fol. lanceolatis [integerrimis, racemis axillaribus]. *Olivarum Fructus, Oleum.*
gemeine. O. m. lanzigen ganzrandigen Blättern, winkelständigen Trauben. ♄
W. Palästina, Levante, Nordafrica, Italien, Languedoc, Provence, Spanien. Wird ebendaselbst wegen seiner Früchte und des Baumöhls aus denselben gebaut. Bl. 5. 6.

17. CHIONANTHVS. *Cor.* 4-fida; laciniis longissimis. *Drupae* nucleus striatus.

17. Schneeblume. Blume 4-spaltig: m. sehr langen Lappen. Pflaume mit gestreifter Nuß.

Monogynia. **Einweibige.**

9

virginica.	1. C. pedunculis trifidis trifloris [foliis acutis].
dreyblumige.	S. m. dreytheiligen dreybluthigen Bluthenstielen, spitzen Blättern. ♄ Schneebaum, Schneeflockenbaum, Franzenbaum.
	W. Ufer kleiner Bäche und Flüsse in Nordamerica. Englische Pflanzungen. Bl. 7.

18. **SYRINGA.** *Cor.* 4-fida. *Capsula* bilocularis.
18. **Syringe.** Blume 4-spaltig. Kapsel 2-fächerig. Lilac.

vulgaris.	1. S. fol. ovato-cordatis.
Flieder.	S. m. eyförmig-herzförmigen Blättern. ♄ Spanischer Flieder oder Hollunder, Syrenenstrauch, Pfeiffenstrauch, Nägleinbaum.
	W. Persien, verwildert in Europa. Zierstrauch. Bl. 4-6.
persica.	2. S. fol. lanceolatis.
kleine.	S. mit lanzigen Blättern. ♄.
	α. fol. integris.
	mit ganzen Blättern.
	β. laciniata fol. integris dissectisque.
	m. ganzen und zerschnittenen Blättern.
	W. Persien. Zierpflanze. Bl. 6.

19. **CIRCAEA.** *Cor.* dipetala. *Cal.* diphyllus superus. *Sem.* 1-loculare. [*Caps.* 2-locul., hispida].
19. **Circäe.** Blume 2-blätterig. Kelch 2-blätterig, oben. Kaps. 2-fächerig, borstig. Hexenkraut. Waldkletten. Stephanskraut.

lutetiana.	1. C. caule erecto, racemis pluribus, fol. ovatis.
Waldkletten.	C. mit aufrectem Stamm, mehreren Trauben, eyförmigen Blättern. ♃
	W. Wälder, wüste Plätze. Bl. 6. 7. 8.
[*intermedia.*	2. C. caule simplici, racemo unico, fol. ovato-cordatis. — An C. lutetiana, intermedia et alpina solo loco differant eiusdem speciei merae varietates?]
Sumpfkletten.	C. m. astlosem Stamme, Einer Traube, eyförmig-herzförmigen Blättern. ♃
	W. Sümpfe. Bl. 6. 7. 8.
alpina.	3. C. caule prostrato [ramosissimo], racemo unico, fol. cordatis.
Bergkletten.	C. m. niedergeworfenem vielästigem Stamm, Einer Traube, herzförmigen Blättern. ♃
	W. Bergwälder, feuchte Sandplätze. Bl. 6. 7. 8.

20. **VERONICA.** *Cor.* Limbo 4-partito, lacinia infima angustiore. *Caps.* bilocularis.
20. **Ehrenpreis.** Blume mit 4-theiliger Mündung: mit schmählerem unterem Lappen. Kaps. 2-fächerig.

* *Spicatae.* Aehrige.

sibirica.	1. V. spicis terminalibus, fol. septenis verticillatis caule subhirto.
hoher.	E. m. spitzeständigen Aehren, siebenzähligen quirligen Blättern, etwas borstigem Stamme. ♃
	W. Daurien. Zierpflanze. Bl. 6. 7.
virginica.	2. V. spicis terminalibus, fol. quaternis quinisque [caule glabro, calyc. quinquefidis].

10 *Diandria.* Zweymännige Pflanzen.

eröfnender. 2. E. m. spitzständigen Aehren, 4- und 5-zähligen Blättern, glattem Stamm, 5-spaltigen Kelchen. ♃
W. Virginien. Zierpflanze. Bl. 7.

spuria. 3. V. spicis terminalibus, fol. ternis [lanceolatis angustis] aequaliter serratis [cal. quadrifidis — *Variat fol. binis quaternisque*].

Schwalkenzagel. E. m. spitzständigen Aehren, schmahlen lanzigen gleichförmig-sägigen Blättern, vierspaltigen Kelchen. ♃
W. Büsche, feuchte Wiesen. Bl. 5-8.

maritima. 4. V. spicis terminalibus, fol. ternis [cordato-lanceolatis] inaequaliter serratis [*Variat. fol. binis quaternisque*].

engherziger. E. m. spitzständigen Aehren, herzförmig-lanzigen ungleichförmig-sägigen Blättern. ♃
W. Seeküsten, Ufer, schattige Grasplätze. Bl. 6-8.

longifolia. 5. V. spicis terminalibus, fol. oppositis lanceolatis serratis acuminatis.

langblätteriger. E. m. spitzständigen Aehren, entgegengesetzten lanzigen sägigen zugespitzten Blättern. ♃
W. Feuchte schattige Plätze. Zierpflanze. Bl. 7.8.

incana. 6. V. spicis terminalibus, fol. oppositis crenatis obtusis, caule erecto tomentoso.

grauer. E. m. spitzständigen Aehren, entgegengesetzten gekerbten stumpfen Blättern, aufrechtem filzigem Stamm. ♃
W. Wälder der Ukraine. Zierpflanze. Bl. 7.8.

spicata. 7. V. spica terminali, fol. oppositis crenatis obtusis: [radicalibus oblongo-obovatis], caule adscendente simplicissimo.

ähriger. E. m. spitzständiger Aehre, entgegengesetzten gekerbten stumpfen: aber länglich-verkehrteyförm. wurzelständigen Blätt., aufsteigendem höchsteinfachen Stamme. ♃ Schwalkenzagel, Bergehrenpreis.
W. Berge, Felsen, Hügel, Wälder, Hecken, Bäche. Bl. 5-8.

hybrida. 8. V. spicis terminalibus, fol. oppositis obtuse serratis scabris [inferioribus ovatis petiolatis], caule erecto.

unächter. E. m. spitzständigen Aehren, entgegengesetzten stumpfsägigen harschen: aber eyförmigen gestielten unteren Blättern, aufrechtem Stamm. ♃
W. Felsen, Berge, Bäche. Bl. 6.8.

pinnata. 9. V. spica terminali, fol. linearibus dentato-pinnatis, caulibus prostratis.

gefiederter. E. m. spitzständiger Aehre, schmahlen zahnig-gefiederten Blätt., niedergeworfenen Stämmen. ♃
W. Sibirien. Zierpflanze. Bl. 7.8.

officinalis. 10. V. spicis [racemis] lateralibus pedunculatis, fol. oppositis [ovalibus serratis pubescentibus] caule procumbente. *Veronicae Herba.*

** *Corymboso-racemosae.* Straußartig-traubige.

[officinalis. 10. V. vide supra.]
ächter. E. m. seitenständigen gestielten Trauben, entgegengesetzten elliptischen sägigen haarigen Blätt., niederliegenden Stämmen. ♃ Ehrenpreis, Grundheil, Heil aller Welt, Köhlerkraut, Wundkraut ꝛc.

Monogynia. **Einweibige.** 11

     W. Wälder, Hecken, Anhöhen. Bl. 5 = 7.
serpyllifo- 11. V. racemo terminali subspicato, fol. ovatis glabris
lia.   crenatis.
quendelblätte-   **E. m.** spitzständiger ährenartiger Traube, eyförmigen
riger.   glatten gekerbten Blättern. 4
     W. Grasplätze, Wälder, Hecken, Ufer. Bl. 4 = 8.
Beccabunga. 12. V. racemis lateralibus, fol. ovatis planis, caule repente. *Beccabungae Herba.*
Bachbungen.   **E. m.** seitenständigen Trauben, eyförmigen flachen
   Blättern, kriechendem Stamme. 4 Bachbohnen,
   Wasserbungen, Pfunde, Läneke, Wassergauchheil ꝛc.
     W. Quellen, Bäche, Gräben, Sümpfe. Salat-
   kraut. Bl. 5 = 9.
Anagallis. 13. V. racemis lateralibus, fol. [ovato-] lanceolatis serratis, caule erecto.
Wassergauch-   **E. m.** seitenständigen Trauben, lanzigen sägigen
heil.   Blättern, aufrechtem Stamme. ☉
     W. Bäche, feuchte Plätze, Gräben. Bl. 5 = 9.
scutellata. 14. V. racemis lateralibus alternis: pedicellis pendulis,
   fol. linearibus [sub-] integerrimis.
schildsaami-   **E. m.** seitenständigen abwechselnden Trauben, han-
ger.   genden Blüthenstielchen, schmahlen ganzrandigen
   Blättern. 4
     W. Gräben, Sümpfe, feuchte Plätze. Bl. 5 = 8.
Teucrium. 15. V. racemis lateralibus, longissimis, fol. [cordato-]
   ovatis rugosis dentatis obtusiusculis [sessilibus],
   caulibus procumbentibus. *Teucrii Herba.*
Erdbathen-   **E. m.** seitenständigen sehr langen Trauben, eyförmi-
gel.   gen runzlichen gezahnten etwasstumpfen Blättern,
   niederliegenden Stämmen. 4 Gamander, falscher Gundermann, Wiesenehrenpreis.
     W. Wiesen, Grasplätze, Hecken. Bl. 5 = 7.
prostrata. 16. V. racemis lateralibus, fol. oblongo-ovatis serratis,
   caulibus prostratis.
Bergbathen-   **E. m.** seitenständigen Trauben, länglich-eyförmigen
gel.   sägigen Blättern, niedergeworfenen Stämmen. 4
   Kleiner falscher Gamander.
     W. Hügel, Berge, wüste Plätze, Hecken. Bl. 5 = 6.
montana. 17. V. racemis lateralibus paucifloris, calyc. hirsutis,
   fol. ovatis rugosis crenatis petiolatis, caule debili
   [petiolisque hirtis].
beschatteter.   **E. m.** seitenständigen wenigblüthigen Trauben, struppigen Kelchen, eyförmigen runzlichen gestielten Blät-
   tern, rauchem schwachem Stamme und Blattstielen. 4
     W. schattige feuchte Plätze. Bl. 5 = 7.
Chamaedrys. 18. V. racemis lateralibus, fol. ovatis [sub-] sessilibus
   rugosis dentatis, caule bifariam piloso.
Gamander.   **E. m.** seitenständigen Trauben, eyförmigen stiellosen
   runzlichen gezähnten Blättern, zweyzeilig-haarigem
   Stamme. 4 Gundermann, Schaafkraut,
   Bathengel, Frauenbiß.
     W. Wiesen, Felder, Raine, Wege, Hecken. Bl. 4 = 7.
latifolia. 19. V. racemis lateralibus, fol. cordatis rugosis dentatis,
   caule stricto.

12 *Diandria.* Zweymännige Pflanzen.

Susannen-
kraut.
19. E. m. seitenständigen Trauben, herzförmigen runzlichen gezahnten Blättern, steifem Stamme. ♃
W. Berge, Anhöhen, steinige Wiesen. Bl. 5 - 7.

*** *Pedunculis unifloris.* Einzelnblüthige.

agrestis. 20. V. floribus solitariis, fol. cordatis incisis pedunculo brevioribus.

Hühnerbiß. E. m. einzelnen Blüthen, herzförmigen eingeschnittenen kürzern Blättern als der Blüthenstiel. ☉ Blauer Meyer.
W. Aecker, Gärten. Bl. 3 - 9.

aruensis. 21. V. flor. solitariis, fol. cordatis incisis pedunculo longioribus.

Meyer. E. m. einzelnen Blüthen, herzförmigen eingeschnittenen längern Blättern als der Blüthenstiel. ☉
W. Aecker, Gärten, Wiesen. Bl. 3 - 9.

hederifolia. 22. V. flor. solitariis, fol. cordatis planis quinquelobis.
epheublätte-
riger. E. m. einzelnen Blüthen, herzförmigen flachen fünflappigen Blättern. ☉ Rother Meyer, rother Hühnerdarm, kleiner Gundermann.
W. Aecker, Gärten. Bl. 2 - 8.

triphyllos. 23. V. flor. solitariis, fol. digitato-partitis, pedunculis calyce longioribus.

Hühnerraute. E. m. einzelnen Blüthen, fingerig-getheilten Blättern, längern Blüthenstielen als der Kelch. ☉
Blaue Hungerblume.
W. Aecker, Gärten. Bl. 3 - 6.

verna. 24. V. flor. solitariis, fol. digitato-partitis, pedunculis calyce brevioribus.

Händlein-
kraut. E. m. einzelnen Blüthen, fingerig-getheilten Blättern, kürzern Blüthenstielen als der Kelch. ☉
W. Trockne warme Plätze, Heiden, Raine. Bl. 3 - 5.

acinifolia. 25. V. flor. solitariis pedunculatis, fol. ovatis glabris crenatis, caule erecto subpiloso.

thymianblät-
teriger. E. m. einzelnen gestielten Blüthen, eyförmigen glatten gekerbten Blättern, aufrechtem etwas haarigem Stamme. ☉
W. Aecker. Bl. 5.

21. GRATIOLA. *Cor.* irregularis, resupinata. *Stam.* 2 sterilia. *Caps.* 2-locularis. *Cal.* 7-phyllus: 2 exterioribus patulis.
[*Cal.* duplex, interior 5-partitus, exterior diphyllus].

21. Erdgalle. Blume unregelmäßig, umgekehrt. Staubf. 2 unfruchtbare. Kaps. 2-fächerig. Kelch doppelt, innerer tieffünftheilig, äusserer 2-blätterig.

officinalis. 1. G. fol. lanceolatis serratis, floribus pedunculatis.
Gratiolae Herba.

Gnadenkraut. E. m. lanzigen sägigen Blättern, gestielten Blüthen. ♃
Gottesgnade, Gotteshülfe, Gallenkraut, Heckenysop, Purgierkraut ꝛc.
W. Feuchte Wiesen des mittleren Europa. Bl. 6 - 8.

22. CALCEOLARIA. *Cor.* ringens, inflata. *Caps.* 2-locularis, 2-valvis. *Cal.* 4-partitus, aequalis.

22. Schuhblume. Blume rachig, aufgeblasen. Kapſ.

2=fächerig, 2=klappig. Kelch 4=theilig, gleichförmig. Pantoffelblume.

pinnata. 1. C. foliis pinnatis.
gefiederte. S. m. gefiederten Blättern. ☉
W. Peru an feuchten Stellen. Zierpflanze.
Bl. 6-8.

23. PINGVICVLA. *Cor.* ringens, calcarata. *Cal.* bilabiatus, 5-fidus. *Caps.* unilocularis.

23. Butterwurz. Blume rachig, gespornt. Kelch 2=lippig, 5=spaltig. Kapf. 1=fächerig. Fettkraut.

vulgaris. 1. P. nectario cylindraceo longitudine petali.
Kiewitsfett. B. m. walzenförmigem blumenlangem Honigbehälter. ♃ Schmeerwurz.
W. Feuchter, schattiger, bergiger Boden. Bl. 2-6.

24. VTRICVLARIA. *Cor.* ringens, calcarata. *Cal.* 2-phyllus, aequalis. *Caps.* unilocularis.

24. Wasserschlauch. Blume rachig, gespornt. Kelch 2=blätterig, gleichförmig. Kapf. 1=fächerig.

vulgaris. 1. V. nectario conico, scapo paucifloro, [foliis pinnato-multifidis, laciniis capillaribus].
grösserer. W. m. kegelichem Nectarium, wenigblüthigem Stengel, gefiedert=vieltheiligen haarlappigen Blättern. ♃
W. Stehendes Wasser. Bl. 6-9.
minor. 2. V. nectario carinato.
kleinerer. W. m. gekieltem Nectarium. ♃
W. stehendes Wasser, sumpfige Wiesen. Bl. 6. 7.

25. VERBENA. *Cor.* infundibulif. subaequalis, curva. *Cal.* unico dente truncato. *Sem.* 2 s. 4 nuda. (*Stam.* 2 s. 4).

25. Eisenhart. Blume trichterförm., fastgleichförm., gekrümmt. Saam. 2 od. 4 nackte. (Staubgef. 2 od 4).

officinalis. 1. V. tetrandra, spicis filiformibus paniculatis, fol. multifido-laciniatis, caule solitario. *Verbenae Herba.*
gebräuchlicher. E. viermännig, m. fadenförmigen rispigen Aehren, vieltheilig=zerrissenen Blättern, einzelnem Stamm. ♃ Eisenkraut, Eiserich, Reichart, Stahlkraut, Taubenkraut.
W. Wüste und feuchte Plätze, Wege, Hecken, Mauern. Bl. 7-10.

26. LYCOPVS. *Cor.* 4-fida: lacinia unica emarginata. *Stam.* distantia. *Sem.* 4, retusa.

26. Wolfsfuß. Blume 4=spaltig: m. einem ausgerandeten Lappen. Staubgef. entfernt. Saam. 4, abgestumpft. Zigeunerkraut.

europaeus. 1. L. fol. sinuato-serratis.
Andorn. W. m. buchtig=sägigen Blättern. ♃ Spatrfaden, Sumpf=, Wiesen=, Waffer=Andorn.
W. Sumpfige, feuchte Plätze, Ufer, Hecken. Bl. 5. 10.

27. AMETHYSTEA. *Cor.* 5-fida: lacinia infima patentiore. *Stam.* approximata. *Cal.* subcampanulatus. *Sem.* 4, gibba.

27. Bläuling. Blume 5=theilig: m. klaffenderem unterem

Lappen. Staubgef. beysammenstehend. Kelch fastglo-
ckenförmig. Saam. 4, wulstig.

caerulea. 1. Amethystea.
blauer. Bläuling. ☉
W. Bergige Gegenden Sibiriens. Zierpflanze.
Bl. 6. 7.

28. MONARDA. *Cor.* inaequalis [ringens]: labio superiore
lineari filamenta involuente. *Sem.* 4.

28. Monarde. Blume rachig: m. schmahler die Staubfäden einhüllender Oberlippe. Saam. 4.

fistulosa. 1. M. capitulis terminalibus [fol. pubescentibus], caule
obtusangulo.
röhrige. M. m. zottigen Blättern, stumpfkantigem Stamme. ♃
α. *incarnata,* flor. capitatis, fol. cordato-lanceolatis acute serratis.
fleischfarbne mit etwas herzförm. sägigen Blättern.
β. *mollis* flor. capitatis verticillatisque, fol. ovato-lanceolatis remote serratis.
blaßrothe m. länglich-lanzigen sägig-gezahnten Blättern.
γ. *oblongata* flor. capitatis, fol. ovato-lanceolatis inaequaliter serratis.
langblätterige m. eyförmig-lanzigen ungleichförmig-sägigen Blättern.
W. Nordamerica. Zierpflanze. Bl. 7. 8.

didyma. 2. M. flor. capitatis [verticillatisque] subdidynamis,
caule acutangulo.
scharlachro- M. m. fastzweyherrigen Blüthen, eyförmigen glatten
the. Blättern, scharfkantigem Stamme. ♃
W. Nordamerica. Zierpflanze. Bl. 7. 8.

clinopodia. 3. M. flor. capitatis, fol. laevissimis serratis.
fleischfarbne. M. m. eyförmig-lanzigen sägigen glatten Blättern. ♃
α. *purpurea* bracteis margine recurvis integerrimis.
purpurne m. am Rande umgerollten ganzrandigen Nebenblättern.
β. *rugosa* bracteis patentissimis, binis maximis apice
serratis.
weisse m. ausgebreiteten Nebenblättern, von denen zwey
sehr groß und an der Spitze sägig sind.
W. Virginien. Zierpflanze. Bl. 7.

punctata. 4. M. flor. verticillatis, corollis punctatis, bracteis coloratis.
gelbe. M. m. quirligen Blüthen, punctirten Blumen, gefärbten Nebenblättern. ♂
W. Virginien. Zierpflanze. Bl. 8.

29. ROSMARINVS. *Cor.* inaequalis, labio superiore bipartito. *Filamenta* longa, curva, simplicia cum dente.

29. Rosmarin. Blume ungleichförm.: m. 2theiliger Oberlippe. Staubf. lang, gekrümmt, einfach, m. einem Zahn.

officinalis. 1. Rosmarinus. *Rosmarini hortensis Herba.*
Anthos Flores.
gemeiner. Rosmarin. ♄
W. Morgenland, Südeuropa. Gartengewächs.
Bl. 6-8.

Monogynia. **Einweibige.** 15

30. SALVIA. *Cor.* inaequalis [ringens]. *Filamenta* transverse pedicello affixa. [*Sem.* 4.]
30. **Salbey. Blume rachig. Staubf. queergestielt. Saamen 4.**

officinalis. 1. S. fol. lanceolato-ovatis integris crenulatis, flor. spicatis [verticillis pauciflloris], calyc. acutis. *Salviae Herba.*

Gemeine. **S. m. lanzig-epförmigen ganzen gekerbten Blättern, wenigblüthigen Quirlen, spitzen Kelchen.** ♄
W. Berge des mildern Europa. Küchengewächs. Bl. 6. 8.

viridis. 2. S. fol. oblongis crenatis, corollarum galea semiorbiculata, calyc. fructiferis reflexis.

grüne. **S. m. länglichen gekerbten Blätt., halbkreisförm. Helmen, zurückgebogenen fruchttragenden Kelchen.** ☉
W. Italien. Gartenpflanze. Bl. 7. 8.

Horminum. 3. S. fol. obtusis crenatis, bracteis summis sterilibus maioribus coloratis. *Hormini Herba.*

Scharley. **S. m. stumpfen gekerbten Blätt., grössern farbigen unfruchtbaren Nebenblättern.** ☉ **Scharlachkraut.**
W. Griechenland, Italien, Spanien. Zierpflanze. Bl. 6. 7. 8.

sylvestris. 4. S. fol. cordato-lanceolatis undulatis biserratis maculatis acutis, bract. coloratis flore brevioribus.

wogige. **S. m. herzförmig-lanzigen wogigen zwiefach-sägigen gefleckten spitzen Blätt., gefärbten kürzern Nebenblättern als die Blüthe.** ♃ **Waldsalbey.**
W. Raine, Wege, Wälder, Weinberge. Bl. 5-7.

pratensis. 5. S. fol. cordato-oblongis crenatis: summis amplexicaulibus, verticillis subnudis, corollis galea glutinosis.

wilde. **S. m. herzförmig-länglichen gekerbten: und umfassenden obern Blätt., m. fastnackten Quirlen, klebrigem Helme.** ♃ **Wiesensalbey, Scharlachkraut, Waldscharley, Muskatellerkraut.**
W. Wiesen, Berge, Hügel, Raine, Wege, Mauern. Bl. 5-8.

Verbenaca. 6. S. fol. serratis sinuatis laeviusculis, coroll. calyce angustioribus.

lavendelblättrige. **S. m. sägigen buchtigen ziemlich ebenen Blätt., engern Blumen als der Kelch.** ♃ *Oculus Christi.*
W. Südeuropa, Levante. Gartenpflanze. Bl. 6. 7. 8.

hispanica. 7. S. fol. ovatis, petiolis utrinque mucronatis, spic. imbricatis, calyc. trifidis.

ibrige. **S. m. epförm. Blättern, beyderwärts scharfspitzigen Blattstielen, geschindelten Aehren, drepspaltigen Kelchen.** ☉
W. Spanien, Italien. Zierpflanze. Bl. 7. 8.

verticillata. 8. S. fol. cordatis crenato-dentatis, verticillis subnudis, stylo corollae labio inferiore incumbente.

wirtelförmige. **S. m. herzförm. kerbzähnigen Blättern, fastnackten Quirlen, auf der Unterlippe liegendem Griffel.** ♃
W. Hügel, Gärten, Aecker. Bl. 6. 7.

glutinosa. 9. S. fol. cordato-sagittatis serratis acutis.

gelbe. **S. m. ausgeschweift-pfeilförm. sägigen spitzen Blätt.** ♃ **Flöhkraut, Klebkraut.**

16   *Diandria.* Zweymännige Pflanzen.

W. Lettiger Boden, Wälder. Bl. 7-11.

[coccinea.   10. S. fol. cordatis ovatis acutis serratis subtus mollissime tomentosis, racemo terminali verticillato].

Scharlachrothe.   S. m. herzförmig-eyförm. spitzen sägigen unten weichfilzigen Blätt., spitzeständiger quirliger Traube. ♄.

W. Florida. Zierpflanze. Bl. 7-9.

Sclarea.   11. S. fol. rugosis cordatis oblongis villosis serratis, bracteis coloratis calyce longioribus concavis acuminatis.

Muskateller.   S. m. runzlichen herzförm. länglichen zottigen sägigen Blätt., farbigen ausgehöhlten zugespitzten längern Nebenbl. als der Kelch. ♂ Muskatellerkraut, grosser Scharlach, S. Johanniskraut.

W. Grasplätze in Oesterreich, Italien, Frankreich, Syrien. Gartenpflanze. Bl. 6. 7. 8.

Aethiopis.   12. S. fol. oblongis erosis lanatis, verticillis lanatis, corollae labio crenato, bract. recurvatis subspinosis.

Mohrenkraut.   S. m. länglichen ausgebissenen wolligen Blättern, wolligen Quirlen, gekerbter Oberlippe, faststachligen gekrümmten Nebenbl. ♂

W. warme trockne schattige Gegenden von Hessen, Oesterreich, Griechenland, Africa. Bl. 6. 7.

31. COLLINSONIA. *Cor.* inaequalis: labio inferiore multifido, capillari. *Sem.* 1 perfectum.

31. Collinsonie. Blume ungleichförmig: m. haarartig-vieltheiliger Unterlippe. Saame 1 vollkommner.

canadensis.   1. C. [fol. cordatis ovatis caulibusque glabris]. *Collinsoniae Flores, Radix.*

späte.   C. glatt, m. herzförmig-eyförmigen Blättern. ♃

W. Wälder von Virginien und Canada.

DIGYNIA. Zweyweibige.

32. ANTHOXANTHVM. *Cal.* Gluma 2-valvis, 1flora. *Cor.* Gluma 2-valvis, acuminata. *Sem.* 1.

32. Meloten. Kelch: 2-spelziger, 1-blumiger Balg. Blume: 2-spelziger, zugespitzter Balg. Saame 1. Ruchgras.

odoratum.   1. A. spica oblonga ovata, flosculis subpedunculatis arista longioribus.

Goldgras.   M. m. länglicher eyförmiger Aehre, kurzstieligen längern Blüthchen als die Granne. ♃ Melotengras, Lavendelgras, gelbes Ruchgras.

W. Wiesen, Wälder. Trefliches Futtergras. Bl. 5-7.

TRIGYNIA. Dreyweibige.

33. PIPER. *Cal.* 0. *Cor.* 0. *Bacca* monosperma.

33. Pfeffer. Kelch 0. Blume 0. Beere 1-saamig.

nigrum.   1. P. fol. ovatis subseptemnerviis glabris, petiolis simplicissimis. *Piper nigrum, album.*

gemeiner.   P. m. eyförm. fastsiebenrippigen glatten Blättern, einfachen Blüthenstielen. ♄ Weisser und schwarzer Pfeffer.

W.

Trigynia. **Dreyweibige.**

W. Ostindien, wo er auch häufig gebaut wird. Gewürz.

Betle. 2. P. fol. oblongiusculis acuminatis septemnerviis, petiolis bidentatis.

Betel. P. m. länglichen zugespitzten siebenrippigen Blätt., zweyzahnigen Blattstielen. ♄
W. Ostindien. Betelblätter.

[*methysticum.*] 3. P. fol. cordatis acuminatis multinerviis, spicis axillaribus solitariis brevissimis pedunculatis patentissimis].

berauschender. P. m. herzförm. zugespitzten vielrippigen Blättern, winkelständigen einzelnen sehr kurzen ausgebreiteten gestielten Aehren. ♄
W. gesellschaftliche, freundschaftliche und Sandwichsinseln, wo er zur Bereitung eines berauschenden Tranks dient.

longum. 4. P. fol. cordatis petiolatis sessilibusque. *Piper longum.*

langer. P. m. herzförm. gestielten und ungestielten Blätt. ♄
W. Amboina, Java, Bengalen. Gewürz.

[*Cubeba.*] 5. P. fol. oblique ovatis s. oblongis venosis acutis, spica solitaria pedunculata oppositifolia, fructibus pedicellatis]. *Cubebae. Piper caudatum.*

Cubebe. P. m. schiefeyförmigen oder länglichen adrigen spitzen Blätt., einzelner gestielter gegenblattischer Aehre, gestielten Früchten ♄
W. Philippinische Inseln, Java, Guinea.

Dritte Klasse.

TRIANDRIA.
Dreymännige Pflanzen.

MONOGYNIA. Einweibige.

* *Flores superi.* Blüthen oben.

34. VALERIANA. Cor. 5-fida, basi gibba. *Sem.* unicum.*
Baldrian. Blume 5-spaltig, m. wulstiger Basis. Saame 1.

38. CROCUS. Cor. 6-petaloidea [6-partita], erecto-patula. *Stigmata* convoluta, colorata.
Safran. Blume 6-theilig, aufrecht-klaffend. Narben zusammengerollt, gefärbt.

41. IRIS. Cor. 6-petala [6-partita]: Pet. alternis patentibus [La-

---

*) *Valeriana* Cor. monopetala, basi hinc gibba. *Sem.* papposum, unicum.
Fedia. Cor. quinquefida. *Cal.* dentatus. *Caps.* coronata, 3-locularis: loculamento unico fertili. — Valeriana 6. *Gaertn.*

12 *Diandria.* Zweymännige Pflanzen.

Susannen-
kraut.
19. E. m. seitenständigen Trauben, herzförmigen runzlichen gezahnten Blättern, steifem Stamme. ♃
W. Berge, Anhöhen, steinige Wiesen. Bl. 5-7.

*** *Pedunculis unifloris.* Einzelnblüthige.

agrestis.
20. V. floribus solitariis, fol. cordatis incisis pedunculo brevioribus.

Hühnerbiß.
E. m. einzelnen Blüthen, herzförmigen eingeschnittenen kürzern Blättern als der Blüthenstiel. ☉ Blauer Meyer.
W. Aecker, Gärten. Bl. 3-9.

aruensis.
21. V. flor. solitariis, fol. cordatis incisis pedunculo longioribus.

Meyer.
E. m. einzelnen Blüthen, herzförmigen eingeschnittenen längern Blättern als der Blüthenstiel. ☉
W. Aecker, Gärten, Wiesen. Bl. 3-9.

hederifolia.
22. V. flor. solitariis, fol. cordatis planis quinquelobis.
ephenblätteriger.
E. m. einzelnen Blüthen, herzförmigen flachen fünflappigen Blättern. ☉ Rother Meyer, rother Hühnerdarm, kleiner Gundermann.
W. Aecker, Gärten. Bl. 2-8.

triphyllos.
23. V. flor. solitariis, fol. digitato-partitis, pedunculis calyce longioribus.

Hühnerraute.
E. m. einzelnen Blüthen, fingerig-getheilten Blättern, längern Blüthenstielen als der Kelch. ☉
Blaue Hungerblume.
W. Aecker, Gärten. Bl. 3-6.

verna.
24. V. flor. solitariis, fol. digitato-partitis, pedunculis calyce brevioribus.

Händleinkraut.
E. m. einzelnen Blüthen, fingerig-getheilten Blättern, kürzern Blüthenstielen als der Kelch. ☉
W. Trockne warme Plätze, Heiden, Raine. Bl. 3-5.

acinifolia.
25. V. flor. solitariis pedunculatis, fol. ovatis glabris crenatis, caule erecto subpiloso.

thymianblätteriger.
E. m. einzelnen gestielten Blüthen, eyförmigen glatten gekerbten Blättern, aufrechtem etwas haarigem Stamme. ☉
W. Aecker. Bl. 5.

21. GRATIOLA. *Cor.* irregularis, resupinata. *Stam.* 2 sterilia. *Caps.* 2-locularis. *Cal.* 7-phyllus: 2 exterioribus patulis. [*Cal.* duplex, interior 5-partitus, exterior diphyllus].

21. Erdgalle. Blume unregelmässig, umgekehrt. Staubf. 2 unfruchtbare. Kaps. 2-fächerig. Kelch doppelt, innerer tieffünftheilig, äusserer 2-blätterig.

officinalis.
1. G. fol. lanceolatis serratis, floribus pedunculatis.
Gratiolae Herba.

Gnadenkraut.
E. m. lanzigen sägigen Blättern, gestielten Blüthen. ♃
Gottesgnade, Gotteshülfe, Gallenkraut, Heckenysop, Purgierkraut ꝛc.
W. Feuchte Wiesen des mittleren Europa. Bl. 6-8.

22. CALCEOLARIA. *Cor.* ringens, inflata. *Caps.* 2-locularis, 2-valvis. *Cal.* 4-partitus, aequalis.

22. Schuhblume. Blume rachig, aufgeblasen. Kaps.

Monogynia. Einweibige. 13

2-fächerig, 2-klappig. Kelch 4-theilig, gleichförmig. Pantoffelblume.

pinnata.   1. C. foliis pinnatis.
gefiederte.   S. m. gefiederten Blättern. ☉
         W. Peru an feuchten Stellen. Zierpflanze.
         Bl. 6-8.

23. PINGVICVLA. *Cor.* ringens, calcarata. *Cal.* bilabiatus, 5-fidus. *Caps.* unilocularis.

23. Butterwurz. Blume rachig, gespornt. Kelch 2-lippig, 5-spaltig. Kapf. 1-fächerig. Fettkraut.

vulgaris.   1. P. nectario cylindraceo longitudine petali.
Kiewitsfett.   B. m. walzenförmigem blumenlangem Honigbehälter. ♃ Schmeerwurz.
         W. Feuchter, schattiger, bergiger Boden. Bl. 2-6.

24. VTRICVLARIA. *Cor.* ringens, calcarata. *Cal.* 2-phyllus, aequalis. *Caps.* unilocularis.

24. Wasserschlauch. Blume rachig, gespornt. Kelch 2-blätterig, gleichförmig. Kapf. 1-fächerig.

vulgaris.   1. V. nectario conico, scapo paucifloro, [foliis pinnato-multifidis, laciniis capillaribus].
grösserer.   W. m. kegelichem Nectarium, wenigblüthigem Stengel, gefiedert-vieltheiligen haarlappigen Blättern. ♃
         W. Stehendes Wasser. Bl. 6-9.
minor.   2. V. nectario carinato.
kleinerer.   W. m. gekieltem Nectarium. ♃
         W. stehendes Wasser, sumpfige Wiesen. Bl. 6.7.

25. VERBENA. *Cor.* infundibulif. subaequalis, curva. *Cal.* unico dente truncato. *Sem.* 2 s. 4 nuda. (*Stam.* 2 s. 4).

25. Eisenhart. Blume trichterförm., fastgleichförm., gekrümmt. Saam. 2 od. 4 nackte. (Staubgef. 2 od. 4).

officinalis.   1. V. tetrandra, spicis filiformibus paniculatis, fol. multifido-laciniatis, caule solitario. *Verbenae Herba.*
gebräuchlicher.   E. viermännig, m. fadenförmigen rispigen Aehren, vieltheilig-zerrissenen Blättern, einzelnem Stamm. ♃ Eisenkraut, Eiserich, Reichart, Stahlkraut, Taubenkraut.
         W. Wüste und feuchte Plätze, Wege, Hecken, Mauern. Bl. 7-10.

26. LYCOPVS. *Cor.* 4-fida: lacinia unica emarginata. *Stam.* distantia. *Sem.* 4, retusa.

26. Wolfsfuß. Blume 4-spaltig: m. einem ausgeranderen Lappen. Staubgef. entfernt. Saam. 4, abgestumpft. Zigeunerkraut.

europaeus.   1. L. fol. sinuato-serratis.
Andorn.   W. m. buchtig-sägigen Blättern. ♃ Spaßfaden, Sumpf-, Wiesen-, Wasser-Andorn.
         W. Sumpfige, feuchte Plätze, Ufer, Hecken. Bl. 5-10.

27. AMETHYSTEA. *Cor.* 5-fida: lacinia infima patentiore. *Stam.* approximata. *Cal.* subcampanulatus. *Sem.* 4, gibba.

27. Bläuling. Blume 5-theilig: m. klaffenderem unterem

Lappen. **Staubgef. beysammenstehend. Kelch fastglo=
ckenförmig. Saam. 4, wulstig.**

caerulea. 1. Amethystea.
blauer. Bläuling. ☉
W. Bergige Gegenden Sibiriens. Zierpflanze.
Bl. 6. 7.

28. MONARDA. *Cor.* inaequalis [ringens]: labio superiore
lineari filamenta involuente. *Sem.* 4.

**28. Monarde. Blume rachig: m. schmahler die Staubfä=
den einhüllender Oberlippe. Saam. 4.**

fistulosa. 1. M. capitulis terminalibus [fol. pubescentibus], caule
obtusangulo.
röhrige. M. m. zottigen Blättern, stumpfkantigem Stamme. ♃
α. *incarnata*, flor. capitatis, fol. cordato-lanceolatis acute serratis.
fleischfarbne mit etwas herzförm. sägigen Blättern.
β. *mollis* flor. capitatis verticillatisque, fol. ovato-lanceolatis remote serratis.
blaßrothe m. länglich-lanzigen sägig-gezahnten Blättern.
γ. *oblongata* flor. capitatis, fol. ovato-lanceolatis inaequaliter serratis.
langblätterige m. eyförmig-lanzigen ungleichförmig-sägigen Blättern.
W. Nordamerica. Zierpflanze. Bl. 7. 8.

didyma. 2. M. flor. capitatis [verticillatisque] subdidynamis,
caule acutangulo.
scharlachro= M. m. fastzweyherrigen Blüthen, eyförmigen glatten
the. Blättern, scharfkantigem Stamme. ♃
W. Nordamerica. Zierpflanze. Bl. 7. 8.

clinopodia. 3. M. flor. capitatis, fol. laevissimis serratis.
fleischfarbne. M. m. eyförmig-lanzigen sägigen glatten Blättern. ♃
α. *purpurea* bracteis margine recurvis integerrimis.
purpurne m. am Rande umgerollten ganzrandigen Nebenblättern.
β. *rugosa* bracteis patentissimis, binis maximis apice
serratis.
weisse m. ausgebreiteten Nebenblättern, von denen zwey
sehr groß und an der Spitze sägig sind.
W. Virginien. Zierpflanze. Bl. 7.

punctata. 4. M. flor. verticillatis, corollis punctatis, bracteis coloratis.
gelbe. M. m. quirligen Blüthen, punctirten Blumen, ge=
färbten Nebenblättern. ♂
W. Virginien. Zierpflanze. Bl. 8.

29. ROSMARINVS. *Cor.* inaequalis, labio superiore bipartito. *Filamenta* longa, curva, simplicia cum dente.

**29. Rosmarin. Blume ungleichförm.: m. 2theiliger Ober=
lippe. Staubf. lang, gekrümmt, einfach, m. einem Zahn.**

officinalis. 1. Rosmarinus. *Rosmarini hortensis Herba.
Anthos Flores.*
gemeiner. Rosmarin. ♄
W. Morgenland, Südeuropa. Gartengewächs.
Bl. 6-8.

30. **SALVIA.** *Cor.* inaequalis [ringens]. *Filamenta* transverse pedicello affixa. [*Sem.* 4.]

30. **Salbey.** Blume rachig. Staubf. queergestielt, Saamen 4.

officinalis. 1. S. fol. lanceolato-ovatis integris crenulatis, flor. spicatis [verticillis paucifloris], calyc. acutis. *Salviae Herba.*

gemeine. S. m. lanzig-eyförmigen ganzen gekerbten Blättern, wenigblüthigen Quirlen, spitzen Kelchen. ♄
W. Berge des mildern Europa. Küchengewächs. Bl. 6-8.

viridis. 2. S. fol. oblongis crenatis, corollarum galea semiorbiculata, calyc. fructiferis reflexis.

grüne. S. m. länglichen gekerbten Blätt., halbkreisförm. Helmen, zurückgebogenen fruchttragenden Kelchen. ☉
W. Italien. Gartenpflanze. Bl. 7. 8.

Horminum. 3. S. fol. obtusis crenatis, bracteis summis sterilibus maioribus coloratis. *Hormini Herba.*

Scharley. S. m. stumpfen gekerbten Blätt., grössern farbigen unfruchtbaren Nebenblättern. ☉ Scharlachkraut.
W. Griechenland, Italien, Spanien. Zierpflanze. Bl. 6. 7. 8.

sylvestris. 4. S. fol. cordato-lanceolatis undulatis biserratis maculatis acutis, bract. coloratis flore brevioribus.

wogige. S. m. herzförmig-lanzigen wogigen zwiefach-sägigen gefleckten spitzen Blätt., gefärbten kürzern Nebenblättern als die Blüthe. ♃ Waldsalbey.
W. Raine, Wege, Wälder, Weinberge. Bl. 5-7.

pratensis. 5. S. fol. cordato-oblongis crenatis: summis amplexicaulibus, verticillis subnudis, corollis galea glutinosis.

wilde. S. m. herzförmig-länglichen gekerbten: und umfassenden oberen Blätt., m. fastnackten Quirlen, klebrigem Helme. ♃ Wiesensalbey, Scharlachkraut, Waldscharley, Muskatellerkraut.
W. Wiesen, Berge, Hügel, Raine, Wege, Mauern. Bl. 5-8.

Verbenaca. 6. S. fol. serratis sinuatis laeviusculis, coroll. calyce angustioribus.

lavendelblättrige. S. m. sägigen buchtigen ziemlich ebenen Blätt., engern Blumen als der Kelch. ♃ *Oculus Christi.*
W. Südeuropa, Levante. Gartenpflanze. Bl. 6. 7. 8.

hispanica. 7. S. fol. ovatis, petiolis utrinque mucronatis, spic. imbricatis, calyc. trifidis.

ährige. S. m. eyförm. Blättern, beyderwärts scharfspitzigen Blattstielen, geschindelten Aehren, dreyspaltigen Kelchen. ☉
W. Spanien, Italien. Zierpflanze. Bl. 7. 8.

verticillata. 8. S. fol. cordatis crenato-dentatis, verticillis subnudis, stylo corollae labio inferiore incumbente.

wirtelförmige. S. m. herzförm. kerbzähnigen Blättern, fastnackten Quirlen, auf der Unterlippe liegendem Griffel. ♃
W. Hügel, Gärten, Aecker. Bl. 6. 7.

glutinosa. 9. S. fol. cordato-sagittatis serratis acutis.

gelbe. S. m. ausgeschweift-pfeilförm. sägigen spitzen Blätt. ♃ Flöhkraut, Klebkraut.

16 *Diandria.* Zweymännige Pflanzen.

W. Lettiger Boden, Wälder. Bl. 7-11.

[coccinea. 10. S. fol. cordatis ovatis acutis serratis subtus mollissime tomentosis, racemo terminali verticillato].

scharlachrothe. S. m. herzförmig-eyförm. spitzen sägigen unten weichfilzigen Blätt., spitzeständiger quirliger Traube. ♄.

W. Florida. Zierpflanze. Bl. 7-9.

Sclarea. 11. S. fol. rugosis cordatis oblongis villosis serratis, bracteis coloratis calyce longioribus concavis acuminatis.

Muskateller. S. m. runzlichen herzförm. länglichen zottigen sägigen Blätt., farbigen ausgehöhlten zugespitzten längern Nebenbl. als der Kelch. ♂ Muskatellerkraut, grosser Scharlach, S. Johanniskraut.

W. Grasplätze in Oesterreich, Italien, Frankreich, Syrien. Gartenpflanze. Bl. 6. 7. 8.

Aethiopis. 12. S. fol. oblongis erosis lanatis, verticillis lanatis, corollae labio crenato, bract. recurvatis subspinosis.

Mohrenkraut. S. m. länglichen ausgebissenen wolligen Blättern, wolligen Quirlen, gekerbter Oberlippe, faststachligen gekrümmten Nebenbl. ♂

W. warme trockne schattige Gegenden von Hessen, Oesterreich, Griechenland, Africa. Bl. 6. 7.

31. COLLINSONIA. *Cor.* inaequalis: labio inferiore multifido, capillari. *Sem.* 1 perfectum.

31. Collinsonie. Blume ungleichförmig: m. haarartig-vieltheiliger Unterlippe. Saame 1 vollkommner.

canadensis. 1. C. [fol. cordatis ovatis caulibusque glabris]. *Collinsoniae Flores, Radix.*

späte. C. glatt, m. herzförmig-eyförmigen Blättern. ♃

W. Wälder von Virginien und Canada.

DIGYNIA. Zweyweibige.

32. ANTHOXANTHVM. *Cal.* Gluma 2-valvis, 1flora. *Cor.* Gluma 2-valvis, acuminata. *Sem.* 1.

32. Meloten. Kelch: 2-spelziger, 1-blumiger Balg. Blume: 2-spelziger, zugespitzter Balg. Saame 1. Ruchgras.

odoratum. 1. A. spica oblonga ovata, flosculis subpedunculatis arista longioribus.

Goldgras. M. m. länglicher eyförmiger Aehre, kurzstieligen längern Blüthchen als die Granne. ♃ Melotengras, Lavendelgras, gelbes Ruchgras.

W. Wiesen, Wälder. Trefliches Futtergras. Bl. 5-7.

TRIGYNIA. Dreyweibige.

33. PIPER. *Cal.* 0. *Cor.* 0. *Bacca* monosperma.

33. Pfeffer. Kelch 0. Blume 0. Beere 1-saamig.

nigrum. 1. P. fol. ovatis subseptemnerviis glabris, petiolis simplicissimis. *Piper nigrum, album.*

gemeiner. P. m. eyförm. fastsiebenrippigen glatten Blättern, einfachen Blüthenstielen. ♄ Weisser und schwarzer Pfeffer.

W.

Trigynia. Dreyweibige.

W. Oſtindien, wo er auch häufig gebaut wird. Gewürz.

Betle. 2. P. fol. oblongiusculis acuminatis septemnerviis, petiolis bidentatis.

Betel. P. m. länglichen zugeſpitzten ſiebenrippigen Blätt., zweyzahnigen Blattſtielen. ♄
W. Oſtindien. Betelblätter.

[methysticum. 3. P. fol. cordatis acuminatis multinerviis, spicis axillaribus solitariis brevissimis pedunculatis patentissimis].

berauſchender. P. m. herzförm. zugeſpitzten vielrippigen Blättern, winkelſtändigen einzelnen ſehr kurzen ausgebreiteten geſtielten Aehren. ♄
W. geſellſchaftliche, freundſchaftliche und Sandwichsinſeln, wo er zur Bereitung eines berauſchenden Tranks dient.

longum. 4. P. fol. cordatis petiolatis sessilibusque. *Piper longum.*

langer. P. m. herzförm. geſtielten und ungeſtielten Blätt. ♄
W. Amboina, Java, Bengalen. Gewürz.

[Cubeba. 5. P. fol. oblique ovatis s. oblongis venosis acutis, spica solitaria pedunculata oppositifolia, fructibus pedicellatis]. *Cubebae. Piper caudatum.*

Cubebe. P. m. ſchiefeyförmigen oder länglichen adrigen ſpitzen Blätt., einzelner geſtielter gegenblättiſcher Aehre, geſtielten Früchten ♄
W. Philippiniſche Inſeln, Java, Guinea.

Dritte Klaſſe.
TRIANDRIA.
Dreymännige Pflanzen.

MONOGYNIA. Einweibige.

* *Flores superi.* Blüthen oben.

34. VALERIANA. Cor. 5-fida, basi gibba. *Sem.* unicum.*
Baldrian. Blume 5-ſpaltig, m. wulſtiger Baſis. Saame 1.

38. CROCUS. Cor. 6-petaloidea [6-partita], erecto-patula. Stigmata convoluta, colorata.
Safran. Blume 6-theilig, aufrecht-klaffend. Narben zuſammengerollt, gefärbt.

41. IRIS. Cor. 6-petala [6-partita]: Pet. alternis patentibus [La-

---

*) *Valeriana Cor.* monopetala, basi hinc gibba. *Sem.* pappoſum, unicum.
Fedia. Cor. quinquefida. *Cal.* dentatus. *Caps.* coronata, 3-locularis: loculamento unico fertili. — Valeriana 6. *Gaertn.*

[Laciniis alternis reflexis]. *Stigma* petaloideum [*Stylus* petaloideus].

Schwertel. Blume 6-theilig, mit abwechselnd-herabgebogenen Lappen. Griffel blumenblattförmig.

40. GLADIOLUS. *Cor.* 6-petaloidea [6-partita, tubulosa]: Pet. [Laciniis] superioribus 3 convergentibus.

Siegwurz. Blume 6-theilig, röhrig: m. gegeneinandergeneigten 3 obern Lappen.

59. IXIA. *Cor.* 1-petala, patens; [tubo recto, filiformi: limbo 6-partito, aequali]. *Stigmata* 3, simplicia.

Jria. Blume 1-blätterig: m. gerader, fadenförmiger Röhre; 6-theiliger gleichförm. Mündung. Narben 3, einfach.

† RUSCUS. Mäusedorn. THESIUM. Thesium. ASPERULA. Waldmeister.

** *Flores inferi.* Blüthen unten.

42. COMMELINA. *Cor.* 6-petala: Petalis 3 s. 4 calyciformibus. *Nectaria* cruciata, petiolata.

Commeline. Blume 6-blätterig: m. 3 b. 4 kelchförmigen Blätt. Nectar. kreutzförmig, gestielt.

35. TAMARINDUS. *Cor.* 3-petala. *Cal.* 4-partitus. *Legum.* succulentum.

Tamarinde. Blume 3-blätterig. Kelch 4-theilig. Hülse saftig.

36. CNEORUM. *Cor.* 3-petala. *Cal.* 3-dentatus. *Bacca* 3-cocca.

Chamälee. Blume 3-blätterig. Kelch 3-zahnig. Beere 3-knöpfig.

37. POLYCNEMUM. *Cor.* nulla. *Cal.* 5-phyllus, subtus 3-phyllus. *Sem.* 1, nudum.

Gfer. Blume o. Kelch 5-blätterig, unten 3-blätterig. Saamen 1, nackt.

† IUNCUS. Simse.

*** *Flores Graminei valvulis Glumae calycinae.*

*** Blüthen grasartig m. Spelzen des kelchbildenden Balges.

43. SCHOENUS. *Cor.* nulla. *Cal.* paleis fasciculatis. *Sem.* subrotundum.

Rusch. Blume fehlt. Kelch m. büscheliger Spreu. Saamen fastkugelförmig.

44. CYPERUS. *Cor.* nulla. *Cal.* paleis distichis. *Sem.* nudum.

Cyperwurz. Blume fehlt. Kelch m. zweyzeiliger Spreu. Saame nackt.

45. SCIRPUS. *Cor.* nulla. *Cal.* paleis imbricatis. *Sem.* nudum.

Binse. Blume fehlt. Kelch m. geschindelter Spreu. Saame nackt.

46. ERIOPHORUM. *Cor.* nulla. *Cal.* paleis imbricatis. *Sem.* lanigerum.

Moorseide. Blume fehlt. Kelch m. geschindelter Spreu. Saame wollig.

47. NARDUS. *Cor.* bivalvis. *Cal.* nullus. *Sem.* tectum.

Nätsch. Blume 2-spelzig. Kelch fehlt. Saame eingehüllt.

48. LYGEUM. *Cor.* 2, bivalves. *Cal.* Spatha. *Sem.* 2-loculare.

Albardin. Blumen 2, 2-spelzig. Kelch Blumenscheide. Saame 2-fächerig.

Digynia. Zweyweibige.

DIGYNIA.* Zweyweibige.

† Corispermum. Wanzensaame. Chenopodium. Gänsefuß.

* *Flores uniflori, vagi.* Blüthen einblüthig, zerstreut.

51. Panicum.   *Cal.* 3-valvis: tertio dorsali minore.
    Sennich.   Kelch 3-spelzig: m. kleinerer Dritter rückenständiger Spelze.

---

*) *Graminum dispositio secundum Cl.* Schrader Floram germanicam.

  A. *Calyces uniflori.*
    a. *hermaphroditi*
      * *corolla univalvi*

Trichodium. Cal. valvae inaequales, acutae, liberae. *Cor.* glumacea [Agrostis 5].

Alopecurus. Cal. valvae subaequales, acutae, basi connatae. *Cor.* glumacea.

Chamagrostis. Cal. valvae subaequales, truncatae, liberae. *Cor.* pilis parallelis, basi coniunctis et genitalia includentibus composita. — [Agrostis 8].

      ** *corolla bivalvi*

Syntherisma. Cal. trivalvis, valvis corollae appressis, inaequalibus: tertia minima. *Cor.* valva exteriori convexa, interiorem planiusculam amplectente. *Sem.* corticatum. — [Panicum 6].

Digitaria. Cal. bivalvis, valvis inaequalibus patentibus. *Cor.* calyce maior, compressa, valvis subaequalibus. *Sem.* corticatum. — [Panicum 7].

Phalaris. Cal. bivalvis, valvis subaequalibus, corollam duplicem includentibus. *Sem.* corolla interiori corticatum.

Phleum. Cal. bivalvis, valvis subaequalibus, mucronato-subaristatis, corollam simplicem muticam includentibus. [Phalaris 2.]

Milium. Cal. bivalvis, valvis ventricosis, muticis, corollam includentibus. *Sem.* corticatum.

Agrostis. Cal. bivalvis, valvis compressis, muticis. *Cor.* calyce minor, basi obsolete pilosa. *Sem.* liberum.

Arundo. Cal. bivalvis. *Cor.* pilis persistentibus cincta.

Saccharum. Cal. bivalvis, extus lanugine sericea vestitus.

Stipa. Cal. bivalvis. *Cor.* arista terminali, longissima, basi articulata.

Leersia. Cal. 0. *Cor.* clausa. — [Phalaris 4.]

   † *Melica.*
  b. *polygami*

Andropogon. Cal. oppositus, bivalvis. *Cor.* bivalvis, aristata. *Flor.* masculi pedunculati, solitarii v. gemini, singulis hermaphroditis adstantes. [Holcus 3.]

Hordeum. Cal. lateralis, bivalvis, ternus: flosculo intermedio hermaphrodito; lateralibus masculis v. neutris. *Cor.* bivalvis, aristata.

  B. *Calyces biflori*
    a. *hermaphroditi.*

Secale. Cal. bivalvis, aequalis. *Cor.* apice longissime aristata.

Aira. Cal. bivalvis, inaequalis. *Cor.* supra basin aristata, rarius mutica. Flosculi absque interiecto rudimento. [Poa 14.]

Melica. Cal. bivalvis, cum rudimento tertii flosculi. *Cor.* mutica. [Aira 1.]

   † *Cynosurus. Sesleria. Avena.*

53. ALOPECURUS.	Cal. 2-valvis. Cor. 1-valvis apice simplici.
Fuchsschwanz.	Kelch 2-spelzig. Blume 1-spelzig, m. einfacher Spitze.
52. PHLEUM.	Cal. 2-valvis, truncatus, mucronatus, sessilis.
Liesch.	Kelch 2-spelzig, abgestutzt, stachelspitzig, stiellos.
50. PHALARIS.	Cal. 2-valvis: valvis carinatis, aequalibus, corollam includentibus.
Rohrglanz.	Kelch 2-spelzig: m. gekielten, gleichen, die Blume einschliessenden Spelzen.
54. MILIUM.	Cal. 2-valvis: valvis ventricosis, corolla maioribus, subaequalibus.
Fladdern.	Kelch 2-spelzig: m. bauchigen, fastgleichen, grössern Spelzen als die Blume.
55. AGROSTIS.	Cal. 2-valvis: valvis acutis corolla brevioribus.
Windhalm.	Kelch 2-spelzig: m. spitzen kürzern Spelzen als die Blume.
60. DACTYLIS.	Cal. 2-valvis; valva maiore longiore compressa carinata.
Kronähre.	Kelch 2-spelzig: m. längerer zusammengedrückter gekielter grösserer Spelze.
64. STIPA.	Cal. 2-valvis. Cor. arista terminali inarticulata.
Twalch.	Kelch 2-spelzig. Blume mit spitzeständiger ungegliederter Granne.
49. SACCHARUM.	Cal. lanugine extus vestitus.

---

b. *polygami.*

Holcus. Cal. bivalvis. Cor. masculi arista dorsali. Sem. liberum v. corollae membranaceae adnatum. [Avena 1.]

Panicum. Cal. bivalvis. Cor. mutica v. apice aristata. Sem. corolla cartilaginea corticatum.

C. *Calyces multiflori.*

* *Calyce univalvi.*

Lolium. Cal. lateralis, fixus.

** *Calyce bivalvi.*

Sesleria. Cal. 2- s. 3-florus, compressus, acutiusculus, subaristatus. Cor. apice aristata, aristis variis. [Cynosurus 3.]

Poa. Cor. valvis subovatis, acutiusculis, muticis. [Festuca 7. 8. Briza 3.]

Briza. Cor. ventricosa: valvis cordatis obtusis.

Dactylis. Cal. oppositus: valva maiori hinc convexa latiori, inde depressa angustiori. Cor. valvae lanceolatae, muticae.

Elymus. Cal. lateralis, geminus aut ternus: valvis subaequalibus. Cor. valvae lanceolatae: exteriori mutica v. apice aristata.

Festuca. Cal. oppositus, solitarius, inaequalis. Cor. valvae lanceolatae: exteriori acuminata, mutica v. in aristam attenuata. [Bromus 11. 12.]

Triticum. Cal. oppositus, solitarius, subaequalis. Cor. valvae lanceolatae: exteriori mutica v. in aristam attenuata. [Elymus 3.]

Bromus. Cor. valvae lanceolatae: exteriori sub apice aristata.

Avena. Cor. valvae lanceolatae: exteriori dorso aristata.

Cynosurus. Cal. 2- 5-florus, involucro disticho glumaceo stipatus. Cor. valvae lineari-lanceolatae: exteriori mutica v. apice aristata.

† *Arundo. Aira. Holcus. Secale.*

Digynia. Zweyweibige. 21

49. Zuckerrohr. Kelch ausserhalb wollig.
  † ARUNDO. * Schilf.

** *Flores biflori, vagi.* Blüthen zweyblüthig, zerstreut.

56. AIRA. Cal. 2-valvis. Flosculi absque rudimento tertii.
  Schmelen. Kelch 2-spelzig. Keine Spur eines dritten Blüthchens.
57. MELICA. Cal. 2-valvis. Rudimento tertii inter flosculos.
  Melica. Kelch 2-spelzig. Unvollkommenes drittes Blüthchen zwischen den andern.

*** *Flores multiflori, vagi.* Blüthen vielblüthig, zerstreut.

59. BRIZA. Cal. 2 valvis. Cor. cordata: valvis ventricosis.
  Flemmel. Kelch 2-spelzig. Blume herzförm.: m. bauchigen Spelzen.
58. POA. Cal. 2-valvis. Cor. ovata: valvis acutiusculis.
  Milz. Kelch 2-spelzig. Blume eyförm.: m. spitzen Spelzen.
62. FESTUCA. Cal. 2-valvis. Cor. oblonga: valvis mucronatis.
  Schwingel. Kelch 2-spelzig. Blume länglich: m. stachelspitzigen Spelzen.
63. BROMUS. Cal. 2-valvis. Cor. oblonga: valvis sub apice aristatis.
  Trespe. Kelch 2-spelzig. Blume länglich: m. unter der Spitze grannigen Spelzen.
65. AVENA. Cal. 2-valvis. Cor. oblonga: valvis dorso arista contorta.
  Haber. Kelch 2-spelzig. Blume länglich: m. gedrehter Granne auf dem Rücken der Spelzen.
66. ARUNDO. Cal. 2-valvis. Cor. basi lanata, mutica.
  Schilf. Kelch 2-spelzig. Blume an der Basis wollig, grannenlos.
  †DACTYLIS. Kronähre.

**** *Spicati Receptaculo subulato.* Aehrige.

69. SECALE. Cal. biflorus.
  Roggen. Kelch zweyblüthig.
71. TRITICUM. Cal. multiflorus.
  Weizen. Kelch vielblüthig.
70. HORDEUM. Involucr. hexaphyllum, triflorum. Flos simplex.
  Gerste. Hülle 6-blätterig, dreyblüthig. Blüthe einfach.
68. ELYMUS. Involucr. tetraphyllum, biflorum. Flos compositus.
  Sandhalm. Hülle 4-blätterig, zweyblüthig. Blüthe zusammengesetzt.
67. LOLIUM. Involucr. monophyllum, uniflorum. Flos compositus.
  Lolch. Hülle 1-blätterig, 1-blüthig. Blüthe zusammengesetzt.
61. CYNOSURUS. Involucr. monophyllum, laterale. Flos compositus.
  Hundsschwanz. Hülle 1-blätterig, seitenständig. Blüthe zusammengesetzt.

TRIGYNIA. Dreyweibige.

73. HOLOSTEUM. Cor. 5-petala. Cal. 5-phyllus. Caps. apice dehiscens.

---

*) *Calamagrostis.* Cal. bivalvis, subaequalis. Cor. basi pilis cincta. [Agrostis 2. 3. Arundo 4. 5. 6.] *Roth.*

Triandria. Dreymännige Pflanzen.

73. Spurre.   Blume 5-blätterig. Kelch 5-blätterig. Kapsel an der Spitze aufspringend.

72. MONTIA.   Cor. 1-petala. Cal. 2-phyllus. Caps. 3-valvis, 3-sperma.

Montie.   Blume 1-blätterig. Kelch 2-blätterig. Kapsel 3-klappig, 3-saamig.

† ALSINE. Hühnerbiß.

MONOGYNIA. Einweibige.

34. VALERIANA Cal. 0. Cor. 1-petala, basi hinc gibba, supera. Sem. 1.

34 Baldrian. Kelch 0. Blume 1-blätterig, auf einer Seite wulstig, oben. Saame 1.

rubra.   1. V. flor. monandris caudatis, fol. lanceolatis integerrimis [dentatisque].

rother.   B. m. einmännigen geschwänzten Blüthen, lanzigen ganzrandigen und gezähnten Blättern. ♃
      W. Frankreich, Schweitz, Italien, Levante auf wüsten Plätzen. Zierpflanze. Bl. 6-9.

dioica.   2. V. flor. triandris dioicis, fol. [radical. ovatis, caulinis inferioribus pinnatifidis, superioribus] pinnatis integerrimis.

kleiner.   B. m. dreymännigen zweyhäusigen Blüthen, eyförmigen wurzelständigen, halbgefiederten unteren, gefiederten oberen stammständigen ganzrandigen Blätt. ♃
      W. Feuchte Waldgegenden, Wiesen, Gräben, Ufer. Bl. 4-6.

officinalis.   3. V. flor. triandris, fol. omnibus pinnatis [foliolis lanceolatis dentatis, caule sulcato]. *Valerianae minoris s. sylvestris Radix.*

wilder.   B. m. dreymännigen Blüth., lauter gefiederten Blättern, lanzigen gezähnten Blättchen, gefurchtem Stamme. ♃ Baldrian, Augenwurzel, Katzenwurzel.
      W. Wälder, Wiesen, Hecken, Mauern, Ufer. Bl. 6. 7.

Phu.   4. V. flor. triandris, fol. caulinis pinnatis, radicalibus indivisis [caule laevi]. *Phu s. Valerianae maioris Radix.*

grosser.   B. m. dreymännigen Blüth., gefiederten stammständigen, ungetheilten wurzelständigen Blättern, ebenem Stamme. ♃ Grosser, welscher, römischer Baldrian, Gartenbaldrian, Speyrkraut.
      W. Schlesien. Bl. 6.

celtica.   5. V. flor. triandris, fol. ovato-oblongis obtusis integerrimis. *Spica celtica.*

Seljung.   B. m. dreymännigen Blüth., eyförmig-länglichen stumpfen ganzrandigen Blätt. ♃ Welscher Spick, römische Narden, Salmuck, celtischer Baldrian.
      W. Oesterreichische, schlesische, italienische und schweizerische Alpen. Bl. 6. 7. 8.

Locusta.   6. V. flor. triandris, caule dichotomo, fol. linearibus.

Monogynia. Einweibige.

Rapunzel. 6. B. m. dreymännigen Blüth., zwieseligem Stamme, schmahlen Blättern. ☉ Sonnenwirbel.

α. *olitoria*, fructu obsolete tridentato, caule glabriusculo [foliis oblongis]. *Fedia olitoria Gaertn.*

Feldsalat, m. unmerklich-dreyzähniger Frucht, glattem Stamme, länglichen Blättern. Feldlattich, Nißchen, Ackersalat.

β. *vesicaria*, calycibus inflatis, dent. 6 inflexis, involucella 5-phylla, 3-flora [fol. lanceolatis].

blasiger, m. aufgeblasenen Kelchen: m. 6 einwärtsgebogenen Zähnen, 5-blätterigen, 3-blüthigen Hüllen, lanzigen Blätt.

γ. *dentata*, seminis corona 3-dentata, caule scabro. *Fedia dentata Willd.*

gezahnter, m. dreyzähniger Krone des Saamens, harschem Stamme.

W. Aecker, Gärten. α. Küchengewächs. Bl. 4-7.

35. TAMARINDVS. *Cal.* 4-partitus. *Petala* 3. *Nect.* setis 2 brevibus sub filamentis. *Legumen* pulposum [*Ad* Monadelphiam *referenda*].

35. Tamarinde. Kelch 4-theilig. Blume 3-blätterig. Nectar. m. 2 kurzen Borsten unter den Staubfäden. Hülse breyig. (Gehört nicht hieher, sondern zu den einbrüderigen Gewächsen).

indica. 1. Tamarindus. *Tamarindorum Pulpa.*
gebräuchliche. Tamarinde. ♄
W. Ostindien; gebaut daselbst, in Arabien, Aegypten und Südamerica zu Lauben und der Frucht wegen.

36. CNEORVM. *Cal.* 3-dentatus. *Petala* 3, aequalia. *Bacca* 3-cocca.

36. Chamälee. Kelch 3-zähnig. Blume 3-blätterig, gleichförmig. Beere 3-knöpfig. Zeiland. Seidelbast.

tricocca. 1. C. [fol. glabris, floribus axillaribus].
Zeiland. C. m. glatten Blätt., winkelständigen Blüthen. ♄
W. steinige und sandige Hügel des südlichen Europa. Englische Gärten. Bl. 3-10.

37. POLYCNEMVM. *Cal.* 3-phyllus. *Petala* 5, calyciformia. *Sem.* 1, subnudum.

37. Gefer. Kelch 3-blätterig. Blume 5-blätterig, kelchförmig. Saame 1, fastnackt. Knorpelkraut.

aruense. 1. P. [triandrum, fol. subulatis triquetris, caule diffuso].
Knorpelkraut. G. dreymännig, m. pfriemigen dreyseitigen Blättern, weitschweifigem Stamme. ☉ Geferkraut.
W. sandige Felder und Ufer. Bl. 7.8.

38. CROCVS. *Cor.* 6-partita, aequalis. *Stigmata* convoluta.

38. Safran. Blume 6-theilig, gleichförmig. Narben zusammengerollt.

satipus. 1. C. spatha univalvi radicali, corolla tubo longissimo [duas species hoc nomine Linneus coniunxit, scilicet]

24 *Triandria.* Dreymännige Pflanzen.

officinalis. α. [fol. margine revolutis stigmatibus exsertis]. *Croci Stigmata*.
ächter.   1. S. m. am Rande umgerollten Blätt., hervorragenden Narben. ♃ Safran.
          W. Kaukasus und andere persische Gebirge und Thäler, Krimm, Barbarey. Zierpflanze. Gewürzpflanze, Färbestoff. Bl. 9.
vernus.   β. fol. planis, stigm. inclusis.
früher.   S. m. flachen Blättern, eingeschlossenen Narben. ♃ Frühlings Crocus, Frühlings-Safran.
          W. Südeuropäische Alpen. Zierpflanze. Bl. 3. 4.

39. IXIA. *Cor.* 6-petala [6-partita], patens, aequalis. *Stigmata* 3, erectiusculo-patula, [bifida].

39. Ixia. Blume 6-theilig, klaffend, gleichförmig. Narben 3, zweyspaltig, aufrecht-klaffend.

Bulbocodium. 1. I. scapo unifloro brevissimo, fol. [linearibus caniculatis] angulatis caulinis, stigmatibus sextuplicibus.
crocusartige. J. m. sehr kurzem einblüthigem Stengel, schmahlen rinnenförm. gerieften Blätt., sechsfachen Narben. ♃
          W. Italienische Berge. Zierpflanze. Bl. 3.
chinensis. 2. I. fol. ensiformibus, panic. dichotoma, flor. pedunculatis. — *Moraea chinensis* Murr. Willd.
Bermudienne. J. m. schwertförm. Blätt., zwieselicher Rispe, gestielten Blüthen. ♃
          W. Sandige Gegenden von Indien, China, Japan. Zierpflanze. Bl. 4.
crocata.   3. I. fol. ensiformibus, flor. alternis, petalis basi hyalino-fenestratis.
safranfarbige. J. m schwertförm. Blätt., abwechselnden Blüthen, an der Basis durchsichtigen Blumenblättern. ♃
          W. Vorgebürge der guten Hofnung. Zierpflanze. Bl. 4. 5.

40. GLADIOLVS. *Cor.* 6-partita, ringens. *Stam.* adscendentia.

40. Siegwurz. Blume 6-theilig, rachenförmig. Staubgef. auffsteigend.

communis. 1. G. fol. ensiformibus, flor. distantibus [secundis]. *Victorialis rotundae Radix*.
runde.   S. m. schwertförm. Blätt., entferntstehenden einseitigen Blüthen. ♃ Allermannsharnisch, rother Schwertel.
          W. Wälder, Sträucher, Ufer, feuchte Wiesen. Zierpflanze. Bl. 6. 7.

41. IRIS. *Cor.* 6-partita: Petalis [Laciniis] alternis reflexis. *Stigmata* petaliformia [*Stylus* 3-partitus, laciniis petaliformibus].

41. Schwertel. Blume 6-theilig: m. abwechselnd-herabgebogenen Lappen. Griffel 3-theilig, m. blumenblattförmigen Lappen. Iris. Schwertlilie.

Monogynia. **Einweibige.** 25

* *Barbatae: nectariis petalorum reflexorum [villosis].*
* **Bärtige: m. haarartigen Nectarien der herabgebogenen Blumenlappen.**

susiana. 1. I. corolla barbata, caule foliis longiore unifloro [petalis rotundatis].

prächtiger. S. m. bärtiger Blume, gerundeten Blumenblättern, einblüthigem längerem Stamme als die Blätter. ♃ Iris Susiana, Witwe in Trauerflohr, schwarze Lilie, Pharaos Lilie.
W. Kleinasien. Zierpfl. Bl. 5. 6.

florentina. 2. I. corollis barbatis, caule foliis altiore subbifloro, floribus sessilibus [petalis integerrimis, laciniis styli crenulatis]. Ireos s. Ireos florentinae Radix.

florentinischer. S. m. bärtigen ganzrandigen stiellosen Blumen, gekerbten Griffellappen, fastzweyblüthigem längerem Stamme als die Blätter. ♃
W. Italien, Krim. Zierpfl.; in Italien der Wurzel wegen gebaut. Bl. 5. 6.

germanica. 3. I. corollis barbatis, caule foliis altiore multifloro, floribus inferioribus pedunculatis [petalis interioribus integerrimis, laciniis styli dentatis]. Ireos nostratis Radix.

blauer. S. m. bärtigen äusseren, ganzrandigen innern Blumenblättern, gezahnten Griffellappen, vielblüthigem höherem Stamme als die Blätter, gestielten unteren Blüthen. ♃ Blaue Iris ob. Lilie, Veilwurz, Himmelschwertel, Schwertelwurz.
W. Süddeutschland und Schlesien auf Hügeln und am Fuß von Gebürgen. Zierpfl. Liefert das Liliengrün. Bl. 5. 6.

aphylla. 4. I. corollis barbatis, scapo nudo [subnudo] longitudine foliorum multifloro.

blattloser. S. m. bärtigen Blumen, vielblüthigem fastnacktem blätterlangem Stamme. ♃
W. unbekannt. Zierpfl. Bl. 5. 6.

sambucina. 5. I. coroll. barbatis, caule foliis altiore multifloro, petalis deflexis planis; erectis emarginatis.

hollundriger. S. m. bärtigen ebenen herabgebogenen, ausgerandeten aufrechten Blumenblättern, vielblüthigem höherem Stamme als die Blätter. ♃
W. Südeuropa. Zierpfl. Bl. 5. 6.

squalens. 6. I. coroll. barbatis, caule foliis altiore multifloro, petalis deflexis replicatis; erectis emarginatis.

gelbbunter. S. m. bärtigen zurückgefalteten herabgebogenen, ausgerandeten aufrechten Blumenbl., vielblüthigem höherem Stamme als die Blätter. ♃
W. Südeuropa auf Wiesen. Zierpfl. Bl. 5.

variegata. 7. I. coroll. barbatis, caule subfolioso longitudine foliorum multifloro.

bunter. S. m. bärtigen Blumen, kaumblätterigem vielblüthigem kaumlängerem Stamme als die Blätter. ♃
W. Oesterreich auf Bergwiesen. Zierpfl. Bl. 5. 6.

biflora. 8. I. coroll. barbatis, caule foliis breviore trifloro, [germine tereti].

doppeltblü- 8. S. m. bärtigen Blumen, rundem Fruchtknoten, drey-
hender.   blüthigem kürzerem Stamme als die Blätter. ♃
               W. Portugall und am See Baickal. Zierpfl. Bl.
               5. 6. u. 9.

pumila.   9. I. coroll. barbatis, caule foliis breviore unifloro [pe-
               talis oblongis obtusis].

niedriger.   S. m. bärtigen Blumen, länglichen stumpfen Blumen-
               blättern, einblüthigem kürzerem Stamme als die
               Blätter. ♃ Zwergiris.
               W. Warme Hügel und Wiesen des mildern Europa.
               Zierpfl. Bl. 4. 5.

     ** *Imberbes: petalis deflexis laevibus.*
     ** Bartlose, mit glatten herabgebogenen Blumen-
                         blättern.

Pseud-Aco- 10. I. coroll. imberbibus, petalis interioribus stigmate
 rus.   minoribus, fol. ensiformibus. *Acori palustris
               s. vulgaris, Iridis palustris, Gladioli
               lutei Radix.*

gelber.   S. m. bartlosen Blum., kleineren inneren Blumenbl.
               als der Griffel, schwertförmigen Blättern. ♃ Gelbe
               Wasserlilie, Teichlilie, Drachenwurzel,
               Blutwurz, Tropfwurz, rother Kalmus.
               W. Sümpfe, Gräben, Moräste. Bl. 5-7.

foetidissima. 11. I. coroll. imberbibus: petalis interioribus patentissi-
               mis, caule unangulato, fol. ensiformibus.

stinkender.   S. m. bartlosen Blum., ausgebreiteten inneren Blu-
               menbl., einkantigem Stamme, schwertförm. Blätt. ♃
               Wandläusekraut, Lieschwurzel, stinken-
               der Liesch.
               W. England, Frankreich, Toskana, Danzig auf
               Grasplätzen und an Seeküsten. Zierpfl. Bl. 6.

sibirica.   12. I. coroll. imberbibus, germinibus trigonis, caule
               tereti, fol. linearibus.

wilder.   S. m. bartlosen Blum., dreykantigen Fruchtknoten,
               rundem Stamme, schmahlen Blätt. ♃
               W. Süddeutschland, Schweitz, Sibirien auf Wiesen.
               Zierpfl. Bl. 5. 6.

versicolor. 13. I. coroll. imberbibus, germinibus subtrigonis, caule
               tereti flexuoso, fol. ensiformibus.

vielfarbiger. S. m. bartlosen Blum., fastdreykantigen Fruchtknot.,
               rundem geschlängeltem Stamme, schwertförm. Blätt. ♃
               W. Virginien, Maryland, Pensylvanien. Zierpfl.
               Bl. 5. 6.

virginica. 14. I. coroll. imberbibus, germinibus trigonis, caule
               ancipiti [fol. ensiformibus].

zweyschneidi- S. m. bartlosen Blum., dreykantigen Fruchtkn., zwey-
 ger.   schneidigem Stamme, schwertförm. Blätt. ♃
               W. Virginien, Carolina auf wässerigem Boden.
               Zierpfl. Bl. 5. 6.

spuria.   15. I. coroll. imberbibus, germinibus sexangularibus,
               caule tereti, fol. sublinearibus.

Bastard.   S. m. bartlosen Blum., sechskantigen Fruchtkn., run-
               dem Stamme, fastschmahlen Blätt. ♃ Bastard-
               Iris.
               W. Feuchte Wiesen. Zierpfl. Bl. 5.

Monogynia. Einweibige.

graminea.   16. I. coroll. imberbibus, germinibus sexangularibus, caule ancipiti, fol. linearibus.

grasblätteri-   S. m. bartlosen Blum., sechsfantigen Fruchtkn., zwey-
ger.   schneidigem Stamme, schmahlen Blätt. ♃

W. Oesterreich und Schlesien in Thälern und auf nassen Wiesen. Zierpfl. Bl. 5. 6.

Xiphium.   17. I. coroll. imberbibus, flor. binis, fol. [ensiformibus] subulato-canaliculatis caule brevioribus.

spanischer.   S. m. bartlosen Blum., schwertförm. pfriemig-rinnenförm. kürzeren Blätt. als der zweyblüthige Stamm. ♃ Spanische Lilie.

W. Spanien, Sibirien. Zierpfl. Bl. 5.

persica.   18. I. corolla imberbi, petalis interioribus brevissimis patentissimis, [fol. linearibus].

persischer.   S. m. bartloser Blume, sehr kurzen ausgebreiteten inneren Blumenbl., schmahlen Blätt. ♃

W. Persien. Zierpfl. Bl. 4. 5.

Sisyrin-   19. I. coroll. imberbibus, fol. [linearibus] canaliculatis,
chium.   bulbis geminis superimpositis.

zweyzwiebeli-   S. m. bartlosen Blum., schmahlen rinnenförm. Blätt.,
ger.   zwey übereinander stehenden Zwiebeln. ♃

W. Portugal, Spanien, Barbarey. Zierpfl. Bl. 5.

42. COMMELINA. *Cor.* 6-petala. *Nect.* 3, cruciata, filamentis propriis inserta.

42. Commeline. Blume 6-blätterig. Nectarien 3, kreutzförmig, auf eigenen Stielen.

     * *Dipetalae, ob duo petala maiora.*
     * Mit 2 grösseren Blumenblättern.

communis.   1. C. corollis inaequalibus, fol. ovato-lanceolatis acutis, caule [basi] repente glabro.

blaue.   C. m. ungleichförm. Blumen, eyförmig-lanzigen spitzen Blätt., an der Basis kriechendem glattem Stamme. ♃

W. Japan. Zierpfl. Bl. 7. 8.

africana.   2. C. coroll. inaequalibus, fol. lanceolatis glabris, caule decumbente.

gelbe.   C. m. ungleichförm. Blum., lanzigen glatten Blätt., liegendem Stamme. ♃

W. Vorgeb. der guten Hofnung. Zierpfl. Bl. 7. 8.

     ** *Tripetalae: Zanoniae, petalis 3 maioribus.*
     ** Mit 3 grösseren Blumenblättern.

tuberosa.   3. C. coroll. aequalibus, fol. sessilibus ovato-lanceolatis subciliatis.

knollige.   C. m. gleichförm. Blum., stiellosen eyförmig-lanzigen schwachgefranzten Blätt. ♃

W. Mexico? Cochinchina? Zierpfl. Bl. 8.

43. SCHOENVS. *Glumae* paleaceae, univalves, congestae. *Cor.* 0. *Sem.* 1, subrotundum inter glumas.

43. Rusch. Bälge spreuig, 1-spelzig, gedrängt. Blume 0. Saame 1, fastkugelförm. zwischen den Bälgen. Knopfgras.

     * *Culmo tereti.* Mit rundem Halme.

Mariscus.   1. S. culmo tereti, fol. margine dorsoque aculeatis. Cladium germanicum *Schrad.*

stachliger.	1. R. m. rundem Halme, am Rande und Rücken stachlichen Blätt. ♃ Deutscher Galgant. W. Sümpfe, Flüsse. Bl. 6. 7. 8.
nigricans.	2. S. culmo tereti nudo, capit. ovato, involucri diphylli valvula altera subulata longa.
schwärzlicher.	R. m. nacktem rundem Halme, eyförm. Knopf, langen pfriemigen einen Spelze der zweyblätterig. Hülle. ♃ W. Wiesen, trockene Sümpfe, Salzquellen. Bl. 5-8.
fuscus.	3. S. culmo tereti folioso, spiculis subfasciculatis, fol. filiformibus canaliculatis.
brauner.	R. m. blätterigem rundem Halme, fastbüscheligen Aehrchen, fadenförm. rinnenförm. Blätt. ♃ W. Feuchte Wiesen. Bl. 6. 7.

** *Culmo triquetro.* Mit dreykantigem Halme.

compressus.	4. S. culmo subtriquetro nudo, spica disticha, involucro monophyllo. — Scirpus Caricis *Willd*.
rietgrasartiger.	R. m. nacktem fastdreykantigem Halme, zweyseitiger Aehre, einblätteriger Hülle. ♃ W. Feuchte Wiesen. Bl. 5. 6. 7.
albus.	5. S. culmo subtriquetro folioso, flor. fasciculatis, fol. setaceis.
weisser.	R. m. blätterigem fastdreykantigem Halme, büscheligen Blüthen, borstenförm. Blätt. ♃ Knopfgras, Strickgras. W. Sumpfige, moorige Plätze. Bl. 7. 8. 9.

44. CYPERVS. *Glumae* paleaceae, distiche imbricatae. Cor. o. *Sem.* 1, nudum.

44. Cyperwurz. Bälge spreuig, zweyseitig-geschindelt. Blume o. Saame 1, nackt.

longus.	1. C. culmo triquetro folioso, umbella foliosa supradecomposita, pedunc. nudis, spicis alternis [linearibus. *Cyperi longi Radix.*
lange.	C. m. blätterigem dreykantigem Halme, blätteriger vielfachzusammengesetzter Dolde, nackten Blüthenst., abwechselnden schmahlen Aehren. ♃ W. Sumpfige Gegenden von Britannien, Frankreich, Italien, Krain.
esculentus.	2. C. culmo triquetro nudo, umbella foliosa, radicum tuberibus ovatis: zonis imbricatis.
Erdmandel.	C. m. nacktem dreykantigem Halme, blätteriger Dolde, eyförm. Wurzelknollen m. geschindelten Gürteln. ♃ W. Italien, Kleinasien. Wurzelgewächs. Bl. 7.
rotundus.	3. C. culmo triquetro subnudo, umbella decomposita, spicis alternis linearibus. *Cyperi rotundi Radix.*
runde.	C. m. fastnacktem dreykantigem Halme, zwiefachzusammengesetzter Dolde, abwechselnden schmahlen Aehren. ♃ W. Egypten, Ostindien, China, Cochinchina, Japan am Wasser.
flavescens.	4. C. culmo triquetro nudo, umbella triphylla, pedunculis simplicibus inaequalibus, spicis confertis lanceolatis.
gelbe.	C. m. nacktem dreykantigem Halme, breyblätteriger

Monogynia. **Einweibige.** 29

Dolde, ungleichlangen einfachen Blüthenst., dichtstehenden lanzigen Aehren. ♃ Grosser Galgant.
W. Feuchte, sumpfige Plätze. Bl. 6-10.

fuscus. 5. C. culmo triquetro nudo, umbella trifida, pedunculis simplicibus inaequalibus, spicis confertis linearibus.

schwarzbrauner. C. m. nacktem dreykantigem Halme, dreytheiliger Dolde, ungleichlangen einfachen Blüthenst., dichtstehenden schmahlen Aehren. ♃
W. Sumpfige, nasse Oerter. Bl. 6-10.

Papyrus. 6. C. culmo triquetro nudo, umbella simplici involucro breviore [umbella involucris longiore], involucellis setaceis triphyllis longioribus, spiculis ternis.

Papyrus. C. m. nacktem dreykantigem Halme, längerer Dolde als die Hülle, borstenförm. dreyblätterigen längern Hüllchen, dreyzähligen Aehrchen. ♃ Papyrus der Alten.
W. Egypten, Syrien, Calabrien, Sicilien.

45. SCIRPVS. *Glumae* paleaceae, vndique imbricatae. Cor. o. Sem. 1, imberbe.

45. **Binse.** Bälge spreuig, von allen Seiten geschindelt. Blume 0. Saame 1, bartlos. Senden. Semsen.

* *Spica unica.* Mit einer einzigen Aehre.

palustris. 1. S. culmo tereti nudo, spica subovata terminali, [glumis acutis, radice repente].

Riesch. B. m. nacktem rundem Halme, fastenförmiger spitzeständiger Aehre, spitzen Bälgen, kriechender Wurzel. ♃ Sumpfbinsen, Sumpfsenden.
W. Gräben, Sümpfe, feuchte Wiesen. Bl. 5. 6.

[*multicaulis.* 2. S. culmo tereti nudo, spica ovata terminali, glum. obtusis, radice fibrosa].

vielhalmige. B. m. nacktem rundem Halme, eyförmiger spitzeständiger Aehre, stumpfen Bälgen, zaseriger Wurzel. ♃
W. Gräben, Sümpfe. Bl. 5. 6.

caespitosus. 3. S. culmo striato nudo, spica bivalvi terminali longitudine calycis, radicibus squamula interstinctis.

moorige. B. m. nacktem gestreiftem Halme, zweyspelziger spitzeständiger kelchlanger Aehre, Schüppchen zwischen den Wurzeln. ♃ Moorbinse, Torfbinse.
[α. glumis calycinis aequalibus mucronatis].
m. gleichlangen stachelspitzigen Kelchbälgen.
[β. *Baeothryon* glumis calycinis inaequalibus obtusiusculis].
m. ungleichlangen ziemlichstumpfen Kelchbälgen.
W. Torfmoore, nasse sandige Wiesen, morastige Wälder. Bl. 7. 8.

acicularis. 4. S. culmo tereti nudo setiformi, spica ovata bivalvi, seminibus nudis.

nadelförmige. B. m. nacktem rundem borstenförmigem Halme, zweyspelziger eyförmiger Aehre, nackten Saamen. ♃
W. Feuchte Wiesen, an stehenden Wassern. Bl. 6-11.

[*ovatus.* 5. S. culmo subcompresso nudo filiformi, spica ovata terminali nuda, floribus diandris triandrisque].

eyförmige. B. m. nacktem fadenförm. etwas zusammengedrücktem

Triandria. Dreymännige Pflanzen.

Halme, nackter eyförmiger spitzeständiger Aehre, zwey- und dreymännigen Blüthen. ♃

W. Feuchte Plätze. Bl. 6.

** *Culmo tereti polystachio.* Mit rundem vielährigem Halme.

lacustris. 6. S. culmo tereti nudo, spicis ovatis pluribus pedunculatis terminalibus.

Seesenden. B. m. nacktem rundem Halme, mehreren gestielten spitzeständigen eyförm. Aehren. ♃ Pferdebinsen.

W. Stehende und langsam fliessende Wasser. Bl. 5.8.

setaceus. 7. S. culmo nudo setaceo, spicis lateralibus subsolitariis sessilibus [pedunculatisque].

borstenartige. B. m. nacktem borstenartigem Halme, seitenständigen fasteinzelnen ungestielten und gestielten Aehren. ♃

W. Küsten, Ufer der Seen und Bäche, feuchte Wiesen, überschwemmte Gegenden. Bl. 5.10.

*** *Culmo triqueto, Panicula nuda.*

*** Mit dreyseitigem Halme, nackter Rispe.

triqueter. 8. S. culmo triquetro nudo, spicis subsessilibus pedunculatisque, mucronem aequantibus.

dreykantige. B. m. nacktem dreyseitigem Halme, faststiellosen und gestielten der Spitze gleichkommenden Aehren. ♃

W. Lehmige Ufer.

**** *Culmo triquetro, Panicula foliacea.*

**** Mit dreyseitigem Halme, blätteriger Rispe.

maritimus. 9. S. culmo triquetro, panicula conglobata foliacea, spicularum squamis trifidis: intermedia subulata.

kugelige. B. m. dreyseitigem Halme, blätteriger geballter Rispe, dreyspaltigen Schuppen der Aehrchen: pfriemenförmiger mittler Schuppe. ♃

W. Küste, Gestade, Ufer, Gräben. Bl. 5. 6.

sylvaticus. 10. S. culmo triquetro folioso, umbella foliacea, pedunculis nudis supradecompositis, spicis confertis.

Löchel. B. m. blätterigem dreyseit. Halme, blätteriger Dolde, nackten vielfachzusammengesetzten Blüthenstiel., dichtstehenden Aehren. ♃ Waldbinsen, Cyppergras.

W. Wälder, feuchte Wiesen. Bl. 5. 6. 7.

46. ERIOPHORVM. *Glumae paleaceae undique imbricatae. Cor.* 0. *Sem.* 1, lana longissima cinctum.

46. Moorseide. Bälge spreuig, von allen Seiten geschindelt. Blume 0. Saame 1, mit sehr langer Wolle bedeckt. Wollgras, Dürrgras.

vaginatum. 1. E. culmis vaginatis teretibus, spica scariosa.

scheidentragende. M. m. eingescheideten runden Halmen, dürrer Aehre. ♃

W. Torfmoore. Bl. 4.7.

polystachion. 2. E. culmis teretibus [subtriquetris], fol. planis [mucrone triquetro], spicis pedunculatis.

Wiesenwolle. M. m. fastdreyseitigen Halmen, flachen an der Spitze dreyseitigen Blätt., gestielten Aehren. ♃ Binsenseide, Binsenwolle, Federbiusen.

W. Moore, sumpfige Wiesen. Bl. 4.7.

[*angustifolium.*] 3. E. culmis subtrigonis, fol. canaliculato-triquetris, spicis pedunculatis].

Monogynia. **Einweibige.** 31

schmahlblät- 3. M. m. fastdreykantigen Halmen, rinnenförmig-dreyseitigen Blätt., gestielten Aehren. ♃
terige.
 W. Morastige u. moorige Gegenden. Bl. 5.

alpinum. 4. E culmis nudis triquetris, [fol. brevissimis].
kurzblätterige. M. m. nackten dreyseitigen Halmen, sehr kurzen Blättern. ♃
 W. Moore, Sümpfe. Bl. 4. 5.

47. NARDVS. *Cal.* 0. *Cor.* 2-valvis.
47. **Nätsch.** Kelch 0. Blume 2-spelzig. **Borstengras.**
stricta. 1. N. spica setacea recta secunda.
Borstengras. N. m. borstiger gerader einseitiger Aehre. ♃ Pfriemengras, Wolf.
 W. Feuchte sandige Wiesen, Bergwälder. Bl. 5-7.

48. LYGEVM. *Spatha* 1-phylla. *Corollae* binae supra idem germen. *Nux* bilocularis.
48. **Albardin.** Blumenscheide 1-blätterig. Blumen 2, über demselben Fruchtknoten. Nuß 2-fächerig. **Nußgras.**
Spartum. 1. Lygeum.
pfriemenför- Albardin. ♃
miger.   W. Warme Bergwälder. Bl. 6-8.

DIGYNIA. Zweyweibige.

49. SACCHARVM. *Cal.* lanugo longa extra calycem. [*Cal.* basi lanugine longa cinctus]. *Cor.* 2-valvis.
49. **Zuckerrohr.** Kelch an der Basis mit langer Wolle umgeben. Blume 2-spelzig.
officinarum. 1. S. flor. paniculatis, fol. planis. Saccharum. Taffia.
ächtes. 3. m. rispigen Blüthen, flachen Blätt. ♃
 W. Africa, Südasien. Gebaut für Zucker, Rum und Taffia daselbst und im wärmern America, auch in Cypern und Sicilien.

50. PHALARIS. *Cal.* 2-valvis, carinatus, longitudine aequalis, corollam includens.
50. **Rohrglanz.** Kelch 2-spelzig, gekielt, gleichlang, die Blumen einschließend. **Glanzgras. Glanz.**
canariensis. 1. Ph. panicula subovata spiciformi, glumis carinatis. Semen canariense.
Canariengras. R. m. fasteyförmiger ähreuförmiger Rispe, gekielten Bälgen. ☉ Canariensaamen.
 W. Canarische Inseln. Gebaut zum Futter für die Canarienvögel. Bl. 6. 7. 8.
phleoides. 2. Ph. panic. cylindrica spiciformi glabra passim vivipara. [Phleum Boehmeri *Schrad.*]
Raupengras. R. m. walzenförm. ähreuförm. glatter hin und wieder lebendiggebährender Rispe. ☉ Glanzgras.
 W. Dürre Anger, Berge, Hügel, Wege, Raine, Wellermände. Bl. 5-7.
arundinacea. 3. Ph. panic. [patente] oblonga ventricosa. [Arundo colorata *Willd.*]
ächter. R. m. klaffender länglicher bauchiger Rispe. ♃

β. fol. pictis.
   Bändergras, buntes Gras, Mariengras.
   W. Ufer. β. Zierpfl. Bl. 6. 7.

oryzoides. 4. Ph. panic. effusa, glumarum carinis ciliatis. [Leersia oryzoides *Willd. Schrad.*]
reißartiger. R. m. flatternder Rispe, gefranzten Kielen der Bälge. ⚃
   W. Sümpfe, Gräben, Ufer, feuchte Wiesen. Bl. 7-9.

51. PANICVM. *Cal.* 3-valvis: valvula tertia minima.

51. Fennich. Kelch 3=spelzig: m. sehr kleiner dritter Spelze.
   Pfench. Fönnich

   * *Spicata* [Panicula spicata]. Aehrige.

verticillatum. 1. P. spica verticillata, racemulis quaternis, involucellis unifloris bisetis, culmis diffusis.
Klebgras. F. m. quirlicher Aehre, vierzähligen Träubchen, einblüthigen zweyborstigen Hüllchen, weitschweifigen Halmen. ☉
   W. Aecker, Gartenland, Weinberge, Mauern, Hecken. Bl. 7. 8.

glaucum. 2. P. spica [simplici] tereti, involucellis bifloris fasciculato-pilosis, seminibus undulato-rugosis.
grauer. F. m. einfacher runder Aehre, zweyblüthigen büschelighaarigen Hüllchen, wellenförmig=runzlichen Saamen. ☉ Wilde Hirse.
   W. Aecker, Gärten. Bl. 7. 8.

viride. 3. P. spica [subcomposita] tereti, involucellis bifloris fasciculato-pilosis, seminibus nervosis.
grüner. F. m. etwas zusammengesetzter runder Aehre, zweyblüthigen büschelig-haarigen Hüllchen, gerippten Saamen. ☉ Wilde Hirse, wilder Fench.
   W. Aecker, Gärten, Wege, wüste Plätze. Bl. 6. 7. 8.

italicum. 4. P. spica composita, spiculis glomeratis setis immixtis, pedunculis hirsutis. *Milii Semen.*
ächter. F. m. zusammenges. Aehre, knaulichen mit Borsten untermischten Aehrchen, rauchen Blüthenstielen. ☉ Kolbige Hirse.
   α. *italicum,* spica elongata basi interrupta.
      grosser, m. langer an der Basis unterbrochener Aehre. Italienische Hirse, Panikorn.
   β. *germanicum,* spica ovata continua.
      kolbiger, m. eyförmiger ununterbrochener Aehre. Fench, deutsche Hirse, kolbige Hirse, Fenchelhirse, Fuchsschwanz.
      W. Aecker, Gärten des südl. Europa und Ostindiens. Getreide. Bl 7. 8.

Crusgalli. 5. P. spicis alternis coniugatisque, spiculis subdivisis, glumis aristatis hispidis, rachi quinquangulari.
Sorgsaamen. F. m. abwechselnden und paarigen Aehren, etwas getheilten Aehrchen, grannigen borstigen Bälgen, fünfkantiger Spuhle. ☉ Hahnenfuß.
   W. Feuchte Felder, Gräben, Misthaufen. Bl. 7. 8.

sanguinale. 6. P. spic. digitatis basi interiore nodosis, floscul. geminis muticis, vaginis foliorum punctatis. *Syntherisma vulgare Schrad.*
Manna. F. m. gefingerten inwendig an der Basis knotigen Aehren,

Digynia. Zweyweibige.

ren, zweyzähligen grannenlosen Blättchen, punctirten Blattscheiden. ☉ Bluthirse, Schwaden, Himmelsthau.

W. Steinige Hügel, sandige Wiesen und Aecker. Liefert Mannagrütze. Befestigt den Flugsand, und wird in beyden Absichten hin und wieder gebaut. Bl. 7-10.

dactylon. 7. P. spic. digitatis patentibus: basi interiore villosis, flor. solitariis, sarmentis repentibus. [Digitaria stolonifera *Schrad.*]

Schwaden. F. m. klaffenden gefingerten inwendig an der Basis zottigen Aehren, einzelnen Blüthen, kriechenden Ranken. ♃ Grosse Hirse, Manna, Himmelsthau.

W. Wüste Plätze, Mauern, Wege, unfruchtbare Aecker und Wiesen. Liefert auch Mannagrütze. Bl. 7-11.

** *Paniculata.* Rispige.

miliaceum. 8. P. panicula laxa flaccida, foliorum vaginis hirtis, glumis mucronatis nervosis. *Milii Semen.*

Hirse. F. m. lockerer flatternder Rispe, rauchen Blattscheiden, gerippten stachelspitzigen Bälgen. ☉

W. Ostindien. Getreide. Man unterscheidet nach der Farbe der Saamen gelbe, weisse, rothe und schwarze Hirse. Bl. 6-8.

52. PHLEVM. *Cal.* 2-valvis, sessilis, linearis, truncatus, apice bicuspidato. *Cor.* inclusa.

52. Liesch. Kelch 2-spelzig, stiellos, schmahl, abgestutzt, m. 2-stachliger Spitze. Blume eingeschlossen. Lieschgras.

pratense. 1. Ph. spica cylindrica longissima ciliata, culmo erecto.

Timotheusgras. L. m. walzenförmiger sehr langer haariger Aehre, aufrechtem Halme. ♃ Wiesenlieschgras, Buschgras, Wiesenfench.

W. Wiesen, Wälder, Gräben. Futtergras für Pferde. Bl. 5-9.

nodosum. 2. Ph. spica cylindrica, culmo adscendente, fol. obliquis, rad. bulbosa.

knotiges. L. m. walzenförm. Aehre, aufsteigendem Halme, schiefen Blätt., zwiebeliger Wurzel. ♃

W. Sandgegenden. Bl. 5-8.

arenarium. 3. Ph. spica ovata ciliata, culmo ramoso. — [Phalaris arenaria *Willd.*]

ästiges. L. m. eyförm. haariger Aehre, ästigem Halme. ☉

W. Sandgegenden. Bl. 6. 7.

53. ALOPECVRVS. *Cal.* 2-valvis. *Cor.* 1-valvis.

53. Fuchsschwanz. Kelch 2-spelzig. Blume 1-spelzig.

pratensis. 1. A. culmo spicato erecto, glumis villosis, corollis muticis.

kolbiger. F. m. aufrechtem ährigem Halme, zottigen Bälgen, grannenlosen Blumen. ♃ Wiesenfuchsschwanz, Kolbengras.

W. Wiesen, Gärten, Weinberge. Trefliches Futtergras besonders für Schaafe. Bl. 5. 6. 7.

agrestis.	2. A. culmo spicato erecto, glumis laevibus.
dünnähriger.	F. m. aufrechtem ährigem Halme, glatten Bälgen. ☉ Ackerfuchsschwanz.
	W. Aecker, Gärten, Anger. Bl. 5-9.
geniculatus.	3. A. culmo spicato infracto, coroll. muticis.
Knotgras.	F. m. geknicktem ährigem Halme, grannenlosen Blumen. ♃
	W. Sumpfige u. feuchte Plätze. Bl. 5-8.

54. MILIVM. *Cal.* 2-valvis, uniflorus: valvulis subaequalibus. *Cor.* brevissima. *Stigmata* penicilliformia.

54. Fladdern. Kelch 2-spelzig, 1-blüthig, m. fastgleichen Spelzen: Blume sehr klein. Narben pinselförmig. Fladdergras. Hirsengras.

effusum.	1. M. floribus paniculatis dispersis muticis.
Waldhirse.	F. m. zerstreuten grannenlosen rispigen Blüthen. ♃
	W. Wälder. Bl. 5-7.

55. AGROSTIS. *Cal.* 2-valvis, uniflorus, corolla paulo minor. *Stigmata* longitudinaliter hispida.

55. Windhalm. Kelch 2-spelzig, 1-blüthig, etwas kleiner wie die Blume. Narben der Länge nach borstig. Straußgras. Schmielen.

* *Aristatae.* Grannige.

Spica venti.	1. A. petalo exteriore arista recta stricta longissima, panicula patula.
gemeiner.	W. m. sehr langer steifer gerader Granne des äussern Blumenblattes, klaffender Rispe. ☉ Grosse Ackerschmielen.
	W. Aecker. Bl. 6-8.
arundinacea.	2. A. panicula oblonga, petalo exteriore basi villoso aristaque torta calyce longiore. [Calamagrostis arundinacea *Roth.* Arundo sylvatica *Schrad.*]
rohrartiger.	W. m. länglicher Rispe, an der Basis zottigem äusseren Blumenbl. m. gedrehter längerer Granne als der Kelch. ♃ Rohrschmielen.
	W. Bergwälder, Steinhaufen, Ufer. Bl. 6. 7.
Calamagrostis.	3. A. panicula incrassata, petalo exteriore toto lanato apice aristato, culmo ramoso. [Calamagrostis Arundo *Roth.* Arundo speciosa *Schrad.*]
ästiger.	W. m. verdickter Rispe, an der Spitze grannigem ganz wolligem äusserem Blumenbl., ästigem Halme. ♃
	W. Sumpfige Waldungen. Bl. 7.
rubra.	4. A. paniculae parte florente patentissima, petalo exteriore glabro: arista terminali tortili curva.
rother.	W. m. am blühenden Theile ausgebreiteter Rispe, glattem äusserem Blumenbl. m. krummer gedrehter spitzeständiger Granne. ♃
	W. Feuchte, unfruchtbare Oerter. Bl. 7. 8.
canina.	5. A. calyc. elongatis, petalorum arista dorsali recurva, culmis prostratis subramosis. [Trichodium caninum *Schrad.*]
krummgranniger.	W. m. langen Kelchen, rückwärtsgekrümmter rückständiger Granne der Blumenblätter, niedergeworfenen kaumästigen Halmen. ♃

Digynia. Zweyweibige.

W. Warme Felder, Moräste, Gräben. Bl. 6-8.
** *Muticae.* Grannenlose.

capillaris. 6. A. panicula capillari patente, calyc. subulatis aequalibus hispidiusculis coloratis, flosculis muticis. [Culmo adscendente — A. vulgaris *Schrad.*]

haarförmiger. W. m. haarartiger klaffender Rispe, pfriemigen gleichförm. etwas borstigen farbigen Kelchen, grannenlosen Blüthchen, aufsteigendem Halme. ♃
W. Wiesen, Grasplätze, Wälder. Bl. 5-7.

alba. 7. A. panicula laxa, calyc. muticis aequalibus, [culmo repente].

weisser. W. m. lockerer Rispe, grannenlosen gleichförm. Kelchen, kriechendem Halme. ♃
W. Feuchte sandige Felder. Bl. 6. 7.

minima. 8. A. panicula mutica filiformi. [Chamagrostis minima *Borkh. Schrad.*].

kleinster. W. m. fadenförm. grannenloser Rispe. ♂
W. Sandige Ufer und Wiesen. Bl. 2. 3. 4.

56. AIRA. *Cal.* 2-valvis, 2-florus. *Flosculi* absque interiecto rudimento.

56. Schmelen. Kelch 2-spelzig, 2-blumig. Kein unvollkommenes drittes Blüthchen. Schmielen.

* *Muticae.* Grannenlose.

caerulea. 1. A. panicula coarctata, flor. pedunculatis muticis convoluto-subulatis, fol. planis. — [Melica caerulea *Murr. Schrad.*]

blaue. S. m. gedrängter Rispe, gestielten grannenlosen zusammengerollt-pfriemigen Blüthen, flachen Blätt. ♃
W. Feuchte schattige Plätze. Bl. 6-9.

aquatica. 2. A. panic. patente, flor. muticis laevibus calyce longioribus, fol. planis.

Milenz. S. m. klaffender Rispe, glatten grannenlosen längern Blüth. als der Kelch, flachen Blätt. ♃ Süsser Milenz, klein Miliszgras, Quellgras, Wasserhirse, Wasserschmelen.
W. Wässerige, feuchte Plätze. Bl. 5-7.

** *Aristatae.* Grannige.

caespitosa. 3. A. fol. planis, panicula patente, petalis basi villosis aristatisque: arista recta brevi.

glänzende. S. m. flachen Blätt., klaffender Rispe, an der Basis zottigen und grannigen Blumenbl., kurzer gerader Granne. ♃ Rasgras, Glanzschmielen, Rasenschmelen, Rohrgras.
W. Feuchte Berge, Felder, Wiesen, Wälder, Gräben. Bl. 6-9.

flexuosa. 4. A. fol. setaceis, culmis subnudis, panicula divaricata, pedunc. flexuosis.

flatternde. S. m. borstenförm. Blätt., fastnackten Halmen, ausgesperrter Rispe, geschlängelten Blüthenstielen. ♃ Drathschmielen.
W. Wälder, Felsen, Heiden. Bl. 5-7.

montana. 5. A. fol. setaceis, panic. angustata, flosc. basi pilosis aristatis: arista tortili longiore.

Triandria. Dreymännige Pflanzen.

spitzwinkelige. 5. S. m. borstenförm. Blätt., spitzwinkeliger Rispe, an der Basis haarigen u. grannigen Blüthen: längerer gedrehter Granne. ♃ Bergschmelen.
W. Bergwälder. Bl. 6. 7.

canescens. 6. A. fol. setaceis: summo spathaceo paniculam inferne involvente.

graue. S. m. borstenförm. Blätt., von denen das oberste die Rispe unten scheidenartig einwickelt. ♃ Silbergras, Bocksbart.
W. Sandige Felder, Heyden. Bl. 6 - 8.

praecox. 7. A. fol. setaceis: vaginis angulatis, flor. paniculato-spicatis, flosc. basi aristatis. *Affinis praecedenti, sed. pusilla.*

frühe. S. m. borstenförm. Blätt., winkeligen Scheiden, rispig-ährigen Blüth., an der Basis grannigen Blüthchen. ⊙
W. Sandige Felder, Felsen. Bl. 5. 6.

caryophyl-
lea. 8. A. fol. setaceis, panic. divaricata, flor. aristatis distantibus.

Nägleingras. S. m. borstenförm. Blätt., ausgesperrter Rispe, grannigen entferntstehenden Blüth. ⊙
W. Warmer Kiesgrund. Bl. 4 - 6.

57. **MELICA.** *Cal.* 2-valvis, 2-florus. *Rudimentum* floris inter flosculos.

57. **Melica.** Kelch 2=spelzig, 2=blumig. Ein unvollkommenes drittes Blüthchen zwischen den andern. Perlgras.

ciliata. 1. M. flosculi inferioris petalo exteriore ciliato.
gefranzte. M. m. gefranztem äusserem Blumenblatt des unteren Blüthchens. ♃
W. Berge, Hügel, Felsen, Mauern, Waldwiesen. Bl. 5 - 7.

nutans. 2. M. petalis imberbibus, panicula nutante simplici.
Perlgras. M. m. bartlosen Blumenbl., überhängender einfacher Rispe. ♃ Schöngras, Waldgras.

α. *simplex*, panic. simplici, flor. hermaphroditis.
einfaches, m. einfacher Rispe, zwitterl. Blüthen.

β. *uniflora*, panic. basi ramosa, flor. altero hermaphrodito, altero neutro.
einblüthiges, m. unten ästiger Rispe, einer zwitterl. u. einer geschlechtslosen Blüthe.
W. Felsen, Wälder, Büsche. Bl. 5 - 7.

58. **POA.** *Cal.* 2-valvis, multiflorus. *Spicula* ovata: valvulis margine scariosis acutiusculis.

58. **Miliz.** Kelch 2=spelzig, vielblüthig. Aehrchen eyförm.: m. am Rande dürren spitzen Spelzen. Rispengras. Viehgras.

aquatica. 1. P. panicula diffusa, spiculis sexfloris [lanceolato-] linearibus. *Flosculi 5 - 10.*

grosser. M. m. weitschweifiger Rispe, fünf- bis zehnblüthigen schmahlen Aehrchen. ♃
W. In und am Wasser. Bl. 5 - 9.

alpina. 2 P. panicula diffusa ramosissima, spic. [sub-] sexfloris cordatis. [*variat spicis 5 — 11-floris.*]

Digynia. Zweyweibige.

herzblüthiger. 2. M. m. weitschweifiger vieläftiger Rispe, herzförm. fast sechsblüthigen Aehrchen. ♃
W. Berge, Wege. Bl. das ganze Jahr hindurch.
β. vivipara.

trivialis. 3. P. panicula diffusa, spiculis trifloris basi pubescentibus, culmo erecto tereti [scabro], fol. planis. [Variat spic. 4-, 5-floris.]

Brötengras. M. m. weitschweifiger Rispe, drey- bis fünfblüthigen an der Basis haarigen Aehrchen, aufrechtem rundem harschem Halme, flachen Blätt. ♃
W. Trockene Grasplätze, Mauern, Wege, Aecker. Bl. 5-9.

[triflora. 4. P. panicula diffusa, spiculis trifloris glaberrimis acuminatis.]

dreyblüthiger. M. m. weitschweifiger Rispe, dreyblüthigen glatten zugespitzten Aehrchen. ♃
W. Trockene Grasplätze, Wege, Aecker. Bl. 5-7.

angustifolia. 5. P. panicula diffusa, spiculis quadrifloris pubescentibus, culmo erecto tereti, [fol. radicalibus filiformibus involutis.]

schmalblättriger. M. m. weitschweifiger Rispe, vierblüthigen haarigen Aehrchen, aufrechtem rundem Halme, fädenförm. einwärtsgerollten wurzelständigen Blätt. ♃ Birdgras.
W. Raine, Wiesen, Wege, Sträucher, Mauern. Futtergras. Bl. 5-8.

pratensis. 6. P. panicula diffusa, spicul. [sub-] quinquefloris glabris [scabris], culmo erecto tereti [glabro].

wiesiger. M. m. weitschweifiger Rispe, fastfünfblüthigen harschen Aehrchen, aufrechtem rundem glattem Halme. ♃ Gemeines Gras, Wiesengras.
W. Wiesen, Aecker, Gräben. Bl. 5-7.

[rubens. 7. P. panicula patula, spicul. subquinquefloris glabris, culmo adscendente compresso.]

röthlicher. M. m. klaffender Rispe, fastfünfblüthigen glatten Aehrchen, zusammengedrücktem aufsteigendem Halme. ♃
W. Wiesen. Bl. 5-7.

annua. 8. P. panicula diffusa angulis rectis, spicul. obtusis, culmo obliquo compresso [glaberrimo, fol. margine subundulatis].

jähriger. M. m. weitschweifiger rechtwinkeliger Rispe, stumpfen Aehrchen, schrägem zusammengedr. sehr glattem Halme, am Rande etwas wogigen Blätt. ☉
W. Wege, Raine, Aecker, Wiesen. Bl. 3-11.

palustris. 9. P. panicula diffusa, spicul. subtrifloris pubescentibus, fol. subtus scabris.

großrispiger. M. m. weitschweifiger Rispe, fastdreyblüthigen haarigen Aehrchen, unten harschen Blätt. ♃
W. Feuchte Plätze, Gräben. Bl. 5-9.

compressa. 10. P. panic. coarctata secunda, culmo obliquo compresso.

flachhalmiger. M. m. gedrängter einseitiger Rispe, schrägem zusammengedr. Halme. ♃
W. Trockene unfruchtbare Plätze, Mauern, Dächer, Felsen. Bl. 5-8.

nemoralis.   11. P. panic. attenuata, spic. subbifloris mucronatis scabris, culmo incurvo.

dünnblühender.   R. m. verdünnter Rispe, fastzweyblüthigen stachelspitzigen harschen Aehrchen, aufwärtsgekrümmtem Halme. ♃

W. Wälder, Büsche, Felsen, Mauern. Bl. 5-8.

bulbosa.   12. P. panic. secunda patentiuscula, spicul. quadrifloris.

knolliger.   R. m. einseitiger klaffender Rispe, vierblüthigen Aehrchen. ♃

W. Sandige Felder u. Berge, Felsen, Mauern. Bl. 4-7.

β. vivipara.

distans.   13. P. panic. ramis subdivisis; flor. quinquefloris: flosculis distantibus obtusis. [Poa salina *Pollich.*]

entferntblüthiger.   R. m. wenigtheiliger Rispe, fünfblüthigen Aehrchen, entferntstehenden stumpfen Blüthchen. ♃

W. Salzquellen, Gräben. Bl. 5. 6.

cristata.   14. P. panic. spicata, calyc. subpilosis subquadrifloris pedunculo longioribus, petalis aristatis. [Aira spicata Linn. Spec. Plant. *Schrad.*]

schmelenartiger.   R. m. ähriger Rispe, etwashaarigen fastvierblüthigen längern Kelchen als der Blüthenstiel, grannigen Blumenbl. ♃

W. Trockene Grasplätze, Mauern, Berge. Bl. 5-7.

59. BRIZA. *Cal.* 2-valvis, multiflorus. *Spicula* disticha valvulis cordatis, obtusis: interiore minuta.

59. Flemmel. Kelch 2-spelzig, vielblüthig. Aehrchen 2-zeilig mit herzförmigen stumpfen Spelzen: kleiner innerer Spelze. Zittergras.

minor.   1. B. spicul. triangulis, calyce flosculis longiore.

kleiner.   F. m. dreyeckigen Aehrchen, längerem Kelche als die Blüthchen. ☉

W. Wiesen, Raine, Hölzer. Bl. 6.

media.   2. B. spicul. ovatis, cal. flosculis breviore.

Flitter.   F. m. eyförm. Aehrchen, kürzerm Kelche als die Blüthchen. ♃ Hasenbrod.

W. Trockene Wiesen. Bl. 4-7.

Eragrostis.   3. B. spicul. lanceolatis: flosculis [sub-] viginti. [Poa megastachya *Hoel. Schrad.*]

schönster.   F. m. lanzigen Aehrchen: etwa zwanzig Blüthchen. ☉

W. Berge, Aecker, Wege. Bl. 6-8.

60. DACTYLIS. *Cal.* 2-valvis, compressus; altera valvula maiore carinata.

60. Kronähre. Kelch 2-spelzig, zusammengedrückt: m. grösserer gekielter einen Spelze. Knaulgras.

glomeratu.   1. D. panicula secunda glomerata.

Hundsgras.   K. m. einseitiger knauliger Rispe. ♃

W. Wiesen, Wälder, Hecken, Wege. Bl. 5-7.

61. CYNOSVRVS. *Cal.* 2-valvis, multiflorus: *Recept.* proprium unilaterale, foliaceum.

61. Hundsschwanz. Kelch 2-spelzig, vielblüthig. Besonderer Hälter einreihig, blätterig. Kammgras.

Digynia. Zweyweibige.

cristatus. 1. C. bracteis pinnatifidis.
kammähriger. H. m. halbgefiederten Nebenblätt. ♃
W. Wiesen, Aecker, Wege. Futtergras. Bl. 5-9.

durus. 2. C. spiculis secundis alternis sessilibus rigidis obtusis adpressis.
harter. H. m. einseitigen abwechselnden ungestielten starren stumpfen angedrückten Aehrchen. ☉
W. Wüste Plätze, Sandfelder, Wege. Bl. 5. 6.

caeruleus. 3. C. bracteis integris spicis subovatis. — [Sesleria caerulea *Schrad.*]
blauer. H. m. ungetheilten Nebenbl., fastenförm. Aehre. ♃
W. Hügel, Berge, Sümpfe. Bl. 3-6.

62 FESTVCA. *Cal.* 2-valvis. *Spicula* oblonga, teretiuscula, glumis acuminatis.

62. Schwingel. Kelch 2-spelzig. Aehrchen länglich, rundlich, mit zugespitzten Bälgen.

* *Panicula secunda.* Mit einseitiger Rispe.

tenuifolia. 1. F. panicula subsecunda coarctata mutica, culmo subtetragono, fol. capillaribus.
feinblätteriger. S. m. fasteinseitiger gedrängter grannenloser Rispe, fastvierkantigem Halme, haarartigen Blätt. ♃
W. Berge. Bl. 5. 6.

ovina. 2. F. panic. secunda coarctata aristata, culmo tetragono nudiusculo, fol. setaceis.
Hartgras. S. m. einseitiger gedrängter granniger Rispe, vierkantigem nacktem Halme, borstenförmigen Blätt. ♃ Schaafschwingel, kleiner Bocksbart.
W. Anhöhen, trockene Wiesen, dürre Sandplätze. Trefliches Schaaffutter. Bl. 5-9.

duriuscula. 3. F. panic. secunda oblonga, spicul. oblongis laevibus, fol. setaceis.
harter. S. m. einseitiger länglicher Rispe, länglichen glatten Aehrchen, borstenförm. Blätt. ♃
W. Sandige trockene Wiesen und Wälder, Mauern. Bl. 5-9.

rubra. 4. F. panic. secunda scabra, spicul. sexfloris aristatis: flosculo ultimo mutico: culmo semitereti.
rother. S. m. einseitiger harscher Rispe, sechsblüthigen grannigen Aehrchen, grannenlosem letztem Blüthchen, halbrundem Halme ♃
W. Trockene unfruchtbare Felder u. Anger. Bl. 5-7.

elatior. 5. F. panic. secunda erecta, spicul. subaristatis: exterioribus teretibus.
hoher. S. m. einseitiger aufrechter Rispe, kurzgrannigen Aehrchen, runde äusseren Aehrchen. ♃ Wiesenschwingel.
W. Fruchtbare etwas feuchte Wiesen, Wälder. Trefliches Futtergras für Pferde und Rindvieh. Bl. 5-8.

myurus. 6. F. panic. spicata nutante, calyc. minutissimis muticis, flor. scabris: aristis longis.
mäuseschwanzartiger. S. m. ähriger überhängender Rispe, sehr kleinen grannenlosen Kelchen, harschen Blüthen, m. langen Grannen. ☉

Triandria. Dreymännige Pflanzen.

W. Unfruchtbarer Kiesboden. Bl. 5-8.

** *Panicula aequali.* Mit gleichförmiger Rispe.

decumbens. 7. F. panic. erecta, spicul. subovatis muticis, cal. flosculis maiore, culmo decumbente. [Poa decumbens *Scop. Schrad.*]

niederliegender. S. m. aufrechter Rispe, fasteyförm. grannenlosen Aehrchen, grösserem Kelch als die Blümchen, liegendem Halme. ⚘ Glatter Haferschwingel.
W. Trockene Anger, Büsche, Wege. Bl. 6-8.

fluitans. 8. F. panic. ramosa erecta, spicul. subsessilibus teretibus muticis. [Poa fluitans *Scop. Schrad.*] *Gramen Mannae.*

Manna. S. m. ästiger aufrechter Rispe, faststiellosen runden grannenlosen Aehrchen. ⚘ Mannaschwaden, Schwaden, Himmelsthau.
W. Sümpfe, Gräben, überschwemmte Plätze. Liefert Mannagrütze. Trefliches Futtergras. Bl. 5. 6. 7.

63. BROMVS. *Cal.* 2-valvis. *Spicula* oblonga, teres, disticha: arista intra apicem.

63. Trespe. Kelch 2-spelzig. Aehrchen länglich, rund: zweyzeilig: mit einer Granne unter der Spitze.

secalinus. 1. B. panicula patente, spicis ovatis: aristis rectis [flexuosis], seminibus distinctis.

mästende. T. m. klaffender Rispe, eyförm. Aehren, geschlängelten Grannen, abgesonderten Saamen. ⊙ Trespe, Twalch, Twelch, Rockentrespe, Taverich.
W. Aecker, Anger, wüste Plätze. Gutes Pferdefutter und Mastungsmittel. Bl 5-8.

[*multiflorus.* 2. B. panicula patente, spicul. lanceolatis: aristis rectis, glumis imbricatis].

vielblüthige. T. m. klaffender Rispe, lanzigen Aehrchen, geraden Grannen, geschindelten Bälgen. ⊙
W. Aecker. Bl. 5-8.

mollis. 3. B. panicula erectiuscula, spic. ovatis pubescentibus: aristis rectis, fol. mollissime villosis.

weiche. T. m. aufrechter Rispe, eyförm. haarigen Aehrch., geraden Grannen, weichzottigen Blätt. ⊙
W. Trockene kiesige und sandige Plätze. Bl. 5-8.

purgans. 4. B. panicula nutante crispa, fol. utrinque nudis: vaginis pilosis, glumis villosis.

eröfnende. T. m. überhängender krauser Rispe, beyderwärts nackten Blätt., haarigen Blattscheiden, zottigen Bälgen. ⚘
W. Virginien, Peru. Bl. 6-8.

asper. 5. B. panicula nutante scabra, spicul. villosis aristatis, fol. scabris.

rauhe. T. m. überhängender harscher Rispe, zottigen grannigen Aehrchen, harschen Blätt. ⚘ Dort. Gerstentwalch.
W. Aecker, Büsche. Bl. 5-7.

sterilis. 6. B. panicula patula, spicul. oblongis distichis, glumis subulato-aristatis.

Taubhaber. T. m. klaffender Rispe, länglichen zweyzeiligen Aehrchen, pfriemig-grannigen Bälgen. ⊙ Mäusehaber.

Digynia. **Zweyweibige.** 41

          W. Aecker, Wiesen, Wälder, Wege. Bl. 5-8.

aruensis.   7. B. panicula nutante, spicul. ovato-oblongis.
Lülch.   T. m. überhängender Rispe, eyförmig-länglichen Aehrchen. ☉ Gauchhaber.
          W. Anger, Raine, Hecken. Bl. 5-7.

tectorum.   8. B. panicula nutante, spicul. linearibus.
unfruchtbare. T. m. überhängender Rispe, schmahlen Aehrchen. ♂ Sandtrespe.
          W. Steinige Oerter, Mauern, Wege, Strohdächer. Bl. 5-8.

[*versicolor.* 9. B. panicula patente, spicul. linearibus arista longioribus].
bunte.   T. m. klaffender Rispe, schmahlen längern Aehrchen als die Granne. ☉
          W. Aecker, Wege. Bl. 5-7.

giganteus. 10. B. panicula nutante, spicul. quadrifloris: aristis brevioribus.
grosse.   T. m. überhängender Rispe, vierblüthigen kürzern Aehrchen als die Granne. ♃ Futtertrespe.
          W. Schattige feuchte Plätze Futtergras. Bl. 6-11.

pinnatus. 11. B. culmo indiviso, spicul. alternis subsessilibus teretibus subaristatis. [Festuca pinnata *Moench. Schrad.*]
gefiederte.   T. m. ungetheiltem Halme, abwechselnden faststiellosen runden schwachgrannigen Aehrchen. ♃
          W. Steinige Bergwälder u. Hügel, Felsen, Mauern. Bl. 6-8.

[*gracilis.*   12. B. culmo indiviso, spicul. alternis sessilibus subulatis; aristis longioribus. Festuca gracilis. *Moench. Schrad.*]
schlanke.   T. m. ungetheiltem Halme, abwechselnden stiellosen pfriemigen langgrannigen Aehrchen ♃
          W. Wälder, Büsche, schattige Wiesen. Bl. 6-8.

64. STIPA. *Cal.* 2-valvis, uniflorus. *Cor.* valvula exteriore arista terminali: basi articulata, [longissima].

64. Twalch. Kelch 2-spelzig, einblüthig. Blume mit sehr langer, an der Basis gegliederter spitzeständiger Granne der äussern Spelze. Pfriemengras.

pennata.   1. S. aristis lanatis [basi glabris, fol. filiformibus].
federiger.   T. m. molligen unten glatten Grannen, fadenförmigen Blätt. ♃ Federgras, Federtwalch, Reihergras, Marienflachs.
          W. Warme Berge und Hügel, Sandfelder, Heyden. Bl. 5. 6.

capillata. 2. S. aristis nudis curvatis, calyc. semine longioribus, fol. intus pubescentibus.
haarförmiger. T. m. krummen nackten Grannen, längeren Kelchen als der Saame, inwendig haarigen Blätt. ♃ Nadeltwalch, Nadelhaber.
          W. Trockene Hügel, Wege, Dämme. Bl. 7. 8.

tenacissima. 3. S. aristis basi pilosis, panicula spicata, fol. filiformibus.
zäher.   T. m. unten haarigen Grannen, ähriger Rispe, fadenförm. Blätt. ♃ Spartgras.

Triandria. Dreymännige Pflanzen.

W. Spanien auf sandigen Hügeln. Liefert hanfartige Fäden, und dient zu Matten, Körben, Tauen.

65. AVENA. *Cal.* 2-valvis, multiflorus: arista dorsali contorta.

65. Haber. Kelch 2 spelzig, vielblüthig: mit gedrehter rückenständiger Granne. Hafer.

elatior.   1. A. paniculata, calyc. bifloris, flosculo hermaphrodito submutico, masculo aristato.

hoher.   H. rispig, m. zweyblüthigen Kelchen, fastgrannenloser zwitterlicher, granniger männlicher Blüthe. ♃ Wiesenhaber, Glatthaber, Habergras, französisches Raygras, *Fromental, Faux-seigle.*

     α. flosculis omnibus muticis.
     m. lauter grannenlosen Blüthen.
     β. flosculo utroque aristato.
     m. lauter grannigen Blüthen.
     γ. flosculo hermaphrodito mutico. [Holcus avenaceus *Scop.*]
     m. grannenloser Zwitterblüthe.

W. Wiesen, Berge, Wälder. Trefliches Futtergras. Bl. 5-8.

dubia.   2. A. paniculata, calyc. subtrifloris: flosculo infimo arista terminali recta, reliquis apice biaristatis: arista dorsali reflexa].

zweifelhafter.   H. rispig, m. fastdreyblüthigen Kelchen, spitzeständ. gerader Granne des untersten, zwo spitzeständ. Grannen der übrigen Blüthen, rückwärtsgebogener rückenständiger Granne. ☉

W. Wüste Plätze. Bl. 6. 7.

sativa.   3. A. paniculata, calyc. dispermis, sem. laevibus, altero aristato. *Avenae Semen.*

zahmer.   H. rispig, m. zweysaamigen Kelchen, glatten doch einem grannigen Saamen. ☉

     α. spiculis pendulis.
     gemeiner, m. hängenden Aehrchen.
     β. orientalis, panicula coarctata subsecunda.
     türkischer, m. klaffenden Aehrchen, fasteinseitiger gedrängter Rispe. Ungarischer, tatarischer Haber.

W. Unbekannt. Getraide. Man unterscheidet weissen und schwarzen Haber bey beyden Abarten. Bl. 7. 8.

nuda.   4. A. paniculata, cal. trifloris, receptaculo calycem excedente, petalis dorso aristatis; [tertio flosculo mutico. *Praecedentis Varietas*].

nackter.   H. rispig, m. dreyblüthigen Kelchen, längerm Hälter als der Kelch, am Rücken grannigen Blumenbl., grannenlosen dritten Blüthchen. ☉ Tatarischer Haber.

W. Unbekannt. Getraide. Bl. 6. 7. Abart des vorigen.

fatua.   5. A. paniculata, cal. trifloris, flosc. omnibus basi pilosis: aristis totis laevibus.

wilder.   H. rispig, m. dreyblüthigen Kelchen, lauter an der

Digynia. Zweyweibige. 43

     Basis haarigen Blüthchen, ganz glatten Grannen. ☉
     Windhaber, Wildhaber, Flughaber,
     Barthaber, Risten, Rispen.
     W. Aecker. Bl. 6=8.

sesquitertia. 6. A. paniculata: cal. subtrifloris, flosc. omnibus aristatis, receptaculis barbatis.
dritthalblüthiger. H. rispig, m. fastdreyblüthigen Kelchen, lauter grannigen Blüthen, bärtigem Hälter. ☉ Silberhaber.
     W. Büsche, Berge. Bl. 5=8.

[*strigosa.* 7. A. panicula secunda, cal. subtrifloris, flosc. apice biaristatis: arista dorsali geniculata, fol. glabris].
rauher. H. m. einseitiger Rispe, fastdreyblüthigen Kelch, an der Spitze zweygrannigen Blüthchen, gelenkiger rückenständ. Granne, glatten Blätt. ☉
     W. Im Getraide. Bl. 6=8.

[*brevis.* 8. A. panicula secunda, cal. subtrifloris, flosc. apice bidentatis: arista dorsali scabra, fol. scabris].
kurzer. H. m. einseitiger Rispe, fastdreyblüthigen Kelchen, an der Spitze zweyzahnigen Blüthchen, harscher rückenständiger Granne, harschen Blätt. ☉
     W. Herzogth. Bremen, wo er auch gebaut werden soll. Bl. 6. 7.

pubescens. 9. A. subspicata, cal. subtrifloris basi pilosis, fol. planis pubescentibus.
behaarter. H. fastährig, m. fastdreyblüth. an der Basis haarigen Kelchen, flachen haarigen Blätt. ♃
     W. Wiesen, Dämme, Mauern. Bl. 5=7.

flavescens. 10. A. panicula laxa, calyc. trifloris brevibus, flosc. omnibus aristatis.
gelblicher. H. m. schlaffer Rispe, dreyblüth. kurzen Kelchen, lauter grannigen Blüthch. ♃
     W. Wiesen, Wälder. Gutes Schaaffutter. Bl. 6. 9.

pratensis. 11. A. subspicata, calyc. [sub-] quinquefloris.
fünfblüthiger. H. fastährig, m. fastfünfblüthigen Kelchen. ♃
     W. Sandfelder u. Büsche. Bl. 5=7.

66. ARVNDO. *Cal.* 2-valvis. *Flosculi* congesti, lana cincti.
66. Schilf. Kelch 2=spelzig. Blüthchen gedrängt, mit Wolle umhüllt. Rohr.

Bambos. 1. A. calyc. multifloris, spicis ternis sessilibus. [*Flores hexandri* — Bambos arundinacea *Retz.* Bambusa arundinacea *Willd.*]
Bambosrohr. S. m. vielblüthigen Kelchen, dreyzähligen stiellosen Aehren, sechsmännigen Blüthen. ♄
     W. Ostindien. Liefert Bamboszucker, Bauholz, die innere Rinde Papier x.

Donax. 2. A. calyc. [sub-] quinquefloris, panicula diffusa, [calyces 2- ad 5-flori].
zahmes. S. m. fünfblüthigen Kelchen, weitschweifiger Rispe. ♃
     W. Warme Hügel des südl. Europa u. nördl. Asiens. Zierpfl. Liefert Angelruthen und Rietstifte. Bl. 7. 8.

Phragmites. 3. A. calyc. [sub-] quinquefloris, panicula laxa, [Calyces 3- ad 6-flori].

44 *Triandria.* Dreymännige Pflanzen.

Rohr. 3. S. m. fünfblüth. Kelchen, schlaffer Rispe. ♃ Schilf, Rohr, Riet.
W. Ufer, Sümpfe, Gräben. Rohrdecken, Rietstifte. Bl. 7-9.

epigeios. 4. A. calyc. unifloris, panicula erecta, fol. subtus glabris. [Calamagrostis Epigeios *Roth.*]
trockenes. S. m. einblüth. Kelchen, aufrechter Rispe, unten glatten Blätt. ♃
W. Trockene buschige Hügel. Bl. 6-8.

Calamagrostis. 5. A. calyc. unifloris laevibus, coroll. lanuginosis, culmo ramoso. [Calamagrostis lanceolata *Roth.*]
Dachgras. S. m. einblüth. glatten Kelchen, wolligem Blumen, ästigem Halme. ♃ Rohrgras.
W. Feuchte Wiesen und Holzungen, Sümpfe, Ufer. Bl. 6-8.

arenaria. 6. A. calyc. unifloris, fol. involutis mucronato-pungentibus. [Calamagrostis arenaria *Roth.*]
Helm. S. m. einblüth. Kelchen, einwärtsgerollten stachelspitzig-stechenden Blätt. ♃ Sandrohr.
W. Sandgegenden, Dünen. Befestigt den Flugsand. Bl. 7-8.

67. LOLIVM. *Cal.* 1-phyllus, fixus, multiflorus.
67. Lolch. Kelch 1-blätterig, festsitzend, vielblüthig Lülch.

perenne. 1. L. spica mutica, spiculis compressis multifloris.
ausdauernder. L. m. grannenloser Aehre, zusammengedrückten vielblüthigen Aehrchen. ♃ Raygras, Raden, Dinkelspelz, Taubenkorn.
W. Wiesen, unbebaute Plätze, Mauern, Wege. Futtergras. Bl. 6-10.

tenue. 2 L. spica mutica tereti: spiculis trifloris.
zarter. L. m. grannenloser runder Aehre, dreyblüthigen Aehrchen. ♃
W. Lehmige Hügel. Bl. 5.

temulentum. 3. L. spica aristata, spiculis compressis multifloris.
betäubender. L. m. granniger Aehre, zusammengedr. vielblüth. Aehrchen. ☉ Schwindelhaber, Trespe, Tollkorn, Dort, Taumel.
W. Aecker, Gärten, Ufer. Bl. 6. 7.

68. ELYMVS. *Cal.* lateralis, 2-valvis, aggregatus, multiflorus.
68. Sandhalm. Kelch seitenständig, 2-spelzig, gehäuft, vielblüthig. Haargras.

arenarius. 1. E. spica erecta arcta, calyc. tomentosis flosculo longioribus.
Seehafer. S. m. aufrechter geschlossener Aehre, filzigen längeren Kelchen als die Blüthchen. ♃ Seehafer, Sandhafer, Sandroggen, Sandweitzen.
W. Seeküsten. Dient zur Befestigung des Flugsandes. Bl. 8. 9.

sibiricus. 2. E. spica pendula arcta, spiculis binatis calyce longioribus.
sibirischer. S. m. hängender geschlossener Aehre, zweyfingerigen längern Aehrchen als der Kelch. ♃
W. Sibirien. Futtergras. Bl. 7. 8.

Digynia. Zweyweibige.

caninus.	3. E. spica nutante arcta, spiculis rectis involucro destitutis: infimis geminis. [Triticum caninum *Schrad.*]
queckenartiger.	S. m. überhängender geschlossener Aehre, geraden hüllenlosen Aehrch., zweyzähligen untersten Aehrchen. 4 W. Feuchte Bergwälder, Hecken, Wege, Gartland. Bl. 6-8.
europaeus.	4. E. spica erecta: spiculis bifloris involucro aequalibus.
waldischer.	S. m. aufrechter Aehre, zweyblüthigen so langen Aehrchen als die Hülle. 4 W. Wälder. Bl. 6-8.

69 SECALE. *Cal.* oppositus, 2-valvis, 2-florus, solitarius.
69. Roggen. Kelche entgegengesetzt, 2-spelzig, 2-blüthig, einzeln. Rocken.

cereale.	1. S. glumarum ciliis scabris. *Secales Semen.*
Korn.	R. m. harschen Franzen der Bälge. ⊙ W. Am Don und der Wolga. Getraide. Bl. 6. 7.

70. HORDEVM. *Cal.* lateralis, bivalvis, uniflorus, ternus.
70. Gerste. Kelch seitenständig, 2-spelzig, 1-blüthig, dreyzählig.

vulgare.	1. H. flosculis omnibus hermaphroditis aristatis: ordinibus duobus erectioribus. *Hordei Semen.*
vierzeilige.	S. m. lauter zwitterlichen grannigen Blüthchen; zwey aufrechteren Zeilen. ⊙
	α. *polystychon,* seminibus corticatis. grosse, m. festhülsigen Saamen. Gemeine Gerste, Kerngerste.
	β. *caeleste,* seminibus nudis. nackte, m. loshülsigen Saamen. Himmelsgerste, Himmelskorn, ägyptisches, wallachisches Korn, Jerusalemskorn, Davidsgerste. W. Sicilien? Rußland? Getraide. Bl. 6. 7.
hexastychon.	2. H. flosculis omnibus hemaphroditis aristatis, sem. sexfariam aequaliter positis. *Hordei Semen.*
sechszeilige.	S. m. lauter zwitterlichen grannigen Blüthchen, sechs gleichförm. Zeilen der Saamen. ⊙ Vielzeilige Gerste, Rollgerste, Stockgerste. W. Unbekannt. Getraide. Bl. 6-8.
distichon.	3. H. flosculis lateralibus masculis muticis, sem. angularibus imbricatis. *Hordei Semen.*
zweyzeilige.	S. m. grannenlosen seitenständ. männl. Blüthchen, geschindelten winkelständ. Saamen. ⊙ Sommergerste, kleine Gerste.
	α. *corticatum,* seminibus corticatis. gemeine, m. festhülsigen Saamen.
	β. *nudum,* seminibus nudis. nackte, m. loshülsigen Saamen. W. Tatarey am Flusse Samara. Getraide. Bl. 6-8.
Zeocriton.	4. H. flosculis lateralibus masculis muticis, sem. angularibus patentibus corticatis. *Hordei Semen.*
bärtige.	S. m. grannenlosen seitenständ. männlichen Blüthchen, klaffenden festhülsigen Saamen. ⊙ Reißgerste, Bartgerste.

Triandria. **Dreymännige Pflanzen.**

W. Unbekannt. Getraide. Bl. 6-8. Wahrscheinlich eine Abart der vorigen.

bulbosum. 5. H. flosc. omnibus ternis fertilibus aristatis, involucris setaceis ciliatis.

knollige. G. m. lauter dreyzähl. fruchtbaren grannigen Blüthchen, borstenförm. gefranzten Hüllen. ♃

W. Italien, Levante. Als Getraide empfohlen. Bl. 6-8.

murinum. 6. H. flosc. lateralibus masculis, [omnibus] aristatis, involucris intermediis ciliatis.

taube. G. m. seitenständ. männl., lauter grannigen Blüthch., gefranzten mittleren Hüllen. ☉ Katzenkorn, Löthe.

W. Unbebaute Plätze, Anger, an Mauern, Wegen, Hecken. Bl. 5-8.

[secalinum. 7. H. flosc. lateralibus masculis aristatis, involucris setaceis scabris].

roggenartige. G. m. seitenständ. grannigen männl. Blüthch., borstigen harschen Hüllen. ♃

W. Anger, Raine, Wege. Bl. 6. 7.

71. TRITICVM. *Cal.* 2-valvis, solitarius, subtriflorus. *Flos* obtusiusculus, acutus.

71. **Weitzen.** Kelch 2-spelzig, einzeln, fastdreyblüthig. Blüthe ziemlichstumpf mit einer Spitze. **Waitzen.**

* *Annua.* **Jährige.**

[vulgare. 1. T. calycibus quadrifloris ventricosis imbricatis]. *Tritici Semen.*

gemeiner. W. m. vierblüthigen bauchigen geschindelten Kelchen. ☉

aestivum. α. T. calycibus quadrifloris ventricosis glabris imbricatis aristatis [*etiam muticis*].

Sommerwaitzen m. glatten grannigen Kelchen.

hybernum. β. T. calyc. quadrifloris ventricosis laevibus imbricatis submuticis [muticis et aristatis].

Winterwaitzen m. ebenen fastgrannenlosen Kelchen.

γ. *compositum,* spica composita.

vielähriger m. zusammengesetzter Aehre. Wechselweitzen. Dinkel. Kroll-, smyrnischer, türkischer, römischer, neapolitanischer Weitzen, Wunderkorn.

turgidum. δ. T. calyc. quadrifloris ventricosis villosis imbricatis obtusis [*vel aristatis, vel muticis*].

englischer m. zottigen Kelchen.

W. Daurien, Sibirien. Getraide. Bl. 6-8.

polonicum. 2. T. calyc. bifloris nudis, flosc. longissime aristatis, racheos dentibus barbatis.

Gomer. W. m. zweyblüthigen nackten Kelchen, sehr langgrannigen Blüthchen, bärtigen Zähnen der Spuhle. ☉ Polnischer Weitzen, Ganer, Gummer.

W. Unbekannt. Getraide. Bl. 6-8.

Spelta. 3. T. calyc. quadrifloris truncatis, flosc. aristatis hermaphroditis: intermedio neutro. [*Cal. subquadriflori aristati et mutici.*]

Dinkel. W. m. fastvierblüth. abgestutzten Kelchen, grannigen zwitterlichen, grannenlosen geschlechtslosen Blüth-

Trigynia. Dreyweibige.

chen. ☉ Dünkel, Spelz, Vesen, Amelkorn, Zweykorn, Korn, Kern.
W. Unbekannt. Getreide. Bl. 6-8.

monococcon. 4. T. calyc. subtrifloris: primo aristato, intermedio sterili.

Einkorn. W. m. fastdreyblüth. Kelchen, grannigem ersten, unfruchtbaren mittlerem Blüthchen. ☉ Emmer, St. Peterskorn, Blicken, Schwabenkorn.
W. Unbekannt. Getraide. Bl. 6-8.

** Perennia. Ausdauernde.

repens. 5. T. calyc. quadrifloris subulatis acuminatis, fol. planis. [Cal. aristatis vel muticis, 3-8-floris]. Graminis s. Graminis minoris Radix.

Quecken. W. m. vierblüth. pfriemigen zugespitzten Kelchen, flachen Blätt. ♃ Pädergras.
W. Wiesen, Gärten, Hecken, Aecker. Bl. 5-8.

TRIGYNIA. Dreyweibige.

72. MONTIA. *Cal.* 2-phyllus. *Cor.* 1-petala, irregularis. *Caps.* 1-locularis, 2-valvis.

72. Montie. Kelch 2=blätterig. Blume 1=blätterig, unregelmässig. Kaps. 1=fächerig, 2=klappig.

fontana. 1. Montia.

Wassermeyer. Montie. ☉ Wasserburzelkraut.
W. Klare Gewässer, feuchte Felder. Bl. 5-10.

73. HOLOSTEVM. *Cal.* 5-phyllus. *Petala* 5. *Caps.* 1-locularis, [6-valvis], subcylindracea, apice debiscens.

73. Spurre. Kelch 5=blätterig. Blume 5=blätterig. Kapsel 1=fächerig, 6=klappig, fastwalzenförm., an der Spitze auffspringend.

umbellatum. 1. H. floribus umbellatis.

Nelkengras. Sp. m. doldigen Blüthen. ♃ Blumengras.
W. Aecker, Wiesen, Wellerwände, unbebaute Plätze. Bl. 4-6.

Vierte Klasse.

TETRANDRIA.
Viermännige Pflanzen.

MONOGYNIA. Einweibige.

* *Fl. monopetali, monospermi, inferi.*
* Blüthen einblätterig, einsaamig, unten.

74. GLOBULARIA. *Corollulae* monopetalae, irregulares. *Sem.* pappo nudis.

74. **Kugelblume.** Blümchen einblätterig, unregelmässig. Saamen federlos.

** *Fl. monopetali, monospermi, superi.* Aggregatae.
** Blüthen einblätterig, einsaamig, oben. Gehäuftblumige.

75. CEPHALANTHUS. *Cal.* communis 0. *Recept.* globosum, villosum. *Sem.* lanuginosa. [*Caps.* locularis non dehiscens].

Knopfblume. Kelch gemeinschaftlicher 0. Hälter kugelig, zottig. Kaps. fächerig, nicht aufspringend.

76. DIPSACUS. *Cal.* communis foliaceus. *Recept.* conicum, paleaceum. *Sem.* columnaria.

Karden. Kelch gemeinschaftl. blätterig. Hälter kegelig, spreuig. Saamen säulenförmig.

77. SCABIOSA. *Cal.* communis. *Recept.* elevatum, subpaleaceum. *Sem.* coronata, involuta.

Scabiose. Kelch gemeinschaftlicher. Hälter erhaben, etwas spreuig. Saamen gekrönt, hüllig.

78. KNAUTIA. *Cal.* communis oblongus. *Recept.* planum, nudam. *Sem.* apice villosa.

Knautie. Kelch gemeinschaftl. länglich. Hälter flach, nackt. Saamen an der Spitze zottig.

† VALERIANA. Baldrian.

*** *Fl. monopetali, monocarpi, inferi.*
*** Blüthen einblätterig, einfruchtig, unten.

86. CENTUNCULUS. *Cor.* rotata. *Cal.* 4-partitus. *Caps.* 1-locularis, circumcissa.

Kleinling. Blume radförmig. Kelch 4-theilig. Kaps. 1-fächerig, durchschnitten.

85. PLANTAGO. *Cor.* refracta. *Cal.* 4-partitus. *Caps.* 2-locularis, circumcissa.

Wegerich. Blume zurückgeschlagen. Kelch 4-theilig. Kaps. 2-fächerig, durchschnitten.

84. PENAEA. *Cor.* campanulata. *Cal.* 2-phyllus. *Caps.* 4-locularis, 4-valvis.

Sarcocolla. Blume glockenförmig. Kelch 2-blätterig. Kaps. 4-fächerig, 4-klappig.

† CEPHALANTHUS. Kopfblume. GENTIANA. Enzian.

**** *Fl. monopetali, monocarpi, superi.*
**** Blüthen einblätterig, einfruchtig, oben.

87. SANGUISORBA. *Cor.* plana. *Cal.* 2-phyllus. *Caps.* 4-gona, inter calycem et corollam.

Wiesenknopf. Blume flach. Kelch 2-blätterig. Kaps. 4-kantig, mittlere.

***** *Fl. monopetali, dicocci, superi.* Stellatae.
***** Blüthen einblätterig, zweyknöpfig, oben. Sternförmige.

83. RUBIA. *Cor.* campanulata. *Fructus* baccati.
Krapp. Blume glockenförmig. Früchte beerig.

82. GALIUM. *Cor.* plana. *Fructus* subglobosi.
Waldstroh. Blume flach. Früchte fastkugelig.

81. ASPERULA. *Cor.* tubulosa. *Fructus* subglobosi.
Waldmeister. Blume röhrig. Früchte fastkugelig.

80. SCHERARDIA. *Cor.* tubulosa. *Fructus* coronatus; *Sem.* 3-dentatis.

Monogynia. Einweibige. 49

80. Scherardie. Blume röhrig. Frucht gekrönt. Saamen 3-zahnig

79. SPERMACOCE. Cor. tubulosa. Fructus coronatus. Sem. 2-dentatis.
Zahnwirbel. Blume röhrig. Frucht gekrönt. Saamen 2-zahnig.

***** Fl. tetrapetali, inferi. Blüthen vierblätterig, unten.

88. EPIMEDIUM. Petala Nectar. 4, incumb. Cal. 4-phyllus. Siliqua 1-locularis.
Sockenblume. Blumenbl. m. 4 aufliegenden Nectar. Kelch 4-blätterig. Hülse 1-fächerig.

91. PTELEA. Petala coriacea. Cal. 4-partitus. Drupa exsucca, compressa.
Lederblume. Blumenbl. lederartig. Kelch 4-theilig. Pflaume saftlos, zusammengedrückt

90. FAGARA. Pet. staminibus breviora. Cal. 4-fidus. Caps. 2-valvis, 1-sperma.
Fagara. Blumenbl. kürzer als die Staubgef. Kelch 4-spaltig. Kaps. 2-klappig, 1-saamig.

† CARDAMINE. Gauchblume. EVONYMUS. Pfaffenhütlein. PRINOS. Winterbeer. HEDERA. Epheu.

****** Fl. tetrapetali, superi. Blüthen vierblätterig, oben.

93. TRAPA. Cal. 4-partitus. Nux armata spinis conicis, oppositis.
Wassernuß. Kelch 4-theilig. Nuß m. entgegengesetzten kegelförm. Stacheln.

89. CORNUS. Cal. 4-dentatus, deciduus. Drupa nucleo 2-loculari.
Dörligen. Kelch 4-zahnig, abfallend. Pflaume m. 2-fächerigem Kern.

96. SANTALUM. Cor. 4-petala Calyci innata. Bacca 1-sperma.
Santelholz. Blume 4-blätterig, kelchständig. Beere 1-saamig.

******* Fl. incompleti, inferi. Blüthen unvollständig, unten.

97. CAMPHOROSMA. Cal. 4-fidus. Caps. 1-sperma.
Ganfer. Kelch 4-spaltig. Kaps. 1 saamig.

98. ALCHEMILLA. Cal. 8-fidus. Sem. 1, calyce inclusum.
Sinau. Kelch 8-spaltig. Saame 1, im Kelche eingeschlossen.

94. DORSTENIA. Cal. Receptac. planum, carnosum, commune.
Dorstenie. Kelch der flache, fleischige, gemeinschaftliche Hälter.

† APHANES. Marienmantel. CONVALLARIA bifolia.* Zurkm. EQUISETUM. Schachtelhalm.

******** Fl. incompleti, superi. Blüthen unvollständig, oben.

92. SIRIUM. Cal. campanulatus. Bacca 3-locularis. Nectar. 4-phyllum.
Amberholz. Kelch glockenförmig. Beere 3-fächerig. Nectar. 4 blätterig.

95. ELAEAGNUS. Cal. campanulatus, deciduus. Drupa.
Oleaster. Kelch glockenförm., abfallend. Pflaume.

† THESIUM. Thesium.

---

*) Maianthemum. Cal. o. Cor. 4-partita. Bacca 2-locularis, 2-sperma. Roth.

DIGYNIA. Zweyweibige.

100. Hamamelis.	Cor. 4-petala, longissima. Cal. duplex. Nux bilocularis, bicornis.	
Zaubernuß.	Blume 4-blätterig, sehr lang. Kelch doppelt. Nuß 2-fächerig, 2-hörnig.	
101. Cuscuta.	Cor. 4-fida, ovata. Cal. 4-fidus. Caps. 2-locularis, circumcissa.	
Range.	Blume 4-blätterig, eyförmig. Kelch 4-spaltig. Kapf. 2-fächerig, durchschnitten.	
99. Aphanes.	Cor. 0. Cal. 8-fidus. Sem. 2.	
Marienmantel.	Blume 0. Kelch 8-spaltig. Saam. 2.	

† Herniaria. Tausendkorn. Gentiana. Enzian. Vlmus. Ulme.

TETRAGYNIA. Vierweibige.

102. Ilex.	Cor. 1-petala. Cal. 4-dentatus. Bacca 4-sperma.	
Hülst.	Blume 1-blätterig. Kelch 4-zähnig. Beere 4-saamig.	
104. Sagina.	Cor. 4-petala. Cal. 4-phyllus. Caps. 4-locularis, polysperma. *	
Vierling.	Blume 4-blätterig. Kelch 4-blätterig. Kapf. 4-fächerig, vielsaamig.	
103. Potamogeton.	Cor. 0. Cal. 4-phyllus. Sem. 4, sessilia.	
Seehoden.	Blume 0. Kelch 4-blätterig. Saam. 4, stiellos.	

† Linum. ** Flachs.

MONOGYNIA. Einweibige.

74. **GLOBVLARIA.** Cal. communis imbricatus; proprius tubulatus, inferus. Corollulae labio superiore 2-partito: inferiore 3-partito. Recept. paleaceum.

74. **Kugelblume.** Kelch: gemeinschaftlicher geschindelt; besonderer röhrenförmig, unten. Blümchen m. 2-theiliger Oberlippe: 3-theiliger Unterlippe. Hälter spreuig. Maßlieben.

Alypum. 1. G. caule fruticoso, fol. lanceolatis tridentatis integrisque, [capitulis terminalibus]. Alypi Folia.

dreyzähnige. K. m. strauchartigem Stamme, lanzigen dreyzähnigen und ganzrandigen Blätt., spitzeständigen Knöpfen. ♄ Purgirende Kugelblume.

W. Provence, Spanien, Italien in Wäldern an Felsen.

vulgaris. 2. G. caule herbaceo, fol. radicalibus tridentatis, caulinis lanceolatis.

blaue. K. m. krautartigem Stamme, dreyzähnigen wurzelständigen, lanzigen stammständ. Blätt. ♃ Rückerz.

---

*) Sagina. Cal. 4-phyllus. Cor. 4-petala. Caps. 4-locul., 4-valvis, polysperma.
Moenchia. Cal. 4-phyllus. Cor. 4-petala. Caps. 1-locul., evalvis. Persoon.
**) Radiola. Cal. 4-phyllus. Cor. 4-petala. Caps. 4-valvis, 8-locularis. Roth.

Monogynia. Einweibige.

W. Steinige Berge, trockene Wiesen, Wege. Bl. 5. 6.

75. CEPHALANTHVS. *Cal. communis* 0; *proprius* superus, infundibuliformis. *Recept.* globosum, nudum, [pilosum]. *Sem.* 1, lanuginosum. [*Caps.* locularis, non dehiscens].

75. **Knopfblume.** Kelch: gemeinschaftlicher 0; besonderer oben, trichterförm. Hälter kugelig, haarig. Kapf. fächerig, nicht auffspringend. Knopfbaum.

occidentalis. 1. C. fol. oppositis ternisque.
Knopfbaum. K. m. entgegengesetzten u. dreyzähligen Blätt. ♄
W. Nordamerica an feuchten Plätzen. Engl. Gärten. Bl. 7. 8.

76. DIPSACVS. *Cal. communis* polyphyllus; *proprius* superus. *Recept.* paleaceum. [*Pappus* integer].

76. **Karden.** Kelch: gemeinschaftlicher vielblätterig; besonderer oben. Hälter spreuig. Federchen ganz. Karten.

fullonum. D. fol. sessilibus serratis. [Duas species hoc nomine et characteres Linneus iunxit, scilicet].

sylvestris. 1. D. foliis inferioribus connatis, supremis sessilibus, paleis rectis.
wilde. K. m. zusammengewachsenen unteren, stiellosen oberen Blätt., gerader Spreu. ♂
W. Wege, Hecken. Bl. 7. 8.

fullonum. 2. D. paleis recurvatis, [foliis serratis connato-perfoliatis. *Cardui Veneris Herba, Radix*].
Weberdisteln. K. m. rückwärtsgekrümmter Spreu, zusammengewachsenen sägigen Blätt. ♂ Weberkarden, Kartendisteln.
W. Büsche, Hecken, unbebaute Plätze. Gebaut zum Rauhen des Tuchs. Bl. 7. 8.

laciniatus. 3. D. fol. connatis sinuatis [laciniato-pinnatifidis, paleis rectiusculis.
zerschlitzte. K. m. lauter zusammengewachsenen buchtig-halbgefiederden Blätt., ziemlich gerader Spreu. ♂
W. An Gräben, Wegen. Bl. 7. 8.

pilosus. 4. D. fol. petiolatis appendiculatis.
haarige. K. m. gestielten belappten Blätt. ♂
W. Feuchte Wälder, am Wasser, Hecken. Bl. 7. 8.

77. SCABIOSA. *Cal. communis* polyphyllus, *proprius* duplex, superus. *Recept.* paleaceum s. nudum. [*Papp.* varie fissus].

77. **Scabiose.** Kelch: gemeinschaftl. vielblätterig; besonderer doppelt, oben. Hälter spreuig oder nackt. Federchen spaltig.

* *Corollulis quadrifidis.* Blümchen vierspaltig.

Succisa. 1. S. corollulis quadrifidis aequalibus, caule simplici, ramis approximatis, fol. lanceolato-ovatis. *Succisae s. Morsus Diaboli Radix.*

Abbiß. S. m. vierspaltigen gleichförmigen Blümchen, einfachem Stamme, beysammenstehenden Aesten, lanzigeyförmigen Blätt. ♃ Teufelsabbiß, St. Petersfraut.

Tetrandria. Viermännige Pflanzen.

W. Feuchte Grasplätze und Wälder. Bl. 7-9.

arvensis. 2. S. corollulis quadrifidis radiantibus, fol. [radicalibus oblongis, caulinis] pinnatifidis incisis, caule hispido. *Scabiosae Herba, Flores.*

blaue. S. m. vierspaltigen strahlenden Blümch., länglichen wurzelständ., eingeschnittenen halbgefiederten stammständigen Blätt. ♃ Apostemkraut, Gliederlenge, Grindkraut, Nonnenkleppel, Ackerscabiose, blaue Kornrosen, Knopfkraut, Witwenblume.

W. Wiesen, Wege auf kiesigem Boden. Bl. 5-11.

sylvatica. 3. S. corollulis quadrifidis radiantibus, fol. omnibus indivisis ovato-oblongis serratis, caule hispido.

röthliche. S. m vierspaltigen strahlenden Blümch., lauter ungetheilten eyförmig-länglichen sägigen Blätt., borstigem Stamme. ♃ Waldscabiose.

W. Wälder, Büsche. Bl. 6.7.

** *Corollulis quinquefidis.* Blümchen fünfspaltig.

columbaria. 4. S. corollulis quinquefidis radiantibus, fol. radicalibus ovatis crenatis, caulinis pinnatis setaceis.

kleine. S. m. fünfspaltigen strahlenden Blümch., eyförm. gekerbten wurzelständigen, gefiederten borstenförmigen stammständ. Blätt. ♃ Bergscabiose, klein Apostemkraut.

W. Wiesen, Berge, Büsche. Bl. 6-8.

stellata. 5. S. corollulis quinquefidis radiantibus, fol. dissectis, receptaculis florum subrotundis.

gesternte. S. m. fünfspaltigen etwas strahlenden Blümch., zerschnittenen Blätt., fastkugeligen Blüthenhältern. ☉ Sternscabiose.

W. Aecker in Spanien. Zierpfl. Bl. 7-9.

prolifera. 6. S. corollulis quinquefidis radiantibus, flor. subsessilibus, caule prolifero, fol. indivisis.

sprossende. S. m. fünfspaltigen strahlenden Blümch., faststiellosen Blüthen, wipfeligem Stamme, ungetheilten Blätt. ☉

W. Egypten. Zierpfl. Bl. 7.8.

atropurpurea. 7. S. corollulis quinquefidis radiantibus, fol. dissectis, receptaculis florum subulatis.

Tabackskraut S. m. fünfspaltigen strahlenden Blümch., zerschnittenen Blätt., pfriemigen Blüthenhältern. ☉ Indianische Biesamscabiose.

W. Ostindien? Zierpfl. Bl. 8-10.

africana. 8. S. corollulis quinquefidis aequalibus, fol. simplicibus incisis, caule fruticoso.

strauchartige. S. m. fünfspaltigen gleichförm. Blümch., einfachen eingeschnittenen Blätt., strauchartigem Stamme. ♄

W. Africa, Levante. Zierpfl. Bl. 7.8.

ochroleuca. 9. S. corollulis quinquefidis radiantibus, fol. bipinnatis linearibus.

weißgelbe. S. m. fünfspaltigen strahlenden Blümch., doppeltgefiederten schmahlen Blätt. ♃ Wohlriechende Scabiose.

W. Hügel, Wiesen, Büsche, Wege, Raine. Zierpfl. Bl. 6-9.

78. KNAUTIA. *Cal. communis oblongus, simplex,* 5 [-15-]

florus; *proprius* simplex, superus. *Corollalae* irregulares. *Recept.* nudum.

78. **Knautie.** Kelch: gemeinschaftlicher länglich, einfach, 5=15=blüthig; besonderer einfach, oben. Blümchen unregelmäſſig. Hälter nackt.

orientalis. 1. K. fol. incisis, corollulis quinis calyce longioribus.
nelkenartige. K. m. eingeschnittenen Blätt., fünf längern Blümchen als der Kelch. ☉
W. Levante. Zierpfl. Bl. 6-8.

79. **SPERMACOCE.** *Cor.* 1-petala, infundibulif. *Semina* 2, bidentata. [*Caps.* infera, 2-locul. *Sem.* solitaria].

79. **Zahnwirbel.** Blume 1=blätterig, trichterförm. Kapſ. unten, 2=fächerig. Saamen einzeln.

tenuior. 1. S. glabra, fol. linearibus [lanceolatis], staminibus inclusis, floribus verticillatis [et solitariis].
dünne. Z. m. lanzigen Blätt., eingeschloſſenen Staubgefäſſen, quirligen und einzelnen Blüthen. ☉
W. Carolina, Jamaica. Zierpfl. Bl. 7.8.

80. **SCHERARDIA.** *Cor.* 1-petala, infundibulif. *Sem.* 2, tridentata.

80. **Scherardie.** Blume 1=blätterig, trichterförm. Saamen 2, dreyzahnig.

arvensis. 1. S. fol. omnibus verticillatis, flor. terminalibus.
Ackerröthe. S. m. lauter quirligen Blätt., spitzeständigen Blüthen. ☉
W. Aecker, Gartenland. Bl. 6-8.

81. **ASPERVLA.** *Cor.* 1-petala, infundibulif. *Sem.* 2, globosa.

81. **Waldmeiſter.** Blume 1=blätterig, trichterförm. Saamen 2, kugelig.

odorata. 1. A. fol. octonis lanceolatis, florum fasciculis pedunculatis. *Matrisylviae Herba.*
wohlriechender. W. m. achtzähligen lanzigen Blätt., geſtielten Blüthenbüſcheln. ♃ Sternleberkraut, Meeſeke, Meeſerich, Herzfreude, Gliedzwenge, Waldwinde.
W. Wälder. Bl. 5-7.

arvensis. 2. A. fol. senis octonisque, flor. sessilibus terminalibus aggregatis.
blauer. W. m. ſechs= und achtzähligen Blätt., gehäuften ſpitzeſtändigen ſtiellosen Blüth. ☉
W. Aecker. Bl. 5-7.

tinctoria. 3. A. fol. linearibus: inferioribus senis; intermediis quaternis, caule flaccido, flor. plerisque trifidis.
färbender. W. m. ſchmahlen, ſechszähligen unteren, vierzähligen mittleren Blätt., ſchlaffen Stamme, mehrentheils dreyſpaltigen Blumen. ♃ Falſche Färberröthe, Meyerkraut.
W. Heyden, trockene Anger, Berge, Küſten. Dient zum Rothfärben. Bl. 5-7.

cynanchica. 4. A. fol. quaternis linearibus: superioribus oppositis, caule erecto, flor. quadrifidis.

Tetrandria. Viermännige Pflanzen.

Bräunewurzel 4. W. m. schmahlen vierzähligen, entgegengesetzten oberen Blätt., aufrechtem Stamme, vierspaltigen Blüth ♃
W. Steinige Berge und Wälder, Mauern, Wege. Bl. 6-8.

82. GALIVM. *Cor.* 1-petala, plana. *Sem.* 2, subrotunda. *
82. **Waldstroh.** Blume 1-blätterig, flach. Saamen 2, fastkugelig. Labkraut.

* *Fructu glabro.* Mit glatter Frucht.

palustre. 1. G. fol. quaternis obovatis inaequalibus, caulibus diffusis.
Labkraut. W. m. verkehrt eyförmigen ungleichen Blätt., weitschweifigen Stämmen. ♃
W. Feuchte Plätze. Bl. 5-8.

montanum. 2. G. fol. subquaternis linearibus laevibus, caule debili scabro. [*Fol. caulina* 5-8; *ramea* 4-6].
Bergröthe. W. m. schmahlen fastvierzähligen glatten Blätt., schwachem harschem Stamme. ♃
W. Trockene Hügel, Bergwälder. Bl. 5-8. Stammständige Blätter 5-8. Astständige 4-6.

[hercynicum. 3. G. fol. subsenis obovatis mucronatis, caule procumbente, pedunculis dichotomis multifloris].
gebirgisches. W. m. verkehrt-eyförm. stachelspitzigen fastsechszähligen Blätt., niederliegendem Stamme, zwieseligen vielblüthigen Blüthenstielen. ♃
W. Heyden, dürre Bergwiesen, Hecken. Bl. 6.7.

[sylvestre. 4. G. fol. subsenis lanceolato-linearibus mucronatis, caul. prostratis quadrangulis ramosis, paniculae ramis elongatis. — G. Bocconi *Willd. Fol.* 5, 6, 7, 8, 9 *Flores albi*].
bocconisches. W. m. lanzig-schmahlen stachelspitzigen fastsechszähligen Blätt., niederliegenden vierkantigen ästigen Stämmen, langen Aesten der Rispe. ♃
W. Heyden, steinige Berge u. Wälder. Bl. 5-7.

verum. 5. G. fol. [plerisque] octonis linearibus sulcatis, ramis floriferis brevibus. *Galii lutei Summitates.*
gelbes. W. m. schmahlen gefurchten fastachtzähligen Blätt., kurzen blühenden Aesten. ♃ Unsrer lieben Frauen Bettstroh, Bettstroh, Meyerkraut, Waldstroh, gelbes Labkraut, Wegestroh, gelber Butterstiel, Sternkraut, Johannisblume, Gliedkraut.
W. Trockene Plätze, Hecken, Büsche, Wiesen. Färbt roth. Bl. 6-8.

Mollugo. 6. G. fol. octonis [senisque] ovato-linearibus subserratis patensissimis mucronatis, caule flaccido, ramis patentibus. *Galii albi Herba.*
weisses. W. m. acht- und sechszähligen lanzigen etwasägigen ausgebreiteten stachelspitzigen Blätt., schlaffem Stamme, klaffenden Aesten ♃ Butterstiel, wilde Röthe, weiß Labkraut ob. Meyerkraut.
W. Wege, trockene Wiesen, Gesträuche, Hecken.

---

*) Valantia *genere certissime a Galio non diversa, eique iungenda.*

Monogynia. **Einweibige.** 55

Wurzel rothfärbend, Kraut gelb= und braunfärbend. Bl. 5-7.

sylvaticum. 7. G. fol. octonis [senisque lanceolatis] laevibus subtus scabris: floralibus binis, pedunc. capillaribus, caule laevi.

Waldröthe. W. m. acht= und sechszähligen lanzigen glatten unten harschen Blätt., zweyzähligen Blüthenblätt., haarartigen Blüthenst., glattem Stamme. ♃ Bergstern.
W. Wälder, Büsche. Bl. 6=8.

[** *Fructu scabro*]. Mit harscher Frucht.

spurium. 8. G. fol. senis lanceolatis carinatis scabris retrorsum aculeatis, geniculis simplicibus, fructibus glabris [scabris].

falsches. W. m. sechszähligen lanzigen gekielten harschen rückwärts stachligen Blätt., einfachen Gelenken, harschen Früchten. ☉
W. Aecker, Gärten. Bl. 5. 6.

uliginosum. 9. G. fol. senis lanceolatis retrorsum serrato-aculeatis mucronatis rigidis, corollis fructu maioribus.

Sumpfröthe. W. m. sechszähligen lanzigen rückwärts sägeförmig stachligen stachelspitzigen spröden Blätt., grössern Blumen als die Frucht. ♃
W. Sumpfige, morastige Gegenden, Gräben. Bl. 5=7.

*** *Fructu hispido.* Mit borstiger Frucht.

boreale. 10. G. fol. quaternis lanceolatis trinerviis glabris, caule erecto, sem. hispidis.

Wiesenröthe. W. m. vierzähligen lanzigen dreyrippigen glatten Blätt., aufrechtem Stamme, borstigen Früchten. ♃ Weisses Meyerkraut oder Labkraut, wilde od. glatte Wiesenröthe.
W. Feuchte Wiesen und Wälder. Wurzel färbt karmesinroth. Bl. 6-8.

Aparine. 11. G. fol. octonis lanceolatis: carinis scabris retrorsum aculeatis, geniculis villosis, fruct. hispidis. *Aparines Herba.* [Folia 8. 10.]

Kleberich. W. m. achtzählig. lanzigen Blätt., m. harschem rückwärts stachligem Kiele, zottigen Gelenken, borstigen Früchten. ☉ Klebekraut, Zungenpeitsche, Nabelsaamen, Bettlerläuse, Zaunriß.
W. Hecken, Aecker, Gärten, Mauern. Färbt roth. Bl. 5=8.

85. RVBIA. *Cor.* 1-petala, campanulata. *Baccae* 2, monospermae.

83. **Krapp. Blume 1=blätterig, glockenförmig. Beeren 2, einsaamig. Röthe. Grapp. Färbewurz.**

tinctorum. 1. R. fol. annuis, caule aculeato. *Rubiae tinctorum Radix.*

Färberröthe. R. m. jährigen Blätt., stachligem Stamme. ♃
α. *sylvestris* fol. superne asperis.
wilde m. oben rauhen Blätt.
β. *sativa* fol. superne glabris.
zahme m. oben glatten Blätt.
W. Das mildere Europa und Asien an wüsten Plä-

ßen, Wegen u. Sträuchern. Gebaut der rothfärbenden Wurzel wegen. Bl. 6. 7.

84. PENAEA. *Cal.* 2-phyllus. *Cor.* campanulata. *Styl.* 4-angularis. *Caps.* tetragona, 4-locularis, 8-sperma.

84. Sarcocolle. Kelch 2=blätterig. Blume glockenförmig. Griff. 4=kantig. Kaps. 4=kantig, 4=fächerig, 8=saamig.

Sarcocolla.	1. P. fol. ovatis planis, cal. ciliatis folio maioribus.
stumpfe.	S. m. epförm. flachen Blätt., gefranzten grössern Kelchen als das Blatt. ħ
	W. Aethiopien.
mucronata.	2. P. fol. cordatis acuminatis, [fol. acuminatis glabris, flor. terminalibus]. *Sarcocollae Gummi.*
spitzige.	S. m. zugespitzten glatten Blätt., spitzeständigen Blüthen. ħ
	W. Aethiopien.

85. PLANTAGO. *Cal.* 4-fidus. *Cor.* 4-fida: limbo reflexo. *Stamina* longissima. *Caps.* 2-locularis, circumcissa.

85. Wegerich. Kelch 4=spaltig. Blume 4=spaltig: m. zurückgebogener Mündung. Staubgef. sehr lang. Kaps. 2=fächerig, durchschnitten. Wegetritt. Wegebreit. Wegeblatt.

    * *Scapo nudo.* Mit nacktem Stengel.

maior.	1. P. fol. ovatis glabris, scapo tereti, spica flosculis imbricatis. *Plantaginis s. Plantaginis latifoliae Folia.*
breiter.	W. m. epförm. glatten Blätt., rundem Stengel, geschindelten Blüthen der Aehre. ♃ Schaafzunge.
	W. Unbebaute Plätze, Gärten, Wiesen, Küsten. Bl. 6=8.
media.	2. P. fol. ovato-lanceolatis pubescentibus, spica cylindrica, scapo tereti.
kleiner.	W. m. epförmig-lanzigen haarigen Blätt., walzenförm. Aehre, rundem Stengel. ♃
	W. Dürre lehmigte Grasplätze. Bl. 5. 6.
lanceolata.	3. P. fol. lanceolatis, spica subovata nuda, scapo angulato. *Plantaginis minoris Folia.*
schmahler.	W. m. lanzigen Blätt., fastepförmiger nackter Aehre, kantigem Stengel. ♃ Rippenkraut, Hundsrippe, Rossrippe.
	α. fol. quinquenerviis.
	m. fünfrippigen Blätt.
	β. fol. trinerviis.
	m. dreyrippigen Blätt.
	W. Wege, wüste Plätze, Wiesen, Wälder, Gärten. Bl. 4=9.
maritima.	4. P. fol. semicylindraceis integerrimis basi lanatis, scapo tereti.
strandischer.	W. m. ganzrandigen halbwalzenförm. an der Basis wolligen Blätt., rundem Stengel. ♃
	W. Seeküsten, Salzquellen. Gebaut in England zum Pferdefutter. Salatpflanze. Bl. 6=10.

Coronopus. 5. P. fol. linearibus dentatis, scapo tereti.
Krähenfuß. W. m. schmahlen gezahnten Blätt., rundem Stengel. ⚄
Hirschhorn, Sternkraut, Grevinne.
    α. fol. pinnato-dentatis.
    m. gefiedert-gezahnten Blätt.
    β. hortensis fol. lanceolato-linearibus.
    zahme m. lanzig-schmahlen Blätt.
    γ. Columnae fol. bipinnatis.
    m. zwiefach-gefiederten Blätt.
W. Seeküsten, Salzquellen auf Kießboden. Salatpflanze. Bl. 6-8.

** *Caule ramoso.* Mit ästigem Stamme.

Psyllium. 6. P. caule ramoso herbaceo, fol. subdentatis recurvatis, capitulis aphyllis, [bracteis foliaceis]. *Psyllii Semen.*
Flöhkraut. W. m. ästigem krautartigem Stamme, schwachgezahnten rückwärtsgekrümmten Blätt., blätterlosen Knöpfchen, blattartigen Nebenbl. ☉ Flohsaamen.
W. Südeuropa, Egypten auf Aeckern. Gebaut des Saamens wegen. Bl. 7. 8.

[squarrosa. 7. P. herbacea, caulibus ramosis diffusis decumbentibus, fol. linearibus integerrimis, capitulis squarrosis]. *Soda.*
sparriger. W. krautartig, m. ästigen weitschweifigen liegenden Stämmen, schmahlen ganzrandigen Blätt., sparrigen Knöpfchen. ☉
W. Egypten. Liefert Soda.

86. CENTVNCVLVS. *Cal.* 4-fidus. *Cor.* 4-fida, patens. *Stam.* brevia. *Caps.* 1-locularis, circumcissa.
86. Kleinling. Kelch 4-spaltig. Blume 4-spaltig, offend. Staubgef. kurz. Kaps. 1-fächerig, durchschnitten. Klinker. Kleine.

minimus. 1. C. [foliis alternis ovatis, floribus sessilibus].
kleiner. K. m. abwechselnden eyförmigen Blätt., stiellosen Blüthen ☉
W. Feuchte sandige Felder. Bl. 5-8.

87. SANGVISORBA. *Cal.* 2-phyllus. *Germen* inter calycem corollamque.
87. Wiesenknopf. Kelch 2-blätterig. Fruchtknot. zwischen Kelch und Blume.
officinalis. 1. S. spicis ovatis. *Pimpinellae italicae Radix.*
Bibernell. W. m. eyförm. Aehren. ⚄ Welsche Bibernell, Pimpinelle, grosse Wiesenpimpinelle, Sperbenkraut, Blutkraut, Drachenblut, Kölbleinskraut.
W. Wiesen. Futterkraut. Bl. 5-8.

88. EPIMEDIVM. *Nectaria* 4, cyathiformia, petalis incumbentia. *Cor.* 4-petala. *Cal.* caducus. *Siliqua.*
88 Sockenblume. Nectarien 4, becherförm., auf den Blumenblättern liegend. Blume 4-blätterig. Kelch hinfällig. Schöte. Bischofshut.

alpinum. 1. Epimedium.
Bischofsmütze. Sockenblume. ⚃
  W. Italien, Oesterreich auf Alpen, nassen Feldern.
  Zierpfl. Bl. 5.

89. CORNVS. *Involucrum* 4-phyllum saepius. *Petala* supera 4. *Drupa* nucleo 2-loculari.
89. Dürlitzen. Hülle 4=blätterig, oft vorhanden. Blume oben, 4=blätterig. Pflaume m. 2fächeriger Nuß.

florida. 1. C. arborea, involucro maximo: foliolis obcordatis.
schönblühende. D. baumartig, m. verkehrtherzförm. Blättch. der sehr grossen Hülle. ♄
  W. Nordamerica in Morästen und an Bächen.
  Engl. Gärten. Bl. 4.

mascula. 2. C. arborea, umbellis involucrum aequantibus.
Kornelle. D. baumartig, m. sogrossen Dolden wie die Hülle. ♄
  Kornelkirschen, Hornkirschen, Herlitzen, Herlsken, Dürlen, Dierlingen, Kurbeeren.
  W. Wälder, Hecken, Büsche. Obststrauch, Gärbeholz, Forststrauch. Bl. 3-5.

sanguinea. 3. C. arborea, cymis nudis, ramis rectis, [fol. concoloribus].
wilde. D. baumartig, m. nacktem Käs, geraden Aesten, gleichfarbigen Blättern. ♄ Hartriegel, Härtern, Hundsbeeren, Teufelsmettern, Teufelsbeeren, Röthern, Spindelbaum, Beinhülsen, Schießbeeren.
  W. Wälder, Hecken, Gebüsche. Forststrauch. Engl. Gärten. Hecken. Bl. 5. 6. u. 9.

alba. 4. C. arborea, cymis nudis, ramis recurvatis, [fol. subtus canis].
weißbeerige. D. baumartig, m. nacktem Käs, rückwärtsgekrümmten Aesten, unten grauen Blätt. ♄
  W. Sibirien, Canada. Engl. Gärten. Bl. 6-9.

[*Amomum.* 5. C. arborea, cymis nudis pubescentibus, fol. subtus rubiginoso-pubescentibus].
blaubeerige. D. baumartig, m. nacktem sammetartigem Käs, unten rostig-sammetartigen Blätt. ♄
  W. Nordamerica. Engl. Gärten. Bl. 6-8.

sericea. 6. C. arborea, cymis nudis, [ramis patulis], fol. subtus sericeis.
rostfarbige. D. baumartig, m. nacktem Käs, klaffenden Aesten, unten seidenartigen Blätt. ♄
  W. Nordamerica. Engl. Gärten. Bl. 6-8.

[*alternifolia.* 7. C. arborea, fol. alternis].
wechselblätterige. D. baumartig, m. abwechselnden Blätt. ♄
  W. Nordamerica. Engl. Gärten. Bl. 7.

90. FAGARA. *Cal.* 4-fidus. *Cor.* 4-petala. *Caps.* 2-valvis, monosperma.
90. Fagara. Kelch 4=spaltig. Blume 4=blätterig. Kapſ. 2=klappig, 1=saamig.

Pterota. 1. F. foliolis [obovatis] emarginatis, [petiolo marginato articulato inermi].

Eisenholz.	1. F. m. verkehrteyförm. ausgerandeten Blätt., gerandetem gegliedertem unbewaffnetem Blattstiele. ♄ W. Jamaica. Liefert eine Art Eisenholz.
octandra.	2. F. foliolis tomentosis, [flor. octandris]. *Tacamahucae Gummi*.
Sattelholz.	F. m. filzigen Blättch., achtmännigen Blüth. ♄ W. Curacao, Isle de France. Liefert Gummi Tacamahaca.

91. PTELEA. *Cor.* 4-petala. *Cal.* 4-partitus, inferus. [*Stigmata* 2]. *Fructus* membrana subrotunda, margine membranaceo alata. [*Caps.* supera, 2-locul. margine membranaceo alata].

91. **Lederblume.** Blume 4=blätterig. Kelch 4=theilig, unten. Narben 2. Kapſ. oben, 2=fächerig, mit häutigem Rande.

trifoliata.	1. P. foliis ternatis [quinatisue].
dreyblätterige.	L. m. drey= oder fünfzähligen Blätt. ♄ Nordamericanischer Staudenklee. W. Virginien, Canada. Engl. Gärten. Bl. 6.

92. SIRIVM. *Cal.* 4-fidus. *Cor.* o, Nectario 4-phyllo claudente calycem. *Germen* inferum. *Stigma* 3-fidum. *Bacca* 3-locularis.

92. **Amberholz.** Kelch 4=blätterig. Blume o, m 4=blätterigem den Kelch verschliessendem Nectarium. Fruchtkn. unten. Narbe 3=spaltig. Beere 3=fächerig.

myrtifolium.	1. Sirium, *Santali citrini s. ambrati Lignum*. [*An idem cum Santalo albo?*]
gelbes.	Amberholz. ♄ Gelbes Santelholz, Zitron=Santelholz. W. Malabar, Timor. Liefert das gelbe od. Zitron=Santelholz, vermuthlich eine Abart des weissen Santelholzes.

93. TRAPA. *Cor.* 4-petala. *Cal.* 4-partitus.. *Nux* spinis 4 [sive 2] oppositis cincta, quae calicis folia fuere.

93. **Wassernuß.** Blume 4=blätterig. Kelch 4=theilig. Nuß mit 4 oder 2 aus dem Kelch entstandenen entgegengesetzten Stacheln. Stachelnuß. Seenuß. Spiznuß. Wassercastanie.

natans.	1. T. [nucibus quadricornibus, spinis patentibus]. *Tribulus aquaticus*, *Nux aquatica*.
Jesuitermüße.	W. m. vierhörnigen Nüssen, klaffenden Dornen. ☉ W. Seen, Sümpfe. Nuß eßbar. Bl. 6. 7.

94. DORSTENIA. *Receptac.* commune 1-phyllum, carnosum, in quo *Semina* solitaria nidulantur. [*Genus ad Monoeciam referendum*]. *Contrayervae Radix*.

94. **Dorstenie.** Hälter gemeinschaftl. 1=blätterig, fleischig, m. einnistenden einzelnen Saamen.

Houstoni.	1. D. scapis radicatis, fol. cordatis angulatis acutis, receptaculis quadrangulis.

Houstonische. 1. D. m. wurzelnden Stielen, herzförm. eckigen spitzen
     Blätt., viereckigen Hältern. ♃
     W. Campechebay an Felsen.
Contraierva. 2. D. scapis radicatis, fol. pinnatifido-palmatis serratis,
     receptaculis quadrangulis.
wurmtreiben- D. m. wurzelnden Stielen, gefiedert-handförm. sägi-
de.   gen Blätt., viereckigen Hältern. ♃
     W. Mexico, Peru, Tabago, St. Vincent.
Drakena. 3. D. scapis radicatis, fol. pinnatifido-palmatis integer-
     rimis, receptaculis ovalibus.
bärenklaublät- D. m. wurzelnden Stielen, gefiedert-handförmigen
terige. ganzrandigen Blätt., elliptischen Hältern. ♃
     W. Mexico auf Bergen.

95. ELAEAGNVS. *Cor* nulla. *Cal.* 4-fidus, campanulatus,
 superus. *Drupa* infra calycem campanulatum.
95. Oleaster. Blume o. Kelch 4-spaltig, glockenförmig,
 oben. Pflaume unter dem glockenförmigen Kelche.
angustifolia. 1. E. foliis lanceolatis.
weidenblätte- D. m. langen Blätt. ♄. Wilder Oelbaum, Pa-
riger. radiesbaum.
     W. Südeuropa, Böhmen auf feuchtem Boden.
     Engl. Gärten. Bl. 6. 7.

96. SANTALVM. *Cor.* 4-petala: petalis calyci innatis, prae-
 ter Glandulas 4. *Cal.* 4-dentatus. *Bacca* infera, monosperma.
96. Santelholz. Blume 4-blätterig: m. kelchständigen
 Blättern u. 4 Drüsen. Kelch 4-zahnig. Beere unten, 1-
 saamig.
album. 1. Santalum. *Santali albi Lignum.*
weisses. Santelholz. ♄
     W. Ostindien besonders Timor. Liefert das
     weisse aber nicht? das gelbe Santelholz.

97. CAMPHOROSMA. *Cal.* urceolatus: dentibus 2, oppositis, alternisque minimis. *Cor.* nulla. *Caps.* 1-sperma.
97. Ganser. Kelch krugförmig: m. 2 entgegengesetzten, und
 sehr kleinen abwechselnden Zähnen. Blume o. Kaps. 1-
 saamig. Ganserkraut. Kampherkraut.
monspelien- 1. C. foliis hirsutis linearibus. *Camphoratae Her-*
sis.   *ba.*
haariger. G. m. borstigen schmahlen Blätt. ♃
     W. Tatarey, Frankreich. Bl. 7. 8.

98. ALCHEMILLA. *Cal.* 8-fidus. *Cor.* o. *Sem.* 1.
98. Sinau. Kelch 8-spaltig. Blume o. Saame 1. Löwenfuß.
vulgaris. 1. A. foliis lobatis, [corymbis terminalibus]. *Alche-*
    millae Herba.
Löwenfuß. S. m. lappigen Blätt., spitzeständigen Sträußen. ♃
     Frauenmantel, Marienmantel, Gänse-
     grün, Ohnkraut, Aschnitz, Gülden-Gän-
     serich, Silberkraut.
     W. Feuchte Wiesen, Wälder, Gräben. Bl. 4-7.

[Aphanes. 2. A. foliis trifidis pubescentibus, flor. axillaribus glomeratis — *vide* Aphanem aruensem].
Frauenmantel. S. m. dreyspaltigen sammetartigen Blätt., winkelständigen knauligen Blüthen. ☉ Marienmantel, Ackersinau, Nadelkörbel, kleiner Steinbrech.
W. Aecker, Gärten. Bl. 5-8.

DIGYNIA. Zweyweibige.

99. APHANES. *Cal.* 8-fidus. *Cor.* 0. *Sem.* 2, nuda.
99. Marienmantel. Kelch 8-spaltig. Blume 0. Saamen 2, nackt.
aruensis. 1. Aphanes. [*Cum Alchemillae genere rectius coniungitur et Alchemilla Aphanes dicitur*].
Frauenmantel. Marienmantel s. Frauenmantel Sinau.

100. HAMAMELIS. *Involucr.* 3-phyllum. *Cal. proprius* 4-phyllus. *Petala* 4. *Nux* 2-cornis, 2-locularis.
100. Zaubernuß. Hülle 3-blätterig. Kelch: besonderer 4-blätterig. Blume 4-blätterig. Nuß 2-hörnig, 2-fächerig.
virginica. 1. Hamamelis.
haselartige. Zaubernuß. ♄ Zauberhaselstrauch, Zauberstrauch.
W. Virginien. Engl. Gärten. Bl. 10-12.

101. CVSCVTA. *Cal.* 4-fidus. *Cor.* 1 petala. *Caps.* 2-locularis.
101. Range. Kelch 4-spaltig. Blume 1-blätterig. Kaps. 2-fächerig. Flachsseide.
europaea. 1. C. floribus sessilibus.
Seide. R. m. stiellosen Blüthen. ☉ Hopfenseide, Nesselseide, Filzkraut, Teufelszwirn.
α. *maior* flor. quadrifidis tetrandris. *Cuscutae Herba.*
grosse m. vierspaltigen viermännigen Blüthen.
β. *Epithymum* flor. quinquefidis, pentandris. *Epithymi s. Epithymi cretici Herba.*
Frauenhaar m., fünfspaltigen fünfmännigen Blüth.
W. Schmarotzend in Hecken, Büschen, Gärten; besonders α an Flachs, Hanf, Hopfen, Wicken, Nesseln, β an Thymian, Dosten, Heide. Bl. 6-8.

TETRAGYNIA. Vierweibige.

102. ILEX. *Cal.* 4-dentatus. *Cor.* rotata. *Stylus* 0. *Bacca* 4-sperma.
102. Hülst. Kelch 4-zahnig. Blume radförmig. Griffel 0. Beere 4-saamig. Stechpalme. Hülsen.
Aquifolium. 1. I. fol. ovatis acutis spinosis, [floribus axillaribus]. *Aquifolii folia.*
Stechlaub. H. m. eyförmigen spitzen stachelrandigen Blätt., winkelständigen Blüth. ♄ Sternbusch, Zwieseldorn, Stecheiche.
α. *nitida*, fol. nitidis undulatis.
glänzender m. wogigen glänzenden Blätt.

Tetrandria. Viermännige Pflanzen.

    β. *opaca* fol. glabris planis.
    matter m. flachen glatten Blätt.
    W. Wälder, Holzungen. Engl. Gärten, Hecken.
    Bl. 5. 6.

Cassine.   2. I. fol. [alternis] ovato-lanceolatis serratis [sempervirentibus, serraturis acuminatis].

lorbeerblätteriger.   H. m. abwechselnden eyförmig-lanzigen scharfsägigen immergrünen Blätt. ħ
    W. Nordamerica in Sümpfen. Engl. Gärten. Bl. 6.

103. **POTAMOGETON.** *Cal.* 0. *Petala* 4. *Stylus* 0. *Sem.* 4. [*Drupae* 4, 1-loculares].

103. Seeholden. Kelch 0. Blume 4-blätterig. Griffel 0. Pflaumen 4, einfächerige. Saamkraut. Saamenkraut. Seesaiten.

natans.   1. P. fol. oblongo-ovatis petiolatis natantibus.
schwimmende.   S. m. länglich-eyförm. gestielten schwimmenden Blätt. ♃ Wasserlack, Flußkraut, Saulöffel.
    W. Gräben, stehendes Wasser, Bäche. Bl. 5-7.

perfoliatum.   2. P. fol. cordatis amplexicaulibus.
durchwachsene.   S. m. herzförm. umfassenden Blätt. ♃
    W. Flüsse, Seen. Bl. 6. 7.

densum.   3. P. fol. ovatis acuminatis oppositis confertis, caulibus dichotomis, spica quadriflora.
dichtblätterige.   S. m. eyförm. zugespitzten entgegengesetzten dichtstehenden Blätt., zwieseligen Stämmen, vierblüthiger Aehre. ♃
    W. Sümpfe, Gräben. Bl. 6. 7.

lucens.   4. P. fol. lanceolatis planis in petiolos desinentibus.
glänzende.   S. m. lanzigen flachen in Stielen auslaufenden Blätt. ♃ Hechtlock.
    W. Thonige Flüsse, Bäche, Sümpfe, Gräben. Bl. 6. 7.

crispum.   5. P. fol. lanceolatis alternis oppositisve undulatis serratis.
krausblätterige.   S. m. lanzigen abwechselnden oder entgegengesetzten wogigen sägigen Blätt. ♃ Kleiner Brunnen- oder Froschlattich, Brunnenampfer.
    W. Klare Bäche und Gräben. Bl. 5. 6.

serratum.   6. P. fol. lanceolatis oppositis subundulatis. *An varietas praecedentis?*
wellenförmige.   S. m. lanzigen entgegenges. etwaswogigen Blätt. ♃
    W. Gräben, Bäche, Flüsse. Bl. 6. 7.

compressum.   7. P. fol. linearibus obtusis, caule compresso.
flachstengelige.   S. m. schmahlen stumpfen Blätt., zusammengedrücktem Stamme. ♃
    W. Gräben, Sümpfe. Bl. 6. 7.

gramineum.   8. P. fol. lineari-lanceolatis alternis sessilibus stipula latioribus.
seggenblätterige.   S. m. schmahl-lanzigen abwechselnden stiellosen breiteren Blätt. als das Afterblatt. ♃
    W. Gräben, Sümpfe, Flüsse. Bl. 6. 7.

[*heterophyllum*].   9. P. fol. submersis linearibus sessilibus, natantibus lanceolatis petiolatis].
verschiedenblätterige.   S. m. schmahlen stiellosen untergetauchten, lanzigen gestielten schwimmenden Blätt. ♃
    W. Gräben, Sümpfe, Flüsse. Bl. 6. 7.

Tetragynia. Vierweibige. 63

marinum.	10. P. fol. linearibus alternis distinctis inferne vaginantibus.
einscheidende.	S. m. schmahlen abwechselnden getrennten unten einscheidenden Blätt. ♃
	W. Gräben, Sümpfe, Flüsse, Meer an den Küsten. Bl. 6. 7.
pusillum.	11. P. fol. linearibus oppositis alternisque distinctis basi patentibus, caule tereti.
kleinste.	S. m. schmahlen abwechselnden und entgegengesetzten getrennten klaffenden Blätt., rundem Stamme. ♃
	W. Gräben, Seen, Sümpfe, Salzquellen. Bl. 6–8.

104. SAGINA. *Cal.* 4-phyllus. *Petala* 4. *Caps.* 1-locularis, 4-valvis, polysperma.

104. Vierling. Kelch 4=blätterig. Blume 4=blätterig. Kaps. 1=fächerig, 4=klappig, vielsaamig. Mastkraut.

procumbens.	1. S. ramis procumbentibus. [*Capsula 4-locularis, 4-valvis*].
liegender.	B. m. niederliegenden Aesten. ☉
	W. Feuchte Plätze in Wäldern, Aeckern, Wiesen. Bl. 6–9.
erecta.	2. S. caule erecto subunifloro. [*Capsula 1-locularis, 6-valvis. Moenchia glauca Persoon*].
aufrechter.	B. m. aufrechtem fasteinblüthigem Stamme. ☉
	W. Felsen, trockene sandige Gegenden. Bl. 4–7.

Fünfte Klasse.

PENTANDRIA.
Fünfmännige Pflanzen.

MONOGYNIA. Einweibige.

* *Fl. monopetali, inferi, monospermi.*
* Blüthen einblätterig, unten, einsaamig.

143. MIRABILIS.	*Nucula* infra corollam! [*Germen* inter nectarium globosum corolliferum. *Cor.* infundib. *Stigm.* globosum.
Jalappe.	Fruchtknoten im kugeligen blumentragenden Nectarium. Blume trichterförmig. Narbe kugelig.
129. PLUMBAGO.	*Sem.* 1. *Stam.* valvis inserta. *Cor.* infundib. *Stigm.* 5-fidum.
Bleywurz.	Saame 1. Staubgef. an Klappen befestigt. Blume trichterförm. Narbe 5-spaltig.

Pentandria. Fünfmännige Pflanzen.

* *Fl. monopetali, inferi, dispermi.* Asperifoliae.
* **Blüthen einblätterig, unten, zweysaamig. Rauhblätterige.**

112. CERINTHE. *Cor.* fauce nuda, ventricosa. *Sem.* [Nuces] 2, ossea, 2-locularia.
Wachsblume. Blume m. nacktem Schlunde, bauchig. Nüsse 2, steinhart, 2-fächerig.

* *Fl. monopetali, inferi, tetraspermi.* Asperifoliae.
* **Blüthen einblätterig, unten, viersaamig. Rauhblätterige.**

116. ECHIUM. *Cor.* fauce nuda, irregularis; campanulata.
Natterkopf. Blume m. nacktem Schlunde, unregelmäßig, glockenförmig.

105. HELIOTROPIUM. *Cor.* fauce nuda, hypocrateri*f.* lobis dente interiectis. *Sem.* [Nuces] 4.
Heliotrop. Blume m. nacktem Schlunde, nagelförmig, m. einem Zahn zwischen den Lappen. Nüsse 4.

110. PULMONARIA. *Cor.* fauce nuda, infundib. *Cal.* prismaticus.
Wallwurz. Blume m. nacktem Schlunde, trichterform. Kelch prismatisch.

107. LITHOSPERMUM. *Cor.* fauce nuda, infundib. *Cal.* 5 partitus.
Steinsaame. Blume m. nacktem Schlunde, trichterform. Kelch 5-theilig.

111. SYMPHYTUM. *Cor.* fauce dentata, ventricosa.
Beinwell. Blume m. gezahntem Schlunde, bauchig.

113. BORAGO. *Cor.* fauce dentata, rotata.
Boretsch. Blume m. gezahntem Schlunde, radförmig.

115. LYCOPSIS. *Cor.* fauce fornicata, infundib., tubo curvato?
Krummhals. Blume m. gewölbtem Schlunde, trichterform., m. gekrümmter Röhre.

114. ASPERUGO. *Cor.* fauce fornicata, infundib. *Fructus* compressus.
Berufswant. Blume m. gewölbtem Schlunde, trichterförmig. Frucht zusammengedrückt.

109. CYNOGLOSSUM. *Cor.* fauce fornicata, infundib. *Sem.* depressa, latere affixa.
Hundszunge. Blume m. gewölbtem Schlunde, trichterförmig. Saam. plattgedrückt, an der Seite befestigt.

108. ANCHUSA. *Cor.* fauce fornicata, infundib.; tubo basi prismatico.
Ochsenzunge. Blume m. gewölbtem Schlunde, trichterform., m. an der Basis prismatischer Röhre.

106. MYOSOTIS. *Cor.* fauce fornicata, hypocrateri*f.*: lobis emarginatis.
Vergißmeinnicht. Blume m. gewölbtem Schlunde, nagelförm. m. ausgerandeten Lappen.

* *Fl. monopetali, inferi, angiospermi.*
* **Blüthen einblätterig, unten, bedecktsaamig.**

119. CORTUSA. *Caps.* 1-locularis, oblonga. *Cor.* rotata. *Stigma* subcapitatum.
Wundglöckchen. Kaps. 1-fächerig, länglich. Blume radförmig. Narbe etwas knöpfig.

125. ANAGALLIS. *Caps.* 1-locularis, circumcissa. *Cor.* rotata. *Stigm.* capitatum.
Gauchheil. Kaps. 1-fächerig, durchschnitten. Blume radförmig. Narbe knöpfig.

124. Lysimachia. *Caps.* 1-locularis, 10-valvis. *Cor.* rotata. *Stigm.* obtusum.
 Lysimachie. Kapf. 1=fächerig, 10=klappig. Blume radförmig. Narbe stumpf.

121. Cyclamen. *Caps.* 1-locul., intus pulposa. *Cor.* reflexa. *Stigm.* acutum.
 Erdscheibe. Kapf. 1=fächerig, inwendig breyig. Blume zurückgebogen. Narbe spitz.

120. Dodecatheon. *Caps.* 1-locul., oblonga. *Cor.* reflexa. *Stigm.* obtusum.
 Meadie. Kapf. 1=fächerig, länglich. Blume zurückgebogen. Narbe stumpf.

118. Primula. *Caps.* 1-locul. *Cor.* infundib., fauce pervia. *Stigm.* globosum.
 Schlüsselblume. Kapf. 1=fächerig. Blume trichterförm., m. offenem Schlunde. Narbe kugelig.

117. Androsace. *Caps.* 1-locular. *Cor.* hypocraterif., fauce coarct. *Stigm.* globosum.
 Mannsschild. Kapf. 1=fächerig. Blume nagelförm., m. verengertem Schlunde. Narbe kugelig.

123. Hottonia. *Caps.* 1-locul. *Cor.* tubus infra stamina! *Stigm.* globosum.
 Wassergarbe. Kapf. 1=fächerig. Der Blume Röhre unter den Staubgefäßen. Narbe kugelig.

122. Menyanthes. *Caps.* 1-locul. *Cor.* villosa! *Stigm.* 2-fidum.
 Zottenblume. Kapf. 1=fächerig. Blume zottig. Narbe 2=spaltig.

126. Spigelia. *Caps.* 2-locul., didyma! *Cor.* infandibuliformis. *Stigm.* simplex.
 Spiegelie. Kapf. 2=fächerig, gedoppelt. Blume trichterförm. Narbe einfach.

127. Ophiorhiza. *Caps.* 2-locul., 2-partita! *Cor.* infundib. *Stigm.* 2-fidum.
 Slangenwurz. Kapf. 2=fächerig, 2=theilig. Blume trichterförm. Narbe 2=spaltig.

131. Convolvulus. *Caps.* 2-locularis, 2-sperma. *Cor.* campanulata. *Stigm.* 2 fidum.
 Windich. Kapf. 2=fächerig, 2=saamig. Blume glockenförm. Narbe 2=spaltig.

146. Datura. *Caps.* 2-locul., 4-valvis! *Cor.* infundib. *Cal.* deciduus.
 Stechapfel. Kapf. 2=fächerig, 4=klappig. Blume trichterförm. Kelch abfallend.

147. Hyosoyamus. *Caps.* 2-locul., operculata. *Cor.* infundib. *Stigm.* capitatum.
 Bilsen. Kapf. 2=fächerig, deckelig. Blume trichterförm. Narbe knopfig.

148. Nicotiana. *Caps.* 2-locul. *Cor.* infundib. *Stigm.* emarginatum.
 Taback. Kapf. 2=fächerig. Blume trichterförm. Narbe ausgerandet.

145. Verbascum. *Caps.* 2-locul. *Cor.* rotata. *Stigm.* obtusum. *Stam.* declinata.
 Königskerze. Kapf. 2=fächerig. Blume radförmig. Narbe stumpf. Staubgef. abwärtsgeneigt.

150. Phlox. *Caps.* 3-locul. *Cor.* hypocraterif., tubo curvo. *Stigm.* 3-fidum.

130.	Flammenblume.	Kapf. 3-fächerig. Blume nagelförm., m. krummer Röhre. Narbe 3-spaltig.
133.	POLEMONIUM.	Caps. 3-locul. Cor. 5-partita. Stam. valvis imposita.
	Sonnenwirbel.	Kapf. 3-fächerig. Blume 3-theilig. Staubgef. auf Klappen befestigt.
132.	IPOMOEA.	Caps. 3-locul. Cor. infundib. Stigm. capitatum.
	Quamoclit.	Kapf. 3-fächerig. Blume trichterförm. Narbe knopfig.
128.	AZALEA.	Caps. 5-locul. Cor. campanulata. Stigm. obtusum.
	Azalea.	Kapf. 5-fächerig. Blume glockenförmig. Narbe stumpf.
174.	NERIUM.	Folliculi 2, erecti. Cor. fauce coronata. Sem. papposa.
	Oleander.	Bälgl. 2, aufrecht. Blume m. gekröntem Schlunde. Saam. federig.
173.	VINCA.	Follic. 2, erecti. Cor. hypocrat. Sem. simplicia.
	Sinngrün.	Bälgl. 2, aufrecht. Blume nagelförmig. Saam. einfach.
154.	[IONATIA.	Drupa polysperma. Cor. infundib.: tubo longissimo].
	Siebernuß.	Pflaume vielsaamig. Blume trichterförmig: m. sehr langer Röhre.
156.	CORDIA.	Bacca 1-sperma: Nuce 4-locul. Stigm. dichotomum! Cal. baccae accretus.
	Sebeste.	Beere 1-saamig: m. 4-fächeriger Nuß. Narbe zwieselich. Kelch an die Beere angewachsen.
153.	STRYCHNOS.	Bacca 2-locul., corticosa. Stigm. capitatum.
	Krähenauge.	Beere 2-fächerig, rindig. Narbe knopfig.
152.	CAPSICUM.	Bacca 2-locul., exsucca. Antherae conniventes.
	Beißbeere.	Beere 2-fächerig, saftleer. Staubbeutel gegeneinandergebogen.
151.	SOLANUM.	Bacca 2-locul. Antherae biperforatae!
	Nachtschatten.	Beere 2-fächerig. Staubbeutel zweylöcherig.
150.	PHYSALIS.	Bacca 2-locul., calyce inflato. Antherae approximatae.
	Schlutten.	Beere 2-fächerig, m. aufgeblasenem Kelche. Staubgefässe beysammenstehend.
149.	ATROPA.	Bacca 2-locul. Stam. distantia, incurvata.
	Tollbeere.	Beere 2-fächerig. Staubgef. entferntstehend, einwärtsgekrümmt.
155.	LYCIUM.	Bacca 2-locul. Stam. basi villo claudentia.
	Bocksdorn.	Beere 2-fächerig. Staubgef. an der Basis mit dichtem Haar.

† ACHRAS. Sapote. GENTIANA.* Enzian. STAPELIA. Aasblume. CYNANCHUM. Hundswürger. PERIPLOCA. Schlingen. APOCYNUM. Apocynum. ASCLEPIAS. Schwalbenwurz.

* Fl. monopetali, superi. Blüthen einblätterig, oben.

137.	SAMOLUS.	Caps. 1-locul., apice 5-valvis. Cor. hypocraterif. Stigm. capitatum.
	Pungen.	Kapf. 1-fächerig, an der Spitze 5-klappig. Blume nagelförmig. Narbe knopfig

---

*) *Chironia.* Caps. 2-locularis. Cor. tubo urceolato. Antherae defloratae spirales. *Schreb.*

Monogynia. Einweibige.

139. CINCHONA. *Caps. 2-locul., intus dehiscens! Cor. hirsuta. Stigm. simplex.*
Fieberrinde. Kapf. 2=fächerig, innerhalb aufspringend. Blume struppig. Narbe einfach.

135. PHYTEUMA. *Caps. 2-3-locul., perforata. Cor. campanulata. Stigm. 3-fidum.*
Rapunzel. Kapf. 2= bis 3=fächerig, durchbohrt. Blume glockenförmig. Narbe 3=spaltig.

138. LOBELIA. *Caps. 2-3-locul. Cor. irregularis. [Stigm. obtusum, hispidum].*
Lobelie. Kapf. 2= bis 3=fächerig. Blume unregelm. Narbe stumpf, struppig.

136. TRACHELIUM. *Caps. 3-locul., perforata. Cor. infundib. Stigm. capitatum.*
Zäpfling. Kapf. 3=fächerig, durchbohrt. Blume trichterförmig. Narbe knopfig.

140. PSYCHOTRIA. *Bacca 2-sperma. Sem. sulcata. Cor. infundibul. Stigm. emarginatum.*
Rühlbeere. Beere 2=saamig. Saamen gefurcht. Blume trichterförmig. Narbe ausgerandet.

141. COFFEA. *Bacca 2-sperma. Sem. arillata! Cor. hypocrater. Stigm. 2-partitum.*
Koffee. Beere 2=saamig. Saam. überzogen. Blume nagelförmig. Narbe 2=theilig.

142. LONICERA. *Bacca 2-locul., subrotunda. Cor. inaequalis. Stigm. capitatum.*
Lonicere. Beere 2=fächerig, fastkugelig. Blume ungleichförmig. Narbe knopfig.

† RUBIA. Krapp. PRINOS. Sapote.

* *Fl. pentapetali, inferi.* Blüthen fünfblätterig, unten.

157. RHAMNUS. *Bacca 3-locularis, rotunda. Cal. tubul., corollifer. Squamae oris 5, convergentes.*
Wegdorn. Beere 3=fächerig, rund. Kelch röhrig, blumentragend. Schuppen der Mündung 5, gegeneinandergeneigt.

158. CEANOTHUS. *Bacca 3-cocca. Cal. tubul., corollifer. Petala fornicata.*
Seckelblume. Beere 3=knöpfig. Kelch röhrig, blumentragend. Blumenblätter gewölbt.

159. CELASTRUS. *Bacca 3-cocca. Cal. planus. Sem. arillata.*
Bügelholz. Beere 3=knöpfig. Kelch flach. Saam. überzogen.

160. EVONYMUS. *Bacca capsularis, lobata. Cal. patens. Sem. baccato-arillata.*
Zweckholz. Beere kapfelartig, lappig. Kelch klaffend. Saamen beerartig=überzogen.

167. VITIS. *Bacca 5-sperma. Cor. saepe emarcido-connata. Stylus nullus.*
Weinstock. Beere 5=saamig. Blume oft welk zusammenhängend. Griffel 0.

161. DIOSMA. *Caps. 5-plex. Nectar. germen coronans. Sem. arillata.*
Diosma. Kapf. 5=fach. Nectar. den Fruchtknoten krönend. Saamen überzogen.

163. IMPATIENS. *Caps. 5-valvis. Cor. irregularis. Cal. 2-phyllus.*
Balsamine. Kapf. 5=klappig. Blume unregelmässig. Kelch 2=blätterig.

Pentandria. Fünfmännige Pflanzen.

162. VIOLA.   *Caps.* 5-valvis. *Cor.* irregularis. *Cal.* 5 phyllus.
     Veilchen.   Kaps. 3-klappig. Blume unregelmäßig. Kelch 5-blätterig.
164. ITEA.   *Caps.* 1-locul., 2-valvis. *Cal.* corollifer. *Stigm.* obtusum.
     Itea.   Kaps. 1-fächerig, 2-klappig. Kelch blumentragend. Narbe stumpf.

* *Fl. pentapetali, superi.*   Blüthen fünfblätterig, oben.

165. RIBES.   *Bacca* polysperma. *Cal.* corollifer. *Styl.* 2-fidus.
     Ribißel.   Beere vielsaamig. Kelch blumentragend. Griffel 2-spaltig.
166. HEDERA.   *Bacca* 5-sperma. *Cal.* cingens fructum. *Stigm.* simplex.
     Epheu.   Beere 5-saamig. Kelch fruchtumgebend. Narbe einfach.
144. IASIONE.   *Caps.* 2-locul. *Cal.* communis. *Cor.* irregularis.
     Jasione.   Kaps. 2-fächerig. Kelch gemeinschaftlich. Blume unregelmäßig.
168. LAGOECIA.   *Sem.* 2, nuda. *Cal.* pinnato-pectinatus. *Petala* bicornia.
     Federknopf.   Saam. 2, nackt. Kelch gefiedert-bürstig. Blumenbl. 2-hörnig.

* *Fl. incompleti, inferi.*   Blüthen unvollständig, unten.

169. CELOSIA.   *Caps.* 3-sperma. *Cal.* exterior 5-phyllus, coloratus.
     Hahnenkamm.   Kaps. 3-saamig. Kelch: äußerer 3-blätterig, gefärbt.
170. ILLECEBRUM.   *Caps.* 1-sperma, 5-valvis. *Cal.* simplex, rudis.
     Knorpelblume.   Kaps. 1-saamig, 5-klappig. Kelch einfach, ungebildet.
171. GLAUX.   *Caps.* 5-sperma, 5-valvis. *Cal.* simplex, rudior, campanulatus.
     Glaux.   Kaps. 5-saamig, 5-klappig. Kelch einfach, ungebildet, glockenförm.

† POLYGONUM. Knöterig. CERATONIA. Karobe. CAMPHOROSMA. Ganser. ZANTHOXYLUM. Gelbholz.

* *Fl. incompleti, superi.*   Blüthen unvollständig, oben.

172. THESIUM.   *Sem.* 1, coronatum. *Cal.* staminifer.
     Thesium.   Saame 1, gekrönt. Kelch staubgefäßetragend.

DIGYNIA. Zweyweibige.

* *Fl. monopetali, inferi.*   Blüthen einblätterig, unten.

179. STAPELIA.   *Folliculi* 2. *Cor.* rotata: Nectariis stellatis.
     Aasblume.   Bälgl. 2. Blume radförmig: m. sternförmigen Nectarien.
276. CYNANCHUM.   *Folliculi* 2. *Cor.* rotata: Nectario cylindrico.
     Hundswürger.   Bälgl. 2. Blume radförmig: m. walzenförmigem Nectarium.
175. PERIPLOCA.   *Folliculi* 2. *Cor.* rotata: Nectariis 5, filiformibus.
     Schlingen.   Bälgl. 2. Blume radförm.: m. 5 fadenförmigen Nectarien.
177. APOCYNUM.   *Folliculi* 2. *Cor.* campan.: Nectariis glandulosis 5, Setis 5.
     Apocynum.   Bälgl. 2. Blume glockenförmig: m. 5 drüsgen Nectar. 5 Borsten.

Digynia. Zweyweibige.

178. ASCLEPIAS. *Folliculi 2. Cor. reflexa: Nectariis 5 auriformibus, unguiculatis.*
Schwalbenwurz. Bälgl. 2. Blume zurückgebogen: m. 5 tutenförm. genagelten Nectar.

186. GENTIANA. *Caps. 1-locularis, 2-valvis. Cor. tubulosa, indeterminata.*
Enzian. Kaps. 1-fächerig, 2-klappig. Blume röhrig, unbestimmt.

* *Fl. pentapetali, inferi.* Blüthen fünfblätterig, unten.

† STAPHYLEA. Pimpernuß. CUSCUTA. Range. CORRIGIOLA. Lingen.

* *Fl. incompleti.* Blüthen unvollständig.

183. SALSOLA. *Sem. 1, cochleatum, tectum. Cal. 5-phyllus.*
Barille. Saame 1, schneckenartig, bedeckt. Kelch 5-blätterig.

181. CHENOPODIUM. *Sem. 1, orbiculare. Cal. 5-phyllus, foliolis concavis.*
Gänsefuß. Saame 1, kreisförmig. Kelch m. 5 hohlen Blätt.

182. BETA. *Sem. 1, reniforme. Cal. 5-phyllus, basi semen fouens.*
Mangold. Saame 1, nierenförmig. Kelch 5-blätt., in der Basis den Saamen enthaltend.

180. HERNIARIA. *Sem. 1, ovatum, tectum. Cal. 5-partitus. Filam. 5, sterilia.*
Tausendkorn. Saame 1, eyförmig, bedeckt. Kelch 5-theilig. Staubf. 5 unfruchtbare.

184. GOMPHRENA. *Caps. 1-sperma, circumcissa. Cal. diphyllus, compressus, coloratus.*
Winterblume. Kaps. 1-saamig, durchschnitten. Kelch 2-blätterig, zusammengedrückt, gefärbt.

185. VLMUS. *Bacca exsucca, compressa. Cal. 1-phyllus, emarcescens.*
Rüster. Beere saftlos, zusammengedrückt. Kelch 1-blätterig, welkend.

† RHAMNUS. Wegdorn. POLYGONUM. Knöterig. SCLERANTHUS. Knauel.

* *Fl. pentapetali, superi, dispermi. Vmbellatae.* *
* Blüthen fünfblätterig, oben, zweysaamig. Doldentragende.

A. *Involucro universali partialique.*
A. Hülle: allgemeine und besondere.

187. PHYLLIS. *Fl. dispersi.*
Nobla. Blüthen zerstreut.

---

*) *Cranz Classis Vmbelliferarum (Stirp. Austr. Fasc. III.), quoad genera eorumque characteres secundum Cl. Roth (Fl. germ.) emendata et aucta.*
Habitus absoluti. Character in natura pedunculorum ex eodem puncto enatorum et fructificationem in umbraculis sustinentium vertitur. Petala quinque sunt; Semina duo ad mediam axim sibi applicata.

188. **Eryngium.** Fl. capitati. Recept. paleaceum.
Mannstreu. Blüthen knopfig. Hälter spreuig.

I. *Alatae*
  a. *Ala marginali*
    1. *Tordylium.* Semen orbiculare, ala marginali crassa crenata.
    2. *Heracleum.* Sem. cordiforme, planum, ala marginali membranacea.
    3. *Selinum.* Sem. compressum, dorso convexum, striatum, ala marginali. [Athamanta 1. 2. Peucedanum 1. Imperatoria 1. Angelica 2. Pastinaca. Anethum 1].
  b. *Ala marginali et dorsali*
    4. *Angelica.* Sem. alis marginalibus duris, dorsalibus quasi abscissis.
    5. *Laserpitium.* Sem. dorso convexum, alatum.

II. *Costatae* aut *Striatae*
  a. *Semine nudo*
    6. *Siler.* Sem. alato-longum 4- 5-costatum, costis alternis minoribus. [Laserpitium 3.]
    7. *Chaerophyllum.* Fructu rostrato aut in acum terminato. *Crantz.*
      Myrrhis. Sem. oblongum, angulosum, sulcatum. *Roth* [Scandix 1.]
      Scandix. Sem. elongatum, rostratum, striatum. *Roth.* [Chaerophyllum 2-5.]
      Chaerophyllum. Sem. longum, laeve, nitens. *Roth.*
    8. *Ligusticum.* Sem. oblongum, utrinque attenuatum, 5-costatum. [Phellandrium 1. Aethusa 2. Aegopodium 1. Anethum 2. Carum 1.]
    9. *Bunium.* Sem. subcylindricum, striatum, apice incrassatum.
    10. *Oenanthe.* Sem. oblongum, striatum, coronatum.
    11. *Bupleurum.* Sem. ovato-oblongum lateribus compressum.
    12. *Sium.* Sem. ovatum, sulcatum aut striatum, absque costis. [Seseli 1. Apium 2. Peucedanum 2.] *Roth.*
    13. *Pimpinella.* Sem. ovato-oblongum, exiguum, striis quinque ovatis. *Roth.*
    [Haec duo genera duo alia constituunt Crantzio, scil.
      Seseli fructu plus minusve ovato; fol. divisis, corollis nunquam flavis.
      Apium fructu solide cordiformi, aut ex lata basi acuminato minutulo. [Pimpinella 1. Sium 2. Ammi 1.]
    14. *Coriandrum.* Sem. hemisphaericum, laeve aut costatum. [Aethusa 1. Cicuta 1. Conium 1. Sium 1.]
  b. *Semine tecto*
    15. *Astrantia.* Sem. costis 5. membranaceis, plicatis.
    16. *Caucalis.* Sem. setis aut aculeis obsessum. [Daucus 1. Tordylium 2. 3. Sanicula 1. Scandix 4.]
    17. *Athamanta* (*Libanotis Crantz*) Sem. striatum, lanuginosum.

Habitus deliquescentis. Character in eo est, quod nonnullae stirpes, quae cum umbelliferis maximam similitudinem affinitatem

Digynia. Zweyweibige.

189. HYDROCOTYLE. *Fl.* subumbellati, fertiles. *Sem.* compressa.
Wassernabel. Blüth. fastdoldig, fruchtbar. Saam. zusammengedrückt.

---

que habent, aliqua vel umbraculi vel seminum binorum mediae axi affixorum ratione deflectant.

18. *Eryngium. Sem.* perianthio coronatum. *Recept.* commune conicum.

19. *Hydrocotyle. Sem.* semiorbiculatum, compressum. *Umbella* prolifera.

Gaertner *Genera Umbellatorum.*

Eryngium. Flores ut in Umbelliferis. *Involucrum* universale polyphyllum. *Recept.* comm. paleaceum. *Sem.* squamulis flexilibus muricata.

Astrantia. Umbella simplex. *Invol.* utrumque polyphyllum: foliolis lanceolatis, coloratis, umbella longioribus. *Sem.* costis 5 rotundatis, transverse rugosis et scabratis.

Sanicula. Umb. confertae, subcapitatae. *Fructus* aculeis hamatis undique muricatis.

Daucus. Invol. univ. foliola pinnatifida. *Sem.* aculeis in cristas longitudinales confluentibus muricata.

Caucalis. Inv. univ. foliola simplicia, integra. *Cor. univ.* plerumque manifestius radiata, quam in Dauco. *Sem.* cristis duplicato-spinosis, aut aculeis simplicibus per series longitudinales positis.

Torilis. Umb. simplex. *Invol.* nullum aut foliolis paucis simplicibus. *Sem.* aculeolis absque ordine positis hispidata. [Tordylium 2. 3. Scandicis species.]

Libanotis. Umb. composita. *Invol.* utrumque polyphyllum. *Fruct.* oblongus, tomentosus. [Athamanta 3.]

Tordylium. Umb. composita. *Invol.* utrumque polyphyllum. *Sem.* omnia orbiculata, compressa, plana, margine incrassato cincta.

Sphondylium. Umb. composita. *Invol. univ.* nullum aut paucifolium, caducum, partiale polyphyllum. *Petala* alba aut rubicunda. *Sem.* foliaceo-compressa, glabra, margine membranaceo angustissimo cincta. [Heracleum.]

Pastinaca. Umb. composita. *Invol.* nullum aut foliola pauca sub umb. univers. *Petala* lutea. *Sem.* ellipticum, foliaceo-compressum, glabrum; margine tenui angusto.

Peucedanum. Umb. comp. *Invol.* utrumq. polyph. *Petala* lutea. *Fruct.* ellipticus, lenticulari-compressus, substriatus.

Selinum. Umb. comp. *Invol. univ.* 0; partiale polyph. *Sem.* parvum, alis membranaceis 5: lateralibus maximis.

Imperatoria. Umb. comp. *Invol. univ.* subnullum: partiale foliolis paucis. *Sem.* compressum, margine lato membranaceo et tribus costis apterigiis.

Cervaria. Umb. comp. *Invol.* utrumque polyphyllum. *Petala* alba. *Fruct.* compressus, obsoletissime striatus, subpubescens, non marginatus. [Athamanta 1, 2.]

Anethum. Umb. comp. *Invol.* 0. *Petala* lutea. *Fruct.* lenticulari-compressus, parvus, striatus, marginatus.

Siler. Umb. comp. *Invol. univ.* 0: part. subheptaphyllum. *Fruct.* oblongo-ellipticus, turgide lenticularis, costatus, apterygius. [Laserpitium 3.]

190. SANICULA. *Fl.* subumbellati, abortivi. *Sem.* muricata.
Sanikel. Blüth. fastdoldig, verwerfend. Saam. stachig.

Coriandrum. *Vmb.* comp. *Invol.* univ. subnullum, part. 3- s. 4-phyllum. *Fruct.* sphaericus, glaber.

Aethusa. *Vmb.* comp. *Invol.* univ. o: part. 3-phyllum, deflexum, unilaterale. *Fruct.* subglobosus, profunde sulcatus.

Hydrocotyle. *Vmb.* simplex pedicellata. *Invol.* 2- s. 3-phyllum. *Petala* integra. *Fruct.* a latere compressus, gibbus, bipartibilis.

Oenanthe. *Vmb.* comp. partiales globosae. *Invol.* univ. subnullum: partiale polyphyllum. *Fruct.* suberoso-corticatus, calyce et stylo persistentibus coronatus.

Bupleurum. *Folia* simplicia. *Invol.* partialis foliola lata, patentia. *Petala* lutea. *Fruct.* ovatus, gibbus, parvus, apice non coronatus.

Ammi. *Vmb.* composita. *Invol.* polyphylla: univ. pinnatifido; partiali simplici. *Fruct.* parvus, ovato-globosus, gibbus, multistriatus.

Apium. *Vmb.* composita. *Invol.* o, aut foliola pauca brevia ad umbellas partiales. *Fruct.* parvus, gibbus, costatus.

Cicuta. *Vmb.* composita. *Invol.* univ. 3- s. 5-phyllum, foliolis latiusculis reflexis; part. 3-phyllum, 1-laterale. *Fruct.* ovatus, gibbus; costis compressis, ante maturitatem undulatis. [Conium 1.]

Smyrnium. *Vmb.* comp. *Invol.* o, aut partiale tantum foliolis paucis brevibus. *Petala* lutea. *Fruct.* ovato-globosus, gibbus, angulato-costatus. *Albumen* marginibus involutis.

Anisum. *Vmb.* composita. *Invol.* o, aut foliolum 1. *Fruct.* mediocris, ovato-conicus, striatus, subpubescens. [Pimpinella.]

Bubon. *Vmb.* comp. *Invol.* univ. 5-phyllum, persistens; part. polyphyllum. *Fruct.* parvus, ovatus, striatus, villosus.

Lagoecia. *Vmb.* comp.: partialibus radio unico. *Invol.* univ. 8-phyllum pinnato-dentatum; part. 4-phyllum capillaceo-pinnatifidum, 1-florum. *Cal.* persistens, 5-phyllus, capillaceo-multifidus. *Stylus* 1, stigmatibus 2: altero truncato. *Ovaria* 2. *Fruct.* maturus 1-spermus.

Sium. *Vmb.* comp. *Invol.* utrumque polyphyllum. *Fruct.* ovato-oblongus, transverse crassior, striatus. *Embryo* longitudine dimidii albuminis.

Foeniculum. *Vmb.* comp. *Invol.* o. *Petala* lutea. *Fruct.* parvus, ovato-oblongus, striatus, glaber. [Anethum 2.]

Meum. *Vmb.* comp. *Invol.* univ. subnullum; partiale paucifolium: foliolis incisis, saepe unilateralibus. *Fruct.* mediocris magnitudinis, ellipticus, sulcis acutangulis. [Aethusa 2.]

Carum. *Vmb.* comp. *Invol.* o. *Petala* alba. *Fruct.* parvus, ellipticus, gibbus, tereti-striatus.

Cuminum. *Vmb.* comp. *Invol.* utrumque 4-phyllum: foliolis simplicibus et 3-fidis. *Fruct.* parvus, ellipticus, multistriatus, hirsutulus.

Chaerophyllum. *Vmb.* simplex. *Invol.* o. *Fruct.* tereti-rostratus, non striatus. *Nucleus* dimidio semine paulo longior. [Scandix 3.]

Myrrhis. *Vmb.* comp. *Invol.* o. 1 *Fruct.* oblongus, subrostratus. *Nucleus* longitudine seminis. [Chaerophyllum. Scandix 1.]

Digynia. Zweyweibige.

191. ASTRANTIA. *Fl.* umbellati, abortivi. *Involucr.* colorata. *Sem.* rugosa.
    Ostranz. Blüth. doldig, verwerf. Hüllen gefärbt. Saamen runzelig.
205. HERACLEUM. *Fl.* radiati, abortivi. *Involucr.* deciduum. *Sem.* membranacea.
    Bartsch. Blüth. strahlig, verwerf. Hülle abfallend. Saamen häutig.
212. OENANTHE. *Fl.* radiati, abortivi radio. *Involucr.* simplex. *Sem.* coronata, sessilia.
    Rebendolde. Blüth. strahlig, im Strahl verwerf. Hülle einfach. Saam. gekrönt, stiellos.
194. CAUCALIS. *Fl.* radiati, abortivi. *Involucr.* simplex. *Sem.* muricata.
    Haftdolde. Blüth. strahlig, verwerf. Hülle einfach. Saam. zackig.
195. DAUCUS. *Fl.* radiati, abortivi. *Involucr.* pinnatum. *Sem.* hispida.
    Möhre. Blüth. strahlig, verwerfend. Hülle gefiedert. Saam. borstig.
193. TORDYLIUM. *Fl.* radiati, fertiles. *Involucr.* simplex. *Sem.* margine crenata.
    Zirmet. Blüth. strahlig, fruchtbar. Hülle einfach. Saamen am Rande gekerbt.
204. LASERPITIUM. *Fl.* flosculosi, abortivi. *Pet.* cordata. *Sem.* 4-alata.
    Laser. Blüth. ganzblüthig, verwerf. Blumenbl. herzförmig. Saam. 4-flügelig.
201. PEUCEDANUM. *Fl.* flosculosi, abortivi. *Involucr.* simplex. *Sem.* depressa, striata.
    Haarstrang. Blüth. ganzblüthig, verwerfend. Hülle einfach. Saam. plattgedrückt, gestreift.
196. AMMI. *Fl.* flosculosi, fertiles. *Involucr.* pinnatum. *Sem.* gibba, laevia.
    Ammi. Blüth. ganzblüthig, fruchtbar. Hülle gefiedert. Saam. wulstig, eben.
198. CONIUM. *Fl.* flosc. fert. *Pet.* cordata. *Sem.* gibba, costato-sulcata. *Involucella* dimidiata.
    Schierling. Blüth. ganzbl. fruchtb. Blumenbl. herzförmig. Saam. wulstig, rippig-gefurcht. Hüllch. halb.
197. BUNIUM. *Fl.* flosc. fert. *Pet.* cordata. *Involucella* setacea.
    Erdknoten. Blüth. ganzbl. fruchtb. Blumenbl. herzförmig. Hüllchen borstenförmig.
200. ATHAMANTA. *Fl.* flosc. fert. *Pet.* cordata. *Sem.* convexa, striata.
    Hirschwurz. Blüth. ganzbl. fruchtb. Blumenbl. herzförmig. Saam. erhaben, gestreift.
192. BUPLEURUM. *Fl.* flosc. fert. *Pet.* involuta. Plerisque folia indivisa s. involucella petaliformia.
    Durchwachs. Blüth. ganzbl. fruchtbar. Blumenbl. einwärts-gerollt. Bey den mehresten ungetheilte

---

Bunium. Vmb. comp. *Invol.* utrumque polyphyllum. *Petala* aequalia, alba. *Fruct.* parvus, ovato-oblongus. *Sem.* 5-striata, interstitiis subrugosis fuscis.

Aegopodium. Vmb. comp. *Ivol.* o. *Petala* inaeq., alba. *Fruct.* mediocris, ovatus, striatus. *Folia* caulina ternata.

Blätter oder blumenblattförmige Hüllen.

208. SIUM. Fl. flosc. fert. Pet. cordata. Sem. subovata, striata.
Merk. Blüth. ganzbl. fruchtb. Blumenbl. herzförmig. Saam. fasteyf., gestreift.

199. SELINUM. Fl. flosc. fert. Pet. cordata. Sem. depressa, striata.
Silge. Blüth. ganzbl. fruchtb. Blumenbl. herzförmig. Saam. plattgedr., gestreift.

211. CUMINUM. Fl. flosc. fert. Pet. cordata. Vmb. 4-fida. Invol. setaceis, longissimis.
Cumin. Blüth. ganzbl. fruchtb. Blumenbl. herzförmig. Dolde 4-theilig. Hüllen borstenförm., sehr lang.

203. FERULA. Fl. flosc. fert. Pet. cordata. Sem. plana.
Asant. Blüth. ganzbl. fruchtb. Blumenbl. herzförmig. Saam. flach.

202. CRITHMUM. Fl. flosc. fert. Pet. planiuscula. Invol. horizontale.
Bacille. Blüth. ganzblüthig, fruchtb. Blumenbl. fastflach. Hülle wagerecht.

210. BUBON. Fl. flosc. fert. Pet. planiusc. Invol. 5-phyllum.
Bubon. Blüth. ganzblüthig, fruchtb. Blumenbl. fastflach. Hülle 5-blätterig.

206. LIGUSTICUM. Fl. flosc. fert. Pet. involuta. Inv. membranacea.
Liebstöckel. Blüth. ganzbl. fruchtb. Blumenbl. einwärtsgerollt. Hülle häutig.

207. ANGELICA. Fl. flosc. fert. Pet. planiusc. Vmbellulae globosae.
Angelik. Blüth. ganzbl. fruchtb. Blumenblätt. fastflach. Döldchen kugelförmig.

209. SISON. Fl. flosc. fert. Pet. planiusc. Vmb. depauperata.
Sison. Blüth. ganzbl. fruchtbar. Blumenbl. fastflach. Dolde arm.

B. Involucris partialibus; universali nullo.
B. Hüllen besondere; keine allgemeine.

215. AETHUSA. Fl. subradiat. fert. Involucella dimidiata.
Gleiße. Blüth. faststrahlig, fruchtbar. Hüllchen halb.

216. CORIANDRUM. Fl. radiat. abortivi. Fr. subglobosi.
Coriander. Blüth. strahlig, verwerf. Früchte fastkugelig.

217. SCANDIX. Fl. radiat. abort. Fr. oblongi.
Kerbel. Blüth. strahlig, verwerf. Früchte länglich.

218. CHAEROPHYLLUM. Fl. flosc. abort. Inv. 5-[6-7-8-] phylla.
Kälberkropf. Blüth. ganzbl., verwerf. Hüllch. 5- bis 8-blätterig.

213. PHELLANDRIUM. Fl. flosc. fertiles. Fr. coronati.
Peersaat. Blüth. ganzbl., fruchtbar. Früchte gekrönt.

219. IMPERATORIA. Fl. flosc. fertiles. Vmb. expanso-plana.
Meisterwurz. Blüth. ganzbl. fruchtb. Dolde ausgebreitet, flach.

220. SASELI. Fl. flosc. fertiles. Vmb. rigidula.
Sesel. Blüth. ganzbl. fruchtb. Dolde starr.

214. CICUTA. Fl. flosc. fertiles. Pet. planiuscula.
Wütterich. Blüth. ganzbl. fruchtb. Blumenbl. fastflach.

† BUPLEURUM. Durchwachs. APIUM. Eppig. PIMPINELLA. Bibernell.

C. Involucro nullo; nec universali, nec partialibus.
C. Hülle keine, weder allgemeine noch besondere.

222. SMYRNIUM. Fl. flosc. abortivi. Sem. reniformix, angulata.

237. Leberblume. Blume 5-blätterig. Kapf. 4-klappig. Nectar. 5, gefranzt-drüfig.

PENTAGYNIA. Fünfweibige.

* *Fl. superi.* Blüthen oben.

238. ARALIA.   Cor. 5-petala. Bacca 5-sperma.
     Aralie.   Blume 5-blätterig. Beere 5-saamig.

** *Fl. inferi.* Blüthen unten.

240. LINUM.   Cor. 5-petala. Caps. 10-locularis, 2-sperma.
     Flachs.   Blume 5-blätterig. Kapf. 10-fächerig, 2-saamig.

241. DROSERA.   Cor. 5-petala. Caps. 1-locul. apice dehiscens.
     Sonnenthau.   Blume 5-blätterig. Kapf. 1-fächerig, an der Spitze auffspringend.

259. STATICE.   Cor. 5-partita. Sem. 1, calyce infundib. vestitum.
     Grasblume.   Blume 5-theilig. Saam. 1, mit dem trichterförm. Kelch bekleidet.

† CERASTIUM. Pettel. SPERGULA. Spark. GERANIUM. Storchschnabel. SAGINA. Vierling.

POLYGYNIA. Vielweibige.

242. MYOSURUS.   Cal. 5-phyllus. Nectar. 5, lingulata. Sem. numerosa.
     Tummelzellen.   Kelch 5-blätterig. Nectar. 5, zungenförm. Saamen viele.

† RANUNCULUS. Hahnenfuß. DROSERA. Sonnenthau.

MONOGYNIA. Einweibige.

105. HELIOTROPIVM. *Cor.* hypocrateriformis, 5-fida, interiectis dentibus: fauce clausa fornicibus [nuda, plicata].

105. Heliotrop. Blume nagelförmig, 5-spaltig, m. zwischenliegenden Zähnen; Schlund nackt, faltig. Sonnenwende. Scorpionschwanz.

peruvianum. 1. H. fol. lanceolato-ovatis, caule frutescente, spicis numerosis aggregato-corymbosis.
wohlriechendes.   H. m. lanzig-epförmigen Blätt., strauchartigem Stamme, zahlreichen gehäuft-sträußigen Aehren. ♄
     W. Peru. Gewächshauspflanze. Bl. 3-10.

indicum. 2. H. fol. cordato-ovatis acutis scabriusculis, spicis solitariis, fruct. bifidis.
einähriges.   H. m. herzförmig-epförmigen spitzen etwas harschen Blätt., einzelnen Aehren, zweyspaltigen Früchten. ☉
     W. Zeylon. Zierpfl. Bl. 7. 8.

europaeum. 3. H. fol. ovatis integerrimis tomentosis rugosis, spicis coniugatis.
Sonnenwende.   H. m. epförm. ganzrandigen filzigen runzlichen Blätt., gepaarten Aehren. ☉
     W. Hügel und Aecker des mildern Europa. Bl. 7. 8.

106. MYOSOTIS. *Cor.* hypocrateriformis, 5-fida, emarginata: fauce clausa fornicibus.

106. **Vergißmeinnicht.** Blume nagelförmig, 5=spaltig, ausgerandet: Schlund mit Kläppchen verschlossen. Mausohr.

scorpioides. 1. M. seminibus laevibus, foliorum apicibus callosis. [*Duae species, cuu varietates a Linneo hoc nomine comprehenduntur, scil.*]

palustris. α. sem. laevibus, calycibus glabris, fol. lanceolatis obtusis, subglabris.

ächtes. V. m. ebenen Saamen, glatten Kelchen, lanzigen stumpfen fastglatten Blätt. ♃ Blauer Augentrost, blaue Leuchte, Susannenkraut, Krötenäugel, Fischäugel.
W. Bäche, Gräben, sumpfige Plätze. Bl. 4=8.

arvensis. β. sem. laevibus, fol. ovato-lanceolatis calycibusque hirsutis.

kleines. V. m. ebenen Saamen, rauchen epförmig-lanzigen Blätt. und Kelchen. ☉
W. Trockene Felder. Bl. 4=8.

Lappula. 2. M. sem. aculeis glochidibus, fol. lanceolatis pilosis.

Klettensaamiges. V. m. hakenförmig. Stacheln am Saamen, haarigen Blätt. ☉ Kleine Hundszunge.
W. Thonige Felder, Wellerwände, Weinberge, Schutthaufen. Bl. 6=8.

107. LITHOSPERMVM. *Cor.* infundib.: fauce perforata, nuda. *Cal.* 5-partitus.

107. **Steinsaame.** Blume trichterförm.: m. nacktem offenem Schlunde. Kelch 5=theilig. Steinhirse. Meerhirse.

officinale. 1. L. seminibus laevibus, corollis vix calycem superantibus, fol. lanceolatis. *Lithospermi s. Milii Solis Semen.*

Meergrieß. St. m. ebenen Saamen, kaum längeren Blumen als der Kelch, lanzigen Blätt. ♃ Waldhirse, Sommerhirse, Perlhirse, Vogelhirse, Marienthränen, weisser Steinbrech.
W. Hügel, steinige, wüste und feuchte Oerter, Wälder. Bl. 4=6.

aruense. 2. L. sem. rugosis, cor. vix calycem superantibus.

wilder. St. m. runzeligen Saam., kaum längeren Blumen als der Kelch. ☉ Schminkwurzel, schwarze, wilde Steinhirse, Feldhirse, Rothwurz, rothe Ochsenzunge.

virginicum. 3. L. fol. subovalibus nervosis, cor. acuminatis.

weisser. St. m. fastelliptischen rippigen Blätt., zugespitzten Blumen. ♃
W. Nordamerica. Zierpfl. Bl. 6.7.

orientale. 4. L. ramis floriferis lateralibus, bracteis cordatis amplexicaulibus.

gelber. St. m seitenständigen blüthentragenden Aesten, umfassenden herzförm. Nebenbl. ☉ ♃
W. Levante. Zierpfl. Bl. 6=9.

purpuro-coeruleum. 5. L. sem. laevibus, cor. calycem multoties superantibus.

78 *Pentandria.* Fünfmännige Pflanzen.

farbiger. 5. St. m. ebenen Saam., vielfach längeren Blumen als der Kelch. ♃
W. Wälder, Büsche, Wege des mittleren Europa. Zierpfl. Bl. 5-7.

108. ANCHVSA. *Cor.* infundibulif.; fauce clausa fornicibus. *Sem.* basi insculpta.

108. Ochsenzunge. Blume trichterf., m. durch Kläppchen verschlossener Mündung. Saam. an der Basis vertieft.

officinalis. 1. A. fol. lanceolatis, spicis imbricatis secundis. *Buglossi Radix, Herba, Flores.*

rothe. O. m. lanzigen Blätt., geschindelten einseitigen Aehren. ♃ Gemeine, deutsche, grosse O., Liebäugel, Augenzier, Bauernboretsch.
W. Wiesen, Raine, Wege, Schutthaufen, Mauern, Aecker. Bl. 5. 6.

angustifolia. 2. A. racemis subnudis coniugatis, [fol. oblongo-lanceolatis. — *Praecedentis mera varietas*].

schmahlblätterige. O. m. fastnackten gepaarten Trauben, länglich-lanzigen Blätt. ♃ Kleine rothblumige O. ☉
W. Sandige, wüste Plätze, Berge, Wege. Bl. 5-10.

tinctoria. 3. A. tomentosa, fol. lanceolatis obtusis, stamin. corolla brevioribus. *Alcannae spuriae s. Anchusae Radix.*

ächte. O. filzig, m. lanzigen stumpfen Blätt., kürzern Staubgef. als die Blume. ♃ Orcanette, Alkannenwurzel, roth Färberkraut, türkische Röthe.
W. Frankreich, Italien, Schlesien. Färbekraut. Bl. 6. 7.

sempervirens. 4. A. pedunculis diphyllis capitatis.

breitblätterige. O. m. zweyblätterigen knopfigen Blüthenstielen. ♃
W. England, Spanien. Zierpfl. Bl. 5. 6.

109. CYNOGLOSSVM. *Cor.* infundibulif.; fauce clausa fornicibus. *Sem.* depressa, interiore tantum latere stylo affixa. [*Nuces* 4, depressae, receptaculo subulato affixae].

109. Hundszunge. Blume trichterf.: m. durch Kläppchen verschlossenem Schlunde. Nüsse 4, plattgedrückt, am pfriemigen Hälter befestigt.

officinale. 1. C. staminibus corolla brevioribus, fol. lato-lanceolatis tomentosis sessilibus. *Cynoglossae Radix, Herba.*

ächte. H. m. kürzern Staubgef. als die Blume, breitlanzigen filzigen stiellosen Blätt. ♂♃ Liebäugel.

α. *vulgare* coroll. calycem aequantibus, fol. sericeis sessilibus.
gemeine m. so langen Blumen als der Kelch, seidenartigen stiellosen Blätt

β. *montanum* fol. spathulato-lanceolatis hispidis subsessilibus. — *C. sylvaticum Hoffm.*
immergrüne m. schaufelförmig-lanzigen borstigen kaumgestielten Blätt.

Monogynia. Einweibige.

W. Wüste, steinige, unfruchtbare Plätze, Mauern. Bl. 5-7.

linifolium. 2. C. fol. lineari-lanceolatis scabris, [glabris, margine denticulato-scabris].
flachsblättrige. H. m. schmahl-lanzigen glatten zahnig-rauhrandigen Blätt. ☉ Schöne Margarethe.
W. Portugal. Zierpfl. Bl. 6-8.

Omphalodes. 3. C. repens, fol. radicalibus cordatis, [caulinis ovatis petiolatis].
Vergißmeinniche. H. kriechend, m. herzförm. wurzelständ., eyförmigen gestielten stammständigen Blätt. ♃
W. Südeuropa am Fuß von Bergen. Zierpfl. Bl. 3-6.

110. PVLMONARIA. *Cor.* infundibulif.; fauce pervia. *Cal.* prismatico-5-gonus.

110. Wallwurz. Blume trichterf.; m. offenem Schlunde. Kelch 5-kantig. Lungenkraut.

angustifolia. 1. P. fol. radicalibus lanceolatis.
Kleine. W. m. lanzigen wurzelständ. Blätt. ♃ Berglungenkraut, kleine Beinwelle.
W. Feuchte, schattige Plätze. Bl. 4-5.

officinalis. 2. P. fol. radicalibus ovato-cordatis scabris.
Lungenkraut. W. m. eyförmig-herzförmigen harschen wurzelständigen Blätt. ♃ Hirschmangold, Hirschkohl, blaue Schlüsselblume.
α. fol. maculatis. *Pulmonariae maculatae Herba.*
m. gefleckten Blätt.
β. fol. non maculatis.
m. ungefleckten Blätt.
W. Wälder, Büsche. Bl. 3-5.

111. SYMPHYTVM. *Corollae* limbus tubulato-ventricosus: fauce clausa radiis subulatis.

111. Beinwell. Blume m. röhrig-bauchiger Mündung; durch pfriemige Strahlen verschlossenem Schlunde. Schwarzwurz. Wallwurz.

officinale. 1. S. fol. ovato-lanceolatis decurrentibus. *Symphyti s. Consolidae maioris Radix, Herba, Flores.*
Schwarzwurz. B. m. eyförmig-lanzigen herablaufenden Blätt. ♃
α. *album* calyce convergente aequante tubum corollae.
weisse m. geschlossenem Kelche von der Länge der Blumenröhre.
β. *patens* calyce patente breviore tubo corollae.
rothe m. offenem kürzerem Kelche als die Blumenröhre.
W. Feuchte, schattige Gegenden, sumpfige Wiesen, Gräben. Bl 5-7.

112. CERINTHE. *Corollae* limbus tubulato-ventricosus: fauce pervia. *Semina* [*Nuces*] 2, bilocular.

112. Wachsblume. Blume m. röhrig-bauchiger Mündung, offenem Schlunde. Nüsse 2, zweyfächerig.

maior. 1. C. fol. amplexicaulibus, corollis obtusiusculis patulis.

Digynia. Zweyweibige.

191. ASTRANTIA. *Fl.* umbellati, abortivi. *Involucr.* colorata. *Sem.* rugosa.

Oſtranz. Blüth. doldig, verwerf. Hüllen gefärbt. Saamen runzelig.

205. HERACLEUM. *Fl.* radiati, abortivi: *Involucr.* deciduum. *Sem.* membranacea.

Bartſch. Blüth. ſtrahlig, verwerf. Hülle abfallend. Saamen häutig.

212. OENANTHE. *Fl.* radiati, abortivi radio. *Involucr.* simplex. *Sem.* coronata, sessilia.

Rebendolde. Blüth. ſtrahlig, im Strahl verwerf. Hülle einfach. Saam. gekrönt, ſtielloß.

194. CAUCALIS. *Fl.* radiati, abortivi. *Involucr.* simplex. *Sem.* muricata.

Haftdolde. Blüth. ſtrahlig, verwerf. Hülle einfach. Saam. zackig.

195. DAUCUS. *Fl.* radiati, abortivi. *Involucr.* pinnatum. *Sem.* hispida.

Möhre. Blüth. ſtrahlig, verwerfend. Hülle gefiedert. Saam. borſtig.

193. TORDYLIUM. *Fl.* radiati, fertiles. *Involucr.* simplex. *Sem.* margine crenata.

Zirmet. Blüth. ſtrahlig, fruchtbar. Hülle einfach. Saamen am Rande gekerbt.

204. LASERPITIUM. *Fl.* flosculosi, abortivi. *Pet.* cordata. *Sem.* 4-alata.

Laſer. Blüth. ganzblüthig, verwerf. Blumenbl. herzförmig. Saam. 4-flügelig.

201. PEUCEDANUM. *Fl.* flosculosi, abortivi. *Involucr.* simplex. *Sem.* depressa, striata.

Haarſtrang. Blüth. ganzblüthig, verwerfend. Hülle einfach. Saam. plattgedrückt, geſtreift.

196. AMMI. *Fl.* flosculosi, fertiles. *Involucr.* pinnatum. *Sem.* gibba, laevia.

Ammi. Blüth. ganzblüthig, fruchtbar. Hülle gefiedert. Saam. wulſtig, eben.

198. CONIUM. *Fl.* flosc. fert. *Pet.* cordata. *Sem.* gibba, costato-sulcata. *Involucella* dimidiata.

Schierling. Blüth. ganzbl. fruchtb. Blumenbl. herzförmig. Saam. wulſtig, rippig-gefurcht. Hüllch. halb.

197. BUNIUM. *Fl.* flosc. fert. *Pet.* cordata. *Involucella* setacea.

Erdknoten. Blüth. ganzbl. fruchtb. Blumenbl. herzförmig. Hüllchen borſtenförmig.

200. ATHAMANTA. *Fl.* flosc. fert. *Pet.* cordata. *Sem.* convexa, striata.

Hirſchwurz. Blüth. ganzbl. fruchtb. Blumenbl. herzförmig. Saam. erhaben, geſtreift.

192. BUPLEURUM. *Fl.* flosc. fert. *Pet.* involuta. *Plerisque folia indivisa s. involucella petaliformia.*

Durchwachs. Blüth. ganzbl. fruchtbar. Blumenbl. einwärtsgerollt. Bey den mehreſten ungetheilte

---

Bunium. Vmb. comp. *Invol.* utrumque polyphyllum. *Petala* aequalia, alba. *Fruct.* parvus, ovato-oblongus. *Sem.* 5-striata, interstitiis subrugosis fuscis.

Aegopodium. Vmb. comp. *Ivol.* o. *Petala* inaeq., alba. *Fruct.* mediocris, ovatus, striatus. *Folia caulina ternata.*

Pentandria. Fünfmännige Pflanzen.

Blätter oder blumenblattförmige Hüllen.

208. SIUM. *Fl. flosc. fert. Pet. cordata. Sem. subovata, striata.*
Merk. Blüth. ganzbl. fruchtb. Blumenbl. herzförmig. Saam. fastenf., gestreift.

199. SELINUM. *Fl. flosc. fert. Pet. cordata. Sem. depressa, striata.*
Silge. Blüth. ganzbl. fruchtb. Blumenbl. herzförmig. Saam. plattgedr., gestreift.

211. CUMINUM. *Fl. flosc. fert. Pet. cordata. Imb. 4-fida. Invol. setaceis, longissimis.*
Cumin. Blüth. ganzbl. fruchtb. Blumenbl. herzförmig. Dolde 4 theilig. Hüllen borstenförm., sehr lang.

205. FERULA. *Fl. flosc. fert. Pet. cordata. Sem. plana.*
Asant. Blüth. ganzbl. fruchtb. Blumenbl. herzförmig. Saam. flach.

202. CRITHMUM. *Fl. flosc. fert. Pet. planiuscula. Invol. horizontale.*
Bacille. Blüth. ganzblüthig, fruchtb. Blumenbl. fastflach. Hülle wagerecht.

210. BUBON. *Fl. flosc. fert. Pet. planiusc. Invol. 5-phyllum.*
Bubon. Blüth. ganzblüthig, fruchtb. Blumenbl. fastflach. Hülle 5-blätterig.

206. LIGUSTICUM. *Fl. flosc. fert. Pet. involuta. Inv. membranacea.*
Liebstöckel. Blüth. ganzbl. fruchtb. Blumenbl. einwärtsgerollt. Hülle häutig.

207. ANGELICA. *Fl. flosc. fert. Pet. planiusc. Umbellulae globosae.*
Angelik. Blüth. ganzbl. fruchtb. Blumenblätt. fastflach. Döldchen kugelförmig.

209. SISON. *Fl. flosc. fert. Pet. planiusc. Umb. depauperata.*
Sison. Blüth. ganzbl. fruchtbar. Blumenbl. fastflach. Dolde arm.

B. *Involucris partialibus;* universali nullo.
B. Hüllen besondere; keine allgemeine.

215. AETHUSA. *Fl. subradiat. fert. Involucella dimidiata.*
Gleise. Blüth. faststrahlig, fruchtbar. Hüllchen halb.

216. CORIANDRUM. *Fl. radiat. abortivi. Fr. subglobosi.*
Coriander. Blüth. strahlig, verwerf. Früchte fastkugelig.

217. SCANDIX. *Fl. radiat. abort. Fr. oblongi.*
Kerbel. Blüth. strahlig, verwerf. Früchte länglich.

218. CHAEROPHYLLUM *Fl. flosc. abort. Inv. 5- [6- 7- 8-] phylla.*
Kälberkropf. Blüth. ganzbl., verwerf. Hüllch. 5- bis 8-blätterig.

213. PHELLANDRIUM. *Fl. flosc. fertiles. Fr. coronati.*
Peerstat. Blüth. ganzbl., fruchtbar. Früchte gekrönt.

219. IMPERATORIA. *Fl. flosc. fertiles. Umb. expanso-plana.*
Meisterwurz. Blüth. ganzbl. fruchtb. Dolde ausgebreitet, flach.

220. SESELI. *Fl. flosc. fertiles. Umb. rigidula.*
Sesel. Blüth. ganzbl. fruchtb. Dolde starr.

214. CICUTA. *Fl. flosc. fertiles. Pet. planiuscula.*
Wüterich. Blüth. ganzbl. fruchtb. Blumenbl. fastflach.

† BUPLEURUM. Durchwachs. APIUM. Eppig. PIMPINELLA. Bibernell.

C. *Involucro nullo;* nec universali, nec partialibus.
C. Hülle keine, weder allgemeine noch besondere.

222. SMYRNIUM. *Fl. flosc. abortivi. Sem. reniformia, angulata.*

222. Smyrnium.		Fl. ganzbl. verwerf. Saam. nierenförmig, kantig.
	Smyrnium.	Blüth. ganzbl. verwerf. Saam. nierenförmig, kantig.
224. CARUM.		Fl. flosc. abortivi. Sem. gibba, striata.
	Kümmel.	Blüth. ganzbl. verwerf. Saam. wulstig, gestreift.
221. PASTINACA.		Fl. flosc. fertiles. Sem. depresso-plana.
	Pastinack.	Blüth. ganzbl. fruchtb. Saam. plattgedrückt, flach.
223. ANETHUM.		Fl. flosc. fertiles. Sem. marginata, striata.
	Dill.	Blüth. ganzbl. fruchtb. Saam. gerandet, gestreift.
227. AEGOPODIUM.		Fl. flosc. fertiles. Sem. gibba, striata. Pet. cordata.
	Giersch.	Blüth. ganzbl. fruchtb. Saam. wulstig, gestreift. Blumenbl. herzförmig.
226. APIUM.		Fl. flosc. fertiles. Sem. minuta, striata. Pet. inflexa.
	Eppig.	Blüth. ganzbl. fruchtb. Saam. klein, gestreift. Blumenbl. einwärtsgebogen.
225. PIMPINELLA.		Fl. flosc. fertiles. (Umbellae ante florescentiam nutantes). Pet. cordata.
	Bibernell.	Blüth. ganzbl. fruchtb. (Dolden vor der Blüthe überhängend). Blumenbl. herzförmig.

TRIGYNIA. Dreyweibige.

* Fl. superi. Blüthen oben.

229. VIBURNUM.		Cor. 5-fida. Bacca 1-sperma.
	Schwalken.	Blume 5-spaltig. Beere 1-saamig.
231. SAMBUCUS.		Cor. 5-fida. Bacca 3-sperma.
	Hollunder.	Blume 5-spaltig. Beere 3-saamig.

* Fl. inferi. Blüthen unten.

228. RHUS.		Cor. 5-petala. Bacca 1-sperma.
	Sumach.	Blume 5-blätterig. Beere 1-saamig.
230. CASSINE.		Cor. 5-petala. Bacca 3-sperma.
	Cassine.	Blume 5-blätterig. Beere 3-saamig.
232. STAPHYLEA.		Cor. 5-petala. Caps. 2- s. 3-fida, inflata.
	Pimpernuß.	Blume 5-blätterig. Kaps. 2- od. 3-spaltig, aufgeblasen.
233. TAMARIX.		Cor. 5-petala. Caps. 1-locularis. Sem. papposa.
	Tamariske.	Blume 5-blätterig. Kaps. 1-fächerig. Saam. federig.
235. ALSINE.		Cor. 5-petala. Caps. 1-locularis. Cal. 5-phyllus. Petala bifida.
	Miere.	Blume 5-blätterig. Kaps. 1-fächerig. Kelch 5-blätterig. Blumenbl. 2-spaltig.
234. CORRIGIOLA.		Cor. 5-petala. Sem. [Nux] 1, triquetrum. Cal. 5-partitus.
	Lingen.	Blume 5-blätt. Nuß 3-kantig. Kelch 5-theilig.
236. BASELLA.		Cor. nulla [7-fida]. Cal. 6-fidus [5-phyllus]. Sem. 1, globosum, calyce [corolla] baccat.
	Beerblume.	Blume 7-theilig. Kelch 5-blätterig. Saam. 1, kugelig, in der beerigen Blume.

† RHAMNUS. Wegdorn. CELASTRUS. Bägelholz. MONTIA. Montie. HOLOSTEUM. Spurre. CERASTIUM. Pettel. EUPHORBIA. Wolfsmilch.

TETRAGYNIA. Vierweibige.

237. PARNASSIA.	Cor. 5-petala. Caps. 4-valvis. Nectar. 5, ciliato-glandulosa.

237. Leberblume. Blume 5-blätterig. Kapſ. 4-klappig. Nectar. 5, gefranzt-drüſig.

PENTAGYNIA. Fünfweibige.

* *Fl. superi.* Blüthen oben.

238. ARALIA. *Cor. 5-petala. Bacca 5-sperma.*
Aralie. Blume 5-blätterig. Beere 5-ſaamig.

** *Fl. infori.* Blüthen unten.

240. LINUM. *Cor. 5-petala. Caps. 10-locularis, 2-sperma.*
Flachs. Blume 5-blätterig. Kapſ. 10-fächerig, 2-ſaamig.

241. DROSERA. *Cor. 5-petala. Caps. 1-locul. apice dehiscens.*
Sonnenthau. Blume 5-blätterig. Kapſ. 1-fächerig, an der Spitze aufſpringend.

239. STATICE. *Cor. 5-partita. Sem.* 1, calyce infundib. vestitum.
Grasblume. Blume 5-theilig. Saam. 1, mit dem trichterförm. Kelch bekleidet.

† CERASTIUM. Hettel. SPERGULA. Spark. GERANIUM. Storchſchnabel. SAGINA. Vierling.

POLYGYNIA. Vielweibige.

242. MYOSURUS. *Cal. 5-phyllus. Nectar.* 5, lingulata. *Sem.* numerosa.
Tummelzellen. Kelch 5-blätterig. Nectar. 5, zungenförm. Saamen viele.

† RANUNCULUS. Hahnenfuß. DROSERA. Sonnenthau.

MONOGYNIA. Einweibige.

105. HELIOTROPIVM. *Cor.* hypocrateriformis, 5-fida, interiectis dentibus: fauce clausa fornicibus [nuda, plicata].

105. Heliotrop. Blume nagelförmig, 5-ſpaltig, m. zwiſchenliegenden Zähnen; Schlund nackt, faltig. Sonnenwende. Scorpionſchwanz.

peruvianum. 1. H. fol. lanceolato-ovatis, caule frutescente, spicis numerosis aggregato-corymbosis.

wohlriechendes. H. m. lanzig-eyförmigen Blätt., ſtrauchartigem Stamme, zahlreichen gehäuft-ſtraußigen Aehren. ħ
W. Peru. Gewächshauspflanze. Bl. 3-10.

indicum. 2. H. fol. cordato-ovatis acutis scabriusculis, spicis solitariis, fruct. bifidis.

einährigen. H. m. herzförmig-eyförmigen ſpitzen etwas harſchen Blätt., einzelnen Aehren, zweyſpaltigen Früchten. ☉
W. Zeylon. Zierpfl. Bl. 7. 8.

europaeum. 3. H. fol. ovatis integerrimis tomentosis rugosis, spicis coniugatis.

Sonnenwende. H. m. eyförm. ganzrandigen filzigen runzlichen Blätt., gepaarten Aehren. ☉
W. Hügel und Aecker des mildern Europa. Bl. 7. 8.

106. MYOSOTIS. *Cor.* hypocrateriformis, 5-fida, emarginata: fauce clausa fornicibus.

106. **Vergißmeinnicht.** Blume nagelförmig, 5-spaltig, ausgerandet: Schlund mit Kläppchen verschlossen. **Mausohr.**

scorpioides.   1. M. seminibus laevibus, foliorum apicibus callosis. [*Duae species, ceu varietates a Linneo hoc nomine comprehenduntur, scil.*]

palustris.   α. sem. laevibus, calycibus glabris, fol. lanceolatis obtusis, subglabris.

ächtes.   V. m. ebenen Saamen, glatten Kelchen, lanzigen stumpfen fastglatten Blätt. ♃ Blauer Augentrost, blaue Leuchte, Susannenkraut, Krötenäugel, Fischäugel.
W. Bäche, Gräben, sumpfige Plätze. Bl. 4-8.

arvensis.   β. sem. laevibus, fol. ovato-lanceolatis calycibusque hirsutis.

kleines.   V. m. ebenen Saamen, rauhen eyförmig-lanzigen Blätt. und Kelchen. ☉
W. Trockene Felder. Bl. 4-8.

Lappula.   2. M. sem. aculeis glochidibus, fol. lanceolatis pilosis.

Klettensaamiges.   V. m. hakenförmig. Stacheln am Saamen, haarigen Blätt. ☉ Kleine Hundszunge.
W. Thonige Felder, Wellerwände, Weinberge, Schutthaufen. Bl. 6-8.

107. LITHOSPERMVM. *Cor.* infundib.: fauce perforata, nuda. *Cal.* 5-partitus.

107. **Steinsaame.** Blume trichterförm.: m. nacktem offenem Schlunde. Kelch 5-theilig. **Steinhirse. Meerhirse.**

officinale.   1. L. seminibus laevibus, corollis vix calycem superantibus, fol. lanceolatis. *Lithospermi s. Milii Solis Semen.*

Meergrieß.   St. m. ebenen Saamen, kaum längeren Blumen als der Kelch, lanzigen Blätt. ♃ Waldhirse, Sommerhirse, Perlhirse, Vogelhirse, Marienthränen, weisser Steinbrech.
W. Hügel, steinige, wüste und feuchte Oerter, Wälder. Bl. 4-6.

aruense.   2. L. sem. rugosis, cor. vix calycem superantibus.

wilder.   St. m. runzeligen Saam., kaum längeren Blumen als der Kelch. ☉ Schminkwurzel, schwarze, wilde Steinhirse, Feldhirse, Rothwurz, rothe Ochsenzunge.

virginicum.   3. L. fol. subovalibus nervosis, cor. acuminatis.

weisser.   St. m. fastelliptischen rippigen Blätt., zugespitzten Blumen. ♃
W. Nordamerica. Zierpfl. Bl. 6. 7.

orientale.   4. L. ramis floriferis lateralibus, bracteis cordatis amplexicaulibus.

gelber.   St. m seitenständigen blüthentragenden Aesten, umfassenden herzförm. Nebenbl. ☉ ♃
W. Levante. Zierpfl. Bl. 6-9.

purpuro-coeruleum.   5. L. sem. laevibus, cor. calycem multoties superantibus.

farbiger.	5. St. m. ebenen Saam., vielfach längeren Blumen als der Kelch. ♃
	W. Wälder, Büsche, Wege des mittleren Europa. Zierpfl. Bl. 5-7.

108. ANCHVSA. *Cor.* infundibulif.; fauce clausa fornicibus. *Sem.* basi insculpta.

108. Ochsenzunge. Blume trichterf., m. durch Kläppchen verschlossener Mündung. Saam. an der Basis vertieft.

officinalis.	1. A. fol. lanceolatis, spicis imbricatis secundis. *Buglossi Radix, Herba, Flores.*
rothe.	D. m. lanzigen Blätt., geschindelten einseitigen Aehren. ♃ Gemeine, deutsche, grosse D., Liebäugel, Augenzier, Bauernboretsch.
	W. Wiesen, Raine, Wege, Schutthausen, Mauern, Aecker. Bl. 5. 6.
angustifolia.	2. A. racemis subnudis coniugatis, [fol. oblongo-lanceolatis. — *Praecedentis mera varietas*].
schmahlblätterige.	D. m. fastnackten gepaarten Trauben, länglich-lanzigen Blätt. ♃ Kleine rothblumige D. ☉
	W. Sandige, wüste Plätze, Berge, Wege. Bl. 5-10.
tinctoria.	3. A. tomentosa, fol. lanceolatis obtusis, stamin. corolla brevioribus. *Alcannae spuriae s. Anchusae Radix.*
ächte.	D. filzig, m. lanzigen stumpfen Blätt., kürzern Staubgef. als die Blume. ♃ Orcanette, Alkannenwurzel, roth Färberkraut, türkische Röthe.
	W. Frankreich, Italien, Schlesien. Färbekraut. Bl. 6. 7.
sempervirens.	4. A. pedunculis diphyllis capitatis.
breitblätterige.	D. m. zweyblätterigen knopfigen Blüthenstielen. ♃
	W. England, Spanien. Zierpfl. Bl. 5. 6.

109. CYNOGLOSSVM. *Cor.* infundibulif.; fauce clausa fornicibus. *Sem.* depressa, interiore tantum latere stylo affixa. [*Nuces* 4, depressae, receptaculo subulato affixae].

109. Hundszunge. Blume trichterf.: m. durch Kläppchen verschlossenem Schlunde. Nüsse 4, plattgedrückt, am pfriemigen Hälter befestigt.

officinale.	1. C. staminibus corolla brevioribus, fol. lato-lanceolatis tomentosis sessilibus. *Cynoglossae Radix, Herba.*
ächte.	H. m. kürzern Staubgef. als die Blume, breitlanzigen filzigen stiellosen Blätt. ♂♃ Liebäugel.
	α. *vulgare* coroll. calycem aequantibus, fol. sericeis sessilibus.
	gemeine m. so langen Blumen als der Kelch, seidenartigen stiellosen Blätt
	β. *montanum* fol. spathulato-lanceolatis hispidis subsessilibus. — C. sylvaticum *Hoffm.*
	immergrüne m. schaufelförmig-lanzigen borstigen kaumgestielten Blätt.

W. Wüste, steinige, unfruchtbare Plätze, Mauern. Bl. 5-7.

linifolium. 2. C. fol. lineari-lanceolatis scabris, [glabris, margine denticulato-scabris].

flachsblätterige. H. m. schmahl-lanzigen glatten zahnig-rauhrandigen Blätt. ☉ Schöne Margarethe.
W. Portugal. Zierpfl. Bl. 6-8.

Omphalodes. 3. C. repens, fol. radicalibus cordatis, [caulinis ovatis petiolatis].

Vergißmeinnicht. H. kriechend, m. herzförm. wurzelständ., eyförmigen gestielten stammständigen Blätt. ♃
W. Südeuropa am Fuß von Bergen. Zierpfl. Bl. 3-6.

110. PVLMONARIA. *Cor.* infundibulif.; fauce pervia. *Cal.* prismatico-5-gonus.

110. Wallwurz. Blume trichterf.; m. offenem Schlunde. Kelch 5-kantig. Lungenkraut.

angustifolia. 1. P. fol. radicalibus lanceolatis.

kleine. W. m. lanzigen wurzelständ. Blätt. ♃ Berglungenkraut, kleine Beinwelle.
W. Feuchte, schattige Plätze. Bl. 4. 5.

officinalis. 2. P. fol. radicalibus ovato-cordatis scabris.

Lungenkraut. W. m. eyförmig-herzförmigen harschen wurzelständigen Blätt. ♃ Hirschmangold, Hirschkohl, blaue Schlüsselblume.

α. fol. maculatis. *Pulmonariae maculatae Herba.*
 m. gefleckten Blätt.
β. fol. non maculatis.
 m. ungefleckten Blätt.
W. Wälder, Büsche. Bl. 3. 5.

111. SYMPHYTVM. *Corollae* limbus tubulato-ventricosus: fauce clausa radiis subulatis.

111. Beinwell. Blume m. röhrig-bauchiger Mündung; durch pfriemige Strahlen verschlossenem Schlunde. Schwarzwurz. Wallwurz.

officinale. 1. S. fol. ovato-lanceolatis decurrentibus. *Symphyti s. Consolidas maioris Radix, Herba, Flores.*

Schwarzwurz. B. m. eyförmig-lanzigen herablaufenden Blätt. ♃

α. *album* calyce convergente aequante tubum corollae.
 weisse m. geschlossenem Kelche von der Länge der Blumenröhre.
β. *patens* calyce patente breviore tubo corollae.
 rothe m. offenem kürzerem Kelche als die Blumenröhre.
W. Feuchte, schattige Gegenden, sumpfige Wiesen, Gräben. Bl 5-7.

112. CERINTHE. *Corollae* limbus tubulato-ventricosus: fauce pervia. *Semina* [*Nuces*] 2, bilocular.

112. Wachsblume. Blume m. röhrig-bauchiger Mündung, offenem Schlunde. Nüsse 2, zweyfächerig.

maior. 1. C. fol. amplexicaulibus, corollis obtusiusculis patulis.

große. 1. W. m. umfassenden Blätt., etwas stumpfen schwach-klaffenden Blumen. ☉
 α. glabra, staminibus corolla brevioribus.
  glattblätterige m. kürzern Staubgefässen als die Blume.
 β. aspera, staminibus corollae aequalibus. [C. aspera *Willd.*]
  scharfblätterige m. so langen Staubgef. als die Blume.
  W. Sibirien, Schweitz. Zierpfl. Bl. 6-8.

minor. 2. C. fol. amplexicaulibus integris, corollis acutis clausis.
kleine. W. m. umfassenden ganzrandigen Blätt., spitzen verschlossenen Blumen. ♂
 W. Oesterreich, Steyermark, Jena auf Aeckern. Zierpfl. Bl. 6. 7.

113. BORAGO. *Cor.* rotata: fauce radiis clausa.
113. Boretsch. Blume radförmig; m. durch Strahlen verschlossenem Schlunde. Borager. Borretsch.

officinalis. 1. B. fol. omnibus alternis, calycibus patentibus. *Pedunculi terminales multiflori.* Boraginis Folia, Flores.
Boragen. B. m. lauter abwechselnden Blätt., klaffenden Kelchen, spitzeständ. vielblüthigen Blüthenstielen. ☉
 W. Egypten, verwildert auf wüsten Plätzen, in Gärten. Salatpflanze. Bl. 6-8.

orientalis. 2. B. calycibus tubo corollae brevioribus, fol. cordatis. *Pedunculi axillares multiflori.*
kurzkelchiger. B. m. kürzern Kelchen als die Blumenröhre, herzförm. Blätt., winkelständ. vielblüthigen Blüthenst. ♃
 W. Levante. Bl. 7. 8.

114. ASPERVGO. *Cal.* fructus compressus: lamellis planoparallelis, sinuatis.
114. Bekufswant. Kelch der Frucht zusammengedr.: m. flach-gleichlaufenden, buchtigen Blättchen. Scharfkraut.

procumbens. 1. A. calycibus fructus compressis.
Schlangenaugen. B. m. zusammengedrückten Kelchen der Frucht. ☉ Klebkraut.
 W. Feuchte, wüste Oerter, Hecken. Bl. 5. 6.

115. LYCOPSIS. *Corolla* tubo incurvato.
115. Krummhals. Blume m. krummer Röhre.

pulla. 1. L. fol. integerrimis, caule erecto, cal. fructescentibus inflatis pendulis
schwarzbrauner. K. m. ganzrandigen Blätt., aufrechtem Stamme, aufgeblasenen hängenden fruchttragenden Kelchen. ♃
 W. Aecker. Bl. 6. 7.

aruensis. 2. L. fol. lanceolatis hispidis, cal. fructescentibus erectis.
Wolfswurz. K. m. lanzigen borstigen Blätt., aufrechten fruchttragenden Kelchen. ☉ Schminkwurz, wilde Ochsenzunge.
 W. Aecker, wüste Plätze. Bl. 5-8.

116. ECHIVM. *Cor.* irregularis, fauce nuda.
116. Natterkopf. Blume unregelmäſſig, m, nacktem Schlunde.

vulgare. 1. E. caule tuberculato hispido, fol. caulinis lanceolatis hispidis, flor. spicatis lateralibus.
Frauenkrieg. N. m. höckerigem borſtigem Stamme, lanzigen borſtigen ſtammſtänd. Blätt., ährigen ſeitenſtänd. Blüth. ♂
Natterwurz, Otternkopf, wilde Ochſenzunge.
W. Sandige Felder, wüſte Plätze, Mauern. Bl. 6–9.

violaceum. 2. E. corollis stamina aequantibus, tubo calyce breviore.
violetter. N. m. blumenlangen Staubgef., kürzerer Blumenröhre als der Kelch. ☉
W. Wälder, trockene Felder, Mauern. Bl. 6. 7.

117. ANDROSACE. *Involucrum* umbellulae. *Corollae* tubus ovatus: ore glanduloso. *Caps.* 1-locularis, globosa.
117. Mannsſchild. Hülle des Döldchens. Blume m. eyförmiger Röhre, drüſiger Oefnung. Kapſ. 1-fächerig, kugelig. Mannsharniſch.

maxima. 1. A. perianthiis fructuum maximis, [fol. obovatis].
großblumiges. M. m. ſehr groſſen Kelchen der Frucht, verkehrteyförmigen Blätt. ☉
W. Aecker, Gärten, Wege. Bl. 5–7.

septentriona- 2. A. fol. lanceolatis dentatis glabris, perianth. angula-
lis. tis corolla brevioribus
nördliches. M. m. lanzigen gezahnten glatten Blätt., kantigen kürzern Kelchen als die Blume. ☉
W. Berge. Bl. 6.

118. PRIMVLA. *Involucr.* umbellulae. *Corollae* tubus cylindricus: ore patulo.
118. Schlüſſelblume. Hülle des Döldchens. Blume m. walzenförm. Röhre, offener Oefnung.

veris. 1. P. fol. dentatis rugosis.
Primel. S. m. gezahnten runzeligen Blätt. ♃ Bathengen.
α. *officinalis* corollarum limbo concavo. [Primula veris *Willd.*] *Primulae veris Flores, Herba, Radix.*
Oſterblume m. hohler Mündung der Blume.
β. *elatior,* corollarum limbo plano, scapo multifloro. [P. elatior *Willd.*] *Paralyseos Flores, Herba, Radix.*
Lerchenblume m. flacher Mündung der Blume.
γ. *scaulis,* scapo nullo, [scapis unifloris].
einblumige m. einblüthigen Stengeln.
W. Trockene Wieſen, Wälder. Zierpfl. Bl. 4. 5.

farinosa. 2. P. fol. crenatis glabris [subtus farinosis], florum limbo plano.
gepuderte. S. m. gekerbten glatten unten gepuderten Blätt., flacher Mündung der Blume. ♃
W. Alpengegenden, feuchte und ſumpfige Wieſen. Zierpfl. Bl. 3–5.

Auricula. 3. P. fol. [carnosis] serratis glabris.

Aurikel. 3. S. m. fleischigen sägigen glatten Blätt. ⚄ Bärenöhrlein, Bergschlüsselblume.
W. Alpen des südl. Europa, Astrakan. Zierpfl. Bl. 3-5 und 9. 10.

119. CORTVSA. *Cor.* rotata: fauce annulo elevato. *Caps.* 1-locularis, ovalis, apice 5-valvis.

119. Wundglöckchen. Blume radförmig: m. erhabenem Ringe im Schlunde. Kaps. 1-fächerig, eyförmig, an der Spitze 5-klappig. Heilglöckchen. Cortuse.

Matthioli. 1. C. calycibus corolla brevioribus.
Bergsanikel. W. m. kürzeren Kelchen als die Blume. ⚄
W. Sibirische und südeuropäische Alpen im Schatten auf magerem Boden. Zierpfl. Bl. 4-6.

120. DODECATHEON. *Cor.* rotata, reflexa. *Stam.* tubo insidentia. *Caps.* 1-locularis, oblonga.

120. Meadie. Blume radförmig, zurückgebogen. Staubgefässe röhrenständig. Kaps. 1-fächerig, länglich.

Meadia. 1. D. [foliis dentato-repandis].
Göttergabe. W. m. zahnig-ausgeschweiften Blätt. ⚄
W. Virginien. Zierpfl. Bl. 5.

121. CYCLAMEN. *Cor.* rotata, reflexa, tubo brevissimo: fauce prominente. *Bacca* tecta capsula.

121. Erdscheibe. Blume radförmig, zurückgebogen, m. sehr kurzer Röhre, hervorragendem Schlunde. Beere in einer Kapsel.

europaeum. 1. C. corolla retroflexa. *Cyclaminis s. Arthanitas Radix.*
Saubrod. C. m. zurückgebogener Blume. ⚄
α. *germanicum* fol. orbiculatis cordatis crenatis.
gemeines m. kreißförm. herzförm. gekerbten Blätt.
β. *persicum* fol. oblongo-ovatis cordatis crenatis.
persisches m. länglich-eyförm. herzförm. gekerbten Blätt.
γ. *hederaefolium* fol. cordatis angulatis denticulatis.
epheublätteriges m. herzförm. eckigen gezahnten Blätt.
δ. *coum* fol. orbiculatis cordatis integerrimis.
rundblätteriges m. kreißförm. herzförm. ganzrandigen Blätt.
W. Südeuropa und Tatarey in trockenen Wäldern. Zierpfl. Bl. 7-10.

122. MENYANTHES. *Cor.* hirsuta. *Stigm.* 2-fidum. *Caps.* 1-locularis.

122. Zottenblume. Blume struppig. Narbe 2-spaltig. Kaps. 1-fächerig.

Nymphoides. 1. M. fol. cordatis integerrimis, corollis ciliatis.
Seeblumenartige. 3. m. herzförm. ganzrandigen Blättern, gefranzten Blumen. ⚄
W. Stehende Gewässer. Bl. 7. 8
trifoliata. 2. M. fol. ternatis. *Trifolii fibrini s. paludosi Herba.*

— Monogynia. Einweibige. 83

Klappen. 2. Ir. m. dreyfingerigen Blätt. ♃ Dreyblatt, Bieberklee, Sumpfklee, Bocksbohnen.
W. Stehende Wasser, Sümpfe, Gräben. Bl. 4:6.

123. HOTTONIA. *Cor.* hypocrateriformis. *Stam.* tubo corollae imposita. *Caps.* 1-locularis.

123. Wassergarbe. Blume nagelförm. Staubgef. auf der Blumenröhre. Kapſ. 1-fächerig.

palustris. 1. H. pedunculis verticillato-multifloris.
federige. W. m. quirlig-vielblüthigen Blüthenſtielen. ♃ Wasserfeder, Wasserveil.
W. Sümpfe, Gräben. Bl. 5, 6.

124. LYSIMACHIA. *Cor.* rotata. *Caps.* globosa, mucronata, 10-valvis.

124. Lyſimachie. Blume radförm. Kapſ. kugelig, ſcharfſpitzig, 10-klappig. Weiderich.

* *Pedunculis multifloris.* Mit vielblüthigen Blüthenſtielen.

vulgaris. 1. L. paniculata: racemis terminalibus. *Lysimachiae Herba.*
Weiderich. L. riſpig: m. ſpitzeſtändigen Trauben. ♃ Groſſer, gelber Weiderich, Eßwurzel.
W. Schattige, feuchte Plätze. Zierpfl. Bl. 6-8.

Ephemerum. 2. L. racem. simplicibus terminalibus, petalis obtusis stamin. corolla brevioribus.
weidenblätterige. L. m. einfachen ſpitzeſtänd. Trauben, ſtumpfen Blumenbl., kürzern Staubgef. als die Blume. ☉♂♃
W. Medien, Sibirien. Zierpfl. Bl. 7. 8.

thyrsiflora. 3. L. racem. lateralibus pedunculatis.
buſchelblüthige. L. m. geſtielten ſeitenſtänd. Trauben. ♃ Waſſerweiderich, Sumpfweiderich.
W. Gräben, Sümpfe, Bäche. Zierpfl. Bl. 6. 7.

** *Pedunculis unifloris.* Mit einblüthigen Blüthenſtielen.

quadrifolia. 4. L. fol. quaternis petiolo ciliatis, pedunc. quaternis unifloris.
vierblätterige. L. m. vierzähligen am Blattſtiel gefranzten Blätt., vierzähligen einblüthigen Blüthenſtiel. ♃
W. Virginien, Canada. Zierpfl. Bl. 6. 7.

punctata. 5. L. fol. subquaternis subsessilibus, pedunc. verticillatis unifloris.
punctirte. L. m. faſtvierzähligen faſtſtielloſen Blätt., quirligen einblüthigen Blüthenſtielen. ♃
W. Dürre Berge, Bäche, Quellen, Ufer. Bl. 6 8.

nemorum. 6. L. fol. ovatis acutis, flor. solitariis, caule procumbente.
Waldmeyer. L. m. eyförm. ſpitzen Blätt., einzelnen Blüth., niederliegendem Stamme. ♃ Waldweiderich, gelber Waldmeyer oder Hühnerdarm.
W. Feuchte Wälder. Bl. 6 7.

Nummularia. 7. L. fol. subcordatis, flor. solitariis, caule repente. *Nummulariae Herba.*
Pfennigkraut. L. m. faſtherzförm. Blätt., einzelnen Blüth., kriechendem Stamme. ♃ Wieſengold, Egelkrau;.
W. Feuchte Wieſen und Wälder, Gräben. Bl. 6. 7.

Pentandria. Fünfmännige Pflanzen.

125. ANAGALLIS. *Cor.* rotata. *Caps.* circumcissa.
125 Gauchheil. Blume radförmig. Kapf. durchschnitten.

aruensis. 1. A. fol. indivisis, caule procumbente. *Anagallidis Herba.*

liegendes. G. m. ungetheilten Blätt., niederliegend. Stamme. ☉
Grundheil, rothe Miere, Vernunft und Verstand, Vogelkraut, Sperlingskraut.

α. *caerulea* calycis laciniis subulatis.
blaues m. pfriemigen Kelchlappen.
β. *phoenicea* calycis laciniis lanceolatis.
rothes m. lanzigen Kelchlappen.
W. Aecker, Gärten, Hecken. Bl. 5-7.

126. SPIGELIA. *Cor.* infundibulif. *Caps.* didyma, 2-locularis, polysperma.
126 Spigelie. Blume trichterförmig. Kapf. gedoppelt, 2-fächerig, vielsaamig.

Anthelmia. 1. S. caule herbaceo, fol. summis quaternis. *Spigeliae Herba, Radix.*

wurmtreibende. Sp. m. krautartigem Stamme, vierzähligen obersten Blätt. ☉
W. Südamerica. Bl. 7. 8.

marilandica. 2. S. caule tetragono, fol. omnibus oppositis. *Spigeliae marilandicae s. Lonicerae Radix.*

maryländische. Sp. m. vierkantigem Stamme, lauter entgegengesetzten Blätt. ♃
W. Virginien, Maryland, Carolina. Bl. 7.

127. OPHIORHIZA. *Cor.* infundibuliform. *Germen* 2-fidum. *Stigmata* 2. *Fructus* [*Caps.*] 2-lob.
127. Schlangenwurz. Blume trichterförm. Fruchtknoten 2-spaltig. Narben 2. Kapf. 2-lappig.

Mungos. 1. O. fol. lanceolato-ovatis. *Mungos s. Serpentum Radix.*

Munghos. S. m. lanzig-eyförmigen Blätt. ♃
W. Java, Sumatra, Zeilon.

128. AZALEA. *Cor.* campanulata. *Stamina* receptaculo inserta. *Caps.* 5-locularis.
128. Azalea. Blume glockenförm. Staubgef. hälterständig. Kapf. 5-fächerig.

nudiflora. 1. A. fol. ovatis, corollis pilosis, staminibus longissimis.

nacktblüthige. A. m. eyförm. Blätt., haarigen Blumen, sehr langen Staubgefässen. ♄
W. Nordamerica. Engl. Gärten. Bl. 5.

viscosa. 2. A. fol. margine scabris, corollis piloso-glutinosis, [stamin. corolla vix longioribus].

klebrige. A. m. am Rande harschen Blätt., haarig-klebrigen Blum., kaum längern Staubgef. als die Blume. ♄
W. Nordamerica. Engl. Gärten. Bl. 7.

129. PLVMBAGO. *Cor.* infundibulif. *Stamina* squamis basin corollae claudentibus inserta. *Stigma* 5-fidum. *Sem.* 1, oblongum, tunicatum.

129. **Bleywurz.** Blume trichterförm. Staubgef. auf den, die Basis der Blume verschliessenden Schuppen., Narbe 5=spaltig. Saame 1, länglich, eingehüllt.

europaea. 1. P. fol. amplexicaulibus lanceolatis scabris. *Dentariae s. Dentillariae Herba, Radix.*

Belesa. B. m. umfassenden lanzigen harschen Blätt. ♃
W. Südeuropa auf Feldern u. Weinbergen. Bl. 9. 10.

130. PHLOX. *Cor.* hypocraterif. *Filamenta* inaequalia, *Stigma* 3-fidum. *Cal.* prismaticus. *Caps.* 5-locularis, 1-sperma.

130. **Flammenblume.** Blume nagelförm. Staubf. ungleichlang. Narbe 3=spaltig. Kelch prismatisch. Kaps. 3=fächerig, 1=saamig.

paniculata. 1. P. fol. lanceolatis margine scabris, [caule laevi], corymbis paniculatis.

rispenartige. F. m. lanzigen harschrandigen Blätt., glattem Stamme, rispenartigen Sträussen. ♃

α. *vulgaris* corollae laciniis rotundatis.
gemeine m. runden Blumenlappen.

β. *undulata* cor. laciniis retusis.
wellenförmige m. abgestutzten Blumenlappen.
W. Nordamerica. Zierpfl. Bl. 6-8.

maculata. 2. P. fol. lanceolatis laevibus, [caule scabriusculo], racemo opposite corymboso.

gefleckte. F. m. lanzigen glatten Blätt., etwasharschem Stamme, straußartiger Traube. ♃
W. Nordamerica. Zierpfl. Bl. 7. 8.

pilosa. 3. P. fol. lanceolatis villosis, caule erecto, corymbo terminali.

haarige. F. m. lanzigen zottigen Blätt., aufrechtem Stamme, spitzeständigem Strauß. ♃
W. Virginien. Zierpfl. Bl. 7. 8.

carolina. 4. P. fol. lanceolatis laevibus, caule scabro, corymbis subfastigiatis.

wipflige. F. m. lanzigen glatten Blätt., harschem Stamme, fastwipfeligen Sträussen. ♃
W. Carolina. Zierpfl. Bl. 6-8.

glaberrima. 5. P. fol. lineati-lanceolatis glabris, caule erecto, corymbo terminali.

glatte. F. m. schmahl-lanzigen glatten Blätt., aufrechtem Stamme, spitzeständigem Strausse. ♃
W. Virginien. Zierpfl. Bl. 5-8.

divaricata. 6. P. fol. lato-lanceolatis: superioribus alternis, caule bifido, pedunculis geminis.

sperrige. F. m. breit=lanzigen: oberen abwechselnden Blätt., zweyspaltigem Stamme, zweyzähligen Blüthenst. ♃
W. Virginien. Zierpfl. Bl. 5. 6.

131. CONVOLVVLVS. *Cor.* campanulata, plicata. *Stigmata* 2. *Caps.* 2-locularis: loculis dispermis.

131. **Windich.** Blume glockenförm., faltig. Narben 2. Kaps. 2=fächerig: m. 2=saamigen Fächern. Winde.

* *Caule volubili.* Mit windendem Stamme.

aruensis. 1. C. foliis sagittatis utrinque acutis, pedunculis subunifloris.

Pentandria. Fünfmännige Pflanzen.

kleiner. 1. W. m pfeilförm. beyderwärts spitzen Blätt., fasteinblüthigen Blüthenstielen. ♃ Kleine Ackerwinde, Erdwinde, Feldwinde, Teufelsdarm, Windglocke.
W. Aecker, Gärten, Anger. Bl. 5-7.

sepium. 2. C. fol. sagittatis postice truncatis, pedunc. tetragonis unifloris. *Convolvuli maioris s. albi Herba, Radix.*

weisser. W. m. pfeilförm. hinten abgestutzten Blätt., vierkantigen einblüthigen Blüthenstielen. ♃ Zaunwinde, grosse Winde, Zaunglocke, Brummstock.
W. Hecken, Büsche, Hopfengärten, Geröhrig. Bl. 6-8.

Scammonia. 3. C. fol. sagittatis postice truncatis, pedunc. teretibus subtrifloris. *Scammonium.*

purgierender. W. m. pfeilförm. hinten abgestutzten Blätt., runden fastdreyblüthigen Blüthenst. ♃
W. Gebirge u. trockene Gegenden von Syrien, Antiochien, Taurus. Zierpfl. Bl. 6.7.

purpureus. 4. C. fol. cordatis indivisis, fructibus cernuis, pedicellis incrassatis. [Ipomoea purpurea Persoon].

purpurrother. W. m herzförm. ungetheilten Blätt., überhängenden Früchten, verdickten Blüthenstielchen. ⊙
W. Nordamerica. Zierpfl. Bl 7.8

Batatas. 5. C. fol. cordatis hastatis quinquenerviis, caule repente tuberifero hispido.

Batate. W. m. herzförm. spiessdonförm. fünfrippigen Blätt., kriechendem knollentragendem borstigem Stamme. ♃
W. Das mittlere America, westindische Inseln. Küchengewächs daselbst. Bl. 8.

Turpethum. 6. C. fol. cordatis angulatis, caule membranaceo-quadrangulari, pedunc. multifloris. *Turpethi Radix.*

Turbith. W. m. herzförm. eckigen Blätt., häutig-vierriefigem Stamme, vielblüthigen Blüthenst. ♃
W. Zeylon an feuchten schattigen Stellen.

Jalapa. 7. C. fol. difformibus: cordatis angulatis oblongis lanceolatisque, caule volubili, pedunculis unifloris. *Jalapae s. Jalappae, s Jalapii Radix?*

Jalappe. W. m. ungleichförm herzförm. eckigen, länglichen und lanzigen Blätt., windendem Stamme, einblüthigen Blüthenst. ♃ ♄
W. Mexiko.

althaeoides. 8. C. fol. cordatis sinuatis sericeis: lobis repandis, pedunc. bifloris.

eibischartiger. W. m. herzförm. buchtigen seidenartigen Blätt.: m. ausgeschweiften Lappen, zweyblüth. Blüthenst. ♃
W. Südeuropa, Nordafrica, Levante. Zierpfl. Bl. 6-8.

** *Caule non volubili.* Mit nicht windendem Stamme.

[scoparius. 9. C. fruticosus erectus glaber: ramis virgatis, fol. sessilibus linearibus, racemo terminali, pedunculis subtrifloris]. *Lignum Rhodium?*

besenartiger. W. strauchartig aufrecht glatt, m. ruthenartigen Aesten, stiellosen schmahlen Blätt., spitzeständiger Traube, fastdreyblüth. Blüthenst. ♄
W. Teneriffa. Soll Rosenholz liefern.

tricolor.	10. C. fol. lanceolato-ovatis glabris, caule declinato, flor. solitariis.
dreyfarbiger.	W. m. lanzig-eyförm. glatten Blätt., abwärtsgeneigtem Stamme, einzelnen Blüthen. ☉ W. Spanien, Sicilien, Nordafrica. Zierpfl. Bl. 6-8.
Soldanella.	11. C. fol. reniformibus, pedunc. unifloris. *Soldanellae s. Brassicae marinae Herba.*
Meerkohl.	W. m. nierenförm. Blätt., einblüth. Blüthenst. ☉ W. Europäische Seeküsten. Bl. 6. 7.

132. IPOMOEA. *Cor.* infundibulif. *Stigm.* capitato-globosum. *Caps.* 3-locularis. [*Genus non satis a praecedente diversum.*]

132. **Sonnenwirbel.** Blume trichterförm. Narbe knopfig-kugelförm. Kaps. 3-fächerig. Trichterwinde.

* *Floribus distinctis.* Mit getrennten Blüthen.

Quamoclit.	1. I. fol. pinnatifidis linearibus, flor. subsolitariis.
Federwinde.	Q. m. halbgefiederten schmahlen Blätt., fasteinzelnen Blüthen ☉ W. Ostindien. Zierpfl. Bl. 6-9.
coccinea.	2. I. fol. cordatis acuminatis basi angulatis, pedunc. multifloris.
scharlachrothe.	Q. m. herzförm. zugespitzten an der Basis eckigen Blätt., vielblüthigen Blüthenst. ☉ W. Domingo. Zierpfl. Bl. 6-8.
tuberosa.	3. I. fol. palmatis: lobis septenis lanceolatis acutis integerrimis, pedunc. trifloris.
knollige.	Q. m. handförm. Blätt.: m. siebenzähligen lanzigen spitzen ganzrandigen Lappen, dreyblüth. Blüthenst. ♃ W. Jamaica. Zierpfl. Bl. 7. 8.

** *Floribus aggregatis.* Mit gehäuften Blüthen.

Pes tigridis.	4. I. fol. palmatis, flor. aggregatis.
Tigerfuß.	Q. m. handförm. Blätt., gehäuften Blüthen. ☉ W. Ostindien. Zierpfl. Bl. 8.

133. POLEMONIUM. *Cor.* 5-partita, fundo clauso valvis staminiferis. *Stigma* 3-fidum. *Caps.* 3-locularis, supera.

133. **Sonnenwirbel.** Blume 5-theilig, am Grunde verschlossen mit staubgefäßtragenden Klappen. Narbe 3-spaltig. Kaps. 3-fächerig, oben. Sperrkraut.

caeruleum.	1. P. fol. pinnatis, floribus erectis, calycibus tubo corollae longioribus.
blauer.	S. m. gefiederten Blätt., aufrechten Blüthen, längern Kelchen als die Blume. ♃ Griechischer Baldrian. W. Wälder, Wiesen. Zierpfl. Bl. 5-7.
reptans.	2. P. fol. pinnatis septenis, flor. terminalibus nutantibus.
kriechender.	S. m. gefiederten siebenzähligen Blätt., spitzständigen nickenden Blüthen. ♃ W. Nordamerica. Zierpfl. Bl. 6.

134. CAMPANULA. *Cor.* campanulata fundo clauso valvis

88 *Pentandria.* Fünfmännige Pflanzen.

staminiferis. *Stigm.* 3-fidum. *Caps.* infera, poris lateralibus dehiscens.

134. **Glockenblume.** Blume glockenförm., am Grunde verschlossen mit staubgefäßtragenden Klappen. Narbe 3-spaltig. Kaps. unten, mit Löchern an der Seite aufspringend. Glocke.

    * *Foliis laevioribus.* Mit glatten Blättern.

pulla.   1. C. cauliculis unifloris, fol. caulinis ovatis crenatis, calycibus cernuis.

dunkelblaue.   G. m. einblüthigen Stämmchen, eyförmigen gekerbten stammständigen Blätt., überhängenden Kelchen. ♃ W. Oesterreichische Alpen. Zierpfl. Bl. 6. 7.

rotundifolia. 2. C. fol. radicalibus reniformibus [oblongisque], caulinis linearibus. [*Folia radicalia cito pereunt*].

rundblätterige.   G. m. nierenförmigen und länglichen wurzelständigen, schmahlen stammständigen Blätt. ♃ Blaue Glasglocken, Milchglöckel, Grasglöckel, Bußglöckel, wilder Rapunzel.

    α. *integrifolia* fol. radical. dentatis, caulin. integerrimis, caule multifloro.

    ganzblätterige m. gezahnten wurzelständ., ganzrandigen stammständigen Blätt., vielblüth. Stamme.

    β. *pusilla* fol. omnibus serratis, caule multifloro.

    kleine m. lauter sägigen Blätt., vielblüth. Stamme.

    γ. *linifolia* caule subunifloro. [C. linifolia *Willd.*]

    flachsblätterige m. fasteinblüth. Stamme.

    W. Sandige Wiesen und Wälder, Hügel, Berge, Mauern. Bl. 6-8.

patula.   3. C. fol. strictis: radicalibus lanceolato-ovalibus, panicula patula.

ausgebreitete.   G. m. steifen: lanzig-eyförm. wurzelständigen Blätt., klaffender Rispe. ♃ W. Wälder, Aecker, Wiesen, Wege, ungebaute Plätze. Bl. 5-7.

Rapunculus. 4. C. fol. undulatis: radicalibus lanceolato-ovalibus, panicula coarctata.

Räbrapunzel.   G. m. lanzig eyförm. wurzelständ. wogigen Blätt., gedrängter Rispe. ♂ Rapunzel, Rapunzelwurzel. W. Wälder, Anger, Aecker, ungebaute Plätze. Küchengewächs. Bl. 6-10.

persicifolia. 5. C. fol. radicalibus obovatis, caulinis lanceolato-linearibus subserratis sessilibus remotis.

taube.   G. m. verkehrteyförm. wurzelständigen, lanzig-schmahlen schwachsägigen stiellosen entferntstehenden stammständigen Blätt. ♃ Schellen, Waldglocken, Waldcymbel, Waldrapunzel. W. Wälder. Zierpfl. Bl. 6-8.

pyramidalis. 6. C. fol. laevibus serratis cordatis: caulinis lanceolatis, caulib. iunceis simplicibus, umbellis sessilibus lateralibus.

gethürmte.   G. m. lanzigen stammständ.: glatten sägigen herzförmigen Blätt., seitenständigen stiellosen Dolden. ♂ Thurmglocke.

Monogynia. Einweibige.

W. Oesterreich. Zierpfl. Bl. 6=8.

lilifolia. 7. C. fol. lanceolatis: caulinis acute serratis, flor. paniculatis nutantibus.

Lilienblätterige. G. m. scharfsägigen Stammständ.: lanzigen Blätt., rispigen nickenden Blüthen. ♃

W. Sibirien, Tatarey. Zierpfl. Wurzel eßbar. Bl. 7. 8.

** *Foliis scabris.* Mit harschen Blättern.

latifolia. 8. C. fol. ovato-lanceolatis, caule simplicissimo tereti, flor. solitariis pedunculatis, fruct. cernuis.

breitblätterige. G. m. eyförmig-lanzigen Blätt., höchsteinfachem rundem Stamme, einzelnen gestielten Blüth., überhängenden Früchten. ♃ Riesenglocke, grosse Waldglocke.

W. Bergwälder. Zierpfl. Bl. 7.

rapunculoides. 9. C. fol. cordato-lanceolatis, caule ramoso, flor. secundis sparsis, calyc. reflexis.

Feldrapunzel. G. m. herzförmig-lanzigen Blätt., ästigem Stamme, einseitigen zerstreuten Blüth., zurückgebogenen Kelchen. ♃

W. Trockene Aecker, Gärten, Weinberge, Wege. Küchengewächs. Bl. 6=8.

Trachelium. 10. C. caule angulato, fol. petiolatis [cordato-lanceolatis acute-serratis], calyc. ciliatis, pedunc. trifidis.

Zapfenkraut. G. m. gerieftem Stamme, gestielten herzförmig-lanzigen scharfsägigen Blätt., gefranzten Kelchen, dreyspaltigen Blüthenst. ♃ Halskraut, Halswurz, Zäpfleinkraut, braune Glocken, brauner Fingerhut.

W. Wälder, Büsche, Hecken. Zierpfl. Wurzel eßbar. Bl. 6=8.

glomerata. 11. C. caule angulato simplici, [fol. oblongo-lanceolatis sessilibus], flor. sessilibus, capitulo terminali.

büschlige. G. m. gerieftem gipflichem Stamme, länglich-lanzigen stiellosen Blätt., stiellosen Blüthen, spitzeständigen Knöpfchen. ♃ Buschglocke, kleines Halskraut.

W. Sandige Anger, Berge. Bl. 5=7.

Cervicaria. 12. C. hispida, flor. sessilibus, capitulo terminali, fol. lanceolato-linearibus undulatis.

Halskraut. G. borstig, m. stiellosen Blüth., spitzeständigem Knopfe, lanzig-schmahlen wogigen Blätt. ♃

W. Wälder. Bl. 6=8.

*** *Capsulis obtectis calycis sinubus reflexis.*

*** Mit durch die zurückgebogenen Kelchbuchten bedeckten Kapseln.

Medium. 13. C. caps. quinquelocularibus obtectis, caule indiviso erecto folioso, flor. erectis.

Marienveilchen. G. m. fünffächerigen bedeckten Kapseln, ungetheiltem aufrechtem blätterigem Stamme, aufrechten Blüth. ♂ Milchglocke.

W. Wälder. Zierpfl. Wurzel eßbar. Bl. 6=8.

Speculum. 14. C. caule ramosissimo diffuso, fol. oblongis subcrenatis, flor. solitariis, caps. prismaticis.

Frauenspiegel. G. m. vielästigem weitschweifigem Stamme, länglichen

etwas gekerbten Blätt., einzelnen Blüth., prismatischen Kapf. ☉
W. Aecker, Grasplätze. Zierpfl. Wurzel eßbar.
Bl. 6-8.

135. PHYTEVMA. *Cor.* rotata, laciniis linearibus, 5-partita. *Stigma* 2- s. 3-fidum. *Caps.* 2- s. 3-locularis, infera.

135. Rapunzel. Blume radförm., 5=theilig, mit schmahlen Lappen. Narbe 2= bis 3=spaltig. Kapf. 2= bis 3= fächerig, unten. Rapwurzel.

hemisphaerica. 1. P. capitulo subrotundo, fol. linearibus subintegerrimis.
halbrunder. R. m. fastkugeligem Knopfe, schmahlen fastganzrandigen Blätt. ♃
W. Berge. Bl. 5. 6.

orbicularis. 2. P. capit. subrotundo, fol. serratis: radicalibus cordatis.
kugelförmiger. R. m. fastkugeligem Knopfe, herzförmigen wurzelständigen, sägigen Blätt. ♃
W. Berge, Felsen, Wälder, Mauern. Bl. 5. 7.

spicata. 3. P. spica oblonga, caps. bilocularibus, fol. radicalibus cordatis. *Rapunculi Radix.*
grosser. R. m. länglicher Aehre, zweyfächeriger Kapf., herzförm. wurzelständ. Blätt. ♃ Waldrapunzel, Waldglocken, grosser Rapunzel, wilde Rublein.
W. Berge, Wälder, feuchte Wiesen. Küchengew. Bl. 5. 6.

136. TRACHELIVM. *Cor.* infundibuliformis. *Stigm.* globosum. *Caps.* trilocularis, infera.

136. Zäpfling. Blume trichterförmig. Narbe kugelig. Kapf. 3=fächerig, unten. Halskraut.

caeruleum. 1. T. [ramosum erectum, fol. ovatis serratis plenis].
blauer. 3. ästig aufrecht, m. eyförm. sägigen flachen Blätt. ♂
W. Levante, Südeuropa in schattigen Wäldern. Zierpfl. Bl. 6. 7.

137. SAMOLVS. *Cor.* hypocrateriformis. *Stam.* munita squamulis corollae. *Caps.* 1-locularis, infera.

137. Pungen. Blume nagelförm. Staubgef. umgeben von Schüppchen der Blume. Kapf. 1=fächerig, unten.

Valerandi. 1. Samolus.
Wassergauchheil. Pungen. ♂
W. Küsten, feuchte Wiesen, Gräben. Bl. 6-8.

138. LOBELIA. *Cal.* 5-fidus. *Cor.* 1-petala, irregularis. [*Antherae* cohaerentes] *Caps.* infera, 2- s. 3-locularis. [*Secundum Linn. ad Syngenes. Monog. pertinet*].

138. Lobelie. Kelch 5=spaltig. Blume 1=blätterig, unregelm. Staubbeutel zusammenhängend. Kapf. unten 2= od. 3=fächerig.

Tupa. 1. L. fol. lanceolatis integerrimis, racemo spicato.
Tupa. L. m. lanzigen ganzrandigen Blätt., ährenförmiger Traube. ♃

Monogynia. Einweibige.

W. Peru.

longiflora. 2. L. fol. lanceolatis dentatis, pedunc. brevissimis lateralibus, tubo corollae longissimo. *Lobeliae Radix.*

langblüthige. L. m. lanzigen gezahnten Blätt., sehr kurzen seitenständigen Blüthenst., sehr langer Blumenröhre. ♃
W. Jamaica an Bächen.

Cardinalis. 3. L. caule erecto, fol. lato-lanceolatis serratis, racemo terminali secundo.

Cardinalsblume. L. m. aufrechtem Stamme, breitlanzigen sägigen Blättern, spitzeständiger einseitiger Traube. ♃
W. Virginien. Zierpfl. Bl. 7. 8.

siphilitica. 4. L. caule erecto, fol. ovato-lanceolatis subserratis, calycum sinubus reflexis. *Lobeliae Radix.*

antivenerische. L. m. aufrechtem Stamme, eyförmig-lanzigen schwachsägigen Blätt., zurückgebogenen Kelchbuchten. ♃
Blaue Cardinalsblume.
W. Virginien an feuchten Oertern. Zierpfl. Bl. 6. 7.

139. CINCHONA. *Cor.* infundibulif., apice lanata. [*Cor.* infundibuliformis]. *Caps.* infera, 2-locularis, dissepimento parallelo. [*Sem.* imbricata].

139. Fieberrinde. Blume trichterförmig. Kaps. unten, 2-fächerig, m. gleichlaufender Scheidewand.

officinalis. 1. C. [fol. ellipticis subtus pubescentibus, corollae limbo lanato. — Cinchona macrocarpa *Vahl.*]

großfruchtige. F. m. elliptischen unten sammetartigen Blätt, wolliger Mündung der Blume. ♄
W. Königreich Santa Fe.

[*Quinquina.* 2. C. fol. ovato-lanceolatis glabris, capsulis oblongis, paniculo terminali. — Cinchona officinalis *Vahl*].
Chinchinae s. peruvianus Cortex.

braune. F. m. eyförmig-lanzigen glatten Blätt., länglichen Kaps., spitzeständ. Rispe. ♄
W. Peruanische Gebirge.

[*caribaea.* 3. C. fol. ovato-lanceolatis, pedunc. unifloris]. *Chinchinae caribeae s. iamaicensis Cortex.*

caribäische. F. m. eyförmig-lanzigen Blätt., einblüthigen Blüthenstielen. ♄
W. Caribäische Inseln an den Küsten auf steinigem Boden.

[*corymbifera.* 4. C. fol. oblongo-lanceolatis, corymbis axillaribus].

strauchtragende. F. m. länglich-lanzigen Blätt., winkelständ. Sträußen. ♄
W. Tongatabu und Eaove.

[*floribunda.* 5. C. panicula terminali, capsulis turbinatis laevibus, fol. ellipticis acuminatis]. *Chinchinae St. Luciae Cortex.*

St. Lucia. F. m. spitzeständiger Rispe, kräuselförm. glatten Kaps., elliptischen zugespitzten Blätt. ♄
W. St Lucie, Martinike, Domingo, Guadaloupe auf Thonboden.

[*angustifolia.* 6. C. flor. paniculatis glabris, capsulis oblongis pentagonis, fol. lineari-lanceolatis pubescentibus]. *Cinchonae angustifoliae Cortex.*

| | 6. J. m. rispigen glatten Blüth., länglichen fünfkantigen Kaps., schmahl-lanzigen sammetartigen Blätt. ♄
schmahlblät-
terige.	

W. Domingo an Ufern.

140. PSYCHOTRIA. *Cal.* 5-dentatus, coronans. *Cor.* tubulosa. *Bacca* globosa. *Sem.* 2, hemisphaerica, sulcata.

140. Kühlbeere. Kelch 5-zahnig, krönend. Blume röhrig. Beere kugelig. Saam. 2, halbkugelig, gefurcht.

emetica. 1. P. herbacea procumbens, fol. lanceolatis glabris, stipulis extrafoliaceis subulatis, capitulis axillaribus pedunculatis paucifloris]. *Ipecacuanhae fuscae Radix.*

Ipecacuanha. R. krautartig niederliegend, m. lanzigen glatten Blätt., ausserblattischen pfriemigen Afterblätt., winkelständ. gestielten wenigblüthigen Knöpfen. ♄

W. Merico, Jamaica.

141. COFFEA. *Cor.* hypocrateriformis. *Stamina* supra tubum. *Bacca* infera, disperma. *Sem.* arillata.

141. Koffe. Blume nagelförm. Staubgef. über der Röhre. Beere unten, 2-saamig. Saam. überzogen.

arabica. 1. C. flor. quinquefidis, baccis dispermis. [C. fol. oblongo-ovatis acuminatis, pedunculis axillaribus aggregatis, corollis quinquefidis]. *Coffeae Semina.*

gemeiner. C. m. länglich-eyförmigen zugespitzten Blätt., gehäuften winkelständ. Blüthenst., fünfspaltigen Blumen. ♄

W. Das glückliche Arabien und Aethiopien; gebaut der sogenannten Koffe- oder Kaffebohnen wegen daselbst auf Java, Surinam, Martinike, Domingo, Guadaloupe, Bourbon, u. s. w.

142. LONICERA. *Cor.* monopetala, irregularis. *Bacca* polysperma, 2-locularis, infera.

142. Lonicere. Blume 1-blätterig, unregelm. Beere vielsaamig, 2-fächerig, unten.

* *Periclymena, caule volubili.*

* Geißblatt m. windendem Stamme. Specklilie. Jelängerjelieber.

Caprifolium. 1. L. flor. [ringentibus] verticillatis terminalibus sessilibus, fol. [deciduis], summis connato-perfoliatis.

welsche. L. m. rachigen quirligen spitzständ. sitzenden Blüth., zusammengewachsen-durchwachsenen obersten, abfallenden Blätt. ♄ Italienisches Geißblatt, Jerichorose.

W. Süddeutschland, Italien in Büschen, Hecken. Engl. Gärten, Lauben, Bekleidung von Mauern. Bl. 5-7.

sempervirens. 2. L. flor. subaequalibus], verticillis aphyllis terminalibus, fol. summis connato-perfoliatis.

immergrüne. L. m. fastgleichförm. Blüth., blattlosen spitzeständigen Quirlen, zusammengewachsen-durchwachsenen obersten Blätt. ♄

W. Virginien und andre Gegenden von Nordamerica,

Monogynia. Einweibige.   93

Mexico. Engl. Gärten, Wandbekleidungen. Bl. 6-9.

Periclymenum. 3. L. capitulis ovatis imbricatis terminalibus, fol. omnibus distinctis. *Caprifolii Herba, Flores.*

Zaungilge. L. m. eyförm. geschindelten spitzeständ. Knöpfen, lauter getrennten Blätt. ♄ Waldwinde.

W. Hecken, Büsche, Vorhölzer. Zierpfl. Lauben, bedeckte Gänge, Bekleidung von Wänden. Bl. 5-8.

** *Chamaecerasa, pedunculis bifloris.*
** Sträucher mit aufrechtem Stamme, zweyblüthigen Blüthenstielen. Heckenkirsche, Hundsbeere.

nigra. 4. L. pedunculis bifloris, baccis distinctis, fol. ellipticis integerrimis.

schwarze. L. m. zweyblüthigen Blüthenst., getrennten Beeren, elliptischen ganzrand. Blätt. ♄

W. Frankreich, Schweiz, Süddeutschland in Büschen. Engl. Gärten. Bl. 5. 6.

tatarica. 5. L. pedunc. bifloris, baccis distinctis, fol. cordatis obtusis.

tatarische. L. m. zweyblüthigen Blüthenst., getrennten Beeren, herzförm. stumpfen Blätt. ♄

W. Tatarey, Südeuropa. Engl. Gärten. Bl. 4-6.

Xylosteum. 6. L. pedunc. bifloris, baccis distinctis, fol. integerrimis pubescentibus.

Zweckholz. L. m. zweyblüthigen Blüthenst., getrennten Beeren, ganzrandigen sammetartigen Blätt. ♄ Walpurgismay, Teufelskirschen, Zaunkirschen, Teufelsmartern, Beinholz, Faßpiepen, Fiedelrümpchen, Seelenholz.

W. Wälder, Büsche, Zäune. Lustgärten. Bl. 5. 6.

alpigena. 7. L. pedunc bifloris, bacc. coadunatis didymis, fol. ovali lanceolatis.

rothbeerige. L. m. zweyblüth. Blüthenst., vereinigten gedoppelten Beeren, eyförmig-lanzigen Blätt. ♄ Alpenheckenkirsche.

W. Südeuropäische Alpen. Engl. Pflanzungen. Bl. 5. 6.

caerulea. 8. L. pedunc. bifloris, bacc. coadunatis globosis, stylis indivisis.

blaubeerige. L. m. zweyblüth. Blüthenst, vereinigten kugeligen Beeren, ungetheilten Griffeln. ♄

W. Oesterreichische und schweizerische Gebirge. Engl. Gärten. Bl. 5.

*** *Caule erecto, pedunculis multifloris.*
*** Sträuchern m. vielblüthigen Blüthenstielen.

Symphoricarpos. 9. L. capitulis lateralibus pedunculatis, fol. petiolatis.

niedrige. L. m. seitenständigen gestielten Knöpfen, gestielten Blätt. ♄ Staudenartiges St. Peterskraut.

W. Virginien, Carolina an feuchten Oertern. Engl. Gärten. Bl. 8. 9.

Diervilla. 10. L. racem. terminalibus, fol. serratis. *Diervillae Stipites.*

Dierville. 10. P. m. spitzeständ. Trauben, sägigen Blätt. ♄
W. Nordamerica in Büschen. Lustgärten. Bl. 6·9.

143. MIRABILIS. *Cor.* infundibulif., supera, [supra nectarium]. *Cal* inferus. *Nectarium* globosum, germen includens. *Ialapae Radix?*

143. Jalape. Blume trichterförm., auf dem Nectarium. Kelch unten. Nectarium kugelig, den Fruchtknoten einschliessend. Wunderblume.

dichotoma. 1. M. floribus solitariis axillaribus erectis sessilibus.
zwieselige. J. m. einzelnen winkelständigen aufrechten stiellosen Blüthen. ♃
W. Mexicanische Gebürge. Zierpfl. Bl. 7·9.

Ialapa. 2. M. flor. congestis terminalibus erectis [pedunculatis, fol. glabris].
zweyfarbige. J. m. gedrängten spitzeständigen aufrechten gestielten Blüth., glatten Blätt. ♃
W. Peru, Brasilien. Zierpfl. Bl 6·11.

longiflora. 3. M. flor. congestis longissimis [sessilibus] subnutantibus terminalibus, fol. subvillosis.
langblumige. J. m. gedrängten sehr langen stiellosen etwas nickenden spitzeständ. Blüth., etwas zottigen Blätt. ♃
W. Mexicanische Gebirge. Zierpfl. Bl. 7·10.

144. IASIONE. *Cal.* communis, 10-phyllus. *Cor.* 5-petala, regularis. *Caps.* infera, bilocularis. [*Linneus ad Syngenes. Monog. retulit*].

144. Jasione. Kelch gemeinschaftlich, 10=blätterig. Blume 5=blätterig, regelmässig. Kaps. unten, zweyfächerig.

montana. 1. Iasione.
blaue. Jasione. ☉♃ Schaafscabiose, Schaafrapunzel, blaue Flockenblume.
W. Wälder, Heiden, Sandfelder, sandige Hügel, Felsen. Bl. 6·9.

145. VERBASCVM. *Cor.* rotata, subinaequalis. *Caps.* 2-locularis, 2-valvis. [*Stam.* inaequalia].

145. Königskerze. Blume radförmig, etwas ungleichförmig. Kaps. 2=fächerig, 2=klappig. Staubgef. ungleich lang. Kerzen.

Thapsus. 1. V. foliis decurrentibus utrinque tomentosis, caule simplici. *Verbasci Folia, Flores.*
Woukraut. K. m. herablaufenden beyderseits filzigen Blätt., astlosem Stamme. ♂ Fackelkraut, Wullich, Himmelskerze, Fackelblume.
W. Sandige, dürre Plätze, Felsen, Mauern. Bl. 7·9.

phlomoides. 2. V. fol. ovatis utrinque tomentosis: inferioribus petiolatis.
rauche. K. m. eyförmigen beyderseits filzigen: gestielten untern Blätt. ♂
W. Steinige Gegenden. Bl. 6·8.

Lychnitis. 3. V. fol. cuneiformi-oblongis.
blasse. K. m. keilig-länglichen Blätt. ♂

Monogynia. **Einweibige.** 95

    α. *pulverulentum* fol. integris.
       staubige m. ganzen Blätt.
    β. *album* fol. cordatis.
       weisse m. herzförmige. Blätt.
    W. Trockene Wälder, Berge, Anhöhen, Felsen, Mauern, Wege. Bl. 6-10.

nigrum.   4. V. fol. cordato oblongis petiolatis. *Verbasci Radix, Flores.*
schwarze.   K. m. herzförmig-länglichen gestielten Blätt. ♃ Wegerze, Braunwurz, schwarzes Wollkraut, schwarzer Wullich.
    W. Anger, wüste Plätze, Dämme, Hügel, Wege. Bl. 6-8.

phoeniceum.   5. V. fol. ovatis nudis crenatis radicalibus, caule subnudo racemoso.
violette.   K. m. eyförmigen nackten gekerbten wurzelständ. Blättern, fastnacktem ästigem Stamme. ♂ ♃
    W. Südeuropa, Pfalz auf trockenen Aeckern, Wegen. Zierpfl. Bl. 5-7.

Blattaria.   6. V. fol. amplexicaulibus oblongis glabris, pedunc. solitariis.
Schabenkraut.   K. m. umfassenden länglichen glatten Blätt., einzelnen Blüthenst. ☉ Mottenkraut, Goldknöpfchen.
    W. Anger, Bergwälder, Wege, Gräben. Bl. 6-8.

146. DATVRA. *Cor.* infundib., plicata. *Cal.* tubulosus, angulatus, deciduus. *Caps.* 4-vulvis.
146. **Stechapfel.** Blume trichterförm., gefalten. Kelch röhrig, gerieft, abfallend. Kayps. 4-klappig.

Stramonium.   1. D. pericarpiis spinosis erectis ovatis, fol. ovatis glabris. *Daturae s. Stramonii Herba, Semina.*
Tollkraut.   S. m. stachlichen aufrechten eyförm. Früchten, eyförm. glatten Blätt. ☉ Tollkraut, Igelnuß, Dornapfel, Rauchapfel, Stachelnuß, Krötenmelde.
    W. Wüste Plätze. Zierpfl. Bl. 5-9.

Tatula.   2. D. pericarp. spinosis erectis ovatis, fol. cordatis glabris dentatis.
bläulicher.   St. m. stachligen aufrechten eyförm. Früchten, herzförmigen glatten gezahnten Blätt. ☉
    W. America? Zierpfl. Bl. 5-9.

fastuosa.   3. D. pericarp. tuberculatis nutantibus globosis, fol. ovatis angulatis.
schöner.   St. m. höckerigen nickenden kugeligen Früchten, eyförm. winkeligen Blätt. ☉
    W. Ostindien, Eappten, Zierpfl. Bl. 8.9.

Metel.   4. D. pericarp. spinosis nutantibus globosis, fol. cordatis subintegris pubescentibus.
weisser.   St. m. stachigen nickenden kugeligen Früchten, herzform. fastganzen sammetartigen Blätt. ☉
    W. Asien, Africa. Gewächshauspfl. Bl. 8.9.

[*laevis.*   5. D. pericarp. ovatis glabris inermibus erectis, caule herbaceo. — *An 1, 2, 5 eiusdem Speciei merae Varietates?*].
glattfruchtiger.   St. m. eyförm. glatten stachellosen aufrechten Frücht., krautartigem Stamme. ☉

W. Abyſſinien. Zierpfl. Bl. 6-9.

147. HYOSCYAMVS. *Cor.* infundibul., obtusa. *Stam.* inclinata. *Caps.* operculata, 2-locularis.

147. Bilſen. Blume trichterf., ſtumpf. Staubgef. einwärtsgeneigt. Kapſ. deckelig, 2=fächerig. Bilſenkraut.

niger.   1. H. fol. amplexicaulibus sinuatis, floribus sessilibus. *Hyoscyami Semina, Folia.*

ſchwarze.   B. m. umfaſſenden buchtigen Blätt., ſtielloſen Blüthen. ♂ Tollkraut, Schlafkraut, Saubohnen, Teufelsaugen, Zigeunerkraut, tolle Dille, Hühnertod.
     W. Wege, unbebaute Plätze, Berge, Miſthaufen. Bl. 5-8.

albus.   2. H. fol. petiolatis sinuatis obtusis, flor. sessilibus. *Hyoscyami albi Semina, Folia.*

weiſſe.   B. m. geſtielten buchtigen ſtumpfen Blätt., ſtielloſen Blüth. ☉
     W. Südeuropa auf trockenen Plätzen. Bl. 7-9.

aureus.   3. H. fol. petiolatis dentatis acutis, flor. pedunculatis, fructibus pendulis.

goldfarbene.   B. m. geſtielten gezahnten ſpitzen Blätt., geſtielten Blüth., hängenden Frücht. ♂
     W. Levante, Archipelagus. Gewächshauspfl. Bl. 2-6.

148. NICOTIANA. *Cor.* infundibul. limbo plicato. *Stam.* inclinata. *Caps.* 2-locularis, 2-valvis. *Nicotianae Folia.*

148. Tabak. Blume trichterf. m. faltiger Mündung. Staubgef. einwärtsgebogen. Kapſ. 2=fächerig, 2=klappig. Toback.

Tabacum.   1. N. fol. lanceolato-ovatis sessilibus decurrentibus, floribus acutis.

großblätteriger.   T. m. lanzig-eyförm. ſtielloſen herablaufenden Blätt., ſpitzen Blumen. ☉ Landtabak, gemeiner Tabak.
     W. Peru, Braſilien, Terrafirma und die benachbarten Inſeln. Handelspfl. Bl. 7-9.

[*angustifolia.*]   2. N. fol. oblongo-lanceolatis petiolatis, floribus acutis].

Petum.   T. m. länglich-lanzigen geſtielten Blätt., ſpitzen Blumen. ☉ *Sweet-sented Tabacco.*
     W. Amerika. Handelspfl., vorzüglich in Virginien gebaut. Bl. 7. 8.

fruticosa.   3. N. fol. lanceolatis subpetiolatis amplexicaulibus, flor. acutis, caule frutescente.

ſtaudiger.   T. m. lanzigen kurzgeſtielten umfaſſenden Blätt., ſpitzen Blumen, ſtrauchartigem Samme. ♃ ♄
     W. Vorgebürge der guten Hofnung? China? Handelspflanze.

rustica.   4. N. fol. petiolatis ovatis integerrimis, flor. obtusis.

kleiner.   T. m. geſtielten eyförm. ganzrandigen Blätt., ſtumpfen Blumen. ☉ Bauerntabak, türkiſcher, engliſcher Tabak.

W.

	W. America, verwildert in Europa auf Feldern. Handelspfl. Bl. 6-9.
paniculata.	5. N. fol. petiolatis cordatis integerrimis, flor. paniculatis obtusis clavatis.
rispiger.	T. m. gestielten herzförm. ganzrandigen Blätt., rispigen stumpfen keulenförm. Blumen. ☉ Jungferntabak.
	W. Peru. Handelspfl. Bl. 6-9.
glutinosa.	6. N. fol. petiolatis cordatis integerrimis, flor. racemosis secundis subringentibus.
klebriger.	T. m. gestielten herzförm. ganzrandigen Blätt., traubigen einseitigen etwasrachigen Blumen. ☉ Soldatentabak.
	W. Peru. Handelspfl. Bl. 8. 9.

149. ATROPA. *Cor.* campanulata. *Stam.* distantia. *Bacca* globosa, 2-locularis.

149. Tollbeere. Blume glockenf. Staubgef. entferntstehend. Beere kugelig, 2-fächerig.

Mandragora.	1. A. acaulis, scapis unifloris. *Mandragorae Radix.*
Alraun.	T. stammlos, m. einblüthigen Stengeln. ♃ Schlafapfel, Hundsapfel.
	W. Südeuropa, Sibirien. Bl. 2. 3.
Belladonna.	2. A. caule herbaceo, fol. ovatis integris. *Belladonnae s. Solani furiosi Radix.*
Wolfsbeere.	T. m. krautartigem Stamme, eyförm. ganzen Blätt. ♃ Tollkirsche, Tollwurz, Teufelsbeere, Wuthbeere, Schlafbeere, Waldnachtschatten.
	W. Bergwälder. Bl. 5-8.
physaloides.	3. A. caule herbaceo, fol. sinuato-angulatis, calyc. clausis acutangulis.
schluttenartige.	T. m. krautartigem Stamme, buchtig-winkligen Blätt., verschlossenen scharfkantigen Kelchen. ☉
	W. Peru, schon verwildert in angebautem Lande. Zierpfl. Bl. 6-9.

150. PHYSALIS. *Cor.* rotata. *Stam.* conniventia. *Bacca* intra calycem inflatum, bilocularis.

150. Schlutten. Blume radförm. Staubgef. gegeneinandergebogen. Beere 2-fächerig im aufgeblasenen Kelche.

* *Perennes.* Ausdauernde.

somnifera.	1. P. caule fruticoso, ramis rectis, flor. confertis.
schlafmachende.	S. m. strauchartigem Stamme, geraden Aesten, dichtstehenden Blüthen. ♄
	W. Candia, Sicilien, Spanien auf steinigem Boden. Gewächshauspfl. Bl. 6. 7.
Alkekengi.	2. P. fol. geminis integris acutis, caule herbaceo inferne subramoso. *Alkekengi Baccae.*
Judenkirsche.	S. m. zweyzähligen ganzen spitzen Blätt., krautartigem unten kaumästigem Stamme. ♃ Boberellen.
	W. Bergwälder, Gartland, Hecken, Gräben. Zierpflanze. Bl. 5-8.

**   *Annuae.*   Jährige.

pubescens. 5. P. ramosissima, fol. villoso-viscosis, flor. pendulis, [cal. fructiferis subglobosis angulatis].
haarige. S. vielästig, m. zottig-klebrigen Blätt., hängenden Blüth., fastkugeligen kantigen fruchttragenden Kelchen. ⊙
W. Virginien. Zierpfl. Bl. 6. 7.

151. SOLANVM. *Cor.* rotata. *Antherae* subcoalitae, apice poro gemino dehiscentes. *Bacca* 2-locularis.

151. Nachtschatten. Blume radförmig. Staubbeutel fastzusammengewachsen, an der Spitze mit 2 Löchern aufspringend. Beere 2-fächerig.

* *Inermia.* Unbewaffnete.

Pseudo-Ca- 1. S. caule inermi fruticoso, fol. lanceolatis repandis, *psicum.* umbellis sessilibus.
Corallenkirsche. N. m. unbewaffnetem strauchartigem Stamme, lanzigen ausgeschweiften Blätt., stiellosen Dolden. ⊙ Corallenbäumchen, Winterkirschen.
W. Madera. Gewächshauspfl. Bl. 6:8.

Dulcamara. 2. S. caule inermi frutescente flexuoso, fol. superioribus hastatis, racemis cymosis. *Dulcamarae s. Solani lignosi Stipites, Radix.*
Kletternder. N. m. unbewaffnetem strauchartigem geschlängeltem Stamme, spondonsförm. oberen Blätt., käsigen Trauben. ♄ Rother, steigender N., Bittersüß, Hinschkraut, Alfranken, Mäuseholz, Jelängerjelieber, Waldnachtschatten.
W. Feuchte, schattige Oerter, Gräben, Ufer. Bl. 5-7.

tuberosum. 3. S. caule inermi herbaceo, fol. pinnatis integerrimis, pedunc. subdivisis.
Kartoffeln. N. m. unbewaffnetem krautartigem Stamme, gefiederten ganzrandigen Blätt., schwachgetheilten Blüthenstielen. ♃ Kartoffeln, Kartuffeln, Erdtuffeln, Erdäpfel, Erdbirnen, Erdnüsse, Knollen.
W. Peru. Küchengew. Bl. 7.9.

Lycopersi- 4. S. caule inermi herbaceo, fol. pinnatis incisis, race-*cum.* mis simplicibus.
Liebesäpfel. N. m. unbewaffnetem krautartigem Stamme, gefiederten eingeschnittenen Blätt., einfachen Trauben. ⊙
W. Das wärmere America. Gartenpfl. Bl. 6-8.

nigrum. 5. S. caule inermi herbaceo, fol. ovatis dentato-angulatis, racemis distichis nutantibus. *Solani Herba.*
gemeiner. N. m. unbewaffnetem krautartigem Stamme, eyförm. gezähnt-eckigen Blätt., zweyzeiligen nickenden Trauben. ⊙ Saukraut.

α. *vulgatum* fol. ovatis angulatis glabris.
glatter m. eyförm. eckigen glatten Blätt.
β. *villosum* ramis villosis, fol. angulatis subvillosis.
zottiger m. zottigen Aesten, eckigen etwas zottigen Blätt.
W. Büsche, Hecken, Gärten, Aecker, unbebaute Plätze. Bl. 6-10.

Melongena. 6. S. caule inermi herbaceo, fol. ovatis tomentosis, pedunc. pendulis incrassatis, calyc. inermibus.
Melanzane. N. m. unbewaffnetem krautartigem Stamme, eyförm. filzigen Blätt., hängenden verdickten Blüthenst., unbewaffneten Kelchen. ☉
W. Asien, Africa. Zierpfl. Bl 6. 7.

** *Aculeata.* Stachlige.

indicum. 7. S. caule aculeato fruticoso, fol. cuneiformibus angulatis subvillosis integerrimis: aculeis utrinque rectis.
stachelblättriger. N. m. stachligem strauchartigem Stamme, keiligen eckigen schwachfilzigen ganzrandigen, beyderseits geradstachligen Blätt. ħ
W. Ostindien. Gewächshauspfl. Bl. 8. 9.

152. CAPSICVM. *Cor.* rotata. *Bacca* exsucca. [*Antherae convergentes, apice clausae*].

152. Beißbeere. Blume radförmig. Beere saftlos. Staubbeutel gegeneinandergeneigt, an der Spitze verschlossen.

annuum. 1. C. caule herbaceo, pedunc. solitariis. *Piperis indici s. hispanici s. Capsici Fructus.*
jährige. B. m. krautartigem Stamme, einzelnen Blüthenst. ☉ Spanischer Pfeffer.
W. Südamerica. Gewürz. Zierpfl. Bl. 6-8.
baccatum. 2. C. caule fruticoso laevi, pedunc. geminis.
kleinfruchtige. B. m. glattem strauchartigem Stamme ∝ zweyzähligen Blüthenst. ħ Cayenne Pfeffer.
W. Das wärmere America. Gewürz. Bl. 6-8.

153. STRYCHNOS. *Cor.* 5-fida. *Bacca* 1-locularis, cortice lignoso.

153. Krähenauge. Blume 5-spaltig. Beere 1-fächerig, m. holziger Schaale.

Nux vomica. 1. S. fol. ovatis, caule inermi. *Nux vomica.*
Brechnuß. K. m. eyförm. Blätt., unbewaffnetem Stamme. ħ
W. Zeylon, Malabar in Sandboden.
colubrina. 2. S. fol. ovatis acutis, cirrhis simplicibus. *Colubrinum lignum.*
Schlangenholz. K. m. eyförm. spitzen Blätt., einfachen Gabeln. ħ
W. Malabar, Zeylon.

154. [IGNATIA. *Cor.* infundibulif. longissima. *Cal.* 5-dentatus. *Drupa* 1-locularis, polysperma.

154. Fiebernuß. Blume trichterf. sehr lang. Kelch 5-zähnig. Pflaume 1-fächerig, vielsaamig.

amara. 1. Ignatia]. *Faba Sancti Ignatii.*
bittere. Fiebernuß. ħ Ignatiusbohne.
W. Philippinische Inseln.

155 LYCIVM. *Cor.* tubulosa, fauce clausa filamentorum barba. *Bacca* 2-locularis, polysperma.

155. Bocksdorn. Blume röhrig, am Schlunde verschlossen durch den Bart der Staubfäden. Beere 2-fächerig, vielsaamig. Wolfsdorn.

Pentandria. Fünfmännige Pflanzen.

afrum.	1. L. fol. linearibus [basi attenuatis fasciculatis, ramis strictis spinescentibus].
steifer.	B. m. schmahlen an der Baß verdünnten büscheligen Blätt., steifen dornigen Aesten. ♄
	W. Nordafrica, Spanien, Portugal. Engl. Gärten. Bl. 8.
barbarum.	2. L. [spinosum], fol. lanceolatis, [ramis laxis], calyc. subbifidis.
gemeiner.	B. stachlig, m. lanzigen Blätt., schlaffen Aesten, fast zweyspaltigen Kelchen. ♄
	W. Asien, Africa, Südeuropa. Zierpfl. Bl. 6-10.
europaeum.	3. L. [spinosum], fol. obliquis, ramis flexuosis teretibus, [calyc. 5-fidis].
schiefblätteriger.	B. stachlig, m. schrägstehenden Blätt., geschlängelten runden Zweigen, fünfspaltigen Kelchen. ♄
	W. Südeuropa. Zierpfl. Bl. 6-10.

156. CORDIA. *Cor.* infundibulif. *Stylus* dichotomus. *Drupa* nucleis 2-locularibus.

156. Sebeste. Blume trichterförm. Griffel zwieselig. Pflaume m. 2-fächerigen Nüssen. Brustbeere.

Myxa.	1. C. fol. ovatis supra glabris, corymbis lateralibus, calycibus decemstriatis. *Sebestenae, Myxae.*
schwarze.	S. m. eyförm. oben glatten Blätt., seitenständ. Sträussen, zehnstreifigen Kelchen. ♄
	W. Egypten, Malabar, Syrien. Bl. 3-5.
Sebestena.	2. C. fol. oblongo-ovatis repandis scabris.
nußblätterige.	S. m. länglich-eyförm. ausgeschweiften harschen Blätt. ♄
	W. Egypten, Abyssinien, Levante.
Gerascanthus.	3. C. fol. lanceolato-ovatis scabris, panicula terminali, calyc. decemstriatis.
weißliche.	S. m. lanzig-eyförm. harschen Blätt., spitzeständiger Rispe, zehnstreifigen Kelchen. ♄
	W. Jamaica, Caraiben, in Wäldern. Soll das Bois de Chypre liefern.

157. RHAMNUS. *Cal.* tubulosus: squamis stamina munientibus. *Cor.* nulla. [*Cal.* campanulatus. *Cor.* squamae stamina munientes]. *Bacca* [quibusdam *Drupa*].

157. Wegdorn. Kelch glockenförm. Blume: die Staubgefäße umgebende Schuppen. Beere, zu Zeiten Pflaume.

* *Spinosi.* Dornige.

catharticus.	1. R. spinis terminalibus, flor. quadrifidis divisis, fol. ovatis [serratis], caule erecto. *Rhamni cathartici s. Spinae ceruinae Bacca, Cortex.*
Kreuzbeer.	B. m. spitzeständigen Dornen, vierspaltigen zweyhäusigen Blüth., eyförmigen sägigen Blätt., aufrechtem Stamme. ♄ Kreuzdorn, Hirschdorn, Färbebeer, Wersen, Weichdorn, Wiedorn, Amselbeere.
	W. Hecken, Büsche, Waldränder, Berge. Schlagholz. Liefert das Saft- oder Blasen-grün. Bl. 5. 6.
infectorius.	2. R. spinis terminalibus, flor. quadrifidis dioicis, cau-

Monogynia. Einweibige.

libus procumbentibus. [An R. cathartici Varietas?]

färbender. 2. W. m. spitzeständigen Dornen, vierspaltigen zweyhäusigen Blüth., niederliegenden Stämmen. ♄ Zwergkreuzdorn.

W. Südeuropa in steinigem Boden. Soll wie der immergrüne Wegdorn Avignon-Körner liefern.

lycioides. 3. R. spinis terminalibus, fol. linearibus [integerrimis].
bocksdornartiger. W. m. spitzestünd. Dornen, schmahlen ganzrandigen Blätt. ♄

W. Spanien. Engl. Gärten. Bl. 3. 4.

** *Inermes.* Unbewaffnete.

alpinus. 4. R. inermis, flor. dioicis, fol. duplicato-crenatis, [fol. ovali-lanceolatis gianduloso-crenalatis].
vielfruchtiger. W. unbewaffnet, m. zweyhäusigen Blüth., eyförmiglanzigen drüsig-gekerbten Blätt. ♄

W. Berge des südl. Deutschlandes. Bl. 5.

Frangula. 5. R. inermis, flor. monogynis hermaphroditis, fol. integerrimis. *Frangulae Cortex, Baccae.*
Faulbaum. W. unbewaffnet, m. einweibigen zwitterlichen Blüth., ganzrandigen Blätt. ♄ Sprützern, Faulbeeren, Läusehölz, Pulverholz, Pinnholz, Zapfenholz, Sporgelbeeren, Knitschelbeeren, Grindholz, Stinkbaum.

W. Feuchte Wälder, Wiesen, Ufer, Hecken. Unterholzbaum. Engl. Gärten. Farbematerial. Bl. 5-7 oft auch 9.

Alaternus. 6. R. inermis, flor. dioicis, stigmate triplici, fol. serratis.
immergrüner. W. unbewaffnet, m. zweyhäusigen Blüth., dreyfacher Narbe, sägigen Blätt. ♄ Steinlinde.

α. *latifolius* fol. ovatis.
breitblätteriger m. eyförm. Blätt.

β. *angustifolius* fol. lanceolatis.
schmahlblätteriger m. lanzigen Blätt.

W. Südeuropa. Engl. Gärten. Liefert die Graines d'Avignon, Avignon-Körner. Bl. 6. 7.

*** *Aculeati.* Stachlig.

Paliurus. 7. R. aculeis geminatis: inferiore reflexo, flor. trigynis. — Zizyphus Paliurus *Willd.* *Spinae Christi s. Paliuri Baccae, Folia, Radix.*
Christdorn. W. m. zurückgebogenem unterm der zweyzähligen Stacheln, dreyweibigen Blüth. ♄ Judendorn, Stechdorn.

W. Südeuropa, Levante. Engl. Gärten. Bl. 5.7.

Zizyphus. 8. R. aculeis geminatis, altero recurvo, flor. digynis, fol. ovato-oblongis. — Zizyphus vulgaris *Willd.* *Iulubae.*
Brustbeeren. W. m. einem zurückgekrümmten der zweyzähligen Stacheln, zweyweib. Blüthen, eyförmig-länglichen Blätt. ♄ Rothe Brustbeeren, Jujubenbaum, Zieserbaum.

W. Nordafrica, Levante. Engl. Gärten. Bl. 5. 6.

158. CEANOTHVS. *Petala* 5, saccata, fornicata. *Bacca* sicca, 3-locularis, 3-sperma. [*Caps.* 3-cocca. *Sem.* solitaria].

158. Seckelblume. Blumenbl. 5, sackförmig, gewölbt. Rapf. 3-knöpfig. Saam. einzeln.

americanus. 1. C. foliis trinerviis [acuminatis].
theeblätterige. S. m. dreyrippigen zugespitzten Blätt. ♄
W. Nordamerica. Engl. Gärten. Bl. 7-9.

159. CELASTRVS. *Cor.* 5-petala, patens. *Caps.* 3-angularis, 3-locularis. *Sem.* calyptrata.

159. Bügelholz. Blume 5-blätterig, klaffend. Rapf. 3-kantig, 3-fächerig. Saam. überzogen.

bullatus. 1. C. inermis, fol. ovatis [acutis] integerrimis; [panicula terminali].
blasiges. B. unbewaffnet, m. eyförm. spitzen ganzrand. Blätt., spitzständiger Rispe. ♄
W. Nordamerica. Engl. Gärten. Bl. 6. 7.

scandens. 2. C. inermis, caule volubili.
kletterndes. B. unbewaffnet, m. windendem Stamme. ♄
W. Nordamerica in Wäldern. Engl. Gärten. Bl. 6. 7.

buxifolius. 3. C. spinis foliosis, ramis angulatis, fol. obtusis.
buchsblätteriges. B. m. blätterigen Dornen, riesigen Aesten, stumpfen Blätt. ♄
W. Aethiopien. Zierpfl. Bl. 7.

pyracanthus. 4. C. spinis nudis, ramis teretibus, fol. acutis.
spitzblätteriges. B. m. nackten Dornen, runden Aesten, spitzen Blätt. ♄
W. Africa. Zierpfl. Bl. 8.

160. EVONYMVS. *Cor.* 5-petala. *Caps.* 5-gona, 5-locularis, 5-valvis, colorata. *Sem.* calyptrata.

160. Zweckholz. Blume 5-blätterig. Rapf. 5-kantig, 5-fächerig, 5-klappig, gefärbt. Saam. überzogen. Spillbaum. Spindelbaum.

europaeus. 1. E. flor. plerisque quadrifidis, fol. sessilibus.
Spindelbaum. B. m. größtentheils vierspaltigen Blüthen, stiellosen Blätt. ♄ Pfaffenhütlein, Pfaffenkäpplein, Pfaffenpförtchen, Hahnenglöckchen.

α. *vulgaris* flor. plerisque tetrandris quadrifidis, ramis laevibus.
gemeiner m. größtentheils viermännigen vierspaltigen Blüth., glatten Zweigen.

β. *verrucosus* flor. omnibus tetrandris quadrifidis, ramis verrucosis. E. verrucosus *Willd.*
warziger m. lauter viermännigen vierspaltigen Blüthen, warzigen Zweigen.

γ. *latifolius* flor. plerisque pentandris quinquefidis, capsulis alato-angularis. E. latifolius *Willd.* [γ. sine dubio species diversa].
breitblätteriger m. mehrentheils fünfmännigen fünfspaltigen Blüth., geflügelt-kantigen Kapseln.
W. Wälder, Büsche, Hecken, Berge. Unterholz. Hecken. Engl. Gärten. Bl. 5. 6.

Monogynia. Einweibige.

americanus.	2. E. flor. omnibus quinquefidis, fol. sessilibus. [E. pedunculis subtrifloris, fol. elliptico-lanceolatis serratis, ramis laevibus].
immergrünes.	3. m. fastdreyblüthigen Blüthenst., elliptisch-lanzigen sägigen Blätt., glatten Zweigen. ♄ W. Virginien, Carolina. Engl. Gärten. Bl. 7.

161. DIOSMA. *Cor. 5-petala. Nectaria 5, supra germen. Capsulae 3 s. 5 coalitae. Sem. calyptrata.*

161. Diosma. Blume 5-blätterig. Nectar. 5, über dem Fruchtknoten. Kaps. 4 oder 5 zusammengewachsene. Saamen überzogen. Buccostrauch.

oppositifolia.	1. D. fol. subulatis acutis oppositis.
paarblätterige.	D. m. pfriemigen spitzen entgegengesetzten Blätt. ♄ W. Vorgeb. d. guten Hofnung. Gewächshauspfl. Bl. 3-5.
hirsuta.	2. D. fol. linearibus hirsutis.
rauhe.	D. m. schmahlen struppigen Blätt. ♄ W. Vorgeb. d. guten Hofnung. Gewächshauspfl. Bl. 1-6.
rubra.	3. D. fol. linearibus mucronatis glabris carinatis subtus bifariam punctatis.
rothe.	D. m. schmahlen stachelspitzigen glatten gekielten unten zweyzeilig punctirten Blätt. ♄ W. Aethiopien. Gewächshauspfl. Bl. 3-5.
capensis.	4. D. fol. linearibus triquetris, subtus punctatis.
feinbehaarte.	D. m. schmahlen dreyseitigen unten punctirten Blätt. ♄ W. Vorgeb. d. guten Hofnung. Gewächshauspfl. Bl. 3-7.

162. VIOLA. *Cal. 5-phyllus. Cor. 5-petala, irregularis, postice cornuta. [Antherae cohaerentes]. Capi. supera, 3-valvis, 1-locularis. [Secundum Syst. Linn. ad Syngen. Monog. pertinet].*

162. Veilchen. Kelch 5-blätterig. Blume 5-blätterig, unregelm., hinten gehörnt. Staubbeut. zusammenhängend. Kaps. oben, 3-klappig, 1-fächerig.

* *Acaules.* Stammlose.

hirta.	1. V. acaulis, fol. cordatis piloso-hispidis.
behaartes.	V. stammlos, m. herzförm. haarig-borstigen Blätt. ♃ W. Feuchte schattige Waldgegenden. Bl. 4-6.
palustris.	2. V. acaulis, fol. reniformibus.
nierenblätteriges.	V. stammlos, m. nierenförm. Blätt. ♃ L. Sümpfe, Moore. Bl. 3-5.
odorata.	3. V. acaulis, fol. cordatis, stolonibus reptantibus. *Violae Flores, Semina, Radix. Violariae Herba.*
wohlriechendes.	V. stammlos, m. herzförm. Blätt., kriechenden Sprossen. ♃ Märzveilchen. W. Büsche, Hecken, Wälder. Zierpfl. Bl. 2-4.

** *Caulescentes.* Stammige.

canina.	4. V. caule adultiore adscendente, fol. oblongo-cordatis. *Viplae radix.*
geruchloses.	V. m. aufsteigendem älterem Stamme, länglich herz-

Pentandria. Fünfmännige Pflanzen.

	förm. Blätt. ♃ Waldveilchen, Hundeveilchen, Roßveilchen.
	W. Wälder, Büsche, Hecken. Bl. 4. 5.
montana.	5. V. caulibus erectis, fol. cordatis oblongis.
aufrechtes.	V. m. aufrechten Stämmen, herzförmig-länglichen Blätt. ♃ Waldveilchen.
	W. Feuchte und schattige Wiesen. Bl. 5.
mirabilis.	6. V. caule triquetro, fol. reniformi-cordatis, flor. caulinis apetalis.
verschiedenblättiges.	V. m. dreyseitigem Stamme, nierenförmig-herzförm. Blätt., blumenblattlosen stammständ. Blüth. ♃
	W. Bergwälder. Bl. 4. 5.

*** *Stipulis pinnatifidis, stigmate urceolato.*

*** **Mit halbgefiederten Afterblättern, krugförmiger Narbe.**

tricolor.	7. V. caule triquetro diffuso, fol. oblongis incisis, stipul. pinnatifidis. *Floris trinitatis s. Violae tricoloris Herba.*
Jelängerjelieber.	V. m. dreykantigem weitschweifigem Stamme, länglichen eingeschnittenen Blätt., halbgefiederten Afterbl. ♃ Stiefmütterchen, Dreyfaltigkeitsblume, Freysamkraut, Sorge, Siebenfarbenblümchen, Tag- und Nachtblume.
	α. *bicolor* cor. calyce paulo longiore.
	zweyfarbiges m. wenig längerer Blume als der Kelch.
	β. *tricolor* cor. calyce duplo longiore.
	Sammetveilchen m. doppelt längerer Blume als der Kelch.
	W. Gärten, Aecker, Grasplätze, Hecken, Wälder. Zierpfl. Bl. 3-8
grandiflora.	8. V. caule triquetro simplici, fol. oblongiusculis, stipul. pinnatifidis. [*Sine dubio praecedentis varietas*].
großblumiges.	V. m. dreyseitigem gipfigem Stamme, länglichen Blättern, halbgefiederten Afterbl. ♃
	W. Schweizerische und pyrenäische Alpen. Zierpfl. Bl. 5-8.

**** *Floribus erectis, nec resupinatis.*

**** **Mit aufrechten, nicht umgekehrten Blüthen.**

[*Ipecacuanha.*	9. V. fol. ovalibus margine subtusque pilosis. *An satis diversa a V. diandra?*] *Ipecacuanhae albae s. griseae s. cinereae Radix?*
Ipecacuanha.	V. m. eyförm. am Rande und unten haarigen Blätt. ♃
	W. Peru, Brasilien, Cayenne.
diandra.	10. V. caule serpente herbaceo, fol. oblongis, pedunc. unifloris.
zweymänniges.	V. m. kriechendem krautartigem Stamme, länglichen Blätt., einblüthigen Blüthenstielen. ♃
	W. Surinam.

163. IMPATIENS. *Cal.* 2-phyllus. *Cor.* 5-petala, irregularis, nectario cucullato. *Antherae* connatae. *Caps.* supera, 5-valvis. [*Linneus qd Syngenesiam Monogamiam retulit*].

163. **Balsamine. Kelch 2-blätterig. Blume 5-blätterig,**

unregelmäſſig, mit tutenförm. Nectarium. Staubbeut. zuſammengewachſen. Kapſ. oben, 5=klappig. Spring= ſaame.

Balsamina.	1. I. pedunc. unifloris aggregatis, fol. lanceolatis: superioribus alternis, nectariis flore brevioribus.
gemeine.	B. m. einblüthigen gehäuften Blüthenſt., abwechſelnden oberen, lanzigen Blätt., kürzern Nectarien als die Blume. ☉
	W. Oſtindien. Zierpfl. Bl. 6=8.
Noli tangere.	2. I. pedunc. multifloris solitariis, fol. ovatis, geniculis caulinis tumentibus.
Rühr mich nicht.	B. m. vielblüthigen einzelnen Blüthenſt., eyförmigen Blätt., geſchwollenen Gelenken des Stammes. ☉ Springkraut, Ungeduld, Hirſchmelde, Judenhütlein.
	W. Feuchte ſchattige Oerter. Bl. 6=8.

164. ITEA. *Petala* longa, calyci inserta. *Caps.* 1-locularis, 2-valvis.

164. Itea. Blumenbl. lang, kelchſtändig. Kapſ. 1=fächerig, 2=klappig.

virginica.	1. I. [foliis serratis].
ſägige.	I. m. ſägigen Blätt. ♄
	W. Nordamerica. Engl. Gärten. Bl. 7.

165. RIBES. *Petala* 5 et stamina calyci inserta. *Stylus* 2-fidus. *Bacca* polysperma infera.

165. Ribisel. Blumenbl. 5 und Staubgef. kelchſtändig. Griffel 2=ſpaltig. Beere vielſaamig, unten.

* *Ribesia inermia.* Johannisbeeren unbewaffnet.

rubrum.	1. R. inerme, racemis glabris pendulis, floribus planiusculis. *Ribium s. Ribesiorum rubrorum Baccae.*
Johannisbeere.	R. unbewaffnet, m. glatten hängenden Trauben, ziemlich flachen Blüth. ♄ Johannistrauben, Ribiſſel, Fürwitzlein.
	W. Feuchte Holzungen, Büſche. Obſtſtrauch. Bl. 4.5.
alpinum.	2. R. inerme, racem. erectis: bracteis flore longioribus.
Straußbeere.	R. unbewaffnet, m. aufrechten Trauben, längern Nebenbl. als die Blume. ♄ Stechbeere, Corinthenſtaude, Bergbeere, Paſſelbeere.
	W. Wälder, Büſche, Hecken. Engl. Gärten. Bl. 3.5.
nigrum.	3. R. inerme, racem. pilosis, flor. oblongis.
nigrum.	α. flor. campanulatis, bracteis pedicellis brevioribus. *Ribesiorum nigrorum Baccae, Folia.*
Gichtbeere.	R. unbewaffnet, m. glockenförm. Blüth., kürzern Nebenbl. als die haarigen Blüthenſtielchen. ♄ Bocksbeeren, Ahlbeeren, Wendelbeeren, ſchwarze Johannisbeeren, Braunbeeren.
	W. Geſträuche, feuchte Holzungen an Gräben, Sümpfen, Bächen. Obſtgärten. Bl. 4.5.
floridum.	β. flor. cylindricis, bracteis pedicellis longioribus. [*Distincta sane Species*].

106 Pentandria. Fünfmännige Pflanzen.

hübschblühende.
   3. R. unbewaffnet, m. walzigen Blüth., längern Nebenblätt. als die Blüthenstiele.
   W. Pensylvanien. Engl. Gärten. Bl. 4. 5.

** Grossulariae *aculeatae.* Stachelbeeren stachlig.

reclinatum. 4. R. ramis subaculeatis reclinatis, pedunculi bractea triphylla.

bogiges. R. m. wenigstachligen zurückgebeugten Aesten, dreyblätterigem Nebenbl. des Blüthenst. ♄ Rothe Stachelbeeren.
   W. Hecken, Büsche. Obst= und Lustgärten. Bl. 3=5.

Grossularia. 5. R. ram. aculeatis, petiolorum ciliis pilosis, baccis hirsutis, [bracteis diphyllis].

Klosterbeere. O. m. stachligen Aesten, haarigen Franzen der Blattst., rauhen Beeren, zweyblätterigen Nebenbl. ♄ Rauhe, weisse, grüne Garten=Stachelbeere, Rauhbeere.
   W. Hecken, Büsche. Obststrauch. Hecken. Bl. 3=5.

Uva crispa. 6. R. ram. aculeatis, bacc. glabris, pedicellis bractea monophylla. [Varietas praecedentis].

Stachelbeere. R. m. stachligen Aesten, glatten Beeren, einblätterigem Nebenbl. der Blüthenstielch. ♄ Glatte, wilde Stachelbeere, Kraußbeere, Klosterbeere, Steckbeere, Stickbeere, Heckenbeere.
   W. Hecken, Holzungen. Obststrauch. Hecken. Bl. 3=5.

oxyacanthoides. 7. R. ram. undique aculeatis.

weißdornartiges. R. m. durchaus stachligen Aesten. ♄ Kleine amerikanische Stachelbeere.
   W. Canada. Obst= u. Engl. Gärten. Bl. 3=5.

cynosbati. 8. R. aculeis subaxillaribus, bacc. aculeatis racemosis.

stachelfruchtiges. R. m. winkelständigen Stacheln, stachligen traubigen Beeren. ♄ Grosse amerikanische Stachelbeere.
   W. Canada. Obst= u. Engl. Gärten. Bl. 3=5.

166. HEDERA. *Petala* 5, *oblonga. Bacca* 5-sperma, calyce cincta.

166. Epheu. Blumenbl. 5, länglich. Beere 5=saamig, vom Kelch umgeben.

Helix. 1. H. fol. ovatis lobatisque. [H. fol. quinquangularibus quinquelobisque, floralibus ovatis, umbella erecta]. *Hederae arboreae Folia, Resina, Lignum, Baccae.*

Iven. E. m. eyförm. blüthenständigen, fünfwinkligen fünflappigen übrign Blätt., aufrechter Dolde. ♄ Epich, Waldeppig, Mauerepheu, Ewig, Wintergrün, Jlaub.
   W. Mauern, Bäume, Hecken kletternd. Bekleidung alter Mauern. Bl. erst wenn er alt ist im 9.

quinquefolia. 2. H. fol. quinatis ovatis serratis. — [Vitis hederacea *Ehrh. Willd.* rectius].

Monogynia. Einweibige.

fünfblätteri- E. m. fünffingerigen eyförm. sägigen Blätt. ♄ Jung-
ger.   fernwein, Canadischer Weinstock.
            W. Canada. Wandbekleidungen. Bl. 7.

167. VITIS. *Petala* apice cohaerentia, emarcida. *Bacca* 5-sperma, supera.

167. Weinstock. Blumenbl. an der Spitze zusammenhängend, welk. Beere 5-saamig, oben.

vinifera.   1. V. fol. lobatis sinuatis. *Vvae. Vinum.*
gemeiner.   W. m. lappigen buchtigen nackten Blätt. ♄
            W. Die wärmern Gegenden von Europa, Asien, Africa. Gebaut daselbst in Wein- u. Obstgärten zu Obst, Wein, Rosinen und Corinthen, und am Vorgeb. der guten Hofnung. Bl. 5. 6.

Labrusca.   2. V. fol. cordatis subtrilobis dentatis subtus tomentosis.
Clarett.   W. m. herzförm. dreylappigen gezahnten filzigen Blättern ♄
            W. Virginien in Wäldern. Engl. Gärten, Wandbekleidungen. Bl. 5. 6.

vulpina.   3. V. fol. cordatis dentato-serratis utrinque nudis.
ahornblätteri- W. m. herzförm. gezahnt-sägigen beyderwärts nackten
ger.   Blätt. ♄
            W. Nordamerica. Engl. Gärten, Wandbekleidungen. Bl. 6.

laciniosa.   4. V. fol. quinatis: foliolis multifidis.
petersilienblät- W. m. fünffingerigen Blätt., vielspaltigen Blättchen. ♄
teriger.   W. Candia? Weinberge, Wandbekleidungen, Obstgärten, bedeckte Gänge. Liefert auch W. in u. eßbare Trauben. Bl. 5. 6.

arborea.   5. V. fol. supradecompositis: foliolis lateralibus pinnatis.
kleinblätteri- W. m. vielfachzusammengesetzten Blätt., gefiederten
ger.   seitenständigen Blätch. ♄ Baumartiger Weinstock.
            W. Nordamerica. Lustgärten. Bl. 6.

168. LAGOECIA. *Involucr.* universale et partiale. *Petala* 2-fida. *Sem.* solitaria, infera.

168. Federknopf. Hülle allgemeine und besondere. Blumenbl. 2-spaltig. Saam. einzeln, unten.

cuminoides. 1. Lagoecia.
kümmelartiger. Federknopf. ☉ Bastardkümmel.
            W. Levante, Archipelagus. Gewürzpfl. Bl. 7.

169. CELOSIA. *Cal.* 3-phyllus, corollae 5-petalae facie. *Stam.* basi nectario plicato coniuncta. *Caps.* horizontaliter dehiscens.

169. Hahnenkamm. Kelch 3-blätterig, eine 5-blätterige Blume scheinend. Staubgef. an der Basis mit einem faltigen Nectarium vereinigt. Kaps. wagerecht durchschnitten.

argentea.   1. C. fol. lanceolatis, stipulis subfalcatis, pedunculis angulatis, spicis cariosis.
silberähriger. H. m. lanzigen Blätt., etwassichelförm. Nebenbl., gerieften Blüthenst., dürren Aehren. ☉
            W. China. Zierpfl. Bl. 8.

margaritacea.	2. C. fol. ovatis, stipul. falcatis, pedunc. angulatis, spic. scariosis.
perlenartiger.	H. m. epförm. Blätt., sichelförm. Nebenbl., gerieften Blüthenst., dürren Aehren. ☉
	W. Ostindien. Zierpfl. Bl. 7. 8.
cristata.	3. C. fol. oblongo-ovatis, pedunc. teretibus substriatis, spic. oblongis. *Variat foliis angustis et latis.*
gemeiner.	H. m. länglich-epförm. Blätt., runden schwachstreifigen Blüthenst., länglichen Aehren. ☉ Hahnenkamm-Amaranth.
	W. Ostindien. Zierpfl. Bl. 7-9.
paniculata.	4. C. fol. ovato-oblongis, caule assurgente paniculato, spic. alternis terminalibus remotis.
rispiger.	H. m. länglich-epförm. Blätt., aufsteigendem rispigen Stamme, abwechselnden spitzeständ. entferntstehenden Aehren. ☉
	W. Jamaica. Zierpfl. Bl. 7. 8.
coccinea.	5. C. fol. ovatis strictis inauriculatis, caul. sulcato, spic. multiplicibus cristatis.
rother.	H. m. epförm. steifen ungeöhrten Blätt., gefurchtem Stamme, vielfachen kammförm. Aehren. ☉ Hahnenkamm-Amaranth, Hahnenkamm, Floramor.
	W. Ostindien. Zierpfl. Bl. 7. 8.
castrensis.	6. C. fol. lanceolato-ovatis lineatis acuminatissimis, stip. falcatis, spic. cristatis.
langähriger.	H. m. lanzig-epförm. gestrichelten höchstspitzen Blätt., sichelförm. Afterblätt., kammförm. Aehren. ☉
	W. Ostindien. Zierpfl. Bl. 7. 8.

270. ILLECEBRVM. *Cal.* 5-phyllus, cartilagineus. *Cor.* nulla. *Stigm.* simplex. *Caps.* 5-valvis, monosperma.

170. Knorpelblume. Kelch fünfblätterig, knorpelig. Blume o. Narbe einfach. Kaps. 5-klappig, 1-saamig.

verticillatum.	1. I. floribus verticillatis nudis, caulibus procumbentibus.
kriechende.	K. m. quirligen nackten Blüth., niederliegenden Stämmen. ☉ Nagelkraut.
	W. Feuchte Sandgegenden. Bl. 7. 8.

171. GLAVX. *Cal.* 1-phyllus. *Cor.* nulla. *Caps.* 1-locularis, 5-valvis, 5-sperma.

171. Glaux. Kelch 1-blätterig. Blume o. Kaps. 1-fächerig, 5-klappig, 5-saamig. Milchkraut. Schielkraut.

maritima.	1. Glaux.
Milchkraut.	Glaux. ♃ Seenelkraut.
	W. Seeküsten, Moräste, Salzquellen, Salzseen. Bl. 5. 6.

172. THESIVM. *Cal.* 1-phyllus, cui Stamina inserta. *Sem.* 1, inferum [in calyce indurato].

172. Thesium. Kelch 1-blätterig. Staubgef. kelchständig. Saame 1, unten, im erhärteten Kelche.

Linophyllum.	1. T. panicula foliacea, fol. linearibus.
Leinkraut.	T. m. blätteriger Rispe, schmahlen Blätt. ☉

Monogynia. **Einweibige.**

    α. *pratense* caule erecto, fol. obsolete trinerviis.
        𝔚iesenleinkraut m. aufrechtem Stamme, kaum
        -bemerkbar dreyrippigen Blätt.
    β. *montanum* caule stricto, fol. trinerviis.
        Bergleinkraut m. geradem Stamme, dreyrippi-
        gen Blätt.
        W. Berge, Hügel, Heiden, Sandfelder, Wälder.
        Bl. 5-7.

alpinum.   2. T. racemo foliato, fol. linearibus.
traubiges.   T. m. blätteriger Traube, schmahlen Blätt. ☉
        W. Berge, Hügel, Heiden, sandige Anger. Bl. 7. 8.

173. **VINCA.** Contorta. *Folliculi* 2, erecti. *Semina* nuda.
173. **Sinngrün.** Gedreht. Bälgl. 2, aufrecht. Saam. nackt.

minor.   1. V. caulibus procumbentibus, fol. lanceolato-ovatis
        [margine glabris], flor. pedunculatis. *Vincae*
        Peruincae Herba.
kleines.   S. m. niederliegenden Stämmen, lanzig-eyförm. am
        Rande glatten Blätt., gestielten Blüth. ♄ Winter-
        grün, Immergrün, Weingrün, Todten-
        grün, Bärwinkel, Jungfernkrone, Tod-
        tenviole.
        W. Wälder, Büsche, Hecken, Felsen. Zierpfl. Bl.
        3-5.

maior.   2. V. caul. erectis, fol. ovatis [ciliatis], flor. peduncu-
        latis. *Varietas praecedentis.*
grosses.   S. m. aufrechten Stämmen, eyförm. gefranzten Blätt.,
        gestielten Blüth. ♄
        W. Südeuropa. Zierpfl. Bl. 5.

rosea.   3. V. caule frutescente erecto, flor. geminis sessilibus,
        fol. ovato-oblongis, petiolis basi bidentatis.
rosenfarbenes.   S. m. strauchartigem aufrechtem Stamme, zweyzähli-
        gen stiellosen Blüth., eyförmig-länglichen Blätt., an
        der Basis zweyzahnigen Blüthenst. ♄
        W. Madagascar, Java. Gewächshauspfl. Bl.
        5-10.

174. **NERIVM.** Contorta. *Folliculi* 2, erecti. *Sem.* plumosa.
Cor. tubus terminatus corona lacera.
174. **Oleander.** Gedreht. Bälgl. 2, aufrecht. Saam. befiedert. Blumenröhre endigend in eine zersetzte Krone.

Oleander.   1. N. fol. lineari-lanceolatis ternis, corollis coronatis.
ächter.   O. m. schmahllanzigen dreyzähligen gerippten Blätt.
        gekrönten Blumen. ♄ Lorbeerrosen, Unhol-
        benkraut.
    α. [*commune* laciniis calycinis squarrosis, nectariis pla-
        nis tricuspidatis. N. Oleander *Willd.*]
        gemeiner m. sperrigen Kelchen, flachen dreyspitzigen
        Nectarien.
    β. [*odorum* laciniis calycinis erectis, nectariis multipar-
        titis: laciniis filiformibus. N. odorum *Willd.*]
        wohlriechender m. aufrechten Kelchlappen, viel-
        theiligen Nectarien: mit fadenförm. Lappen. ♄
        W. Ostindien. Gewächshauspfl. Bl. 8. 9.

Pentandria. **Fünfmännige Pflanzen.**

antidysenteri-cum. 2. N. fol. ovatis acuminatis petiolatis. *Profluvii s. Conessi s. Codaga Pala Cortex.*
Conessi. H. m. eyförm. zugespitzten gestielten Blätt. ♄ Coda-ga-Pala.
W. Malabar, Zeylon.

DIGYNIA. Zweyweibige.

175. PERIPLOCA. Contorta. *Nectarium* ambiens genitalia, filamenta 5 exserens.

175. **Schlingen. Gedreht.** Nectarium die Befruchtungs-theile umgebend, 5 Fäden tragend.

graeca. 1. P. flor. interne hirsutis terminalibus.
braunblumige. S. m. inwendig borstigen spitzeständ. Blüth. ♄ In-dianische Rebe.
W. Syrien, Sibirien. Wandbekleidungen. Zierpfl. Bl. 7. 8.

176. CYNANCHVM. Contorta. *Nectarium* cylindricum, 5-dentatum.

176. **Hundswürger. Gedreht.** Nectar. walzenförm., 5-zähnig. Hundstod.

acutum. 1. C. caule volubili herbaceo, fol. cordato-oblongis gla-bris.
spitziger. H. m. windendem krautartigem Stamme, herzförmig-länglichen glatten Blätt. ♃
W. Persien, Südeuropa. Zierpfl. Bl. 6. 7.

monspella-cum. 2. C. caule volubili herbaceo, fol. reniformi-cordatis acutis [petalis glabris].
rundblätteri-ger. H. m. windendem krautartigem Stamme, nierenför-mig-herzförm. spitzen Blätt., glatten Blumenbl. ♃
W. Spanien, Südfrankreich.

erectum. 3. C. caule erecto divaricato, fol. cordatis glabris.
aufrechter. H. m. aufrechtem ausgesperrtem Stamme, herzförm. glatten Blätt. ♄
W. Westasien.

177. APOCYNVM. Cor. campanulata. *Filamenta* 5, cum sta-minibus alterna.

177. **Apocynum. Blume glockenförm. Fäden 5, m. den Staubgefässen abwechselnd.**

androsaemi-folium. 1. A. caule rectiusculo herbaceo, fol. ovatis utrinque glabris, cymis terminalibus.
steg nfangen-des. A. m. fastgeradem krautartigem Stamme, eyförm. bey-derwärts glatten Blätt., spitzeständigen Käsen. ♃
W. Virginien, Canada. Zierpfl. Bl. 6-9.

cannabinum. 2. A. caule rectiusculo herbaceo, fol. oblongis, panic. terminalibus, [cymis lateralibus folio longioribus].
hanfartiges. A. m. fastgeradem krautartigem Stamme, länglichen Blätt., seitenständ. längern Käsen als das Blatt. ♃
W. Nordamerica. Bl. 7. 8.

venetum. 3. A. caule rectiusculo herbaceo, fol. ovato-lanceolatis [mucronatis denticulatis].
schönes. A. m. fastgeradem krautartigem Stamme, eyförmig-lanzigen stachelspitzigen gezähnelten Blätt. ♃

W. Sibirien und die Inseln des adriatischen Meeres.
Zierpfl. Bl. 7-9.

178. ASCLEPIAS. Contorta. *Nectaria* 5, ovata, concava, cornicula exserentia.

178. Schwalbenwurz. Gedreht. Nectar. 5, hohl, gehörnt. Hundskohl.

syriaca. 1. A. fol. ovalibus subtus tomentosis, caule simplicissimo, umbellis nutantibus.

Seidenpflanze. S. m. elliptischen unten filzigen Blätt., höchsteinfachem Stamme, herabhängenden Dolden. ♃
W. Syrien, Arabien, Persien, Virginien. Zierpfl. Der seidenartigen Saamenwolle wegen ihr Anbau im Grossen empfohlen. Bl. 6-8.

amoena. 2. A. fol. ovatis subtus pilosiusculis, caule simplici, umbellis nectariisque erectis.

purpurne. S. m. eyförm. unten etwashaarigen Blätt., astlosem Stamme, aufrechten Dolden u. Nectarien. ♃
W. Nordamerica. Zierpfl. Bl. 7. 8.

purpurascens. 3. A. fol. ovatis subtus villosis, caule simplici, umbell. erectis, nectariis resupinatis.

röthliche. S. m. eyförm. unten zottigen Blätt., astlosem Stamme, aufrechten Dolden, umgekehrten Nectarien. ♃
W. Nordamerica. Zierpfl. Bl. 7.

variegata. 4. A. fol. ovatis rugosis nudis, caule simplici, umbell. subsessilibus: pedicellis tomentosis.

bunte. S. m. eyförmigen runzeligen nackten Blätt., astlosem Stamme, faststiellosen Dolden, filzigen Blüthenstielchen. ♃
W. Nordamerica. Zierpfl. Bl. 7.

curassavica. 5. A. fol. lanceolatis glabris nitidis, caule simplici, umbell. erectis solitariis lateralibus.

orangenfarbne. S. m. lanzigen glatten glänzenden Blätt., astlosem Stamme, aufrechten einzelnen seitenständ. Dolden. ♃
W. Curassao. Gewächshauspfl. Bl. 7. 8.

incarnata. 6. A. fol. lanceolatis, caule superne diviso, umbell. erectis geminis.

rothblühende. S. m. lanzigen Blätt., oben getheiltem Stamme, aufrechten zweyzähligen Dolden. ♃
W. Nordamerica. Zierpfl. Bl. 8.

Vincetoxicum. 7. A. fol. ovatis basi barbatis, caule erecto, umbell. proliferis. *Vincetoxici s. Hirundinariae Radix.*

ächte. S. m. eyförm. an der Basis bärtigen Blätt., aufrechtem Stamme, wipfelgen Dolden. ♃ Giftwurz, Schwalbenkraut, St. Lorenzkraut.
W. Wälder, steinige Gebirge, Felsen. Bl. 5-7.

nigra. 8. A. fol. ovatis basi barbatis, caule superne subvolubili.

schwarze. S. m. eyförm. an der Basis bärtigen Blätt., oben etwas windendem Stamme. ♃
W. Montpellier, Leipzig auf Anhöhen. Zierpfl. Bl. 6. 7.

179. STAPELIA. Contorta. *Nectarium* duplici stellula tegente genitalia.

112 Pentandria. Fünfmännige Pflanzen.

179. Aasblume. Gedreht. Nektar. mit einem doppelten die Befruchtungstheile umgebenden Stern.

variegata. 1. S. denticulis ramorum patentibus, [flor. pedunculatis, laciniis corollae ovatis acutis].

bunte. A. m. klaffenden Zähnen der Aeste, gestielten Blüth., eyförm. spitzen Blumenlappen. ♃
W. Vorgeb. der guten Hofnung. Glashauspfl. Bl. 6-8.

hirsuta. 2. S. dentic. ramorum erectis, [flor. pedunculatis, corolla hirsuta].

rauhe. A. m. aufrechten Zähnen der Aeste, gestielten Blüth., struppiger Blume. ♃
W. Vorgeb. der guten Hofnung. Glashauspfl. Bl. 7-10.

180. HERNIARIA. *Cal.* 5-partitus. *Cor.* o. *Stamina* 5 sterilia. *Caps.* 1-sperma.

180. Tausendkorn. Kelch 5=theilig. Blume o. Staubgef. 5 unfruchtbare. Kaps. 1=saamig. Bruchkraut.

glabra. 1. H. glabra herbacea. *Herniariae s. Millegrani Herba.*

glattes. T. glatt krautartig. ☉ ♃ Harnkorn, Jungferngras, kleiner Wegetritt.
W. Sandige Gegenden. Bl. 5-8.

hirsuta. 2. H. hirsuta [herbacea]. *Fere varietas praecedentis.*

haariges. T. struppig, krautartig. ☉
W. Sandige Gegenden. Bl. 5-8. Abart des vorigen.

181. CHENOPODIVM. *Cal.* 5-phyllus, 5-gonus. *Cor.* o. *Sem.* 1, lenticulare, superum.

181. Gänsefuß. Kelch 5=blätterig, 5=kantig. Blume o. Saame 1, linsenförmig, oben. Melde.

* *Foliis angulosis.* Mit eckigen Blättern.

Bonus Henri- 1. C. fol. triangulari-sagittatis integerrimis, spicis com-
cus. positis aphyllis axillaribus. *Boni Henrici Herba.*

Schmirgel. G. m. dreyeckig-pfeilförm. ganzrand. Blätt., zusammengesetzten blattlosen winkelständigen Aehren. ♃ Guter od. stolzer Heinrich, wilde Melde, Hundsmelde, Schmerbel, Hackenschaar, Schmeerwurz, Allgut, Lämmerohren.
W. Wüste Gegenden, Raine, Wege, Hecken, Mauern, Zäune. Bl. 6-8.

urbicum. 2. C. fol. triangularibus subdentatis, racemis confertis strictissimis cauli approximatis longissimis.

städtischer. G. m. dreyeckigen schwachzähnigen Blatt, dichtstehenden sehrsteifen angedrückten sehrlangen Trauben. ☉
W. Straßen, Gärten, Raine. Bl. 6-9.

rubrum. 3. C. fol. cordato-triangularibus obtusiusculis dentatis, racem. erectis compositis subfoliosis caule brevioribus. *Atriplicis sylvestris Herba.*

rother. G. m. herzförmig-dreyeckigen etwasstumpfen gezahnten Blätt., aufrechten zusammengesetzten etwasblätterigen kürzern Trauben als der Stamm. ☉ Wilde
oder

oder rothe Melde, Mistmelde, Sautod, Saubalg, Neunspitzen.

W. Wüste Plätze, Gärten, Hecken, Mauern. Bl. 7. 8.

murale. 4. C. fol. ovatis nitidis dentatis acutis, racem. ramosis nudis.

Stauderich. G. m. eyförmigen glänzenden gezahnten spitzen Blätt., ästigen nackten Trauben. ☉

W. Dämme, unbebaute Plätze, Hecken, Mauern. Bl. 7. 8.

album. 5. C. fol. rhomboideo-triangularibus erosis postice integris: summis oblongis [lanceolatis], racem. erectis.

weisser. G. m. lanzigen oberen, übrigens rautig-dreyeckigen ausgebissenen hinten ganzrandigen Blätt., aufrechten Trauben. ☉ Weisse od. wilde Melde

W. Aecker, Gärten, Misthaufen, Wege, Gassen. Bl. 7-9.

viride. 6. C. fol. rhomboideis dentato-sinuatis, racem. ramosis subsolitariis. *An varietas praecedentis?*

grüner. G. m. rautigen zahnig-buchtigen Blätt., fasteinzelnen ästigen Trauben. ☉ Grüne Melde, Melde.

W. Aecker, Gärten, wüste Plätze, Wege. Bl. 6-8.

hybridum. 7. C. fol. cordatis angulato-acuminatis, racem. ramosis nudis.

Saumelde. G. m. herzförm. eckig-zugespitzten Blätt., nackten einzelnen Trauben. ☉ Sautod, Neunspitzen, breitblätteriger Pitzer, Schweinemelde.

W. Aecker, Gärten, Hecken, Mauern. Bl. 6-8.

Botrys. 8. C. fol. oblongis sinuatis, racem. nudis multifidis. *Botryos vulgaris Herba.*

wohlriechender. G. m. länglichen buchtigen Blätt., nackten vieltheiligen Trauben. ☉ Traubenkraut, Mottenkraut, türkischer Beyfuß.

W. Südeuropa in Sandgegenden. Gartenpfl. Bl. 5-7.

ambrosioides. 9. C. fol. lanceolatis dentatis, racem. foliatis simplicibus. *Botryos mexicanae s. Atriplicis mexicanae Herba.*

Jesuiterthee. G. m. lanzigen gezahnten Blätt., blätterigen einfachen Trauben. ☉ Mexicanisches Theekraut, Botrys, Ungarischer Thee.

W. Mexico, Portugal? Gartenpfl. Bl. 6-8.

anthelminticum. 10. C. fol. ovato-oblongis dentatis, racem. aphyllis. *Chenopodii Anthelmintici Semina.*

wurmtreibender. G. m. eyförmig-länglichen gezahnten Blätt., blattlosen Trauben ♃

W. Pensylvanien, Neuyork.

glaucum. 11. C. fol. ovato-oblongis repandis, racem. nudis simplicibus glomeratis.

grauer. G. m. eyförmig-länglichen ausgeschweiften Blätt., nackten einfachen knauligen Trauben. ☉ Gelbe Melde, kleiner Schmirgel.

W. Gebautes Land, Miststäten, Gräben, Mauern. Bl. 7-9.

** *Foliis integris.* Mit ganzen Blättern.

Vulvaria. 12. C. fol. integerrimis rhomboideo-ovatis, flor. conglo-

Pentandria. Fünfmännige Pflanzen.

meratis axillaribus. *Vulvariae s. Atriplicis olidae Herba.*

stinkender. 12. C. m. ganzrandigen rautig-epförm. Blätt., knauligen winkelständ Blüthen. ☉ Stinkmelde, kleine Mistmelde, Hundsmelde.
W. Gärten, Hecken, Mauern, Wege. Bl. 6-9.

polyspermum. 13. C. fol. integerrimis ovatis, cymis dichotomis aphyllis axillaribus.

vielsaamiger. C. m. ganzrandigen epförm. Blätt., zwieseligen blattlosen winkelständ. Räsen. ☉ Staudsrich, Fischmelde.
W. Gärten, Aecker, Hecken, wüste Plätze. Bl. 6-9.

Scoparia. 14. C. fol. lineari-lanceolatis planis integerrimis [ciliatis, flor. axillaribus glomeratis].

besenartiger. C. m. schmahllanzigen flachen ganzrandigen gefranzten Blätt., winkelständ. knauligen Blüth. ☉ Belvedere, Sommercypresse.
W. Südeuropa, China, Japan. Zierpfl. Bl. 6-8.

maritimum. 15. C. fol. subulatis semicylindricis.

Falzartiger. C. m. pfriemigen halbwalzenförm. Blätt. ☉
W. Küsten, Salzquellen. Bl. 6-8.

182. BETA. *Cal.* 5-phyllus. *Cor.* o. *Sem.* reniforme intra substantiam baseos calycis.

182. Mangold. Kelch 5-blätterig. Blume o. Saame nierenförmig in der Substanz des Kelchbodens. Bete. Weißkohl.

vulgaris. 1. B. floribus congestis. [B. foliolis calicinis basi dentatis]. *Betae rubrae Radix, Folia.*

Bete. M. m. an der Basis gezähnten Kelchblättchen. ♂ Rothe u. gelbe Bete, rothe Rübe.
W. Südeuropäische Küsten. Küchengew. Bl. 6-8.

Cicla. 2. B. flor. ternis. [B. foliolis calycinis inermibus, fol. radicalibus petiolatis ovato-lanceolatis, caulinis sessilibus. *An praecedentis varietas?*] *Cielae Radix, Folia.*

römischer. M. m. unbewaffneten Kelchblättchen, gestielten epförmig-lanzigen wurzelständigen stiellosen stammständigen Blätt. ♂ Grüner u. weisser Mangold, römische Bete, weisse Bete, Dickrüben, Runkelrüben, Raunschen, Rummelrüben, Burgunderrüben.
W. Portugal am Tajo. Küchengew. Viehfutter. Bl. 6-8.

maritima. 3. B. flor. geminis. [B. fol. omnibus petiolatis triangularibus verticalibus].

schiefblätteriger. M. m. lauter gestielten dreyeckigen scheitelrechten Blättern. ♂
W. Gestade. Bl. 6-8.

183. SALSOLA. *Cal.* 5-phyllus. *Cor.* o. *Caps.* 1-sperma. *Sem.* cochleatum. *Soda.*

183. Barille. Kelch 5-blätterig. Blume o. Kapf. 1-saamig. Saame schneckenartig. Salzkraut.

Kali. 1. S. herbacea decumbens, fol. subulatis spinosis scabris, calycibus marginatis axillaribus.

Digynia. Zweyweibige.

Stechende. 1. S. krautartig liegend, m. pfriemigen dornigen harschen Blätt., winkelständ. gezandeten Kelchen. ⊙
W. Gestade, Salzboden, Sandfelder. Liefert mit den folgenden Arten Soda. Bl. 7. 8.

Tragus. 2. S. herbacea erecta, fol. subulatis spinosis laevibus, calycibus ovatis. *Varietas praecedentis.*
glatte. B. krautartig aufrecht, m. pfriemigen dornigen glatten Blätt., eyförm. Kelchen.
W. Südeuropa an Küsten und auf Sandfeldern. Bl. 6. 8.

Soda. 3. S. herbacea patula, fol. inermibus.
langblätterige. B. krautartig klaffend, m. unbewaffneten Blätt. ⊙
W. Südeuropäische Küsten und Salzboden. Liefert die marseiller und italienische Soda.

sativa. 4. S. herbacea diffusa, fol. teretibus glabris, flor. conglomeratis.
vielblätterige. B. krautartig weitschweifig, m. runden glatten Blätt., knauligen Blüth. ⊙
W. Küsten des südl. Spaniens. Giebt die alicantische Soda.

altissima. 5. S. herbacea erecta ramosissima, fol. filiformibus acutiusculis basi pedunculiferis.
blaublätterige. B. krautartig aufrecht, m. fadenförm. ziemlichspitzen an der Basis blühenstieltragenden Blätt. ⊙
W. Italien, Astrakan, Sachsen? an Salzquellen.

fruticosa. 6. S. fruticosa erecta, fol. filiformibus obtusiusculis.
Strauchartige. B. strauchartig aufrecht, m. fadenförmigen stumpfen Blätt.
W. Küsten des südl. Europa, Persien.

184. GOMPHRENA. *Cal.* coloratus: exterior 3-phyllus: foliol. 2, conniventibus, carinatis. *Petala* 5, rudia, villosa. *Nectarium* cylindricum, 5-dentatum. *Caps.* 1-sperma. *Stylus* semibifidus.

184. **Winterblume.** Kelch gefärbt: äusserer 3-blätterig, mit 2 gegeneinandergebogenen, gekielten Blättchen Blumenbl. 5, unkenntlich, zottig. Nectar. walzenförm., 5-zähnig. Kaps 1-saamig. Griffel halbzweyspaltig.

globosa. 1. G. caule erecto, fol. ovato-lanceolatis, capitulis solitariis, pedunculis diphyllis.
kugelrunde. W. m. aufrechtem Stamme, eyförmig lanzigen Blätt., einzelnen Knöpfen, zweyblätterigen Blüthenstielen. ⊙
Kugelamaranth, Junggesellenknöpfe.
W. Ostindien. Zierpfl. Bl. 6. 10.

185. VLMVS. *Cal.* 5-fidus. *Cor.* 0. *Bacca* exsucca, compresso-membranacea.

185. **Rüster.** Kelch 5-spaltig. Blume 0. Beere saftlos, zusammengedrückt-häutig. Ulme. Ilme.

campestris. 1. V. fol. duplicato-serratis: basi inaequalibus. *Vlmi Cortex.*
Gem. R. m. zwiefach-sägigen an der Basis ungleichen Blätt. ♄
Epenholz, Leimbaum, Fliegenbaum, Effenbaum, Steinlinde.

[α. campestris fol. duplicato-serratis: basi inaequalibus,

flor. subsessilibus conglomeratis subpentandris, fruct. glabris.

weiſſe m. faſtſtielloſen knauligen faſtfünfmännigen Blüthen, glatten Früchten. Breitblätterige Rüſter oder Ulme.

β. *suberosa* fol. duplicato-serratis: basi inaequalibus, flor. subsessilibus conglomeratis subtetrandris, fruct. glabris.

korkartige m. faſtſtielloſen knauligen faſtviermännigen Blüth., glatten Früchten, korkartiger Rinde der Aeſte.

γ. *effusa* fol. duplicato-serratis: basi inaequalibus, flor. pedunculatis octandris, fruct. ciliatis. γ ab α et β specie diversa videtur; α et β autem eiusdem speciei progenies sunt.

rothe m. geſtielten achtmännigen Blüth., gefranzten Früchten. Schmahlblätterige, langſtielige, holländiſche Rüſter.

W. Wälder, Hecken, Büſche. Forſtbaum. Hecken. Bl. 3. 4. α und β haben 4-6 Staubgef., und beyde bald glattere bald mehr harſche Blätt. γ iſt wahrſcheinlich eine beſondere Art.

americana. 2. V. fol. aequaliter serratis: basi inaequalibus.

feſtborkige. R. m. gleichförmig-ſägigen an der Baſis ungleichförm. Blätt. ♄

W. Nordamerica. Engl. Gärten. Hecken. Bl. 3.

186. GENTIANA. *Cor.* monopetala. *Caps.* 2-valvis, 1-locularis. *Receptaculis* 2, longitudinalibus.

186. Enzian. Blume 1=blätterig. Kapſ. 2=klappig, 1=fächerig, m. 2, längslaufenden Fruchthältern.

* *Corollis quinquefidis et subquinquefidis subcampaniformibus.*

* Mit fünfſpaltigen und faſtfünfſpaltigen glockenförmigen Blumen.

lutea. 1. G. corollis subquinquefidis rotatis verticillatis, calycibus spathaceis. *Gentianae s. Gentianae rubrae Radix.*

gelber. E. m. faſtfünfſpaltigen radförm. quirligen Blumen, ſcheidenartigen Kelchen. ♃ Rother Enzian, Bitterwurzel, Fieberwurzel.

W. Bergwälder. Bl. 6-8.

Pneumonanthe. 2. G. coroll. quinquefidis campanulatis [acutis] oppositis [axillaribus] pedunculatis, fol. linearibus.

Langer. E. m. fünfſpaltigen glockenförm. ſpitzen entgegengeſetzten winkelſtänd. geſtielten Blum., ſchmahlen Blätt. ♃ Lungenblume, Herbſtenzian, blauer Tarant.

W. Moraſtige Wieſen, Berge, Heiden. Bl. 8. 9.

acaulis. 3. G. corolla quinquefida campanulata caulem excedente.

großblumiger. E. m. fünfſpaltiger glockenförmiger längerer Blume als der Stamm. ♃

W. Berge. Zierpfl. Bl. 5, zu Zeiten auch 6, 7. 8.

Digynia. Zweyweibige.

* *Corollis quinquefidis et subquinquefidis infundibuliformibus.*
** Mit fünfspaltigen und fastfünfspaltigen trichterförmigen Blumen.

verna. 4. G. corolla quinquefida infundibuliformi caulem excedente, fol. radicalibus confertis maioribus.

früher. E. m. fünfspaltiger trichterförm. längerer Blume als der Stamm, grösseren dichtstehenden wurzelständigen Blätt. ⚃
W. Schweitzerische, österreichische, pyrenäische, carpathische, sibirische Alpen. Zierpfl. Bl. 4. 5.

Centaurium. 5. G. corollis quinquefidis infundibuliformibus, caule dichotomo, pistillo simplici. — [Chironia Centaurium *Willd.* Centaurii minoris Herba, Summitates.

Tausendgüldenkraut. E. m. fünfspaltigen trichterförm. Blum., zwieseligem Stamme, einfacher Narbe. ☉ Fieberkraut, Erdgalle, Aurenkraut.
W. Berge, Wiesen, Wälder, Küsten. Bl. 6-9.

Amarella. 6. G. coroll. quinquefidis hypocrateriformibus: fauce barbatis. Gentianellae Herba.

seitenblättiger. E. m. fünfspaltigen nagelsförm. Blum.: m. bärtigem Schlunde. ☉
W. Wiesen, trockene Berge u. Wälder. Bl. 8-10.

*** *Corollis non quinquefidis.*
*** Mit nicht fünfspaltigen Blumen.

campestris. 7. G. coroll. quadrifidis fauce barbatis [calycis laciniis duabus maximis].

kleiner. E. m. vierspaltigen Blumen m. bärtigem Schlunde, zween grossen Kelchlappen. ☉ Genzianelle, Feldenzian.
W. Wälder, Wiesen, Aecker, Wege. Bl. 7-10.

ciliata. 8. G. coroll. quadrifidis margine ciliatis, [caule flexuoso].

gefranzter. E. m. vierspaltiger am Rande gefranzter Blume, geschlängeltem Stamme. ⚃ Lungenenzian.
W. Steinige Berge, trockene Anger, Heiden. Bl. 8. 9.

Cruciata. 9. G. coroll. quadrifidis imberbibus, flor. verticillatis sessilibus, [caulib. ancipitibus]. Gentianae minoris Radix.

Sporenstich. E. m. vierspaltigen bartlosen Blum., quirligen stiellosen Blüth., zweyschneidigen Stämmen. ⚃ Kleiner Enzian, Himmelsstengel, Kreuzwurzel, Sibillenwurzel, Peterskraut, Modelgeer, Lungenblume, Heil aller Schaden.
W. Trockene Wiesen, Berge, Wege. Bl. 7. 8.

filiformis. 10. G. coroll. quadrifidis imberbibus, caule dichotomo filiformi. — Exacum filiforme *Willd.*

dünnstengliger. E. m. vierspaltigen bartlosen Blum., zwieseligem fadenförm. Stamme. ☉
W. Torfmoore. Bl. 7. 8.

187. PHYLLIS. *Stigmata* hispida. [*Cal.* 2-phyllus. *Cor.* 2-petala]. *Fructif.* sparsae. [*Caps.* obovata, 2-locularis, 2-partibilis.

187. Nobla. Narben borstig. Kelch 2blätterig. Blume

2=blätterig. Kaps. verkehrt=eyförmig, 2=fächerig, 2=
theilbar.

Nobla. 1. P. stipulis dentatis.
Simpla. N. m. gezahnten Afterbl. ♄
W. Canarische Inseln. Zierpfl. Bl. 6.

Vmbellatae. Doldentragende.

188. ERYNGIVM. *Flores* capitati. *Receptaculum* paleaceum.
188. Mannstreu. Blüthen knopfig. Hälter spreuig.

maritimum. 1. E. fol. radicalibus subrotundis plicatis spinosis, capitulis pedunculatis, paleis tricuspidatis. *Eryngii Radix*
strandische. M. m. wurzelständ. fastkreisförm. gefalteten stachligen Blätt., gestielten Knöpfen, dreyspitziger Spreu. ♃
W. Seeküsten in sandigem und kiesigem Boden. Bl. 7.

campestre. 2. E. fol. radicalibus amplexicaulibus pinnato-lanceolatis. [E. fol. radicalibus petiolatis pinnatifidis, caulinis sessilibus]. *Eryngii Radix.*
Radendistel. M. m. gestielten halbgefiederten wurzelständ., stiellosen stammständ. Blätt. ♃ Ellaub, Brachdistel, Langdistel, Donnerdistel, Straußdistel.
W. Trockene Felder, wüste Plätze, Berge. Bl. 6=9.

amethystinum. 3. E. f l. radicalibus trifidis basi subpinnatis.
blaue. M. m. dreyspaltigen an der Basis schwachgefiederten Blätt. ♃
W. Berge von Steyermark. Zierpfl. Bl. 6=8.

189. HYDROCOTYLE. *Vmbella* simplex: *Involucro* 4-phyllo. *Petala* integra. *Sem.* semiorbiculato-compressa.
189. Wassernabel. Dolde einfach, mit vierblätteriger Hülle. Blumenbl. ganz. Saam. halbkreisförmig=zusammengedrückt. Nabelkraut. Venusnabel. Sumpfnabel.

vulgaris. 1. H. fol. peltatis, umbellis quinquefloris.
fünfblättriger. W. m. schildförm. Blätt., fünfblüthigen Dolden. ♃
W. Sümpfe, Gräben, nasse Wiesen. Bl. 5=8.

190. SANICVLA. *Vmbellae* confertae, subcapitatae. *Fructus* scaber. *Flores* disci abortientes.
190. Sanickel. Dolden dichtstehend, fastknopfig. Frucht harsch. Blüthen der Scheibe verwerfend.

europaea. 1. S. fol. radicalibus simplicibus, flosculis omnibus sessilibus. [Caucalis Sanicula Roth.] *Saniculae s. Diapensiae Herba.*
gebräuchlicher. S. m. einfachen wurzelständ. Blätt., lauter stiellosen Blüthch. ♃ Kranikel, Tranikel, Scheraikel, Heil aller Schaden, Bruchkraut.
W. Feuchte Bergwälder. Bl. 5=7.

191. ASTRANTIA. *Involucra partialia* lanceolata, patentia, aequalia, longiora, colorata. *Flores* plurimi abortientes.
191. Astranz. Hüllen: besondere lanzig, ausgebreitet,

gleichförm., länger, gefärbt. Blüthen mehrentheils verwerfend.

maior. 1. A. fol. quinquelobis: lobis trifidis, [involucris integerrimis].
Meisterwurz. D. m. dreyspaltigen Lappen der fünflappigen Blätt., ganzrand. Hüllen. ♃ Schwarze, falsche Meisterwurz, Magistranz, Wohlstand, Kaiserwurz, schwarzer Sanickel.
W. Steinige Wälder, feuchte Plätze, Wiesen, Hecken. Zierpfl. Bl. 6-8.

192. BVPLEVRVM. *Involucra umbellulae maiora, 5-phylla. Pet. involuta. Fruct. subrotundus, compressus, striatus.*

192. Hasenöhrlein. Hüllen der Döldchen grösser, 5-blätterig. Blumenbl. einwärtsgerollt. Frucht rundlich, zusammengedrückt, gestreift.

* *Herbacea.* Krautartige.

rotundifolium. 1. B. involucris universalibus nullis, fol. perfoliatis. *Involucella ovata, mucronata. Perfoliatae Herba, Semina.*
Durchwachs. H. ohne allgemeine Hüllen, m. durchwachsenen Blätt. ☉ Stopfloch, Nabelkraut, Schoofkraut, Wundkraut.
W. Aecker, Gärten, unbebaute Plätze. Bl. 6-8.

longifolium. 2. B. involucellis pentaphyllis ovatis: universali subpentaphyllo, fol. amplexicaulibus.
langblättriges. H. m. fünfblätterigen eyförm. besonderen: fastfünfblätteriger allgemeiner Hülle, umfassenden Blätt. ☉
W. Berge, Wälder. Bl. 6-8.

falcatum. 3. B. involucellis pentaphyllis acutis: universali subpentaphyllo, fol. lanceolatis, caule flexuoso.
Scheibblätteriges. H. m. fünfblätterigen spitzen besonderen: fastfünfblätteriger allgemeiner Hülle, lanzigen Blätt., geschlängeltem Stamme. ♃
W. Berge, Hügel, Wälder, Hecken. Bl. 7-9.

** *Frutescentia.* Strauchartige.

fruticosum. 4. B. frutescens, fol. obovatis integerrimis.
strauchartiges. H. strauchartig, m. verkehrteyförmigen ganzrandigen Blätt. ♄
W. Levante, Südeuropa. Engl. Gärten. Gewächshauspfl.

193. TORDYLIVM. *Cor. radiatae, omnes hermaphroditae. Fructus suborbiculatus, margine crenatus. Involucra longa, indivisa.*

193. Ziemet. Blum. strahlig, alle zwitterlich. Frucht fastkreisförm., am Rande gekerbt. Hüllen lang, ungetheilt. Drehkraut.

officinale. 1. T. involucris partialibus longitudine florum, foliolis ovatis laciniatis. *Sesili cretici Semina.*
gewöhnlicher. 3. m. Hüllchen von der Länge der Blüthen, eyförm. lappigen Blätt. ☉
W. Südeuropa. Bl. 6-8.

Anthriscus.	2. T. umbell. confertis, foliolis ovato-lanceolatis pinnatifidis. — [Caucalis Anthriscus *Roth*. *Willd*. Torilis Anthriscus *Gaertn*.]
Klettenkerbel.	3. m dichtstehenden Dolden, epförmig-lanzigen halbgefiederten Blättchen. ♂ Feldkletten, Bettlerläuse, Heckenkerbel, Schaafkerbel. W. Schattige Plätze, Aecker, Wege, Hecken. Bl. 6 = 8.
nodosum.	3. T. umbell. simplicibus sessilibus, semin. exterioribus hispidis. — [Caucalis nodosa *Roth*. *Willd*. Torilis nodosa *Gaertn*.]
seitenblüthiger.	3. m. einfachen stiellosen Dolden, borstigen äusseren Saamen. ☉ W. Wege, Thäler, Dämme.

194. CAVCALIS. *Cor.* radiatae: disci masculae. *Pet.* inflexo-emarginata. *Fructus* setis hispidus. *Inv lucra* integra.

194. **Haftdolde. Blum.** strahlig: der Scheibe männlich. **Blumenbl.** einwärtsgebogen ausgerandet. **Frucht** borstig. **Hüllen ganz.**

grandiflora.	1. C. involucris singulis pentaphyllis: foliolo unico duplo maiore.
großblüthige.	H. m. fünfblätterigen allgemeinen und besonderen Hülsen: m. einem einzigen doppeltgrösseren Blättchen. ☉ Grosser Klettenkerbel, Ackerkerbel. W. Aecker, Weinberge, Hecken Bl. 6 : 8.
daucoides.	2. C. umbellis [sub-] trifidis aphyllis [submonophyllis], umbellulis trispermis triphyllis.
möhrenartige.	H. m. fastdreytheiliger fasteinblätteriger Dolde, dreysaamigen dreyblätterigen Döldlein. ☉ W. Angebaute Berge. Bl. 6 : 8.
latifolia.	5 C. umbella universali trifida: partialibus pentaspermis, fol pinnatis serratis.
breitblätterige.	H. m. dreytheiliger allgemeiner, fünfsaamigen besonderen Dolden, gefiederten sägigen Blätt. ☉ W. Trockene Aecker, Hügel. Bl. 6 = 8.
[Anthriscus.	4. C. vide Tordylium Anthriscus Linn.]
Klettenkerbel.	H. s. Zirmet.
[nodosum.	5. C. vide Tordylium nodosum Linn.]
seitenblüthige.	H. s. Zirmet.

195. DAVCVS. *Corollae* subradiatae, omnes hermaphroditae. *Fructus* pilis hispidus.

195. **Möhre. Blum.** schwachstrahlig: alle zwitterlich. **Frucht** steifhaarig

Carota.	1. D. seminibus hispidis, petiolis subtus nervosis. [Caucalis Carota *Roth*.]
gemeine.	M. m. borstigen Saamen, unten rippigen Blattstielen. ♂ Wurzel.
α. sylvestris.	Dauci sylvestris Semina. Wilde. Vogelnest. Eselsmöhre.
β. sativus.	Dauci sativi Radix. Zahme. Mohrrübe. Carotte. Gelbe Rüben oder Wurzeln. W. Berge, Wiesen, Raine, Büsche, Hecken. Küchengewächs. Bl. 6 = 8.

Digynia. Zweyweibige.

196. AMMI. *Involucra* pinnatifida. *Corollae* radiatae: omnes hermaphroditae. *Fructus* laevis, [striatus].

196. Ammi. Hüllen halbgefiedert. Blumen ſtrahlig, alle zwitterlich. Frucht glatt, geſtreift. Amney.

maius.
1. A. fol. inferioribus pinnatis lanceolatis serratis; superioribus multifidis linearibus. [Apium Ammi Crantz]. *Ammios vulgaris Semen.*

groſſes.
A. m. gefiederten lanzigen ſägigen untern, vieltheiligen ſchmahlen obern Blätt. ☉
W. Südeuropa, Levante auf Bergen u. Aeckern. Bl. 6.

197. BVNIVM. *Cor.* uniformis. *Vmb.* conferta. *Fruct.* ovati.

197. Erdknoten. Blum. gleichförm. Dolde dicht. Frucht eyförmig. Erdknollen.

Bulbocastanum.
1. B. [involucro polyphyllo].

Erdnuß.
E. m. vielblätteriger Hülle. ♂ Erdcaſtanje.
W. Aecker, Wieſen, Wälder. Küchengewächs. Bl. 5-7.

198. CONIVM. *Involucella* dimidiata, subtriphylla. *Fructus* subglobosus, 5-striatus, utrinque crenatus.

198. Schierling. Hüllch. halb, faſtdreyblätterig. Frucht faſtkugelig, 5-ſtreifig, beyderwärts gekerbt.

maculatum.
1. C. seminibus striatis. [Coriandrum maculatum Roth. Cicuta maculata Gaertn.] *Cicutae s. Cicutae maioris s. Cicutae Stoerkii s. Conii maculati Herba.*

gefleckter.
S. m. geſtreiften Saamen. ♂ Gemeiner, groſſer, ſtinkender S., Blutſchierling, Wüterich, Tollkörbel, Hundspeterſilie, Ziegendill, Vogeltod.
W. Wüſte Plätze, Hecken, Gärten, Aecker, Gräben, Büſche. Bl. 6-9.

199. SELINVM. *Fruct.* ovali-oblongus, compresso-planus, in medio striatus. *Involucr.* reflexum. *Pet.* cordata, aequalia.

199. Silge. Frucht elliptiſch-länglich, zuſammengedrückt flach, in der Mitte geſtreift. Hülle zurückgebogen. Blumenbl. herzförmig, gleichförmig.

sylvestre.
1. S. radice fusiformi multiplici, [stylis erectis, corollis explicatis]. *Olsnitii Radix.*

Oelſenich.
S. m. ſpindelförm. vielfacher Wurzel, aufrechten Griffeln, geöffneten Blumen. ♃ Oelsniß.
W. Wieſen, ſchattige, feuchte Oerter. Bl. 6-8.

palustre.
2. S. sublactescens, radice unica, [caule striato].

Bertram.
S. etwas milchend, m. Einer Wurzel, geſtreiftem Stamme. ♂ Oelſenich, Oelsniß, Alſnack, Eißnach, Sumpfſilge, wilder Eppich.
W. Feuchte, ſumpfige Wieſen. Bl. 6-8.

Carvifolia.
3. S caule sulcato acutangulo, involucro universali evanido, pistillis fructus reflexis [stylis erectis, petalis conniventibus].

Pentandria. **Fünfmännige Pflanzen.**

Kümmelblätte- 3. S. m. gefurchtem scharfkantigem Stamme, verschwin-
rige. denber allgemeiner Hülle, aufrechten Griffeln, zurückgebogenen Stempeln der Frucht, zusammengebo-
genen Blumenbl. ⚂
W. Feuchte Wälder, Büsche, Wiesen. Bl. 7. 8.

200. ATHAMANTA. *Fructus* ovato-oblongus, striatus. *Pet.*
inflexa emarginata.

200. **Hirschwurz.** Frucht eyförmig-länglich, gestreift.
Blumenbl. einwärtsgebogen, ausgerandet.

Cervaria. 1. A. foliolis pinnatis decussatis inciso-angulatis, seminibus nudis. [Selinum Cervaria *Roth*. Cervaria
Rivini *Gaertn*.] *Gentianae nigrae Radix*.

schwarze. H. m. gefiederten kreuzweisen eingeschnitten-winkligen
Blättchen, nackten Saamen. ⚂ Hirschzunge,
Hirschheil, schwarzer Enzian, Bergpe-
terlein.
W. Bergwälder, Weinberge, Wiesen. Bl. 7. 8.

Oreoselinum. 2. A. [fol. triplicato-pinnatis], foliolis divaricatis. [Se-
linum Oreoselinum *Roth*.] *Oreoselini Radix*,
Semen, *Herba*.

Vielgut. H. m. dreyfach-gefiederten Blätt., ausgesperrten Blättchen. ⚂ Grundheil, Bergpetersilie, Blöd-
wurzel, Bergeppig, Hirschpetersilie.
W. Warme Hügel, trockene Anger. Bl. 6-8.

cretensis. 3. A. foliol. linearibus planis hirsutis, petal. bipartitis,
semin. oblongis hirsutis. [Libanotis cretensis
Gaertn.] *Dauci cretici Semen*.

Mohrenküm- H. m. schmahlen flachen struppigen Blättch., zweythei-
mel. ligen Blumenbl., länglichen struppigen Saamen. ⚂
W. Grasige Berggegenden des wärmern Europa. Bl.
7. 8.

201. PEVCEDANVM. *Fructus* ovatus, utrinque striatus, ala
cinctus. *Involucra* brevissima.

201. **Haarstrang.** Frucht eyförmig, beyderwärts gestreift,
mit einem Flügel eingefaßt. Hüllen sehr kurz.

officinale. 1. P. foliis quinquies tripartitis filiformibus linearibus.
[Selinum Peucedanum *Roth*.] *Peucedani Ra-
dix*.

Schwefelwurz. H. m. fünffach-dreytheiligen fadenförmigen schmahlen
Blätt. ⚂ Saufenchel.
W. Fette Wiesen, Wälder, sumpfige Gegenden des
südl. Europa. Bl. 7. 8.

Silaus. 2. P. foliolis pinnatifidis: laciniis oppositis, involucro
universali diphyllo. [Sium Silaus *Roth*.]

Silau. H. m. halbgefiederten entgegengesetzt-lappigen Blättchen, zweyblätteriger allgemeiner Hülle. ⚂ Matten-
steinbrech, unächte Bärwurz, wilder
Kümmel, Roßkümmel.
W. Feuchte Wiesen, Berge, Wälder. Bl. 6-9.

202. CRITHMVM. *Fructus* ovalis, compressus. *Flosculi* aequales.

202. **Bacille.** Frucht elliptisch, zusammengedrückt. Blüthchen gleichförmig.

Digynia: Zweyweibige.

maritimum.	1. C. foliolis lanceolatis carnosis.
Meerfenchel.	B. m. lanzigen fleischigen Blätt. ⚃
	W. Südeuropäische Küsten. Küchengew. Bl. 6-8.

203. FERVLA. *Fruct.* ovalis, compresso-planus, striis utrinque 5.

203. Asant. Frucht elliptisch, zusammengedrückt-flach, beyderwärts 3-streifig.

Assa foetida.	1. F. foliolis alternatim sinuatis obtusis. *Assae foetidae Gummi.*
Stinkender.	A. m. abwechselnd-buchtigen stumpfen Blättch.
	W. Persien. Liefert den sogenannten Teufelsdreck.

204. LASERPITIVM. *Fruct.* oblongus: angulis 8 membranaceis. *Pet.* inflexa, emarginata, patentia.

204. Laser. Frucht länglich: m. 8 häutigen Kanten. Blumenbl. einwärtsgebogen, ausgerandet, klaffend. Laserkraut.

latifolium.	1. L. foliolis cordatis inciso-serratis. *Gentianae albae Radix.*
breitblätteriger.	L. m. herzförmigen eingeschnitten-sägigen Blättchen. ⚃ Roßkümmel, weisser Enzian, grosse Hirschwurz.
	W. Trockene, steinige Wiesen u. Bergwälder Bl. 7. 8.
prutenicum.	2. L. foliolis lanceolatis integerrimis: extimis coalitis.
preussischer.	L. m. zusammengewachsenen äusseren: übrigens ganzrand. Blättch. ⚃ Kleine Hirschwurz, Pestilenzwurz, klein Kleberich, falsche Möhren.
	W. Wälder, Berge. Bl. 7. 8.
Siler.	3. L. foliolis ovali-lanceolatis integerrimis petiolatis. [Siler montanum *Crantz.*] *Sileris montani s. Seseli Semina, Radix.*
Roßkümmel.	L. m. elliptisch-lanzigen ganzrand. gestielten Blättch. ⚃
	W. Berge Oesterreichs, Frankreichs, Helvetiens. Bl. 7.

205. HERACLEVM *Fruct.* ellipticus, emarginatus, compressus, striatus, marginatus. *Cor.* difformis, inflexo-emarginata. *Involucr.* caducum.

205. Bartsch. Frucht elliptisch, ausgerandet, zusammengedrückt, gestreift, gerandet. Blume ungleichförm., eingebogen-ausgerandet. Hülle hinfällig.

Sphondylium.	1. H. foliolis pinnatifidis laevibus, flor. uniformibus. [H. foliolis pinnatifidis: maiore tripartito, floribus irregularibus: radii maioribus]. *Brancae ursinae Herba.*
Bärenklau.	B. m. halbgefiederten, dreytheiligem grösserem spitzständigen Blättch., unregelmäßigen Blüthen: grösseren des Strahls. ⚃ Prest, Bärwurz, Bärentatze, Kuhbalsternack, Heilkraut.
	W. Wiesen, Wälder, Hecken. Bl. 5-8.
sibiricum.	2. H. fol. pinnatis, foliolis quinis: intermediis sessilibus, corollis uniformibus.
fütternder.	B. m. gefiederten Blätt., fünf Blättch.: stiellosen mittleren, gleichförmigen Blumen. ⚃

W. Rußland, Sibirien. Bl. 7.

Panaces. 3. H. fol. pinnatis: foliol. quinis: intermediis sessilibus, flor. radiatis.

großer. B. m. gefiederten Blätt., fünf Blättch.: stiellosen mittleren, strahligen Blumen. ♂ ♃

W. Sibirien, Apenninen, Oesterreich, Schlesien auf Bergwäldern und an feuchten Oertern. Bl. 6‒8.

206. LIGVSTICVM. *Fruct.* oblongus, 5-sulcatus utrinque. *Cor.* aequales. *Pet.* involutis, integris.

206. Liebstöckel. Frucht länglich, beyderwärts 5-furchig. Blumen gleichförm. Blumenbl. einwärtsgerollt, ganz.

Levisticum. 1. L. fol. multiplicibus: foliolis superne incisis. *Ligustici Herba, Radix, Semina.*

gewöhnlicher. L. m. vielfachen Blätt., oberhalb eingeschnittenen Blättch. ♃ Badekraut.

W. Apenninen und andere hohe Gebirge Italiens und Frankreichs. Bl. 6‒8.

207. ANGELICA. *Fruct.* subrotundus, angulatus, solidus, stylis reflexis. *Cor.* aequales: petalis incurvis.

207. Angelik. Frucht rundlich, kantig, dicht, mit zurückgebogenen Griffeln. Blumen gleichförm. Blumenbl. einwärtsgekrümmt. Brustwurz. Engelwurz.

Archangelica. 1. A. foliorum impari lobato. *Angelicae sativae Herba, Radix, Semina.*

zahme. A. m. lappigen spitzestand. Blättch. ♂ Gartenangelik, Giftwurz.

W. Alpen, Ufer der Bergströme, Bergwiesen. Bl. 7. 8.

sylvestris. 2. A. foliolis aequalibus ovato-lanceolatis serratis. [Selinum Angelica Roth.] *Angelicae sylvestris Radix.*

wilde. A. m. gleichförm. eyförmig-lanzigen sägigen Blättch. ♃ Wiesen-, Wald-, Wasser-A. oder Engelwurz. Luftwurz.

W. Feuchte Wiesen, Wälder und schattige Plätze. Bl. 7. 8.

208. SIVM. *Fruct.* subovatus, striatus. *Involucr.* polyphyllum. *Pet.* cordata.

208. Merk. Frucht fasteyförm., gestreift. Hülle vielblätterig. Blumenbl. herzförmig.

latifolium. 1. S. fol. pinnatis, umbella terminali. [Coriandrum latifolium Roth.]

breitblätteriger. M. m. gefiederten Blätt., spitzestand. Dolde. ♃ Wassermerk, Froschmerk, Wassereppich, Wasser-, Frosch-Peterlein.

W. Gräben, Ufer, überschwemmte Länder, Sümpfe. Bl. 7. 8.

angustifolium. 2. S. fol. pinnatis, umbellis axillaribus pedunculatis, involucro universali pinnatifido. [Apium Sium Crantz].

schmahlblätteriger. M. m. gefiederten Blätt., winkelstand. gestielten Dolden, halbgefiederter allgemeiner Hülle. ♃ Wassermerk, Eppich.

W. Gräben, Sümpfe, Ufer. Bl. 6 = 8.

nodiflorum. 5. S. fol. pinnatis, umbell. axillaribus, sessilibus.
Knotenblüthi- M. m. gefiederten Blätt., winkelständigen stiellosen
ger. Dolden. ♃
W. Am Wasser. Bl. 7 = 9.

Sisarum. 4. S. fol. pinnatis: floralibus ternatis.
Zuckerwurzel. M. m. dreyfingerigen blüthestand., gefiederten Blätt. ♃
Grünzel, Görlein.
W. Unbekannt, nach Linné China. Küchengew.
Bl. 7. 8.

Ninsi. 5. S. fol. pinnatis serratis: rameis ternatis. *Ninsi Radix.* — [*An idem cum praecedente?*]
Ninsng. M. m. dreyfingerigen aststandigen, gefiederten sägigen
Blätt. ♃
W. China. Zahm daselbst und in Japan. Vermuthlich mit der vorigen einerley.

Falcaria. 6. S. foliol. linearibus decurrentibus connatis.
Sichelkraut. M. m. schmahlen herablaufenden zusammengewachsenen
Blätt. ♃ Faule Grete, Ackerbacillen, Sichelmöhren.
W. Berge, Aecker, wüste Plätze, Wege. Bl. 6-8.

209. SISON. *Fructus* ovatus, striatus. *Involucr.* [universale et partialia] sub-4-phylla. *Vmbellae* depauperatae.

209. Sison. Frucht eyförmig, gestreift. Hüllen fastvierblätterig. Dolden wenigstrahlig.

Ammi. 1. S. fol. tripinnatis: radicalibus lineatibus: caulinis setaceis; stipularibus longioribus. *Ammios veri Semen.*
Ammei. S. m. schmahlen wurzelständ., borstenartigen stammständigen, langen afterblattartigen, dreyfachgefiederten Blätt. ☉ Kleiner, wahrer, cretischer Ammey oder Ammi.
W. Portugal, Apulien, Egypten, Barbarey. Bl. 7-9.

210. BVBON. *Fructus* ovatus, striatus, villosus [aut glaber. *Involucr.* 5-phyllum].

210. Bubon. Frucht eyförmig, gestreift, zottig oder glatt. Hülle 5-blätterig.

macedoni- 1. B. foliolis rhombeo-ovatis crenatis, umbellis numerosissimis, [seminibus hirsutis, caule herbaceo]. *Petroselini macedonici Semen.*
petersilienarti- B. m. krautartigem Stamme, rautig-eyförm. gekerbten Blättch., sehr zahlreichen Dolden, struppigen Saamen. ♂ Macedonische Petersilie.
W. Macedonien, Mauritanien. Küchengewächs. Bl. 6. 7.

Galbanum. 2. B. foliol. rhombeis dentatis striatis glabris, umbell. paucis, [sem. glabris]. *Galbani Gummi?*
Galban. B. m. rautigen gezahnten gestreiften glatten Blätt., wenigen Dolden, glatten Saamen. ♄
W. Africa.

211. CVMINVM. *Fruct.* ovatus, striatus. *Vmbellulae* 4. *Involucr.* 4-fida.

211. **Cumin.** Frucht eyförmig, gestreift. Dölbchen 4. Hüllen 4-spaltig.

Cyminum. 1. Cuminum. *Cymini Semen.*
Haberkümmel. Cumin. ♃ Africanischer, römischer, langer Kümmel.
W. Egypten, Aethiopien, Levante. Zahm daselbst auf Sicilien und Maltha. Gewürz.

212. OENANTHE. *Flosculi* difformes: in disco sessiles, steriles. *Fructus* calyce et pistillo coronatus.

212. **Rebendolde.** Blüthch. ungleichförm.: in der Scheibe stiellos, unfruchtbar. Frucht mit Kelch und Griffel gekrönt.

fistulosa. 1. O. stolonifera, fol. caulinis pinnatis filiformibus fistulosis. *Involucr. univers. nullum.*
Tropfwurz. R. sprossentreibend, m. gefiedertch fadenförm. hohlen stammständ. Blätt. ♃ Wasserfilipendel, Wassersteinbrech, Drüswurz.
W. Gräben, Sümpfe, feuchte Plätze. Bl. 6. 7.

crocata. 2. O. fol. omnibus multifidis obtusis subaequalibus. *Involucr. univers. nullum.*
gelbe. R. m. lauter vieltheiligen stumpfen fastgleichförmigen Blätt. ♃ Schierlingsfilipendel.
β. *peucedanifolia* fol. caulinis pinnatis radicalibus bipinnatis, foliol. linearibus. O. *peucedanifolia Willd.*
haarstraugblätterige m. gefiederten stammständigen, doppeltgefiederten wurzelständigen Blätt., schmahlen Blättch.
W. Sümpfe. Bl. 6.

213. PHELLANDRIUM. *Flosculi* disci minores. *Fruct.* ovatus, laevis, coronatus perianthio et pistillo.

213. **Peersaat.** Blüthchen der Scheibe kleiner. Frucht eyförmig, eben, gekrönt mit Kelch und Griffel. Wasserfenchel. Roßfenchel.

aquaticum. 1. P. foliorum ramificationibus divaricatis. [Ligusticum Phellandrium Roth.] *Foeniculi aquatici Semen.*
Fröschkraut. B. m. ausgebreiteten Blattzweigen. ♃ Wüterling, Wasserschierling, klein Wedendunt, Froschpeterlein, Pferdesaamen.
W. Gräben, Sümpfe. Bl. 6-8.

214. CICVTA. *Fructus* subovatus, sulcatus.

214. **Wüterich.** Frucht fasteyförmig, gefurcht.

virosa. 1. C. umbellis oppositifoliis, petiolis marginatis obtusis. [Coriandrum Cicuta Roth.] *Cicutae aquaticae Herba.*
Wasserschierling. B. m. entgegengesetzten Dolden, gerandeten stumpfen Blattstielen. ♃
W. Sümpfe, Gräben. Bl. 6-10.

215. AETHVSA. *Involucella* dimidiata, 3-phylla, pendula. *Fruct.* striatus.

Digynia. Zweyweibige.

215. **Gleiß.** Hüllchen halb, 3-blätterig, hängend. Frucht gestreift.

Cynapium. 1. A. fol. conformibus, [fol. tripinnatis, foliol. pinnatifidis incisis]. Coriandrum Cynapium *Roth.*

Hundspeterlein. G. m. dreyfachgefiederten Blätt., halbgefiederten eingeschnittenen Blättchen. ☉ Kröten-, Katzen-, Glanz-, wilder, toller Peterlein, Hundsgleisse, Hundsdill, Petersilienschierling.

W. Angebautes Land, Gärten, Hecken. Bl. 5-8.

Meum. 2. A. fol. omnibus multipartitis [setaceis. — Ligusticum Meum *Roth.* Meum athamanticum *Gaertn.*] *Mei Athamantici Radix, Semina.*

Bärwurz. G. m. lauter vieltheiligen borstenförm. Blätt. ♃ Bärenfenchel.

W. Bergwälder und Bergwiesen. Bl. 5-8.

216. CORIANDRVM. Cor. radiata. Pet. inflexo-emarginata. Iuvolucr. universale 1-phyllum: partialia dimidiata. Fructus sphaericus.

216. **Coriander.** Blume strahlig. Blumenbl. einwärts-gebogen-ausgerandet. Hülle allgemeine einblätterig; besondere halb. Frucht kugelig.

sativum. 1. C. fructibus globosis. *Coriandri Semina.*
Schwindelkörner. C. m. kugeligen Früchten. ☉

W. Aecker, Gärten, Hecken, Berge. Küchengärten. Bl. 6-8.

217. SCANDIX. Cor. radiata. Fruct. subulatus. Pet. emarginata. Flosc. disci saepe masculi.

217. **Kerbel.** Blume strahlig. Frucht pfriemig. Blumenblätter ausgerandet. Blüthch. der Scheibe oft männlich. Körbel.

odorata. 1. S. seminibus sulcatis angulatis. [Myrrhis odorata *Roth. Gaertn.*].

spanischer. K. m. gefurchten kantigen Saam. ♃ Anis-, Schweizer-, grosser, Myrrhen-Kerbel.

W. Berge des südl. Europa. Küchengew. Bl. 5-7.

Pecten. 2. S. semin rostro longissimo [foliol. multifidis].
Hirtennadel. K. m. sehr langem Schnabel am Saamen, vieltheiligen Blätt. ☉ Nadelkerbel, Nadelkraut, Nadelmöhren, Stachelkerbel, Hechelkamm, Schnabelkraut, Venusstrahl.

W. Aecker. Bl. 5-8.

Cerefolium. 3. S. semin. nitidis ovato-subulatis, umbellis sessilibus lateralibus. [Chaerophyllum sativum *Gaertn.*] *Cerefolii s. Chaerophylli Herba.*

zahmer. K. m. glänzenden eyförmig-pfriemigen Saamen, stiellosen seitenständ. Blät. ☉ ♂

W. Aecker, Gärten, wüste Plätze, Wege, Hecken. Küchengew. Bl. 4-6.

Anthriscus. 4. S. semin. ovatis hispidis, coroll. uniformibus, caule laevi. [Caucalis Scandicina *Roth.*]

wilder. K. m. eyförm. struppigen Saamen, gleichförm. Blum.,

          glattem Stamme. ☉ Klettenkerbel, Esels-
          kerbel, Eselspeterſilie.
          W. Hecken, Wege, wüſte Plätze. Bl. 5-7.

218. CHAEROPHYLLVM. *Involucr.* [*partiale*] reflexum, concavum. *Pet.* inflexo-cordata. *Fruct.* oblongus, laevis. [Myrrhis *Gaertn.*]

218. Kälberkropf. Hülle: beſondere zurückgebogen, ausgehöhlt. Blumenbl. einwärtsgebogen-herzförmig. Frucht länglich, glatt.

sylvestre.   1. C. caule laevi striato, geniculis tumidiusculis. Cicutariae *Herba.*

wilder.   K. m. glattem geſtreiftem Stamme, etwas wulſtigen Geſenken. ♃ Kälberkern, wilder Kerbel, Kuhpeterlein, Eſelspeterlein, Scheerl.
          W. Gärten, Grasplätze, bebantes Land. Bl. 4-6.

bulbosum. 2. C. caule laevi geniculis tumido, baſi hirto. [Scandix bulboſa. *Roth.*]

knolliger.   K. m. glattem an den Geſenken wulſtigem, unten rauchem Stamme. ♂ Rübenkerbel, Köpken, Peperkepe, Pimperlimpimp.
          W. Ufer, Gebüſche, Wälder, Wieſen. Küchengewächs, Futterkraut. Bl. 5-8.

temulum. 3. C. caule scabro, geniculis tumidis. [Scandix temula *Roth.*]

kleiner.   K. m. harſchem au den Geſenken wulſtigem Stamme. ♃ Eſelskerbel, Taumelkerbel, wilder Kerbel.
          W. Geſträuche, Hecken, Wege, Felder. Bl. 6. 7.

hirsutum. 4. C. caule aequali, foliol. incisis acutis, fruct. biariſtatis. [Scandix hirſuta *Roth.*]

haariger.   K. m. gleichförmigem Stamme, eingeſchnittenen ſpitzen Blätt., zweygrannigen Früchten. ♃ Wilde Bärwurz, rauher Bergkerbel, rauher, zottiger Kerbel, groſſer Wedendank.
          W. Feuchte Anger u. Wälder, Ufer. Bl. 5-8.

aureum.   5. C. caule aequali, foliol. incisis, sem. coloratis sulcatis muticis. [Scandix aurea *Roth.*]

goldfarbiger. K. m. gleichförm. Stamme, eingeſchnittenen Blätt., gefärbten gefurchten unbewaffneten Saamen. ♃
          W. Berge, Wieſen. Bl. 5-8.

219. IMPERATORIA. *Fruct.* subrotundus, compressus, medio gibbus, margine cinctus. *Pet.* inflexo-emarginata.

219. Meiſterwurz. Frucht rundlich, zuſammengedrückt, in der Mitte wulſtig, gerandet. Blumenbl. einwärtsgebogen-ausgerandet.

Ostruthium. 1. Imperatoria. [Selinum imperatoria *Roth.*] *Astrutii, Ostrutii, Imperatoriae Radix.*

Magiſtranz. Meiſterwurz. ♃
          W. Südeuropäiſche Alpen. Bl 6. 7.

220. SESELI. *Vmbellae* globosae. *Involucr.* folio uno alterove. *Fruct.* ovatus, striatus.

Digynia. Zweyweibige.

220. Sefel. Dolden kugelig. Hüllen aus einem oder wenigen Blättern. Frucht eyförmig, gestreift.

tortuosum. 1. S. caule alto rigido, foliol. linearibus fasciculatis. [Sium tortuosum *Roth.*]. *Seseleos marsiliensis Semina.*

büschelblättriger. S. m. hohem spröden Stamme, schmahlen büscheligen Blättch. ♃
W. Truckene, steinige Wälder, Wiesen, Berge. Bl. 8, 9.

221. PASTINACA. *Fruct.* ellipticus, compresso-planus. *Pet.* involuta, integra.

221. Pastinak. Frucht elliptisch, zusammengedrückt-flach. Blumenbl. einwärtsgerollt, ganz.

sativa. 1. P. fol. simpliciter pinnatis, [foliolis incisis. — Selinum Pastinaca *Roth.*] *Pastinacae Radix, Semina.*

Hammelsmöhren. P. m. einfachgefiederten Blätt., eingeschnittenen Blättchen. ♃ Balsternack, Hirschmöhren, weiße Möhren, rauher Giersch, Marillen.
W. Ungebaute Stellen, Raine, Anger, Aecker, Hecken, Büsche. Küchengewächs. Futterkraut. Bl. 7. 8.

Opoponax. 2. P. fol. pinnatis: foliolis basi antice excisis. *Gummi Opoponax?*

spreustielige. P. m. gefiederten Blätt., auf der einen Seite ausgeschnittenen Blättchen. ♃
W. Das südliche Frankreich, Italien. Bl. 7.

222. SMYRNIVM. *Fructus* oblongus, striatus [angulato-costatus]. *Pet.* acuminata, carinata.

222. Smyrnium. Frucht länglich, kantig-gerippt. Blumenbl. zugespitzt, gekielt.

Olusatrum. 1. S. fol. caulinis ternatis petiolatis serratis.

Myrrhenkraut. S. m. dreyfingerigen gestielten sägigen stammständigen Blätt. ♂ Alexandrinische Petersilie.
W. Holland, Großbritannien, Spanien, Frankreich, Italien. Küchengew. Bl. 7. 8.

223. ANETHVM. *Fructus* subovatus, compressus, striatus. *Pet.* involuta, integra.

223. Dill. Frucht eyförmig, zusammengedrückt, gestreift. Blumenbl. einwärtsgerollt, ganz.

graveolens. 1. A. fructibus compressis. [Selinum Anethum *Roth.*] *Anethi Semina, Herba, Flores.*

zahmer. D. m. zusammengedrückten Früchten. ☉
W. Portugal, Spanien, Türken, Persien auf Aeckern. Küchengew. Bl. 6-8.

Foeniculum. 2. A. fruct. ovatis. [Ligusticum Foeniculum *Roth* Foeniculum vulgare *Gaertn.*] *Foeniculi vulgaris Semina, Herba.*

Fenchel. D. m. eyförm. Früchten. ♂
W. Gärten, Weinberge, wüste Plätze, Kreideberge. Küchengew. Bl. 6-8.

Pentandria. Fünfmännige Pflanzen.

224. CARVM. *Fruct.* ovato-oblongus, striatus. *Involucr.* 1-phyllum. *Pet.* carinata, inflexo-emarginata.

224. Kümmel. Frucht eyförmig-länglich, gestreift. Hülle 1-blätterig. Blumenbl. gekielt, eingebogen-ausgerandet.

Carvi.   1. C. [caule ramoso, involucro partiali nullo. Apium Carvi *Crantz.* Ligusticum Carvi *Roth.*] *Carvi Semina.*

gemeiner.   B. m. ästigem Stamme, keiner besonderen Hülle. ♃ Wiesenkümmel, Feldkümmel, Mattenkümmel, Karwey.

W. Wiesen, unbebaute Plätze, Berge. Küchen- u. Handlungsgew. Bl. 4-6.

225. PIMPINELLA. *Fruct.* ovato-oblongus. *Pet.* inflexa. *Stigm.* subglobosa.

225. Bibernell. Frucht eyförmig-länglich. Blumenbl. einwärtsgebogen. Narben fastkugelig. Pimpinelle.

Saxifraga.   1. P. fol. pinnatis: foliolis radicalibus subrotundis; summis linearibus. [P. fol. radicalibus pinnatis: foliol. subrotundis, caulinis bipinnatis, foliol. linearibus. — Apium Tragoselinum *Crantz.*] *Pimpinellae albae s. nostratis Radix, Semen, Herba.*

Steinbrech.   B. m. gefiederten fastrunde Blättchen tragenden wurzelständigen, doppeltgefiederten schmahle Blättchen tragenden stammständigen Blätt. ♃ Kleiner B. oder Steinbrech, kleine Pimpernelle, Steinbibernell, Bockspeterlein.

α. maior caule glabro, fol. glabris: caulinis bipinnatis.

grösserer m. glattem Stamme, doppeltgefiederten stammständigen, glatten Blätt.

β. minor caule glabro, fol. glabris: caulinis nullis.

kleinerer m. glattem Stamme, keinen stammständigen übrigens glatten Blätt.

γ. nigra caule pubescente, fol. pubescentibus, caulinis bipinnatis. P. nigra *Willd.*

schwarzer m. haarigem Stamme, doppeltgefiederten stammständ., haarigen Blätt.

W. Sandige und steinige Hügel, Berge, Wälder, Raine. Bl. 6-9.

magna.   2. P. foliol. omnibus lobatis: impari trilobo.

grösser.   B. m. lauter lappigen, spitzeständigem dreylappigen Blättch ♃

α. alba foliol. deorsum auriculatis, intimis duobus imparique trilobis. *Pimpinellae albae Herba.*

weisser m. dreylappigen zwey inneren und spitzeständigem, nach unten geohrten Blättch.

β. orientalis foliol. palmato-pinnatifidis. P. orientalis *Jacq.* *Pimpinellae nigrae Herba.*

levantischer m. handförmig-halbgefiederten Blättch.

W. Grasplätze, Wälder, Hecken. Bl. 5-7.

Anisum.   4. P. fol. radicalibus trifidis incisis. [Anisum vulgare *Gaertn.*] *Anisi vulgaris Semina.*

Anis.   B. m. dreyspaltigen eingeschnittenen wurzelständigen Blätt. ☉

Digynia. **Zweyweibige.**

W. Levante, Egypten. Küchen- und Handels-
gewächs. Bl. 6-8.

226. APIVM. *Fruct.* ovatus, striatus. *Involucr.* 1-phyllum.
Pet. aequalia.

226. **Eppich.** **Frucht eyförmig, gestreift. Hülle 1-blätte-
rig. Blumenbl. gleichförmig.**

Petroseli-   1. A. fol. caulinis linearibus, involucellis minutis.
num.   *Petroselini Semina, Herba, Radix.*
Petersilie.   E. m. schmahlen stammständigen Blätt., kleinen Hüll-
           chen. ♂ **Peterlein.**
           W. Sardinien an Quellen. Küchengewächs.
           Bl. 5-7.

graveolens.   2. A. fol. caulinis cuneiformibus. [Sium Apium *Roth.*]
           Apii Radix, Semen, Herba.
starkriechender.   E. m. keilförmigen stammständigen Blätt. ♂
    α. *sylvestre* caule brevi inflexo.
           Sumpfeppich m. kurzem gebogenem Stamme. **Ep-
pich.**
    β. *sativum* caule erecto.
           Sellerie m. aufrechtem Stamme.
           W. Feuchte Plätze, Sümpfe. ♃ Küchengew. Bl.
           7-9.

227. AEGOPODIVM. *Fruct.* ovato-oblongus, striatus.

227. **Giersch.** **Frucht eyförmig-länglich, gestreift.**

Podagraria.   1. A. fol. caulinis summis ternatis. [Ligusticum Poda-
           graria *Roth.*] *Podagrariae Herba*
Geißfuß.   G. m. dreyfingerigen obersten stammständigen Blätt. ♃
           **Jessel, Gersch, Hinfuß, Göissel, Zipper-
leinkraut, Wetscherlewetsch, Strenzel,
Griesbart.**
           W. Gesträuche, Hecken, wüste Plätze, Mauern, Gär-
ten. Bl. 5-7.

TRIGYNIA. **Dreyweibige.**

228. RHVS. *Cal.* 5-partitus. *Pet.* 5. *Bacca* 1-sperma.

228. **Sumach.** **Kelch 5-theilig. Blume 5-blätterig. Beere
1-saamig.**

Coriaria.   1. R. fol. pinnatis obtusiuscule serratis ovalibus, sub-
           tus villosis. *Sumach Folia, Baccae.*
Gerberbaum.   S. m. gefiederten stumpfsägigen elliptischen unten zot-
           tigen Blätt. ♄ **Färberbaum, Hirschhornbaum,
Hirschkolbenbaum, Essigbaum, Schmack,
Schlingbaum.**
           W. Südeuropa, Levante. Engl. Gärten. Gerbe-
und Färbemittel. Bl. 5-7.

[*Cerodendron.*]   2. R. fol. pinnatis, foliol. basi dentatis. Ailanthus glan-
           dulosa *Willd.*]
Götterbaum.   S. m. gefiederten Blätt., hinten gezähnten Blättch. ♄
           W. China. Engl. Gärten. Bl. 5.

typhinum.   3. R. fol. pinnatis argute serratis lanceolatis, subtus to-
           mentosis.
hirschkolbiger.   S. m. gefiederten scharfsägigen lanzigen unten filzigen

Blätt. ♄ Hirſchkolbenſumach, groſſer virginiſcher Sumach.
W. Virginien. Engl. Gärten. Bl. 5-7.

glabrum. 4. R. fol. pinnatis serratis lanceolatis utrinque nudis.
glatter. S. m. gefiederten ſägigen lanzigen beyderwärts nackten Blätt. ♄
α. *hermaphroditum.*
zwitterlicher.
β. *elegans* dioicum. R. elegans *Willd.*
zweyhäuſiger.
W. Nordamerica auf Aeckern und an Zäunen. Engl. Gärten. Bl. 7. 8.

Vernix. 5. R. fol. pinnatis integerrimis annuis opacis, petiolo integro aequali. *Dioicum.*
Vernißbaum. S. m. gefiederten ganzrand. jährigen matten Blätt., gleichförmigem ungetheiltem Blattſtiele. ♄ Firnißbaum, Giftesche, Giftbaum.
W. Nordamerica, Japan. Engl. Gärten. Liefert den Japaniſchen Firniß. Bl. 7. Zweyhäuſig.

copallinum. 6. R. fol. pinnatis integerrimis, petiolo membranaceo articulato.
Kopal. S. m. gefiederten ganzrandigen Blätt., häutigen gelenkigen Blattſtielen. ♄ Copalbaum.
W. Nordamerica. Engl. Gärten. Bl. 7-10.

radicans. 7. R. fol. ternatis: foliol. petiolatis ovatis nudis integerrimis, caule radicante. *Dioicum.*
wurzelnder. S. m. dreyfingerigen Blätt., geſtielten eyförm. nackten ganzrandigen Blättch., wurzelndem Stamme. ♄ Windender Giftbaum.
W. Nordamerica. Engl Gärten. Bl. 6. 7.

Toxicodendron. 8. R. fol. ternatis: foliol. petiolatis angulatis pubescentibus, caule radicante. *Dioicum.* [Praecedentis Varietas].
Giftbaum. S. m. dreyfingerigen Blätt.: geſtielten eckigen ſammtartigen Blättch., wurzelndem Stamme. ♄ Eichenblätteriger Giftbaum.
W. Nordamerica. Engl. Gärten. Bl. 6. 7. Abart des vorigen.

Cotinus. 9. R. fol. simplicibus obovatis.
Rerückenbaum. S. m. einfachen verkehrteyförm. Blätt. ♄ Färberbaum, Gelbholzbaum.
W. Lombardey, Apenninen, Oeſterreich, Schweiz, Levante, Sibirien auf Bergen. Engl. Gärten. Rinde färbt gelb. Blätter in Spanien Gerbemittel. Bl. 5-7.

229. VIBVRNVM. *Cal.* 5-partitus. *Cor.* 5-fida. *Bacca* 1-sperma.

229. Schwalken. Kelch 5-theilig. Blume 5-ſpaltig. Beere 1-ſaamig.

Tinus. 1. V. fol. integerrimis ovatis: ramificationibus venarum subtus villoso-glandulosis.
Laurustinus. S. m. ganzrandigen eyförm. Blätt., unten zottig drüſigen Adern. ♄ Wilder Lorbeer, Baſtartlorbeer.

Trigynia. **Dreyweibige.** 133

W. Südeuropa. Gewächshauspfl. Bl. 10:13.

nudum. 2. V. fol. integerrimis lanceolato-ovatis, [margine revolutis obsolete crenulatis].

nacktblättriger. S. m. am Rande umgerollten unmerklich-gekerbten lanzig-eyförm. Blätt. ħ
W. Virginien. Engl. Gärten. Bl. 7.

prunifolium. 3. V. fol. subrotundis crenato-serratis glabris.

pflaumenblätteriger. S. m. rundlichen gekerbt-sägigen glatten Blätt. ħ
W. Nordamerica. Engl. Gärten. Bl. 6.

dentatum. 4. V. fol. ovatis [acutis] dentato-serratis plicatis.

gezahnter. S. m. eyförm. spitzen gezähnt-sägigen gefalteten Blättern. ħ
W. Virginien. Engl. Gärten. Bl. 6.

Lantana. 5. V. fol. cordatis serratis venosis, subtus tomentosis.

Schlingbaum. S. m. herzförm. sägigen adrigen unten filzigen Blätt. ħ
Rothschlinge, Wegschlinge, Schlungbeere, Bügelholz, Mehlbaum, Holderhetteln.
W. Thonige u. steinige Oerter, Hölzer, Wälder. Unterholz. Engl. Gärten. Bl. 5. 6.

Opulus. 6. V. fol. lobatis, petiolis glandulosis.

Affholder. S. m. lappigen Blätt., drüsigen Blattst. ħ

α. *europaeum* ramulis viridibus opacis.
Kalinken m. grünen matten Zweigen. Wasserholder, Bachholder, Hirschholder, Schwalkenbaum, Schweißbeerenbaum, Fackelbeeren, Drosselbeeren.

β. *americanum* ramulis rubicundis lucidis.
americanischer m. röthlichen glänzenden Zweigen.

γ. *roseum* cyma globosa.
Schneeballenstrauch m. kugeligen Käsen. Ballrosen, Gelderrosen, Rosenholder, Hollerrosen.
W. Feuchte Plätze in Büschen u. Holzungen. Engl. Gärten. α. Unterholz. Bl. 6. 7.

Lentago. 7. V. fol. ovatis serrulatis acuminatis glabris, petiol. marginatis undulatis. *Rami deflexi.*

birnblätteriger. S. m. eyförm. scharfsägigen zugespitzten glatten Blätt., gerandeten wogigen Blattst. ħ
W. Canada, Virginien. Engl. Gärten. Bl. 6.

cassinoides. 8. V. fol. ovatis crenatis glabris, petiolis carinatis eglandulatis.

dickblätteriger. S. m. eyförm. gekerbten glatten Blätt., gekielten drüsenlosen Blattst. ħ Carolinischer Theebaum.
W. Südcarolina. Engl. Gärten. Bl. 7.

230. CASSINE. *Cal.* 5-partitus. *Petala* 5. *Bacca* 3-sperma.
230. **Cassine.** Kelch 5-theilig. Blume 5-blätterig. Beere 3-saamig.

Paragua. 1. C. fol. petiolatis serratis ellipticis acutiusculis, ramulis ancipitibus. — *Viburnum laevigatum. Ait. Willd.*

glatte. C. m. gestielten sägigen elliptischen etwas spitzen Blätt., zweyschneidigen Zweigen. ħ Thee-Cassine.
W. Virginien, Carolina. Engl. Gärten. Soll den Paraguay-Thee liefern. Bl. 7. 8.

231. SAMBVCVS. *Cal.* 5 partitus. *Cor.* 5-fida. *Bacca* 3-sperma.
231. Hollunder. Kelch 5theilig. Blume 5spaltig. Beere 3saamig. Holder.

Ebulus. 1. S. cymis tripartitis, stipulis foliaceis, caule herbaceo. *Ebuli Radix, Cortex, Flores, Folia, Baccae, Semen.*

Attich. H. m. dreytheiligen Käsen, blattartigen Afterblättern, krautartigem Stamme. ♃ Zwerghollunder, Niederholder, Krautholder, Sommerholder, Haddig, Ottig, Attenstaude.
W. Wiesen, Holzungen, Gräben, Raine, Hecken. Lustgärten. Bl. 6. 8.

canadensis. 2. S. cymis quinquepartitis, fol. subbipinnatis, caule frutescente.

niedriger. H. m. fünftheiligen Käsen, fastdoppeltgefiederten Blättern, strauchartigem Stamme. ♄
W. Canada. Engl. Gärten. Bl. 7.

nigra. 3. S. cymis quinquepartitis, [fol. pinnatis], caule arboreo [frutescente]. *Sambuci Flores, Baccae, Cortex. Actes Semina s. Grana.*

Flieder. H. m. fünftheiligen Käsen, gefiederten Blätt., strauchartigem Stamme. ♄ Hollunder, Baumholder, Schibken, Reßken, Ahornholler, Schwarzbeeren, Elhorn, Quebeken.

α. *vulgaris* foliol. subovatis serratis.
gemeiner m. fast eyförm. sägigen Blättchen.

β. *laciniata* foliol. laciniatis.
petersilienblätteriger m. zerrissenen Blättch.
W. Wälder, Holzungen, Hecken, alte Mauern. Unterholz. Hecken. Engl. Gärten. Obstgärten. Bl. 5. 6.

racemosa. 4. S. racemis compositis ovatis, caule arboreo [frutescente].

traubiger. H. m. zusammengesetzten eyförm. Trauben, strauchartigem Stamme. ♄ Traubenhollunder, Berghollunder, Hirsch-, Wald-, Steinhollunder, Schiebchen, Zwitschenstaude, Wandelbaum, Reßken, Kelken, Schalebasterbeeren, Bergelhorn.
W. Holzungen, Berge. Engl. Gärten. Bl. 4. 5.

232. STAPHYLEA. *Cal.* 5-partitus. *Pet.* 5. *Caps.* inflatae, connatae. *Sem.* [*Nuces*] 2, globos. cum cicatrice.
232. Pimpernuß. Kelch 5theilig. Kapseln aufgeblasen, zusammengewachsen. Nüsse 2, kugelig, m. einer Narbe. Klappernuß. Blasennuß.

pinnata. 1. S. fol. pinnatis. [*Saepe digyna*].
gefiederte. P. m. gefiederten Blätt. ♄ Wilde Pistacien, Tobtenkopfbaum.
W. Südeuropa in Wäldern u. Büschen. Engl. Gärten. Bl. 5-7.

trifolia. 2. S. fol. ternatis.
dreyblätterige. P. m. dreyfingerigen Blätt. ♄
W. Virginien. Engl. Gärten. Bl. 5. 6.

Trigynia. Dreyweibige.

233. TAMARIX. *Cal.* 5-partitus. *Pet.* 5. *Caps.* 1-locularis, 3-valvis. *Sem.* papposa.

233. Tamariſke. Kelch 5=theilig. Blume 5=blätterig. Kapſ. 1=fächerig, 3=klappig. Saam. federig.

gallica.   1. T. floribus pentandris, [fol. lanceolatis amplexicaulibus]. *Tamarisci Cortex, Lignum, Folia.*

franzöſiſche.   T. m. fünfmännigen Blüthen, lanzigen umfaſſenden Blätt. ♄
     W. Südeuropa. Engl. Gärten. Bl. 5·7.

germanica.   2. T. flor. decandris, [spicis terminalibus].

deutſche.   T. m. zehnmännigen Blüth., ſpitzſtändigen Aehren. ♄ Markriſpelſtrauch.
     W. Sandige Ufer des milderen Europa. Engl. Gärten. Bl. 6. 7.

234. CORRIGIOLA. *Cal.* 5-phyllus. *Pet.* 5. *Sem.* [*Nux*] 1, triquetr.

234. Lingen. Kelch 5=blätterig. Blumenbl. 5. Nuß 1, dreyſeitig. Hirſchſprung.

litoralis.   1. C. [floribus pedunculatis, caule repente].

Wegtritt.   L. m. geſtielten Blüthen, kriechendem Stamme. ☉
     W. Feuchte Sandgegenden. Bl. 6·8.

235. ALSINE. *Cal.* 5-phyllus. *Pet.* 5, aequalia. *Caps.* 1-locularis, 3-valvis.

235. Miere. Kelch 5=blätterig. Blumenbl. 5, gleich. Kapſ. 1=fächerig, 3=klappig. Hühnerbiß. Vogelkraut. Vogelmiere. Hühnerdarm. Meyerich. Meyer.

media.   1. A. petalis bipartitis, fol. ovato-cordatis.

Hühnerſchwarm.   M. m. zweytheiligen Blumenbl., eyförmig=herzförm. Blätt. ☉ Hühnermyrthe, Hendelkraut, Zieſelkraut.
     W. Gärten, Aecker, ſchattige Plätze. Bl. 2·9.

236. BASELLA. *Cal.* o, [3-phyllus]. *Cor.* 7-fida: laciniis 2 oppositis latioribus, tandem baccata. *Sem.* 1.

236. Beerblume. Kelch 3=blätterig. Blume 7=ſpaltig, m. breiteren 2 entgegengeſetzten Lappen: zuletzt beerig. Saam. 1.

rubra.   1. B. fol. planis, pedunc. simplicibus.

rothe.   B. m. flachen Blätt., ungetheilten Blüthenſt. ☉♂
     W. Oſtindien. Treibhauspfl. Bl. 6·11.

alba.   2. B. fol. undatis ovatis, pedunc. simplicibus folio longioribus.

weiſſe.   B. m. wogigen eyförm. Blätt., ungetheilten längern Blüthenſt. als das Blatt. ♂
     W. Malabar, China. Treibhauspfl. Bl. 6·11.

lucida.   3. B. fol. subcordatis, pedunculis confertis ramosis.
     Affines nimium sane hae tres species, sed [nec] constantes se servant in hortis.

glänzende.   B. m. faſtherzförm. Blätt., dichtſtehenden äſtigen Blüthenſtielen. ♂
     W. Oſtindien. Treibhauspfl. Bl. 6·11.

Oft hat eine Pflanze die Kennzeichen aller drey angeblichen Arten, und alle drey entspringen aus demselben Saamen.

TETRAGYNIA. Vierweibige.

237. PARNASSIA. *Cal.* 5-partitus. *Pet.* 5. *Nect.* 5, cordata, ciliata, apicibus globosis. *Caps.* 4-valvis.
237. Leberblume. Kelch 5=theilig. Blume 5=blätterig. Nectar. 5, herzförmig, m. am Ende kugeligen Franzen. Kaps. 4=klappig.

palustris.   1. P. [fol. radicalibus cordatis, nectariis multisetis].
           Hepaticae albae Herba, Flores.
weiße.   L. m herzförm. wurzelständ. Blätt., vielborstigen Nectarien. 4 Weißes Leberkraut, weiße Herzblume oder Herrnblume, Steinblume, Studentenrösel, Parnassergras, Einblatt.
          W. Sumpfige Wiesen, Moore. Bl. 7=9.

PENTAGYNIA. Fünfweibige.

238. ARALIA. *Involucr.* umbellulae. *Cal.* 5-dentatus, superus. *Cor.* 5-petala. *Bacca* 5-sperma.
238. Aralie. Hülle des Döldchens. Kelch 5=zähnig, oben. Blume 5=blätterig. Beere 5=saamig.

spinosa.   1. A. arborescens, caule foliisque aculeata.
stachelige.   A. baumartig, m. stachligem Stamm und Blätt. ♄ Stachelige Angelike.
         W. Virginien. Engl. Gärten. Bl. 7=9.
racemosa.   2. A. caule folioso herbaceo laevi, [fol. decompositis].
traubige.   A. m. blätterigem krautartigem ebenem Stamme, doppeltzusammengesetzten Blätt. 4
         W. Carolina. Zierpfl. Bl. 6. 7.

239. STATICE. *Cal.* 1-phyllus, integer, 5-dentatus, plicatus, scariosus. *Pet.* 5. *Sem.* 1, superum. [*Caps.* 1-locularis].
239. Grasblume. Kelch 1=blätterig, ganz, 5=zähnig, gefalten, dürre. Blume 5=blätterig. Kaps. 1=fächerig. Grasnelke. Fleischblume.

Armeria.   1. S. scapo simplici capitato, fol. linearibus [planis].
Sandnelke.   S. m. astlosem knopfigem Stengel, schmahlen platten Blätt. 4 Seenelke, Nelkengras, Meergras, englisches Gras, Wegegras.
         W. Sandige trockene Hügel, Berge und Wiesen. Zierpfl. Bl 5=8.
[*Cephalotes.*   2. S. scapo simplici capitato, fol. oblongo-lanceolatis.
         — S. Pseud-Armeria Murr.]
große.   S. m. astlosem knopfigem Stengel, länglich-lanzigen Blätt. 4
         W. Algarbien. Zierpfl. Bl. 5=7.
Limonium.   3. S. scapo paniculato tereti, fol. laevibus [margine undulatis] enerviis subtus mucronatis. *Behen rubri Radix.*

Pentagynia. Fünfweibige. 137

Meerlavendel. 3. G. m. rispigem rundem Stengel, ungerippten unter der Spitze stacheligen, am Rande wogigen Blätt. ♃
W. Seeküsten, Sümpfe. Zierpfl. Bl. 6-8.

240. LINVM. *Cal.* 5-phyllus. *Pet.* 5. *Caps.* 5-valvis, 10-locularis. *Sem.* solitaria.

240. Flachs. Kelch 5-blätterig. Blume 5-blätterig. Kaps. 10-klappig, 10-fächerig. Saam. einzeln. Lein.

* *Foliis alternis.* Mit abwechselnden Blättern.

usitatissimum.   1. L. calycibus capsulisque mucronatis, petalis crenatis, fol. lanceolatis alternis, caule subsolitario. *Lini Semen, Tela.*

gemeiner.   F. m. stachelspitzigen Kelchen u. Kaps., gekerbten Blumenbl., abwechselnden lanzigen Blätt., fasteinzelnem Stamme. ⊙
W. Vielleicht verwildert auf Aeckern, Grasplätzen. Handelspfl. Bl. 6-8.

perenne.   2. L. calycibus capsulisque obtusis, fol. alternis lanceolatis integerrimis.

ausdauernder.   F. m. stumpfen Kelchen u. Kaps., abwechselnden lanzigen ganzrandigen Blätt. ♃ Sibirischer Lein.
W. Sibirien. Handelspfl. Bl. 6-8.

tenuifolium.   3. L. calyc. acuminatis, fol. sparsis lineari-setaceis retrorsum scabris.

feinblätteriger.   F. m. zugespitzten Kelchen, zerstreuten schmahl-borstigen rückwärts-harschen Blätt. ♃ Leinkraut.
W. Trockene warme Aecker, Hügel, Berge, Wege. Bl. 6. 7

austriacum.   4. L. calyc. rotundatis obtusis, fol. linearibus acutis rectiusculis.

schmahlblätteriger.   F. m. gerundeten stumpfen Kelchen, schmahlen spitzen ziemlichgeraden Blätt. ♂
W. Sandige Felder und Berge. Bl. 6-8.

** *Foliis oppositis.* Mit entgegengesetzten Blättern.

catharticum.   5. L. fol. oppositis ovato-lanceolatis, caule dichotomo, coroll. acutis. *Lini cathartici Herba.*

purgierender.   F. m. entgegengesetzten eyförmig-lanzigen Blätt., zwieseligem Stamme, spitzen Blum. ⊙ Purgierlein, Purgierflachs, Bergflachs.
W. Anger, Berge, Wälder. Bl. 6-8.

Radiola.   6. L. fol. oppositis, caule dichotomo, flor. tetrandris tetragynis. [*Radiola Linoides Roth.*]

kleiner.   F. m. entgegengesetzten Blätt., zwieseligem Stamme, viermännigen vierweibigen Blüthen. ⊙ Kleinstes Tausendkorn.
W. Sandige Aecker und Wiesen, überschwemmte Plätze. Bl. 5-8.

241. DROSERA. *Cal.* 5-fidus. *Pet.* 5. *Caps.* 1-locularis: apice 5-valvis. *Sem.* plurima.

241. Sonnenthau. Kelch 5-spaltig. Blume 5-blätterig. Kaps. 1-fächerig: an der Spitze 5-klappig. Saam. sehr viele. Sindau. Jungfernblüthe. Löffleinkraut. Gideon.

rotundifolia.   1. D. scapis radicatis, fol. orbiculatis. *Roris Solis s. Rorellae Herba.*

rundblätteri-　S. m. wurzelnden Stengeln, kreisförm. Blätt. ☉
ger.　　　　W. Sumpfige Wiesen, Moräste, an Landseen. Bl.
　　　　　　7-9.
longifolia.　a. D. scapis radicatis, fol. ovali-oblongis. [*An antece-*
　　　　　　dentis varietas?]
langblätteri-　S. m. wurzelnden Stengeln, eyförmig-länglichen Blät-
get.　　　　tern. ☉
　　　　　　W. u. Bl. mit dem vorigen, dessen Abart er
　　　　　　vielleicht ist.

POLYGYNIA. Vielweibige.

242. MYOSVRVS. *Cal.* 5-phyllus, basi adnatus. *Nect.* 6,
　　　Sem. numerosa.
242. Tummelzellen. Kelch 5-blätterig, an der Basis an-
　　　gewachsen. Nectarien [Blumenblätter?] 5, pfrie-
　　　mig, blumenblattförm. Saam. zahlreich. Mäuseschwänz-
　　　chen. Herrenzippel.
minimus.　　1. Myosurus.
Mäuseschwanz. Tummelzellen. ☉ Tausendkorn.
　　　　　W. Aecker, Gartland, Wege. Bl. 4-6.

Sechste Klasse.

HEXANDRIA.
Sechsmännige Pflanzen.

MONOGYNIA. Einweibige.

* [Fl. spatha, calyce corollaque instructi.]
* Blüth. m. Blumenscheide, Kelch u. Blume versehn.

278. CORYPHA.　　*Cor.* 3-partita. *Cal.* 3-phyllus. *Drupa.*
　　　Saribu.　　　Blume 3-theilig. Kelch 3-blätterig. Pflaume.
† MUSA. Pisang　CHAMAEROPS. Palmit.

　　** *Fl. calyculati calyce corollaque instructi.*
　　** Blüthen mit Kelch u. Blume versehn.

243. BROMELIA.　*Cor.* 3-partita. *Cal.* 3-partitus, superus. *Bacca.*
　　　Ananas.　　　Blume 3-theilig. Kelch 3-theilig, oben. Beere.
244. TRADESCANTIA. *Cor.* 3-petala. *Cal.* 3-phyllus, inferus. *Filamen-*
　　　　　　　　　　ta barbata.
　　　Tradescantie. Blume 3-blätterig. Kelch 3-blätterig, unten.
　　　　　　　　　Staubf. bärtig.
281. BURSERA.　　*Cor.* 3-petala. *Cal.* 3-phyllus, inferus. *Caps. bac-*
　　　　　　　　　cata, monosperma.
　　　Bursere.　　　Blume 3-blätterig. Kelch 3-blätterig, unten.
　　　　　　　　　Kaps. beerig, 1-saamig.

Monogynia. Einweibige. 139

282. BERBERIS.   Cor. 6-petala. Cal. 6-phyllus, inferus. Bacca 2-spermа.
    Berberize.   Blume 6-blätterig. Kelch 3-blätterig, unten. Beere 2-saamig.
280. PRINOS.   Cor. 6-fida. Cal. cylindricus, truncatus, superus. Pomum hispidum.
    Winterbeere.   Blume 6-theilig. Kelch walzenförm., abgestutzt, oben. Apfel struppig.
    † LEPIDIUM. Kresse. TRIENTALIS. Dreyfaltigkeitsblume.

*** *Fl. spathacei s. glumacei.*
*** Blüthen m. Scheiden oder Bälgen u. m. Blumen versehen, ohne Kelch.

245. HAEMANTHUS. Cor. supera, 6-partita. Involucrum 6-phyllum, maximum.
    Blutblume.   Blume oben, 6-theilig. Hülle 6-blätterig, sehr groß.
247. LEUCOIUM.   Cor. supera, 6-petala, campanulata. Stam. aequalia.
    Sommerthürchen. Blume oben, 6-blätterig, glockenförmig. Staubgef. gleichförmig.
246. GALANTHUS. Cor. supera, 6-petala: Petalis 3 interioribus brevioribus, emarginatis.
    Schneetropfen. Blume oben, 6-blätterig: m. 3 kürzern, ausgerandeten innern Blätt.
248. NARCISSUS.   Cor. supera, 6-petala. Nectarium campanulatum, extra stamina.
    Narcisse.   Blume oben, 6-blätterig. Nectar. glockenförm., ausserhalb der Staubgef.
249. PANCRATIUM. Cor. supera, 6-petala. Nectarium campanulatum, staminibus terminatum.
    Gilgen.   Blume oben, 6-blätterig. Nectar. glockenförm., m. den Staubgef. auf den Spitzen.
251. AMARYLLIS.   Cor. supera, 6-petala, campanulata [irregularis]. Stam. inaequalia, [declinata].
    Amaryllis.   Blume oben, 6-blätterig, unregelm. Staubgef. ungleich, abwärtsgeneigt.
250. CRINUM.   Cor. supera, 6-fida, basi tubulosa. Stam. distantia.*
    Hakenblume.   Blume oben, 6-spaltig, an der Basis röhrig. Staubgef. entferntstehend.
252. BULBOCODIUM. Cor. infera, 6-petala: unguibus longissimis staminiferis.
    Lichtblume.   Blume unten, 6-blätterig: m. sehr langen staubgefäßtragenden Nägeln.
253. ALLIUM.   Cor. infera, 6-petala. Pet. ovata, sessilia.
    Lauch.   Blume unten, 6-blätterig. Blumenbl. eyförm., nagellos.
    † COMMELINA. Commeline. ASPHODELUS. Affodill.

**** *Fl. nudi.*
**** Blüthen ohne Kelch, Scheide u. Balg, mit einer Blume.

275. HEMEROCALLIS. Cor. infera, 6-partita. Stam. declinata.
    Tagblume.   Blume unten, 6-theilig. Staubgef. abwärtsgeneigt.

---

*) *Agapanthus.* Cor. infera, 6-fida, infundibuliformis, regularis.

274. AGAVE.		Cor. supera, 6-fida, limbo erecto, filamentis brevior.
	Agave.	Blume oben, 6-spaltig, m. aufrechter Mündung, kürzer als die Staubf.
273. ALOE.		Cor. infera, 6-fida. Filamenta receptaculo inserta.
	Aloe.	Blume unten, 6-spaltig. Staubf. hälterständig.
271. ALETRIS.		Cor. infera, 6-fida, rugosa. **
	Aletris.	Blume unten, 6-spaltig, runzlig.
267. POLYANTHES.		Cor. infera, 6-fida: Tubo curvato.
	Tuberose.	Blume unten, 6-spaltig: m. gekrümmter Röhre.
266. CONVALLARIA.		Cor. infera, 6-fida. Bacca 3-sperma.
	Zauken.	Blume unten, 6-spaltig. Beere 3-saamig.
268. HYACINTHUS.		Cor. infera, 6-fida. Germinis ad apicem pori 3 melliferi.
	Hyacinthe.	Blume unten, 6-spaltig. Fruchtknoten mit 3 Honiglöchern an der Spitze.
269. [PHORMIUM.		Cor. infera, 6-petala. Pet. tribus exterioribus brevioribus. Caps. triquetra. Sem. compressa].
	Phormium.	Blume unten, 6-blätterig: m. 3 kürzeren äusseren Blätt. Kaps. 3-seitig. Saam. zusammengedrückt.
270. [LACHENALIA.		Cor. infera, 6-petala. Pet. tribus exterioribus brevioribus. Caps. trialata. Sem. globosa].
	Lachenalie.	Blume unten, 6-blätterig: m. kürzeren 3 äusseren Blätt. Kaps. 3-flügelig. Saam. kugelig.
262. ASPHODELUS.		Cor. infera, 6-partita: nectarii valvulis 6 staminiferis.
	Affodill.	Blume unten, 6-theilig: m. 6 staubgefäßtragenden Klappen des Nectar.
263. ANTHERICUM.		Cor. infera, 6-petala, plana. ***
	Zaunblume.	Blume unten, 6-blätterig, flach.
260. ORNITHOGALUM.		Cor. infera, 6-petala. Filam. alterna basi dilutata.
	Vogelmilch.	Blume unten, 6-blätterig. Staubf. abwechselnd an der Basis breiter.
261. SCILLA.		Cor. infera, 6-petala, decidua. Filam. filiformia.
	Meerzwiebel.	Blume unten, 6-blätterig, abfallend. Staubf. fadenförmig.
265. DRACAENA.		Cor. infera, 6-petala. Bacca 3-sperma.
	Tatsio.	Blume unten, 6-blätterig. Beere 3-saamig.
264. ASPARAGUS.		Cor. infera, 6-petala. Bacca 6-sperma.
	Spargel.	Blume unten, 6-blätterig. Beere 6-saamig.
256. GLORIOSA.		Cor. infera, 6-petala, reflexa, caudata.
	Gloriose.	Blume unten, 6-blätterig, zurückgebogen, geschwänzt.
257. ERYTHRONIUM.		Cor. infera, 6-petala, reflexa, petalis basi 2-callis.

**) *Aletris.* Cor. infera, 6-fida, rugosa. *Stam.* fauce inserta.
Veltheimia. Cor. infera, 6-fida. *Stam.* corollae basi inserta.

***) *Phalangium.* Cor. infera, 6-petala, patens. *Filam.* glabra. Caps. ovata.
Anthericum. Cor. infera, 6-petala, patens. *Filam.* barbata. Caps. ovata.
Narthecium. Cor. 6-petala, patens, persistens. *Filam.* filiformia, hirsuta. Caps. prismatica.

Monogynia. Einweibige.

257. **Hundszahn.** Blume unten, 6-blätterig, zurückgebogen, m. an der Basis 2-schwieligen Blätt.
255. **FRITILLARIA.** Cor. infera, 6-petala, basi fovea nectarifera ovata.
    Fritillarie. Blume unten, 6-blätterig, m. einer eyförm. Honiggrube an der Basis.
254. **LILIUM.** Cor. infera, 6-petala: petalis basi canaliculato-tubulosis.
    Lilie. Blume unten, 6-blätterig: m. an der Basis rinnenförmig-röhrigen Blätt.
258. **TULIPA.** Cor. infera, 6-petala, campanulata. Stylus o. [Cor. infera, 6-petala].
    Tulpe. Blume unten, 6-blätterig. Griffel o.
272. **YUCCA.** Cor. infera, 6-petala, [6-partita], patens. Stylus o.
    Yucca. Blume unten, 6-blätterförm. Griffel o.
259. **ALBUCA.** Cor. infera, 6-petala. Stam. sterilia 3. Stigm. cinctum cuspidibus 3.
    Stiftblume. Blume unten, 6-blätterig. Staubgef. 3 unfruchtbare. Narbe mit 3 Spitzen umgeben.

***** *Fl. incompleti.* Blüthen ohne Blume.

276. **ACORUS.** Spadix multiflorus. Caps. 3-locularis.
    Kalmus. Kolben vielblüthig. Kapf. 3-fächerig.
277. **CALAMUS.** Cal. 6-phyllus. Pericarpium retrorsum imbricatum, 1-spermum.
    Rotang. Kelch 6-blätterig. Frucht rückwärts-geschindelt, 1-saamig.
279. **IUNCUS.** Cal. 6-phyllus. Caps. 1-locularis.
    Simsen. Kelch 6-blätterig. Kapf. 1-fächerig.
285. **PEPLIS.** Cal. 12-fidus. Caps. 2-locularis.
    Peplis. Kelch 12 spaltig. Kapf. 2-fächerig.
† **BOCCONIA.** Bocconie. **POLYGONUM.** Knöterich. **PETIVERIA.** Petiverie. **ARUNDO.** ***** Schilf.

DIGYNIA. Zweyweibige.

284. **ORYZA.** Gluma 1-flora. Cor. 2-glumis, [2-valvis]. Sem. 1, oblongum.
    Reis. Balg 1-blüthig. Blume 2-spelzig. Saam. 1, länglich.

TRIGYNIA. Dreyweibige.

288. **COLCHICUM.** Cal. Spatha. Cor. 6-petaloidea.
    Zeitlose. Kelch Blumenscheide. Blume 6-blumenblätterförmig.
287. **TRIGLOCHIN.** Cal. 3-phyllus. Cor. 3-petala. Caps. basi dehiscens.
    Dreyzack. Kelch 3-blätterig. Blume 3-blätterig. Kapf. an der Basis aufspringend.
285. **RUMEX.** Cal. 3-phyllus. Cor. 3-petala. Sem. 1, triquetrum.
    Ampfer. Kelch 3-blätterig. Blume 3-blätterig. Saam. 1, dreyseitig.
286. **SCHEUCHZERIA.** Cal. 6-phyllus. Cor. o. Caps. 3, 1-sperma.
    Scheuchzerie. Kelch 6-blätterig. Blume o. Kapf. 3, 1-saamig.

****) *Bambos.* Cal. o. Cor. 2 valvis.

142 Hexandria. Sechsmännige Pflanzen.

TETRAGYNIA. Vierweibige.

289. PETIVERIA. *Cal.* 4-phyllus. *Cor.* 0. *Sem.* 1, aristis uncinatis.
Petiverie. Kelch 4-blätterig. Blume 0. Saam. 1, mit hakenförmigen Grannen.

POLYGYNIA. Vielweibige.

290. ALISMA. *Cal.* 3-phyllus. *Cor.* 3-petala. *Pericarp. plur.*
Froschlöffel. Kelch 3-blätterig. Blume 3-blätterig. Saamengehäuse viel.

† SCHEUCHZERIA. Scheuchzerie.

MONOGYNIA. Einweibige.

243. BROMELIA. *Cal.* 3-fidus, superus. *Petala* 3. *Squama nectarifera* ad basin petali. *Bacca* 3-locularis.
243. Ananas. Kelch 3-spaltig, oben. Blume 3-blätterig. Honigschuppe an der Basis des Blumenbl. Beere 3-fächerig.

Ananas. 1. B. foliis ciliato-spinosis mucronatis, spica comosa. *Ananas Fructus.*
eßbare. A. m. gefranzt-dornigen stachelspitzigen Blätt., geschopfter Aehre. 4
  W. Südamerica. Lohbeet- u. Treibhauspflanze. Bl. 5-7.

244. TRADESCANTIA. *Cal.* 3-phyllus. *Pet.* 3. *Filam.* villis articulatis. *Caps.* 3-locularis.
244. Tradescantie. Kelch 3-blätterig, Blume 3-blätterig. Staubf. m. gelenkigen Zotten. Kapf. 3-fächerig.

virginica. 1. T. erecta laevis, [fol. lanceolatis glabris], flor. congestis.
grasartige. T. aufrecht, m. lanzigen glatten Blätt., gedrängten Blüth. 4
  W. Virginien. Zierpfl. Bl. 5-9.
[*discolor.* 2. T. spatha triphylla compressa, flor. subexsertis, fol. lanceolatis discoloribus].
zweyfarbige. T. m. dreyblätteriger zusammengedr. Blumenscheide, fasthervorragenden Blüth., lanzigen zweyfarbigen Blätt. 4
  W. Hondurasbay. Glashauspfl. Bl. 6-9.

245. HAEMANTHVS. *Involucr.* 6-phyllum [polyphyllum], multiflorum. *Cor.* 6-partita, supera. *Bacca* 3-locularis.
245. Blutblume. Hülle vielblätterig, vielblüthig. Blume 6-theilig, oben. Beere 3-fächerig.

coccineus. 1. H. fol. linguiformibus planis laevibus [decumbentibus].
scharlachrothe. B. m. zungenförm. flachen ebenen, liegenden Blätt. 4
  Indianische Narcisse.
  W. Vorgeb. der guten Hoffn. Glashauspfl. Bl. 5.
puniceus. 2. H. fol. lanceolato-ovatis undulatis [glabris, staminibusque et corollarum limbo] erectis.

Monogynia. **Einweibige.** 143

dunkelrothe. 2. B. m. lanzig-eyförm. wosigen glatten aufrechten Blätt., aufrechten Staubgef. und Blumenmündung. ♃
W. Küste von Guinea. Glashauspfl. Bl. 8. 9.

246. GALANTHVS. *Pet.* 3, concava. *Nect.* ex petalis 3, parvis, emarginatis. *Stigma* simplex.

246. **Schneetropfen.** Blumenbl. 3, ausgehöhlt. Nect. aus 3 kleinen ausgeranderen Blumenbl. Narbe einfach. Schneeglocken.

nivalis. 1. Galanthus.
weisse.   Schneetropfen. ♃ Schneeblumen, Schneeballen, Schneegacken, Hornungsblume, Märzenglöckchen.
   W. Wälder, Thäler, Bergwiesen. Zierpfl. Bl. 2–4.

247. LEVCOIVM. *Cor.* campaniformis, 6-partita, apicibus incrassata. *Stigma* simplex.

247. **Sommerthürchen.** Blume glockenförm., 6-theilig, an den Spitzen dicker. Narbe einfach. Knotenblume. Schneeglocken.

vernum. 1. L. spatha uniflora, stylo clavato.
Schneeglocke.   S. m. einblüthiger Blumenscheide, keulenförm. Griffel. ♃ Märzblume, Hornungsblume, Schneegacken, Schneegallen, Schneeveilchen, Märzenglöckchen.
   W. Wiesen, Berge, Wälder. Zierpfl. Bl. 2–4.

aestivum. 2. L. spatha multiflora, stylo clavato.
grosses.   S. m. vielblüthiger Blumenscheide, keulenförmigem Griffel. ♃
   W. Feuchte Wiesen des südl. Europa. Zierpfl. Bl. 5. 6.

248. NARCISSVS. *Pet.* 6, aequalia; *Nect.* infundibuliformi, 1-phyllo. *Stam.* intra nectarium.

248. **Narcisse.** Blumenbl. 6, gleich. Nectar. trichterförm., 1-blätterig. Staubgef. im Nectarium.

poeticus. 1. N. spatha uniflora, nectario rotato brevissimo scarioso crenulato.
weisse.   N. m. einblüthiger Blumenscheide, radförm. sehr kurzem dürrem Nectarium. ♃ Josephsstab.
   W. Wiesen. Zierpfl. Bl. 5.

Pseudo-Nar- 2. N. spatha uniflora, nectario campanulato erecto crispo, aequante petala ovata.
cissus.
gelbe.   N. m. einblüth. Blumensch., glockenförm. aufrechtem krausen so langem Nectarium, als die Blumenbl. ♃ Gelber Märzbecher, Märzkelch, Märzblume.
   W. Wiesen. Zierpfl. Bl. 3–5.

bicolor. 3. N. spatha uniflora, nectario campanulato, margine patulo crispo aequante petala.
zweyfarbige.   N. m. einblüth. Blumensch., glockenförm. Klassenbrandigem krausem so langem Nectar. als die Blumenbl. ♃ Hornungsblume, gelber Jakobsstab.
   W. Südeuropa, Pyrenäen. Zierpfl. Bl. 4. 5.

minor.	4. N. spatha uniflora, nectario obconico erecto crispo sexfido, aequante petala lanceolata.
kleine.	N. m. einblüth. Blumensch., verkehrtkegelförm. aufrechtem krausem sechstheiligen so langem Nectar. als die lanzigen Blumenbl. ⚄ W. Spanien. Zierpfl. Bl. 5.
orientalis.	5. N. spatha subbiflora, nectario campanulato trifido emarginato petalis triplo breviore.
breitblätterige.	N. m. fastzweyblüth. Blumensch., glockenförm. dreyspaltigem ausgerandetem dreymal kürzerem Nectar. als die Blumenbl. ⚄ W. Levante. Zierpfl. Bl. 5.
odorus.	6. N. spatha subbiflora, nectario campanulato sexfido laevi dimidio petalis breviore, fol. semicylindricis.
wohlriechende.	N. m. fastzweyblüth. Blumensch., glockenförm. sechsspaltigem ebenem halb so langem Nectar. als die Blumenbl., halbwalzenförm. Blätt. ⚄ W. Südeuropa. Zierpfl. Bl. 5.
Tazetta.	7. N. spatha multiflora, nectario campanulato plicato truncato triplo breviore petalis, fol. planis.
Tazette.	N. m. vielblüthiger Blumensch., glockenförm. faltigem abgestutzten dreymal kürzerem Nectar, als die Blumenbl., flachen Blätt ⚄ Büschelnarcisse. W. Südeuropa auf feuchten Wiesen. Zierpfl. Bl. 3-5.
Ionquilla.	8. N. spatha multiflora, nect. campanulato brevi, fol. subulatis.
Jonquille.	N. m. vielblüth. Blumensch., glockenförm. kurzem Nectarium, pfriemigen Blätt. ⚄ W. Südeuropa, Levante in sumpfigen Gegenden Zierpfl. Bl. 3-5.

249. PANCRATIVM. *Pet.* 6: *Nectario* [infundibuliformi], 12-fido. *Stam.* nectario imposita.

249. Gilge. Blumenbl. 6. Nectar. trichterförmig, 12spaltig. Staubgef. auf dem Nectarium. Trichterlilie.

illyricum.	1. P. spatha multiflora, fol. ensiformibus, staminibus nectario longioribus, [dentibus nectarii non staminiferis brevioribus acutis bifidis].
lilienartige.	G. m. vielblüth. Blumenscheide, schwertförm. Blätt., kürzern spitzen zweyspaltigen nichtstaubgefäßtragenden Zähnen des Nectar. ⚄ W. Südfrankreich am Strande. Zierpfl. Bl. 7.

250. CRINVM. *Cor.* infundibulif. monopetala, 6-partita: lacinis 3 alternis uncinatis. *Germen* fundo corollae tectum. *Stam.* distantia

250. Hakenblume. Blume trichterförm., einblätterig, 6theilig: m. abwechselnd 3 hakigen Lappen. Fruchtknot. vom Boden der Blume bedeckt. Staubgef. entferntstehend. Hakenlilie.

americanum.	1. C. corollarum apicibus introrsum uncinatis.
weiße.	H. m. nach innen hakenförmigen Spitzen der Blume. ⚄ W. America. Gewächshauspfl. Bl. 8.

afri-

africanum.	2. C. fol. sublanceolatis planis, corollis obtusis. [Agapanthus umbellatus *Willd.*]
blaue.	H. m. fastlanzigen flachen Blätt, stumpfen Blum. ⚷ W. Vorgeb. der guten Hofn. Gewächshauspfl. Bl. 8. 9.

251. **AMARYLLIS.** *Cor.* 6-petala, campanulata [irregularis]. *Stigma* 3-fidum. [*Stam.* declinata, inaequalia.

251. **Amaryllis.** Blume 6-blätterförmig, unregelmässig. Narbe 3spaltig. Staubgef. abwärtsgeneigt, ungleich.

lutea.	1. A. spatha uniflora, corolla aequali, stamin. strictis. [A. spatha indivisa uniflora, cor. campanulata erecta, stam. alternis brevioribus]
gelbe.	A. m. ungetheilter einblüthiger Blumenscheide, glockenförm. aufrechter Blume, abwechselnd kürzern Staubgef. ⚷ Gelbe Herbstnarcisse. W. Südeuropa. Zierpfl. Bl. 9-11.
Atamasco.	2. A. spatha uniflora, cor. aequali, pistillo declinato. [A. spatha bifida uniflora, coroll. subaequali erecta, genitalibus declinatis].
Atamasco.	A. m. zweyspaltiger einblüth. Blumensch., fastgleichförm. aufrechter Blume, abwärtsgeneigten Geschlechtstheilen. ⚷ W. Virginien. Zierpfl. Bl. 3-5.
formosissima.	3. A. spatha [indivisa] uniflora, cor. inaequali, petalis tribus genitalibusque declinatis.
Jakobslilie.	A. m. ungetheilter einblüth. Blumensch., ungleichförmiger Blume, abwärtsgeneigten drey Blumenbl. u. Geschlechtsth. ⚷ Amaryllis, Lilie von St. Jago, *Iris succica.* W. Südamerica. Zierpfl. Bl. 4-6.
sarniensis.	4. A. spatha multiflora, coroll. [subhexapetalis] revolutis, genitalibus erectis [rectiusculis exsertis].
röthliche.	A. m. vielblüth. Blumensch., fastsechsblätterigen zurückgerollten Blumen, ziemlich geraden hervorragenden Geschlechtstheilen. ⚷ Lilie von Jernsey. W. Japan, Jernsey? Zierpfl. Bl. 9. 10.

252. **BVLBOCODIVM.** *Cor.* infundibulif. hexapetala: unguibus angustis, staminiferis. *Caps.* supera.

252. **Lichtblume.** Blume trichterförm, 6-blätterig: m. schmahlen, staubgefäßtragenden Nägeln. Kaps. oben. Lichtblume.

vernum.	1. B. fol. lancolatis.
frühe.	U. m. lanzigen Blätt. ⚷ W. Spanien, Schweitz, Frankreich, Rußland. Zierpfl. Bl. 4. 5.

253. **ALLIVM.** *Cor.* 6-partita, patens. *Spatha* multiflora. *Vmbella* congesta. *Caps.* supera.

253. **Lauch.** Blume 6-theilig, klaffend. Blumensch. vielblüthig. Dolde gedrängt. Kaps. oben.

146 Hexandria. Sechsmännige Pflanzen.

* *Fol. caulina plana. Vmbella capsulifera.*
* Blätt. stammständig, flach. Dolde kapseltragend.

Ampeloprasum. 1. A. caule planifolio umbellifero, umbella globosa, staminibus tricuspidatis, petalis carina scabris.

breitblätteriges. L. m. flachblätterigem doldentragendem Stamme, kugeliger Dolde, dreyspitzigen Staubgef., harschklebigen Blumenbl. ⚴ Wilder Lauch, Hundsknoblauch.

W. Levante; Insel Holm? Schlesien? Küchengew. Bl. 6-8.

Porrum. 2. A. caule planifolio umbellifero, stam. tricuspidatis, radice tunicata. *Porri Radix.*

Porré. L. m. flachblätterigem doldentragendem Stamme, dreyspitzigen Staubgef., eingehüllter Wurzel. ⚴ Breitlauch, Spanischer Lauch.

W. Schweiz? Küchengew. Die im März gepflanzten Nebenschößlinge geben das Perllauch. Bl. 6:8.

Victorialis. 3. A. caule planifolio umbellifero, umbella rotundata, stam. lanceolatis corolla longioribus, fol. ellipticis. *Victorialis longae Radix.*

Allermannsharnisch. L. m. flachblätterigem doldentragendem Stamme, rundlicher Dolde, lanzigen längern Staubgef. als die Blume, elliptischen Blätt. ⚴ Berglauch, Otternlauch, wilder Alraun, Schwertelwurz, Siebenhämmerchen, lange Siegwurz, Alpenknoblauch.

W. Hohe Gebirge an feuchten grasigen Plätzen. Bl. 6. 7.

magicum. 4. A. caule planifolio umbellifero, ramulo bulbifero, stam. simplicibus.

magischer. L. m. flachblätterigem doldentragendem Stamme, zwiebelntragendem Zweige, einfachen Staubgef.

W. Unbekannt. Zierpfl. Bl. 5-7.

** *Folia caulina plana. Vmbella bulbifera.*
** Blätter stammständig, flach. Dolde zwiebelntragend.

sativum. 5. A. caule planifolio bulbifero, bulbo composito, stamin. tricuspidatis. *Allii Bulbus.*

zahmer. L. m. flachblätterigem zwiebelntragendem Stamme, zusammengesetzter Zwiebel, dreyspitzigen Staubgef. ⚴ Knoblauch.

W. Sicilien. Küchengew. Bl. 6. 7.

Scorodoprasum. 6. A. caule planifolio bulbifero, fol. crenulatis, vaginis ancipitibus, stamin. tricuspidatis.

Rockenbollen. L. m. flachblätterigem zwiebelntragendem Stamme, rauhrand. Blätt., zweyschneidigen Blattscheiden, dreyspitzigen Staubgef. ⚴ Schlangenknoblauch, zahmer Knoblauch, Rocambolen.

W. Berge, Wiesen. Küchengew. Bl. 6. 7.

arenarium. 7. A. caule planifolio bulbifero, vaginis teretibus, spatha mutica, stamin. tricuspidatis.

geschlängelter. L. m. flachblätterigem zwiebelntragendem Stamme, runden Blattscheiden, unbewaffneten Blumensch., dreyspitzigen Staubgef. ⚴

W. Sandgegenden. Bl. 6. 7.

Monogynia. **Einweibige.**

carinatum. 8. A. caule planifolio bulbifero, stam. subulatis.
gekielter. L. m. flachblätterigem zwiebeltragendem Stamme, pfriemigen Staubgef. ♃ Wald-, Berg-Knoblauch, wilder Schnittlauch.
W. Steinige Berge, Hügel, Büsche. Bl. 6-8.

*** *Folia caulina teretia. Umbella capsulifera [bulbifera].*
*** Blätt. stammständig, rund. Dolde zwiebeltragend.

vineale. 9. A. caule teretifolio bulbifero, stamin. tricuspidatis.
wildes. L. m. rundblätterigem zwiebeltragendem Stamme, dreyspitzigen Staubgef. ♃ Hundslauch, Feldlauch, Acker-Knoblauch.
W. Aecker, Wiesen, Bergwälder. Bl. 6. 7.

oleraceum. 10. A. caule teretiusculo bulbifero, fol. scabris semiteretibus subtus sulcatis, stamin. simplicibus.
zweyhörniges. L. m. rundlichem zwiebeltragendem Stamme, harschen halbrunden unten gefurchten Blätt., einfachen Staubgef. ♃
W. Wälder, Berge, Wiesen. Bl. 6-8.

**** *Folia radicalia. Scapus nudus.*
**** Blätter wurzelständig. Stengel nackt.

ascalonicum. 11. A. scapo nudo tereti, fol. subulatis, umbella globosa, stamin. tricuspidatis.
Schalotten. L. m. nacktem rundem Stengel, pfriemigen Blätt., kugeliger Dolde, dreyspitzigen Staubgef. ♃ Eßlauch, Aschlauch.
W. Palästina. Küchengew. Bl. äusserst selten 7.

senescens. 12. A. scapo nudo ancipiti, fol. linearibus subtus convexis laevibus, umbella subrotunda, stamin. subulatis.
grauwerdendes. L. m. nacktem zweyschneidigem Stengel, schmahlen unten erhabenen ebenen Blätt., fastkugeliger Dolde, pfriemigen Staubgef. ♃ Wilder Knoblauch, grosser Berglauch.
W. Berge, feuchte Wiesen. Bl. 6-9.

odorum. 13. A. scapo nudo teretiusculo, fol. linearibus canaliculatis subtus angulatis, umbella fastigiata.
wohlriechendes. L. m. nacktem rundlichem Stengel, schmahlen rinnenförm. unten kantigen Blätt., kronreicher Dolde. ♃
W. Südeuropa. Bl. 6. 7.

angulosum. 14. A. scapo nudo ancipiti, fol. linearibus canaliculatis subtus subangulatis, umbella fastigiata.
kantiges. L. m. nacktem zweyschneidigem Stengel, schmahlen rinnenförm. unten schwachkantigen Blätt., kronreicher Dolde. ♃ Wilder Knoblauch, kleiner Berglauch, Wiesenlauch.
W. Berge, feuchte Wiesen. Bl. 6-9.

nigrum. 15. A. scapo nudo tereti, fol. linearibus, umbella hemisphaerica, petalis erectis, spatha mucronata bifida. — [Idem cum Allio multibulboso *Jacq. Murr.*]
schwarzes. L. m. nacktem rundem Stengel, schmahlen Blätt. halbkugeligen Dolden, aufrechten Blumenbl., stachelspitziger zweyspaltiger Blumensch. ♃
W. Algier, Provence. Küchengew. Bl. 6. 7.

ursinum. 16. A. scapo nudo triquetro, fol. lanceolatis petiolatis, umbella fastigiata.

Ramſch.
16. L. m. nacktem dreyſeitigem Stengel, lanzigen geſtielten Blätt., kronreicher Dolde. ♃ Bärenlauch, Lachenknoblauch, Wald=, Hunds=, Zigeuner=Knoblauch, Rambs, Ramſel.
W. Wälder. Bl. 5. 6.

Cepa.
17. A. scapo nudo inferne ventricoso longiore foliis teretibus, [stamin. alternis trifidis]. *Cepa.*

Zipollen.
L. m. nacktem unten bauchigem längerem Stengel als die runden Blätt., abwechſelnd dreyſpaltigen Staubfäden. ♃ Zwiebeln, Sommerzwiebeln, Bollen.
W. Unbekannt. Küchengew. Bl. 6=8.

fistulosum.
18. A. scapo nudo adaequante folia teretia ventricosa. [A. scapo nudo foliisque teretibus ventricosis, staminibus simplicibus].

Winterzwiebeln.
L. m. bauchigem nacktem Stengel und runden Blätt., einfachen Staubf. ♃ Lange Gartenzwiebeln, ſpaniſche Zwiebeln, Johannislauch.
W. Unbekannt. Küchengew. Bl. 6. 7.

Schoenoprasum
19. A. scapo nudo adaequante folia teretia subulato-filiformia.

Schnittlauch.
L. m. nacktem ſo langem Stengel als die runden pfriemig=fadenförmigen Blätt. ♃ Bieslauch, Graslauch.
β. Hohllauch.
W. Wieſen, feuchte felſige Oerter. Küchengew. Bl. 6=8.

254. LILIVM. *Cor.* 6-petala, campanulata: linea longitudinali nectarifera. *Caps.* valvulis pilo cancellato connexis.
254. Lilie. Blume 6=blätterig, glockenförmig: m. längslaufender Honigrinne. Kapſ. m. durch gegittertes Haar zuſammenhängenden Klappen.

candidum.
1. L. fol. sparsis [lanceolatis sessilibus], corollis [erectis] campanulatis: intus glabris. *Lilii albi Radix.*

weiſſe.
L. m zerſtreuten lanzigen ſtielloſen Blätt., aufrechten glockenförm. inwendig glatten Blumen. ♃
W. Levante auf Bergen und an der Küſte. Zierpfl. Bl. 6.

bulbiferum.
2. L. fol. sparsis, cor. campanulatis erectis, intus scabris.

feuerfarbne.
L. m. zerſtreuten Blätt., aufrechten glockenförm. inwendig harſchen Blumen. ♃ Feuerlilie.
W. Bergige kräuterreiche Gegenden. Zierpfl. Bl. 6.

pomponium.
3. L. fol. sparsis subulatis, flor. reflexis, coroll. revolutis.

rothe.
L. m. zerſtreuten pfriemigen Blätt., zurückgebogenen Blüth., zurückgerollten Blumenbl. ♃ Schmahlblätteriger ſcharlachfarbener Türkiſcherbund.
W. Pyrenden, Sibirien. Zierpfl. Bl. 6.

chalcedonicum.
4. L. fol. sparsis lanceolatis, flor. reflexis, cor. revolutis.

ſcharlachfarbene. L. m. zerſtreuten lanzigen Blätt., zurückgebogenen Blü-

then, zurückgerollten Blumenbl. ⚄ Scharlachfarbener Türkischerbund.
W. Berge in Oesterreich, Türkey, Persien. Zierpfl. Bl. 5:7.

superbum. 5. L. fol. [imis verticillatis; caeteris] sparsis lanceolatis, flor. reflexis ramoso-verticillatis, coroll. revolutis.

gelbe. L. m. quirligen unteren, zerstreuten übrigen lanzigen Blätt., zurückgebogenen ästig-quirligen Blüth., zurückgerollten Blumenbl. ⚄ Gelber, gefleckter türkischer Bund.

Martagon. 6. L. fol. verticillatis [ovato-lanceolatis], flor. reflexis, coroll. revolutis. *Asphodeli Radix.*

braune. L. m. quirligen eyförmig-lanzigen Blätt., zurückgebogenen Blüth., zurückgerollten Blumenbl. ⚄ Türkischer Bund, unächte Goldwurzel, kleine Berglilie, Feldlilie, Goldwurz, Kappenhütchen.
W. Schattige Berge, Bergwiesen. Zierpfl. Bl. 5:8.

255. FRITILLARIA. *Cor.* 6-petala, campanulata, supra ungues cavitate nectarifera. *Stam.* longitudine corollae.

255. Fritillarie. Blume 6-blätterig, glockenförm., m. einer Honiggrube über den Nägeln. Staubgef. so lang wie die Blume.

imperialis. 1. F. racemo comoso inferne nudo, fol. integerrimis.
Kaiserkrone. F. m. schopfiger unten nackter Traube, ganzrandigen Blätt. ⚄
W. Persien. Zierpfl. Bl. 4. 5.

pyrenaica. 2. F. fol. infimis oppositis, floribus nonnullis folio interiectis.
Schachblume. F. m. entgegengesetzten untersten Blätt., einigen mit einem Blatt abwechselnden Blüthen. ⚄ Schwarzes Kiebitzey.
W. Pyrenäen, Rußland. Zierpfl Bl. 4. 5.

Meleagris. 3. F. fol. omnibus alternis, caule unifloro.
Kiebitzey. F. m. lauter abwechselnden Blätt., fasteinblüthigem Stengel. ⚄ Kiebitzblume, Brettspielblume, Schachblume.
[α. *angustifolia* fol. linearibus.
schmahlblätterige m. schmahlen Blätt.
β. *latifolia* fol. oblongo-lanceolatis *Willd.*]
breitblätterige m. länglich-lanzigen Blätt.
W. Oesterreich, Südfrankreich, Schweden, Sibirien auf Wiesen. Zierpfl. Bl. 4. 5.

256. GLORIOSA. *Cor.* 6-petala, undulata, reflexa. *Stylus* obliquus.

256. Gloriose. Blume 6-blätterig, wogig, zurückgerollt. Griffel schiefstehend.

superba. 1. G. fol. cirrhiferis.
Prachtlilie. G. m gabelntragenden Blätt. ⚄
W. Malabar. Treibhauspfl. Bl. 7. 8.

257. ERYTHRONIVM. *Cor.* 6-petala, campanulata. *Nect.* tuberculis 2 petalorum alternorum basi adnatis.

257. Hundszahn. Blume 6-blätterig, glockenförm. Nectar. aus 2 an der Basis der abwechselnden Blumenblätter angewachsenen Höckerchen.

Dens canis. 1. Erythronium.
eßbarer.   Hundszahn. ♃
         W. Südeuropa, Nordamerica, Sibirien. Zierpfl. Bl. 3. 4.

258. TVLIPA. *Cor.* 6-petala, campanulata. [*Cor.* 6-petala.] *Styl.* 0. [*Caps.* 3-locularis].

258. Tulpe. Blume 6-blätterig. Griffel 0. Kapf. 3-fächerig.

sylvestris. 1. T. [caule unifloro], flore subnutante [campanulato], [petalis acutis], fol. lanceolatis.
wilde.   T. m. etwasnickender glockenförmiger Blume, spitzen Blumenbl., lanzigen Blätt.
         W. Berge, trockene Wiesen. Zierpfl. Bl. 4. 5.

gesneriana. 2. T. [caule unifloro], flor. erecto, [petalis obtusis], fol. ovato-lanceolatis.
zahme.   T. m. einblüthigem Stengel, aufrechter Blume, stumpfen Blumenbl., epförmig-lanzigen Blätt. ♃
[α. caule glabro.
     gemeine m. glattem Stamme.
β. *graveolens* caule pubescente *Willd.*]
     wohlriechende m. sammetartigem Stamme. *Der van Toll.*
     W. Levante, Rußland. Zierpfl. Bl. 5.

259. ALBVCA. *Cor.* 6-petala: interioribus difformibus [conniventibus, exterioribus patulis]. *Stam.* 6: tribus castratis. *Stigma* cinctum cuspidibus tribus. [*Styl.* 3-queter].

259. Stiftblume. Blume mit gegeneinander gebogenen 3 inneren, geöfneten 3 äusseren Blättern. Staubgef. 6; 3 unfruchtbare. Griffel 3-kantig.

maior. 1. A. fol. lanceolatis [lineari-lanceolatis planiusculis, petalis interioribus apice glandulosis inflexis].
grosse.   S. m. schmahlanzigen flachen Blätt., an der Spitze drüsigen einwärtsgebogenen inneren Blumenbl. ♃
         W. Vorgeb. der guten Hofnung. Glashauspfl. Bl. 5.

minor. 2. A. fol. subulatis [glabris, petalis interioribus apice glandulosis inflexis].
kleine.   S. m. pfriemigen rinnenförm. glatten Blätt., an der Spitze drüsigen einwärtsgebog. inneren Blumenbl. ♃
         W. Vorgeb. der guten Hofnung. Glashauspfl. Bl. 5.

260. ORNITHOGALVM. *Cor.* 6-petala, erecta, persistens, supra medium patens. *Filam.* alterna basi dilatata.

260. Vogelmilch. Blume 6-blätterig, aufrecht, bleibend, über die Hälfte klaffend. Staubf. abwechselnd an der

Basis breiter. **Hühnermilch. Milchstern. Sternblume. Ackerzwiebel.**

* Staminibus omnibus subulatis.

* **Mit lauter pfriemigen Staubgefässen.**

luteum.   1. O. scapo anguloso diphyllo, pedunculis umbellatis simplicibus [triquetris glabris].

gelbe.   V. m. kantigem zweyblätterigem Stengel, doldigen einfachen dreyseitigen glatten Blüthenst. ♃ **Haberschmiergel, Vogelkraut.**

[*a. sylvaticum* bracteis duabus. *Persoon.*
grosse m. 2 Nebenblättern.
ß. pratense bracteis plurimibus. *Persoon. Specie certe diversum*].
mittlere m. vielen Nebenblättern.
W. Aecker, Gärten, Büsche, Wälder. Bl. 3-5.

minimum.   2. O. scapo angulato diphyllo, pedunc. umbellatis ramosis [teretibus pubescentibus].

kleinste.   V. m. kantigem zweyblätterigem Stengel, doldigen ästigen runden sammetartigen Blüthenst. ♃
W. Aecker, Grasplätze, Hecken. Bl. 3-5.

pyrenaicum.   3. O. racemo longissimo, filamentis lanceolatis, pedunculis floriferis patentibus aequalibus; fructiferis scapo approximatis.

weisse.   V. m. sehr langer Traube, lanzigen Staubf., klaffenden gleichlangen blühenden; angedrückten fruchttragenden Blüthenst. ♃ **Weisser Stern.**

[*a. Stachyoides* filam. alternis brevioribus. *Ait. Willd.*
grosse m. abwechselnd kleineren Staubfäden.
ß. pyrenaicum filam. aequalibus. *Ait. Willd.*]
kleine m. gleichlangen Staubfäden.
W. Gebürge, Gärten, Wiesen. Zierpfl. Bl. 5-7.

latifolium.   4. O. racemo longissimo, fol. lanceolato-ensiformibus.
breitblätterige.   V. m. sehr langer Traube, lanzig-schwertförm. Blätt. ♃ **Alexandrinische Lilie, grosser Milchstern.**
W. Arabien, Egypten. Zierpfl. Bl. 7.

** Staminibus alternis emarginatis.

** **Mit abwechselnd ausgeranderten Staubgefässen.**

umbellatum.   5. O. flor. corymbosis, pedunc. scapo altioribus, filam. basi dilatatis.

doldentragende.   V. m. straußigen Blüth., längeren Blüthenst. als der Stengel, an der Basis breiteren Staubf. ♃ **Stern aus Bethlehem.**
W. Aecker, Gärten, Wiesen. Zierpfl. Bl. 4-6.

nutans.   6. O. flor. secundis pendulis, nectario stamineo campaniformi.

Wasserhyacinth.   V. einseitigen hängenden Blüth., staubgefäsartigem glockenförm. Nectarium. ♃
W. Gärten, Wiesen. Zierpfl. Bl. 5. 6.

261. SCILLA. *Cor. 6-petala, patens, decidua. Filam.* filiformia.

261. **Meerzwiebel. Blume 6-blätterig, klaffend, abfallend. Staubf. fadenförmig.**

Hexandria. Sechsmännige Pflanzen.

maritima.	1. S. nudiflora, bracteis refractis. *Scillae s. Squillae Radix.*
ächte.	M. nacktblüthig, m. zurückgeschlagenen Nebenbl. ♃ W. Südeuropa, Nordafrica, Sprien an sandigen Küsten. Gewächshauspfl. Bl. 5. 6.
italica.	2. S. racemo conico oblongo.
aschfarbene.	M. m. kegelförmig-länglicher Traube. ♃ W. Unbekannt. Zierpfl. Bl. 4. 5.
peruviana.	3. S. corymbo conferto conico.
straussige.	M. m. gedrängtem kegelförm. Strausse. ♃ Sternhyacinth. W. Portugal. Zierpfl. Bl. 5. 6.
amoena.	4. S. flor. lateralibus alternis subnutantibus, scapo angulato.
Sternhyacinth.	M. m. seitenständigen abwechselnden schwachnickenden Blüth., kantigem Stengel. ♃ W. Türkey? verwildert in Baumgärten, an Hecken. Zierpfl. Bl. 4. 5.

262. ASPHODELVS. *Cor.* 6-partita. *Nectar.* ex valvulis 6 germen tegentibus.

262. Affodill. Blume 6-theilig. Nectar. aus 6 den Fruchtknoten bedeckenden Klappen.

luteus.	1. A. caule folioso, fol. triquetris striatis.
gelber.	A. m. blätterigem Stamme, dreyseitigen gestreiften Blätt. ♃ ♂ Goldwurz, Peitschenstock. W. Sicilien. Zierpfl. Bl. 3-5.
ramosus.	2. A. caule nudo, fol. ensiformibus carinatis laevibus. *Asphodeli Radix.*
weisser.	A. m. nacktem Stamme, schwertförm. gekielten ebenen Blätt. ♃ Affodillmännchen, weisser Wiederthon.
	[α. caule ramoso, pedunc. alternis bractea longioribus. ästiger m. ästigem Stamme, abwechselnden längeren Blüthenst. als das Nebenblatt.
	β. *albus* caule simplici, pedunc. confertis longitudine bractearum. *Willdenovio merito distincta Species*].
	astloser m. astlosem Stamme, gedrängten solangen Blüthenst. als die Nebenblätter. W. Berge und Wälder des südl. Europa. Zierpfl. Bl. 5. 6.
fistulosus.	3. A. caule nudo, fol. strictis subulatis striatis subfistulosis.
röhriger.	A. m. nacktem Stamme, steifen pfriemigen gestreiften etwashohlen Blätt. ♃ W. Provence, Spanien, Creta. Zierpfl. Bl. 5. 6.

263. ANTHERICVM. *Cor.* 6-partita, patens *Caps.* ovata.

263. Zaunblume. Blume 6-theilig, klaffend. Kapsel eyförmig. Spinnenkraut.

 * Phalangium *foliis canaliculatis. Filamentis saepius glabris.*

 * Erdspinnenkraut m. rinnenförmigen Blättern. Gewöhnlich glatten Staubfäden.

ramosum.	1. A. fol. planis, scapo ramoso, coroll. planis, pistillo recto. [Phalangium ramosum *Pers.*]

Graslilie. 1. Z. m. flachen Blätt., ästigem Stengel, flachen Blumen, geradem Stempel. ⚄ Weisser Wiederthon.
W. Steinige Wälder, Hügel, Wiesen. Bl. 5-7.

Liliago. 2. A. fol. planis, scapo simplicissimo, coroll. planis, pistillo declinato. [Phalangium Liliago Pers.]

Sandlilie. Z. m. flachen Blätt., astlosem Stengel, flachen Blumen, abwärtsgeneigtem Stempel. ⚄
W. Bergwälder. Bl. 5-7.

** *Narthecium foliis ensiformibus.*

** Narthecium m. schwertförmigen Blättern.

ossifragum. 3. A. fol. ensiformibus, filamentis lanatis. [Narthecium ossifragum Pers.]

Beinbrechgras. Z. m. schwertförm. Blätt., wolligen Staubfäden. ⚄
W. Torfmoore. Bl. 6.

264. ASPARAGVS. *Cor.* 6-partita, erecta: petalis 3 interioribus apice reflexis. *Bacca* 3-locularis, 2-sperma [polysperma].

264. Spargel. Blume 6=theilig, aufrecht: m. an der Spitze zurückgebogenen 3 inneren Blättern. Beere 3=fächerig, vielsaamig.

officinalis. 1. A. caule herbaceo tereti erecto, fol. setaceis, stipulis paribus. *Asparagi Turiones, Radix.*

gemeiner. Sp. m. krautartigem rundem aufrechtem Stamme, borstenförm. Blätt., ähnlichen Nebenblätt. ⚄
α. flor. dioicis.
m. zweyhäusigen Blüthen.
β. *tenuifolius* flor. hermaphroditis.
m. zwitterlichen Blüthen.
W. Anger, Raine, Büsche, Seeküsten. Küchengewächs. Bl. 5-7.

265. DRACAENA. *Cor.* 6-partita, erecta. *Filam.* medio subcrassiora. *Bacca* 3-locularis, 1-sperma.

265. Tatsjó. Blume 6=theilig, aufrecht. Staubf. in der Mitte etwas dicker. Beere 3=fächerig, 1=saamig. Drachenbaum.

Draco. 1. D. arborea: fol. subcarnosis apice spinoso. *Sanguis Draconis?*

Drachenblut. T. baumartig, m. fastfleischigen an der Spitze dornigen Blätt. ♄
W. Canarische Inseln, Vorgeb. der guten Hofnung. Liefert eine schlechte Art Drachenblut.

266. CONVALLARIA. *Cor.* 6-fida. *Bacca* maculosa, 3-locularis.

266. Jauken. Blume 6=spaltig. Beere fleckig, 3=fächerig. Mayblümchen.

* Lilium convallium Tournef., *corollis campanulatis.*

* Mayblume m. glockenförmigen Blumen.

maialis. 1. C. scapo nudo, [fol. ovato-lanceolatis]. *Lilii convallii Flores, Baccae.*

Mayblüm= chen.	1. Z. m. nacktem Stengel, eyförmig-langigen Blätt. ⚄ Thallilie, Lilienconvallien, Springauf. W. Wälder, Büsche, Hecken. Zierpfl. Bl. 5.

** Polygonatum T., corollis infundibuliformibus.
** Weißwurz, m. trichterförmigen Blumen.

verticillata.	2. C. fol. verticillatis.
Schlangen= kraut.	Z. m. quirligen Blätt. ⚄ Weißwurzweiblein. W. Bergwälder. Zierpfl. Bl. 5. 6.
Polygona= tum.	3. C. fol. alternis amplexicaulibus, caule ancipiti, pe- dunc. axillaribus subunifloris. *Sigilli Salomo- nis Radix.*
Schwinkwur= zel.	Z. m. abwechselnden umfassenden Blätt., zweyschneidi- gem Stamme, winkelständ. fasteinblüthigen Blüthen= stielen. ⚄ Jageteufel, Salomonssiegel, Gelenkwurz. W. Wälder. Zierpfl. Bl. 5. 6.
multiflora.	4. C. fol. alternis amplexicaulibus, caule tereti, pedunc. axillaribus multifloris.
vielblüthige.	Z. m. abwechselnden umfassenden Blätt., rundem Stamme, winkelständ. vielblüth. Blüthenst. ⚄ W. Wälder, Büsche, Berge. Zierpfl. Bl. 5.

*** Smilaces T., corollis rotatis.
*** Zweyblatt, m. radförmigen Blumen.

bifolia.	5. C. fol. cordatis, flor. tetrandris. [Maianthemum Con- vallaria *Roth*.]
Einblatt.	Z. m. herzförm. Blätt., viermännigen Blüth. ⚄ Ka= tzeneyer. W. Wälder. Bl. 5. 6.

267. POLIANTHES. *Cor.* infundibulif., incurva, aequalis. *Filam.* corollae fauci inserta. *Germen* in fundo corollae.

267. Tuberose. Blume trichterförmig, gekrümmt, gleich= förmig. Staubf. in dem Schlunde der Blume. Frucht= knoten im Boden der Blume.

tuberosa. gemeine.	1. Polianthes. Tuberose. W. Java, Zeylon. Gewächshauspfl. Bl. 6:8.

268. HYACINTHVS. *Cor.* campanulata: pori 3 melliferi ger- minis. [*Cor.* campanulata aut subrotunda, 6-fida, aequa- lis. *Stam.* corollae medio inserta. *Caps.* 3-locularis, lo- culis subdispermis.

268. Hyacinthe. Blume glockenförmig oder rundlich, 6= spaltig, gleichförm. Staubgef. in der Mitte der Blume befestigt. Kaps. 3=fächerig, m. fastzweysaamigen Fächern.

non scriptus. niederländische.	1. H. corollis campanulatis sexpartitis apice revolutis. H. m. glockenförm. sechstheiligen an der Spitze zurück= gerollten Blumen. ⚄ Englische Hyacinthe, Krollhyacinthe. W. England, Spanien, Frankreich, Schweitz? Per= sten in Wäldern, Büschen. Zierpfl. Bl. 5. 6.
amethysti= nus.	2. H. coroll. campanulatis semisexfidis: basi cylindri- cis.

Monogynia. Einweibige.

amethystfar-   2. H. m. glockenförm. halbsechsspaltigen an der Basis wal-
bene.   zenförm. Blumen. ⚇
                   W. Spanien? Rußland. Zierpfl. Bl. 5.
orientalis.   3. H. cor. infundibuliformibus semisexfidis: basi ven-
                   tricosis.
gemeine.   H. m. trichterförm. halbsechsspaltigen an der Basis bau-
                   chigen Blumen. ⚇
                   W. Asien, Africa. Zierpfl. Bl. 3. 4.
Muscari.   4. H. cor. ovatis, omnibus aequalibus.
starkriechende.   H. m. lauter gleichen eyförm. Blumen. ⚇ Muskat-
                   hyacinth.
                   W. Asien, verwildert hin und wieder. Zier-
                   pflanze. Bl. 5. 6.
monstrosus.   5. H. cor. subovatis. [Sequentis varietas.]
breitblätterige.   H. m. faßepförm. Blumen. ⚇ Federhyacinth.
                   W. Unbekannt. Zierpfl. Bl. 5. 6. Abart der
                   folgenden.
comosus.   6. H. cor. angulato-cylindricis: summis sterilibus lon-
                   gius pedicellatis.
geschopfte.   H. m. unfruchtbaren längergestielten oberen: kantig-
                   walzenförm Blum. ⚇
                   W. Aecker, Gärten, Grasplätze, Wälder. Zierpfl.
                   Bl. 5-7.
botryoides.   7. H. cor. globosis uniformibus, fol. canaliculato-cylin-
                   dricis strictis. Flores inodori.
kugelige.   H. m. kugeligen gleichförm. Blum., rinnenförmig-wal-
                   zenförm. steifen Blätt. ⚇ Kugelhyacinth.
                   W. Gärten, Aecker, Hecken, Wiesen. Zierpfl. Bl.
                   3-5.
racemosus.   8. H. cor. ovatis, summis sessilibus, fol. laxis. Flo-
                   res odori.
traubige.   H. m. stiellosen oberen: eyförmigen Blum., schlaffen
                   Blätt. ⚇ Traubenhyacinth.
                   W. Aecker, Gärten. Zierpfl. Bl. 3-7.

269. [PHORMIUM. Cor. campanulata, 6-petala. Pet. 3 ex-
teriora breviora. Stam. adscendentia, exserta. Caps. oblonga, triquetra. Sem. compressa.

269. Phormium. Blume glockenförm., 6-blätterig: mit
kürzeren 3 äusseren Blätt. Staubgef. aufsteigend, hervorragend. Kaps. länglich, dreyseitig. Saam. zusammengedrückt. Flachslilie.

tenax.   1. Phormium].
flachsartiges.   Phormium. ⚇ Neuseeländischer Flachs.
                   W. Neuseeland am Strande. Wird dort wie
                   Flachs benutzt.

270. [LACHENALIA. Cor. 6-petala, infera. Pet. 3 exterioribus brevioribus. Stam. erecta. Caps. subovata, trialata.
Sem. globosa.

270. Lachenalie. Blume 6-blätterig, unten: m. kürzeren
3 äusseren Blumenbl. Staubgef. aufrecht. Kaps. fasteyförmig, dreyflügelig. Saam. kugelig.

tricolor.   1. L. cor. cylindricis pedunculatis pendulis, petalis interioribus emarginatis, bracteis acutis, fol. lanceolatis. Phormium Aloides *Suppl. Plant.*]

dreyfarbige. 1. L. m. walzenförm. gestielten hängenden Blum., ausgerandeten inneren Blumenbl., spitzen Nebenblätt., lanzigen Blätt. ♃
W. Vorgeb. der guten Hofnung. Glashauspfl. Bl. 2-5.

271. ALETRIS. *Cor.* infundibuliformis, rugosa. [*dele*] *Stam.* inserta laciniarum basi. *Caps.* 3-locularis.

271. Aletris. Blume trichterförm. Staubgef. an der Basis der Lappen befestigt. Kaps. 3-fächerig.

capensis. 1. A. acaulis, fol. lanceolatis undulatis, spica ovata, flor. nutantibus. — Veltheimia viridifolia *Willd.*
grünblätterige. A. stammlos, m. lanzigen wogigen Blätt., epförmiger Aehre, nickenden Blüth. ♃
W. Vorgeb. der guten Hofnung. Glashauspfl. Bl. 4.

fragrans. 2. A. caulescens, fol. lanceolatis laxis.
wohlriechende. A. stammig, m. lanzigen schlaffen Blätt. ♃
W. Africa. Zierpfl. Bl. 2-4.

Vvaria. 3. A. acaulis, fol. ensiformibus canaliculatis carinatis. Veltheimia Vuaria *Willd.*
traubige. A. stammlos, m. schwertförm. rinnenförm. gekielten Blätt. ♃
W. Vorgeb. der guten Hofnung. Glashauspfl. Bl. 4. 5.

272. YVCCA. *Cor.* campanulato-patens, [6-petaloidea]. *Styl.* nullus. *Caps.* 3-locularis.

272. Yucca. Blume glockenförmig-klaffend, 6-blätterförmig. Griffel o. Kaps. 3-fächerig.

Gloriosa. 1. Y. fol. integerrimis.
prächtige. Y. m. ganzrandigen Blätt. ♄
W. Peru, Canada, Virginien. Gewächshauspfl. Bl. 7-9.

aloifolia. 2. Y. fol. crenulatis strictis.
aloeblätterige. Y. m. rauhrandigen steifen Blätt. ♄
W. Jamaica, Vera Crux. Gewächshauspfl.

Draconis. 3. Y. fol. crenatis nutantibus.
Drachenbaum-artige. Y. m. gekerbten nickenden Blätt. ♄
W. Südcarolina. Gewächshauspfl.

273. ALOE. *Cor.* erecta, [tubulosa], ore patulo, fundo nectarifero. *Filam.* receptaculo inserta. *Aloe succotrina, hepatica, caballina.*

273. Aloe. Blume aufrecht, röhrig, m. klaffender Oefnung, honighaltendem Boden. Staubf. hälterständig.

perfoliata. 1. A. floribus corymbosis cernuis pedunculatis subcylindricis.
durchwachsene. A. m. straußigen überhängenden gestielten fastwalzenförm. Blumen. ♄ Stengelaloe, Igelaloe.
A. fol. caulinis dentatis amplexicaulibus vaginantibus.

Monogynia. Einweibige.

A. m. gezahnten umfassenden einscheidenden stammständ. Blätt.

α. *africana* caulescens, fol. ensiformibus dentatis amplexicaulibus vaginantibus erectis, flor. reflexis.
strauchartige stammig, m. schwertförm. gezahnten
aufrechten Blätt., zurückgebogenen Blüthen. (Blume roth).

β. *succotrina* caulescens, fol. oblongo-ensiformibus sub-
maculatis, margine cartilagineo spinoso, flor. pendulis.
succotrinische stammig, m. länglich-schwertförm.
etwasgefleckten am Rande knorpeligen dornigen Blättern, hängenden Blüthen. (Blumen roth, an
der Spitze grün).

γ. *vera* caulescens, fol. ensiformibus dentatis confertis
vaginantibus planis maculatis, flor. reflexis.
wahre stammig, m. schwertförmig-lanzigen gezahnten
dichtstehenden flachen gefleckten Blätt., zurückgebogenen Blüth. (Blumen roth oder gelb).

δ. *picta* caulescens, fol. ensiformibus dentatis pictis patentibus, flor. reflexis.
bunte stammig, m. schwertförm. gezahnten gemahlten klaffenden Blätt., zurückgebogenen Blüthen.
(Blumen dunkelroth).

ε. *sinuata* caulescens, fol. ensiformibus sinuato-serratis
reflexis, flor. erectis.
schmahlblätterige stammig, m. schwertförmigen
buchtig-sägigen zurückgebogenen Blätt., aufrechten
Blüth. (Blum. purpurroth).

ζ *humilis* acaulis, fol. trigonis subulatis aculeatis, flor.
reflexis. [γ. δ. ε. Thunb. et Willd. distinctae spe-
cies].
niedrige stammlos, m. dreykantigen pfriemigen
stachligen Blätt., zurückgebogenen Blüth. (Blum.
roth, an der Spitze grün).
W. Vorgeb. der guten Hofn., γ. auch in Sicilien
und Maltha, ε. auch auf Barbados. Liefert
wie einige andere Arten Aloe, aber nur
schlechtere Sorten. Gewächshauspfl. Bl.
8. 9.

variegata. 2. A. flor. racemosis cernuis subsylindricis, ore patulo
scheckige. aequali.
A. m. traubigen überhängend. fastwalzenförm. Blüth.,
m. klaffender gleichförmiger Oefnung. ♄ (Blume
röthlich).
A. fol. caulinis trifariis imbricatis erectis: angulis
ternis cartilagineis.
A. m. dreyzeiligen geschindelten aufrechten stammständ. Blätt., m. dreyzähligen
knorpeligen Kanten.
W. Aethiopien auf Thonboden. Gewächshauspfl. Bl. 7-9.

disticha. 3. A. flor. pedunculatis pendulis ovato-cylindricis curvis.
zungenblätte- A. m. gestielten hängenden eyförmig-walzenförm. krum-
rige. men Blüthen. ♄ Zungenaloe.
A. fol. linguaeformibus distichis patulis.

A. m. zungenförm. zweyzeiligen ausgebreiteten Blätt.
α. *linguiformis* subacaulis, fol. linguaeformibus denticulatis maculatis glabris, flor. cernuis.
entenschnäbelige fafstammlos, m. zungenförm. gezähnelten gefleckten glatten Blätt., überhängenden Blüth. (Blume roth)
β. *verrucosa* acaulis, fol. ensiformibus acutis papillosis, flor. reflexis clavatis.
warzige stammlos, m. schwertförm. spitzen warzigen Blätt., zurückgebogenen keuligen Blüth. (Blum. roth).
γ. *carinata* acaulis, fol. scinaciformibus papillosis, flor. cernuis.
hohlblätterige stammlos, m. schnitzerförm. warzigen Blätt., überhängenden Blüthen. (Blumen roth, an der Spitze grün).
δ. *plicatilis* subacaulis, fol. linguaeformibus laevibus distichis, flor. racemosis pendulis cylindricis.
zweyzeilige fafstammlos, m. zungenförm. glatten zweyzeiligen Blätt., traubigen hängenden walzenförmigen Blüth. (Blume roth).
ε. *maculata* fol. linguaeformibus glabris pictis, flor. racemosis cernuis curvatis. [*Thunb. Ait. et Willd. distinctae species*].
gefleckte m. zungenförm. glatten gemahlten Blätt., traubigen überhängenden gekrümmten Blüth. (Blumen roth).
W. Vorgeb. der guten Hofn. Liefert besonders α gute Aloe Gewächshauspfl. Bl. 5. 6. 8. 9.

spiralis. 4. A. flor. spicatis [racemosis] ovatis muricatis crenatis: segmentis interioribus conniventibus.
gewundene. A. m. traubigen eyförm. zackigen gekerbten Blüthen, m. gegeneinandergebogenen inneren Lappen. (Blume schmutzigweiß).
A. fol. caulinis sexfariis ovatis mucronatis.
A. m. sechszeiligen eyförm. stachelspitzigen Blätt.
W. Africa auf Feldern. Gewächshauspfl. Bl. 8. 9.

retusa. 5. A. flor. spicatis triquetris bilabiatis: labio inferiore revoluto.
abgestutzte. A. m. ährigen dreyseitigen zweylippigen Blüthen, zurückgerollter Unterlippe. ♄ (Blume weißlich).
A. fol. caulinis quinquefariis rhomboidalibus ventricosis, triquetro plano exstantibus.
A. m. fünfzeilig. rautigen bauchigen Blätt., m. hervorragender dreyseitiger Fläche.
W. Africa in Thonboden. Gewächshauspfl. Bl. 9.

viscosa. 6. A. flor. spicatis [racemosis] infundibuliformibus bilabiatis: laciniis quinque revolutis: summa erecta.
klebrige. A. m. traubigen trichterförm. zweylippigen Blüthen, fünf zurückgerollten Lappen, aufrechtem obersten. ♄ (Blume weißlich mit braunen Strichen).
Rinnenaloe.

Monogynia. **Einweibige.**

A. fol. trifariis canaliculatis imbricatis: apice patulo.
A. m. dreyzeiligen rinnenförm. geschindelten, an der Spitze offenen Blätt.
W. Vorgeb. der guten Hofn. Gewächshauspfl. Bl. 8. 9.

pumila. 7. A. flor. spicatis bilabiatis: labio superiore erectiore, inferiore recurvato.
kleine. A. m. fastähriger zweylippigen Blüthen: aufrechter Oberlippe, zurückgekrümmter Unterlippe. ♄

α. *margaritifera* acaulis, fol. trigonis cuspidatis papillosis, flor. cernuis.
perltragende stammlos, m. dreykantigen scharfspitzigen warzigen Blätt., überhängenden Blüthen. Perlaloe. (Blume weiß).

β. *arachnoides* acaulis, fol. trigonis cuspidatis ciliatis, flor. erectis. [α. et β. specie diversae].
weichstachlige stammlos, m. dreykantigen scharfspitzigen gefranzten Blätt., aufrechten Blüth.
W. Vorgeb. der guten Hofn. Gewächshauspfl. Bl. 8. 9.

spicata. 8. A. flor. spicatis horizontalibus campanulatis, fol. caulinis planis amplexicaulibus dentatis].
ährige. A. m. ährigen wagerechten glockenförmigen Blüthen, stammstand. flachen umfassenden gezahnten Blätt. ♄
W. Vorgeb. der guten Hofnung. Liefert die beste Aloe.

274. AGAVE. *Cor.* erecta, supera. *Filam.* corolla longiora, erecta.

274. Agave. Blume aufrecht, oben. Staubfäd. länger als die Blume, aufrecht.

americana. 1. A. [acaulis], fol. dentato-spinosis, scapo ramoso, [stamin. corolla longioribus].
große. A. stammlos, m. gezahnt-dornigen Blätt., ästigem Stengel, längern Staubgefässen als die Blume. ♃
Grosse amerikanische Aloe.

β. *aurea* fol. margine flavis.
buntblätterige m. gelbem Rande der Blätt.
W. Südamerica. Glashauspfl. Bl. selten.

275. HEMEROCALLIS. *Cor.* campanulata: tubo cylindrico. *Stam.* declinata.

275. Tagblume. Blume glockenförm.: m. walzenförmiger Röhre. Staubgef. abwärtsgeneigt. Taglilie. Affodills lilie. Lilienaffodill.

flava. 1. H. corollis flavis [H. foliis lineari-subulatis, petalis planis acutis: nervis petalorum simplicibus].
gelbe. T. m. schmahl-pfriemigen Blätt., flachen spitzen einfach gerippten Blumenblätt. ♃ Gelbe Lilie, *Belle de jour.*
W. Oesterreich, Schweiz, Ungarn, Sibirien in fettem Lehmboden. Zierpfl. Bl. 5. 6.

fulva.	2. H. corollis fulvis. [H. fol. lineari-subulatis, petalis tribus interioribus undulatis obtusis: nervis petalorum exterioribus ramosis].
braunrothe.	T. m. schmahl-pfriemigen Blätt., wogigen stumpfen drey innern, ästigen Rippen der Blumenbl. 2J
	W. China, Provence? Zierpfl. Bl. 5. 6.

276. ACORVS. *Spadix* cylindricus tectus flosculis. *Cor.* 6-petalae, nudae. *Styl.* nullus. *Caps.* 3-locularis.

276. Kalmus. Kolben walzenförm., m. Blüthen bedeckt. Blume 6-blätterig. Griffel 0. Kaps. 3-fächerig.

Calamus.	1. A. [scapi mucrone longissimo].
ächter.	K. m. sehr langer Spitze des Stengels. 2J Magenwurz.
	α. *vulgaris* radicis geniculis crebris. *Calami aromatici s. vulgaris Radix.*
	gemeiner m. vielen Gelenken der Wurzel. Ackerwurz.
	β. *verus* radicis geniculis rarioribus. *Acori veri s. asiatici Radix.*
	wahrer m. wenigen Gelenken der Wurzel.
	W. α. Gräben, Teiche, Sümpfe. β. Malabar, Zeylon, Amboina, Hindostan an feuchten u. trocknen Oertern. Bl. 5-7.

277. CALAMVS. *Cal.* 6-phyllus. *Cor.* 0. *Bacca* exarida, monosperma, retrorsum imbricata.

277. Rotang. Kelch 6-blätterig. Blume 0. Beere trocken, einsaamig, rückwärts geschindelt.

Rotang.	1. Calamus. *Rumph. plures delineat, specie forte distinctas, [quorum characteres eruere Willd. tentavit]. Sanguis Draconis.*
Rotting.	Rotang. ♄ (Mehrere noch nicht sicher genug bestimmte Arten).
	W. Ostindien sowohl das feste Land als die Inseln, in Wäldern, in der Nähe der Flüsse u. morastigem Boden. Liefert das spanische Rohr u. das beste Drachenblut.

278. CORYPHA. [*Cal.* 3-phyllus. *Cor.* 3-petala. *Bacca* 1-sperma. *Sem.* globosum, magnum, osseum].

278. Saribu. Kelch 3-blätterig. Blume 3-blätterig. Beere 1-saamig. Saam. kugelig, groß, steinhart. Schirmpalme.

umbraculifera.	1. C. frondibus pinnato-palmatis plicatis filoque interiectis, [spadice erecto].
großblätteriger.	S. m. gefiedert-handförm. faltigen Blätt. ♄
	W. Ostindische Inseln.

279. IVNCVS. *Cal.* 6-phyllus. *Cor.* 0. *Caps.* 1- [3-] locularis.

279. Simse. Kelch 3-blätterig. Blume 0. Kaps. 3-fächerig. Binsen. Senden. Krötengras.

* *Culmis nudis.* Mit nackten Halmen.

conglomeratus.	1. I. culmo nudo stricto, capitulo [panicula] laterali [coarctato-capitata].

rundköpfige.	1. I. culmo nudo stricto, panicula laterali [effusa].
	S. m. nacktem steifen Halme, seitenständiger gedrängt-knopfiger Rispe. ♃ Wasser-, Knopf-, Binsen, Rutschen.
	W. Feuchte, morastige Wiesen, an Gräben, Sümpfen. Bl. 6-8.
effusus.	2. I. culmo nudo stricto, panicula laterali [effusa].
flatternde.	S. m. nacktem steifen Halme, seitenständ. flatternder Rispe. ♃ Flatterbinsen.
	W. Morastige, feuchte Plätze, Sümpfe, Gräben. Bl. 6. 7.
inflexus.	3. I. culmo nudo: apice membranaceo incurvo, panicula laterali.
gebogene.	S. m. nacktem, an der Spitze häutigem gekrümmten Halme, seitenständiger Rispe. ♃
	W. Gräben, sumpfige, nasse Plätze, Sümpfe. Bl. 6. 7.
filiformis.	4. I. culmo nudo filiformi nutante, panicula laterali.
fadenförmige.	S. m. nacktem fadenförm. nickendem Halme, seitenständiger Rispe. ♃
	W. Moore, Gräben, feuchte Sandgegenden. Bl. 7.
[capitatus.	5. I. culmo nudo filiformi, capitulo terminali involucrato].
knopfförmige.	S. m. nacktem fadenförm. Halme, spitzeständ. hülligem Knopfe. ♃
	W. Feuchte Sandgegenden, Heiden. Bl. 7.
squarrosus.	6. I. culmo nudo, fol. setaceis, capitulis glomeratis aphyllis.
sparrige.	S. m. nacktem Halme, borstenförm. Blätt., knauligen blattlosen Knöpfen. ♃
	W. Ueberschwemmte Felder, Heiden, Anger. Bl. 5-8.

** *Culmis foliosis.* Mit blätterigen Halmen.

articulatus.	7. I. fol. nodoso-articulatis, petalis obtusis, [panicula terminali].
gegliederte.	S. m. knollig-gegliederten Blätt., stumpfen Blumenblätt., spitzeständiger Rispe. ♃ Gliederbinsen, Binsengras.
	α. *aquaticus* fol. compressis. wasserliebender m. zusammengedrückten Blätt.
	β. *sylvaticus* fol. teretibus. [α. et β. species distinctae]. waldliebender m. runden Blätt.
	W. Am Wasser, feuchte morastige Oerter. Bl. 6-8.
[uliginosus.	8. I. fol. nodoso-articulatis setaceis, flor. fasciculatis sessilibus terminalibus lateralibusque].
wirtelblätrige.	S. m. knotig-gegliederten borstenförm. Blätt., büscheligen stiellosen spitzeständ. und seitenständigen Blüthen. ♃
	W. Morastige Gegenden. Bl. 6. 7.
bulbosus.	9. I. fol. linearibus canaliculatis, caps. obtusis.
knollige.	S. m. schmahlen rinnenförm. Blätt., stumpfen Kapseln. ♃ Zwiebelbinsen.
	W. Feuchte Plätze, Gräben, Wiesen, Wege. Bl. 6-8.
[supinus.	10. I. culmo dichotomo, fol. canaliculatis filiformibus, capitulo triphyllo].
zwieselige.	S. m. zwieseligem Halme, rinnenförm. fadenförmigen Blätt., dreyblätterigem Knopfe. ♃
	W. Sandgegenden, Gräben, Wiesen. Bl. 6-8.

bufonius.	11. I. culmo dichotomo, fol. angulatis, flor. solitariis sessilibus.
Krötengras.	S. m. zwieseligem Halme, kantigen Blätt., einzelnen stiellosen Blüth. ⚥ Poggengras.
	W. Feuchte Sandgegenden, Wege. Bl. 6-8.
pilosus.	12. I. fol. planis pilosis, corymbo ramoso.
haarige.	S. m. flachen haarigen Blätt., ästigem Strausse. ⚥ Rauschgras, Stachelgras, haariges Waldgras.
	α. *vernalis* corymbo subsimplici, pedunculis unifloris nutantibus.
	frühe m. fasteinfachem Strausse, ungetheilten einblüthigen nickenden Blüthenst.
	β. *maximus* corymbo decomposito, pedunculis divaricatis subtrifloris, foliol. calycinis aristatis.
	grosse m. doppeltzusammengesetztem Strausse, ausgesperrten fastdreyblüth. Blüthenstielen, grannigen Kelchblättern.
	γ. *albidus* corymbo decomposito, pedunc. subquadrifloris, foliol. calycinis mucronatis.
	weissliche m. doppeltzusammengesetztem Strausse, fastvierblüthigen Blüthenst., stachelspitzigen Kelchblättern.
	W. Wälder, trockene wüste Plätze, Wege. Bl. 3-6.
niveus.	13. I. fol. planis subpilosis, corymbis folio brevioribus, flor. fasciculatis, [foliol. calycinis acutis].
weisse.	S. m. flachen etwashaarigen Blätt., kürzern Sträussen als das Blatt, büscheligen Blüth., spitzen Kelchblätt. ⚥ Bergbinsen.
	W. Berge, Wälder, schattige kräuterreiche Plätze. Bl. 5. 6.
campestris.	14. I. fol. planis subpilosis, spicis sessilibus pedunculatisque.
Hungerbrod.	S. m. flachen etwashaarigen Blätt., ungestielten und gestielten Aehren. ⚥ Feldbinsen, haariges Eypergras, Hasenbrod.
	W. Holzungen, Anger, Hügel, Ufer. Bl. 3-5.

280. PRINOS. *Cal.* 6-fidus. *Cor.* 1-petala, rotata. *Bacca* 6-sperma.

280. **Winterbeere.** Kelch 6=theilig. Blume 1=blätterig, radförm. Beere 6=saamig.

verticillatus.	1. P. fol. longitudinaliter [duplicato-] serratis.
quirlige.	W. m. ganz zwiefach=sägigen Blätt ♄
	W. Nordamerica an sumpfigen Oertern. Engl. Gärten. Bl. 7.

281. BVRSERA. *Cal.* 3-phyllus. *Cor.* 3-petala. *Caps.* carnosa, 3-valvis, 1-sperma.

281. **Bursere.** Kelch 3=blätterig. Blume 3=blätterig. Kaps. fleischig, 3=klappig, 1=saamig.

gummifera.	1. Bursera. *Simarubae Cortex.*
gummige.	Bursere ♄
	W. Cuba, Domingo, Jamaka, Curacao, Brasilien.

282. BERBERIS. *Cal.* 6-phyllus. *Pet.* 6: ad ungues glandulis 2. *Styl* 0. *Bacca* 2-sperma.

282. Berberize. Kelch 6-blätterig. Blumenbl. 6, m. 2 Drüſen an den Nägeln. Griffel 0. Beere 2-ſaamig.

vulgaris. 1. B. pedunculis racemosis, [spinis triplicibus]. *Berberis Baccae, Cortex medius.*

Sauerdorn. B. m. traubigen Blüthenſt., dreyſpitzigen Dornen. ♄ Sauerach, Berberisbeeren, Eßigdorn, Weinnägelein, Weinſchädlich, Erbſelbeeren, Reißbeeren, Wütſcherling, Verſich, Beiſſelbeeren, Salſendorn, Erbshofen, Paſſelbeeren.
W. Felſen, ſteinige Berge, Holzungen. Obſtgärten, Luſtgärten. Bl. 5. 6.

283. PEPLIS. *Perianth.* campanulatum: ore 12-fido. *Pet.* 6, calyci inserta. *Caps.* 2-locularis.

283. Peplis. Kelch glockenförmig, m. 12-ſpaltiger Oefnung. Blumenbl. 6, kelchſtändig. Kapſ. 2-fächerig.

Portula. 1. P. floribus apetalis. [P. flor. hexandris axillaribus solitariis]

Zipfelkraut. P. m. ſechsmännigen winkelſtänd. einzelnen Blüth. ☉
W. Gräben, Pfützen, naſſe Wieſen und Wälder. Bl. 5-9.

DIGYNIA. Zweyweibige.

284. ORYZA. *Cal.* Gluma 2-valvis, 1-flora. *Cor.* 2-valvis, subaequalis, semini adnascens.

284. Reiß. Kelch: 2-klappiger, 1-blüthiger Balg. Blume 2-ſpelzig, faſtgleichförmig, an den Saamen anwachſend.

sativa. 1. Oryza. *Oryzae Semen.*
gemeiner. Reiß. ☉ ♃
W. Unbekannt. Gebaut als Getraide in Oſtindien, China, Japan, Egypten, Carolina, Italien, Spanien, Ungarn. Bl. 7. 8.

TRIGYNIA. Dreyweibige.

285. RVMEX. *Cal.* 3-phyllus. *Pet.* 3, conniventia. *Sem.* 1, triquetrum.

285. Ampfer. Kelch 3-blätterig. Blumenbl. 3, gegeneinandergebogen. Saame 1, dreyſeitig. Grindwurz.

* *Hermaphroditi: valvulis grano notatis.*

* Zwitterblüthige: m. einer Pocke in den Klappen.

Patientia. 1. R. floribus hermaphroditis: valvulis integerrimis, unica granifera, fol. ovato lanceolatis.

zahmer. A. m. zwitterl. Blüthen, einer pockigen der ganzrandigen Klappen, eyförmig-lanzigen Blätt. ♃ Gartenampfer, Patientia, engliſcher Spinat, Mönchsrhabarber.
W. Gärten, Wieſen. Küchengew. Bl. 6. 7.

sanguineus.	2. R. flor. hermaphroditis: valvulis integerrimis: unica granifera, fol. cordato-lanceolatis.
blutadriger.	A. m. zwitterl. Blüth., einer pockigen der ganzrand. Klappen, herzförmig-lanzigen Blätt. ♂ ♃ Blutampfer, Blutkraut, Drachenblut. W. Virginien; verwildert in Gärten, Wiesen. Küchengew. Bl. 6:8.
Britannica.	3. R. flor. hermaphroditis: valvulis integerrimis, omnibus graniferis, fol. lanceolatis: vaginis obsoletis. [*An* R. Britannica *et* R. Hydrolapathum *Willd., quam ultimam hic volo, satis diversi?*]
Britannica.	A. m. zwitterl. Blüth., lauter pockigen, ganzrandigen Klappen, lanzigen Blätt.; m. unmerklichen Scheiden. ♃ W. Tiefe Gräben, Ufer. Bl. 5:8.
crispus.	4. R. flor. hermaphroditis: valvulis integris graniferis, fol. lanceolatis undulatis acutis. *Lapathi acuti s. Oxylapathi Herba.*
krauser.	A. m. zwitterl. Blüth., ganzen pockigen Klapp., lanzig-wogigen spitzen Blätt. ♃ Butter-, wilder A., Grindwurz, Mengelwurz, Streifwurz, Zitterwurz, Butterblätter, Ohmblätter, Doggenblätter.
	α. *Oxylapathum* valvulis ovatis, fol. imis ovatis. Ochsenzunge m. eyförm. Klappen u. unteren Blätt.
	β. *Nemolapathum* valvulis oblongis, fol. imis cordato-lanceolatis. Waldampfer m. längl. Klappen, herzförmig-lanzigen unteren Blätt. W. Feuchte Oerter, Gräben, Wiesen, Wege, Schutthaufen, Aecker, Gärten. Bl. 6. 7.
maritimus.	5. R. flor. hermaphroditis: valvulis dentatis graniferis, fol. linearibus.
schmahlblätteriger.	A. m. zwitterl. Blüth., gezähnten pockigen Klappen, schmahlen Blätt. ⊙ ♂ W. Gräben, Bäche, feuchte Plätze, Küsten. Bl. 6-8.
acutus.	6. R. flor. hermaphroditis: valvulis dentatis graniferis, fol. cordato-oblongis acuminatis. *Lapathi acuti s. Oxylapathi Herba.*
spitzblätteriger.	A. m. zwitterl. Blüth., gezähnten pockigen Klappen, herzförmig-lanzigen zugespitzten Blätt. ♃ Spitziger A., Hungerkraut, spitzblätterige Mengelwurz, gelbe, spitzige Ochsenzunge, Pferdampfer, Halbpferd, Zitterwurz, Streifwurz, Bubenkraut, Lendenkraut. W. Ufer, feuchte Plätze, Wiesen, Hecken. Gelbfärbend. Bl. 6:8.
obtusifolius.	7. R. flor. hermaphroditis: valvulis dentatis graniferis, fol. cordato-oblongis obtusiusculis crenulatis. *Rhapontici Radix.*
stumpfblätteriger.	A. m. zwitterl. Blüth., gezähnten pockigen Klappen, herzförmig-länglichen etwas stumpfen raubrandigen Blätt. ♃ Butterampfer, Ohmblatt, Lendenkraut, kleiner Ampfer. W. Wiesen, feuchte Plätze, Hecken. Bl. 6-8.

Trigynia. Dreyweibige.

** *Hermaphroditi: valvulis granulo destitutis s. nudis.*
** Zwitterblüthige, m. pockenlosen Klappen.

aquaticus. 8. R. flor. hermaphroditis: valvulis integerrimis nudis, fol. cordatis glabris acutis. *Herbae Britannicae s.* Hydrolapathi *Radix.*

Pockenblätter. A. m. zwitterlichen Blüth., ganzrandigen pockenlosen Klappen, herzförm. glatten spitzen Blätt. ♃ Wasserampfer, Wassermangold, wilder Rhabarber.
W. Gräben, Sümpfe, Bäche, Teiche, Ufer. Bl. 6-8.

scutatus. 9. R. flor. hermaphroditis, fol. cordato-hastatis, caule tereti. *Acetosae rotundifoliae Herba.*

runder. A. m. zwitterl. Blüth., herzförmig-spondonförmigen Blätt., rundem Stamme. ♃ Runder, rundblätteriger, französischer, römischer Sauerampfer, Agrestampfer.
W. Berge. Küchengew. Bl. 5-8.

*** *Floribus diclinis.* Mit getrennten Geschlechtern.

alpinus. 10. R. flor. hermaphroditis sterilibus femineisque: valvulis integerrimis nudis, fol. cordatis obtusis rugosis. *Rhabarbari* Monachorum *Radix.*

Mönchsrhabarber. A. m. zwitterlichen unfruchtbaren u. weiblichen Blüth., ganzrand. pockenlosen Klappen, herzförm. stumpfen runzeligen Blätt. ♃
W. Schweiß, Oesterreich, Schlesien, Südfrankreich, Sibirien in bergigen Gegenden u. fettem Boden. Bl. 6-8.

Acetosa. 11. R. flor. dioicis, fol. oblongis sagittatis. *Acetosae Folia, Radix.*

Säuring. A. m. zweyhäusigen Blüth., länglichen pfeilförmigen Blätt. ♃ Sauerampfer, langblätteriger, wilder, Wiesen-, Wald-Sauerampfer, Säuerling.
W. Wiesen, Berge. Küchengew. Bl. 5-7.

Acetosella. 12. R. flor. dioicis, fol. lanceolato-hastatis.
kleiner. A. m. zweyhäusigen Blüthen, lanzig-spondonförmigen Blätt. ♃ Schaafampfer, Feld-, Spieß-Ampfer, Acker-, Feld-, kleiner Sauerampfer.
W. Wälder, Wiesen, sandige Aecker. Bl. 4-6.

286. SCHEVCHZERIA. *Cal.* 6-partitus. *Cor.* o. *Styl.* o. *Caps.* 3, inflatae, 1-spermae.

286. Scheuchzerie. Kelch 6-theilig. Blume o. Griffel o. Kapf. 3, aufgeblasen, 1-saamig.

palustris. 1. Scheuchzeria.
binsenartige. Sbeuchzerie. ♃
W. Moore, Sümpfe, feuchte Wälder, Heiden. Bl. 3-8.

287. TRIGLOCHIN. *Cal.* 3-phyllus. *Pet.* 3, calyciformia. *Styl.* o. *Caps.* basi dehiscens.

287. Dreyzack. Kelch 3-blätterig. Blumenbl. 3, kelchförmig. Griffel o. Kapf. an der Basis aufspringend. Krötengras.

palustre.	1. T. capsulis trilocularibus sublinearibus [basi attenuatis].
Salzbinsen.	D. m. dreyfächerigen ziemlichschmahlen an der Basis dünneren Kapseln. ♂ Binsengras. W. Nasse, morastige Wiesen. Bl. 5=7.
maritimum.	2. T. caps. sexlocularibus ovatis.
Krötengras.	D. m sechsfächerigen eyförm. Kapseln. ♃ W. Nasse Wiesen, Seeküsten, Salzseen u. Salzquellen. Bl. 6. 7.

288. COLCHICVM. *Spatha. Cor.* 6-partita: tubo radicato. *Caps.* 3, connexae, inflatae.

288. Zeitlose. Blumenscheide. Blume 6=theilig: mit wurzelnder Röhre. Kapſ. 3, zuſammenhängend, aufgeblaſen.

autumnale.	1. C. foliis planis lanceolatis erectis. *Colchici Radix.*
herbſtliche.	Z. m. flachen lanzigen aufrechten Blätt. ♃ Hahnenklöſſe, nackte Jungfer od. Hure, Herbſtblume, Spinnblume, Michelsblume, Wieſenſafran, Uchtblume. W. Wieſen. Zierpfl. Bl. 8. 9.

TETRAGYNIA. Vierweibige.

289. PETIVERIA. *Cal.* 4-phyllus. *Cor.* 0. *Sem.* 1: apice aristis reflexis.

289. Petiverie. Kelch 4=blätterig. Blume 0. Saame 1, mit zurückgebogenen Grannen an der Spitze.

alliacea.	1. P. floribus hexandris.
Knoblauchartige.	P. m. ſechsmännigen Blüthen. ♄ W. Weſtindiſche Inſeln in Wäldern und auf Weiden. Gewächshauspfl. Bl. 6.

POLYGYNIA. Vielweibige.

290. ALISMA. *Cal.* 3-phyllus. *Pet.* 3. *Sem.* plura. [*Caps.* plures. monospermae].

290. Froſchlöffel. Kelch 3=blätterig. Blume 3=blätterig. Kapſ. viele, 1=ſaamig.

Plantago.	1. A. foliis ovatis acutis, fructibus obtuse trigonis. *Plantaginis aquaticus Herba.*
Waſſerwegerich.	F. m. eyförmigen ſpitzen Blätt., ſtumpfdreykantigen Früchten. ♃ Haſenlöffel, Froſchwegerich, Pfeilkraut, Waldbart. W. Gräben, Sümpfe, Teiche, Bäche, Ufer. Bl. 6=8.
natans.	2. A. fol. ovatis obtusis, pedunculis solitariis.
ſchwimmender.	F. m. eyförm. ſtumpfen Blätt., einzelnen Blüthenſt. ♃ W. Stehende Waſſer, Gräben. Bl. 6=8.
ranunculoides.	3. A. fol. lineari-lanceolatis, fruct. globoso-squarrosis.
hahnenfußartiger.	F. m. ſchmahllanzigen Blätt., kugelig-ſperrigen Frücht. ♃ W. Sumpfige Gegenden, Gräben. Bl. 6=8.

Siebente Klasse.
HEPTANDRIA.
Siebenmännige Pflanzen.

MONOGYNIA. Einweibige.

291. Trientalis. *Cal.* 7-phyllus. *Cor.* 7-partita, plana. *Bacca* 1-locularis, sicca.

Dreyfaltigkeitsblume. Kelch 7=blätterig. Blume 7=theilig, flach. Beere 1=fächerig, trocken.

292. Aesculus. *Cal.* 5-dentatus. *Cor.* [4- s.] 5-petala, inaequalis. *Caps.* 3-locularis, 2-sperma.

Roßkastanie. Kelch 5=zahnig. Blume 4= oder 5=blätterig, ungleichförmig. Kaps. 3=fächerig, 2=saamig.

† Geranium. Storchschnabel. Petiveria. Petiverie.

DIGYNIA. Zweyweibige.

† Polygonum. Knöterich. Scleranthus. Knauel.

MONOGYNIA. Einweibige.

291. TRIENTALIS. *Cal.* 7-phyllus. *Cor.* 7-partita, aequalis, plana. *Bacca exsucca.*

291. Dreyfaltigkeitsblume. Kelch 7=blätterig. Blume 7=theilig, gleichförmig, flach. Beere saftlos.

europaea. 1. T. fol. lanceolatis integerrimis.
Schirmkraut. D. m. lanzigen ganzrandigen Blätt. ♃ Sternblümlein.
W. Sumpfige Wälder. Bl. 5-8.

292. AESCVLVS. *Cal.* 1-phyllus, 5-dentatus, ventricosus. *Cor.* [4- s.] 5-petala, inaequaliter colorata, calyci inserta. *Caps.* 3-locularis.

292. Roßkastanie. Kelch 1=blätterig, 5=zahnig, bauchig. Blume 4= oder 5=blätterig, ungleichförmig gefärbt, kelchständig. Kaps. 3=fächerig.

Hippocastanum. 1. A. flor. heptandris, [coroll. pentapetalis, foliis septenis]. *Hippocastani Cortex, Semen.*
gemeine. R. m. siebenmännigen Blüthen, fünfblätterigen Blumen, siebenfingerigen Blätt. ♄ Wilde Castanie.
W. Nördliches Asien. Alleen, Engl. Gärten. Bl. 5. 6.

Pavia. 2. A. flor. octandris, [coroll. tetrapetalis, petalorum unguibus longitudine calycis, fol. quinatis].
rothe. R. m. achtmännigen Blüth., vierblätterigen Blumen, so langen Nägeln der Blumenbl. als der Kelch, fünffingerigen Blätt. ♄

W. Carolina, Florida, Brasilien. Engl. Gärten.
Bl. 5. 6.

[flava.] 5. A. flor. heptandris, coroll. tetrapetalis, petalorum
unguibus calyce longioribus, fol. quinatis].

gelbe. R. m. siebenmännigen Blüth., vierblätterigen Blum.,
längern Nägeln der Blumenbl. als der Kelch, fünffingerigen Blätt. ♄

W. Nordcarolina. Engl. Gärten. Bl. 5. 6.

Achte Klasse.
OCTANDRIA.
Achtmännige Pflanzen.

MONOGYNIA. Einweibige.
* Flores completi. Vollständige Blüthen.

293. TROPAEOLUM. *Cor.* 5-petala. *Cal.* 5-fidus, inferus, coloratus. *Baccae* 3, 1-spermae.

Kapuzinerblume. Blume 5-blätterig. Kelch 5-spaltig, unten, gefärbt. Beeren 3, 1-saamig.

295. EPILOBIUM. *Cor.* 4-petala. *Cal.* 4-phyllus, superus. *Caps.* 4-locularis. *Sem.* papposa.

Eberich. Blume 4-blätterig. Kelch 4-blätterig, oben. Kaps. 4-fächerig. Saam. federig.

294. OENOTHERA. *Cor.* 4-petala. *Cal.* 4-fidus, [tubulosus], superus. *Caps.* 4-locularis. *Anther.* lineares.

Weinblume. Blume 4-blätterig. Kelch 4-spaltig, röhrig, oben. Kaps. 4-fächerig. Staubbeutel schmahl.

298. LAWSONIA. *Cor.* 4-petala. *Cal.* 4-fidus, inferus. *Bacca* 4-locularis.

Alkanna. Blume 4-blätterig. Kelch 4-spaltig, unten. Beere 4-fächerig.

296. AMYRIS. *Cor.* 4-petala. *Cal.* 4-dentatus, inferus. *Bacca* 1-sperma.

Abuscham. Blume 4-blätterig. Kelch 4-zähnig, unten. Beere 1-saamig.

297. [SKINNERA. *Cor.* 4-petala. *Cal.* 4-partitus, superus. *Bacca* 4-locularis, polysperma].

Thilko. Blume 4-blätterig. Kelch 4-theilig, oben. Beere 4-fächerig, vielsaamig.

299. VACCINIUM.* *Cor.* 1-petala. *Cal.* 4-dentatus, superus. *Filam.* receptaculi. *Bacca.*

---

*) Vaccinium Roth. Pers. *Cor.* 4- s. 5-fida. *Cal.* 4-phyllus. *Antherae* bisetae. *Bacca.*

Schollera Roth. Oxycoccos Pers. *Cor.* 4-partita. *Anth.* obtusae, bipartitae. *Bacca.*

Monogynia. **Einweibige.** 169

	Heidelbeere.	Blume 1=blätterig. Kelch 4=zahnig, oben. Staubf. hälterständig. Beere.
300.	ERICA.	Cor. 1-petala. Cal. 4-phyllus, inferus. Filam. receptaculi. Caps.
	Heide.	Blume 1=blätterig. Kelch 4=blätterig, unten. Staubf. hälterständige Kapsel.

† RHIZOPHORA. Mangle. AESCULUS. Roßkastanie. MONOTROPA. Ohnblatt. RUTA. Raute. FAGARA. Sagara ANDROMEDA. Andromeda. TRIENTALIS. Dreyfaltigkeitsblume.

** Flores incompleti. **Unvollständige Blüthen.**

301.	DAPHNE.	Cal. 4-fidus, corollinus, aequalis. Stam. inclusa. Bacca [Drupa] pulposa.
	Seidelbast.	Kelch 4=spaltig, blumenartig, gleichförm. Staubgefässe eingeschlossen. Pflaume.
302.	STELLERA.	Cal. 4-fidus, corollinus, aequalis. Stam. inclusa. Sem. unicum. [Nux].
	Spatzenzunge.	Kelch 4=spaltig, blumenartig, gleichförm. Staubgef. eingeschlossen. Nuß.

† POLYGONUM. Knöterig.

DIGYNIA. **Zweyweibige.**

303.	MOEHRINGIA.	Cor. 4-petala. Cal. 4-phyllus. Caps. 1-locularis.
	Möhringie.	Blume 4=blätterig. Kelch 4=blätterig. Kaps. 1=fächerig.

† CHRYSOSPLENIUM. Goldmilz. ACER. Ahorn. ULMUS. Rüster.

TRIGYNIA. **Dreyweibige.**

305.	SAPINDUS.	Cor. 4-petala. Cal. 4-phyllus. Bacca 3-cocca, 1-sperma.
	Seifennuß.	Blume 4=blätterig. Kelch 4=blätterig. Beere 3=knöpfig, 1=saamig.
304.	POLYGONUM.	Cor. o. Cal. 5-partitus. Sem. 1, nudum.
	Knöterig.	Blume o. Kelch 5=theilig. Saame 1, nackt.

† HYDRANGEA. Hydrangea.

TETRAGYNIA. **Vierweibige.**

307.	ADOXA.	Cor. 4- s. 5-fida, supera. Cal. 2-phyllus. Bacca 4- s. 5-sperma.
	Waldrauch.	Blume 4= od. 5=spaltig, oben. Kelch 2=blätterig. Beere 4= od. 5=saamig.
308.	ELATINE.	Cor 4-petala. Cal. 4-phyllus. Caps. 4-locularis.
	Hendelweiß.	Blume 4=blätterig. Kelch 4=blätterig. Kaps. 4=fächerig.
306.	PARIS.	Cor. 4-petala, subulata. Cal. 4-phyllus. Bacca 4-locularis.
	Einbeer.	Blume 4=blätterig, pfriemig. Kelch 4=blätterig. Beere 4=fächerig.

† PETIVERIA. Petiverie. MYRIOPHYLLUM. Saußamen.

OCTOGYNIA. **Achtweibige.**

† PHYTOLACCA. Kermesbeere.

Octandria. Achtmännige Pflanzen.

MONOGYNIA. Einweibige.

293. TROPAEOLVM. *Cal.* 1-phyllus, calcaratus. *Pet.* 5, inaequalia. *Baccae* 3, siccae.

293. **Kapuzinerblume.** Kelch 1=blätterig, gespornt. Blumenbl. 5, ungleichförm. Beeren 3, trocken.

minut.   1. T. foliis peltatis repandis, petalis acuminato-seuceis [acutis].

kleine.   K. m. schildförm. ausgeschweiften Blätt., spitzen Blumenbl. ☉ ♃
   W. Peru. Zierpfl. Bl. 6=8.

maius.   2. T. fol. peltatis subquinquelobis, petal. obtusis. *Nasturtii indici Flores, Fructus.*

grosse.   K. m. schildförmigen fastfünflappigen Bldtt., stumpfen Blumenbl. ☉ Indianische, spanische Kresse, Klimmauf, Capuzinerlein, Capuzinerkappern, gelber Rittersporn.
   W. Peru. Küchengew. Zierpfl. Bl. 6=8.

294. OENOTHERA. *Cal.* 4-fidus, [tubulosus]. *Pet.* 4. *Caps.* cylindrica, infera. *Sem.* nuda.

294. **Weinblume.** Kelch 4=spaltig, röhrig. Blume 4= blätterig. Kapf. walzenförm., unten. Saamen nackt. Nachtkerze.

biennis.   1. O. fol. ovato-lanceolatis planis, caule muricato-villoso. *Onagrae Radix.*

Rapunzelwurzel.   W. m. eyförmig-lanzigen Blätt., zackig-zottigem Stamme. ♂ Französischer Rapunzel, Rapontica, gehörnter, gelber Weiderich, Eßwurzel, Rapunzel-Sellerie, Nachtschlüsselblume.
   W. Virginien, verwildert auf Weiden, Aeckern, Gärten, Wegen. Küchengew. Zierpfl. Bl. 6=9.

295. EPILOBIVM. *Cal.* 4-fidus. *Pet.* 4. *Caps.* oblonga, infera. *Sem.* papposa.

295. **Eberich.** Kelch 4=spaltig. Blume 4=blätterig. Kapf. länglich, unten. Saam. federig. Weidenröschen. Unholdenkraut. Weiderich.

* *Staminibus declinatis.*
Mit abwärtsgeneigten Staubgefässen.

angustifolium.   1. E. foliis sparsis lineari-lanceolatis [integerrimis costatis], flor. inaequalibus.

schmahlblätteriger.   W. m. zerstreuten schmahllanzigen ganzrandigen aderigen Blätt., ungleichförm. Blüthen. ♃ Schottenweiderich, Eberkraut, Feuerkraut, St. Antoniikraut, Waldweiderich.
   W. Schattige feuchte steinige Wälder, Bäche, Graben. Bl. 6=8.

** *Staminibus erectis regularibus, petalis bifidis.*
** Mit aufrechten regelmässigen Staubgefässen, zweyspaltigen Blumenblättern.

hirsutum.   2. E. fol. oppositis [alteruisque ovato-] lanceolatis serratis decurrenti-amplexicaulibus, [caule ramoso].

Monogynia. Einweibige.   171

haariger. 2. W. m. entgegengesetzten und abwechselnden eyförmig-lanzigen sägigen herablaufend-umfassenden Blätt., ästigem Stamme. ♃ Wasserviolen.
W. Feuchte Oerter, Gräben, Ufer. Bl. 6-9.

[pubescens. 3. E. fol. oppositis alternisque lanceolatis subpetiolatis, caule simplici].

rother. W. m. entgegengesetzten und abwechselnden lanzigen kaumgestielten Blätt., astlosem Stamme. ♃
W. Feuchte Oerter, Bäche, Gräben, Ufer. Bl. 6-9.

montanum. 4. E. fol. oppositis ovatis dentatis.

gehörnter. W. m. entgegengesetzten eyförm. gezahnten Blätt. ♃ Glatter, brauner Schotenweiderich, Bergweiderich.
W. Berge, Wälder, Büsche, feuchte Oerter. Bl. 6-9.

tetragonum. 5. E. fol. lanceolatis denticulatis: imis oppositis, caule tetragono.

vierkantiger. W. m. entgegengesetzten unteren, lanzigen gezähnelten Blätt., vierkantigem Stamme. ♃
W. Feuchte schattige Oerter. Bl. 6-8.

palustre. 6. E. fol. oppositis lanceolatis integerrimis, petal. emarginatis, caule erecto.

blumiger. W. m. entgegengesetzten lanzigen ganzrandigen Blätt., ausgerandeten Blumenbl., aufrechtem Stamme. ♃ Sumpf-, Rosen-, Blumen-Weiderich, klein Weidenröslein.
W. Sümpfe, Gräben, feuchte Wiesen und Wälder. Bl. 7. 8.

296. AMYRIS. *Cal.* 4-dentatus. *Pet.* 4, oblonga. *Stigma* tetragonum. *Bacca* drupacea.

296. Abuscham. Kelch 4-zahnig. Blumenbl. 4, länglich. Narbe 4-kantig. Beere pflaumenartig.

Elemifera. 1. A. fol. ternatis quinato-pinnatisque subtus tomentosis. *Gummi Elemi?*

Elemi. A. m. dreyfingerigen und fünffingerig-gefiederten unten filzigen Blätt. ♄
W. Carolina. Liefert weder das falsche noch das ächte Elemiharz.

gileadensis. 2. A. fol. ternatis integerrimis [glabris], pedunc. unifloris lateralibus. *Balsamum de Mecca, Opobalsamum, Balsamum verum s. gileadense. — Xylobalsamum. — Carpobalsamum.*

Balsamstrauch. A. m. dreyfingerigen, gefiederten u. doppeltgefiederten Blätt., m. stiellosen ganzrandigen glatten Blättch., seitenständ. einblüthigen Blüthenst. ♄
W. Arabien, Palästina auf Bergen. Liefert den ächten Balsam von Mecca oder Gilead.

Opobalsamum. 3. A. fol. pinnatis: foliol. sessilibus. [*Idem cum priore*].

297. [SKINNERA. *Cal.* tubulosus, 4-partitus, coloratus, corollifer. *Cor.* 4-petala. *Bacca* infera, 4-locularis, polysperma. — Fuchsia *Willd.*]

172 Octandria. Achtmännige Pflanzen.

297. **Thilko.** Kelch röhrig, 4=theilig, farbig, blumentragend. Blume 4=blätterig. Beere unten, 4=fächerig, vielsaamig.

[coccinea. 1. S. fol. ternis serratis, petalis retusis. — Fuchsia coccinea *Willd.*]

rothe. T. m. dreyzähligen sägigen Blätt., abgestumpften Blumenbl. ♄
W. Chili bis an die magellanische Straße. Zierpfl. Bl. 6=9.

298. LAWSONIA. *Cal.* 4-fidus. *Pet.* 4. *Stam.* 4, parium. *Caps.* 4-locularis, polysperma.

298. **Alkanna.** Kelch 4=spaltig. Blume 4=blätterig. Staubgef. 4, paarig. Kapf. 4=fächerig, vielsaamig.

inermis. 1. L. ramis inermibus.
spinosa. 2. L. ramis spinosis. [Sine dubio ambae Species Linneanae non nisi cultura differunt; eandemque constituunt Speciem, L. alcanna, foliis subsessilibus ovatis dicendam]. *Alkannae verae s. orientalis Radix.*

ächte. A. m. faststiellosen eyförm. Blätt. ♄
α. zahme m. dornlosen Aesten.
β. wilde m. dornigen Aesten.
W. Ostindien, Egypten, Cypern, Syrien. Blätter Farbematerial.

299. VACCINIVM. *Cal.* superus. *Cor.* 1-petala. *Filam.* receptaculo inserta. *Bacca* 4-locularis, polysperma.

299. **Heidelbeere.** Kelch oben. Blume 1=blätterig. Staubfäd. hälterständig. Beere 4=fächerig, vielsaamig. Kuthecken.

* *Foliis annotinis s. deciduis.* Mit jährigen Blättern.

Myrtillus. 1. V. pedunculis unifloris, fol. ovatis serratis deciduis, caulo angulato. *Myrtillorum Baccae.*

Waldbeere. H. m. einblüthigen Blüthenst., eyförm. sägigen abfallenden Blätt., kantigem Stamme. ♄ Bickbeere, Blaubeere, Schwarzbeere, Staudelbeere, Roßbeere, schwarze Moosbeere, Gaudelbeere ꝛc.
W. Wälder. Bl. 5. 6.

uliginosum. 2. V. pedunc. unifloris, fol. integerrimis obovatis obtusis laevibus.

Rauschbeere. H. m. einblüthigen Blüthenst., ganzrand. verkehrteyförm. stumpfen glatten Blätt. ♄ Trunkelbeeren, Grosse H., Roßbeeren, Krackbeeren, Bruchbeeren, Moorbeeren, Sumpfheidelbeeren.
W. Sumpfige u. morastige Gegenden, Torfmoore, Alpen. Bl. 5. 6.

** *Foliis sempervirentibus.* Mit immergrünen Blättern.

Vitis idaea. 3. V. racem. terminalibus nutantibus, fol. obovatis revolutis integerrimis subtus punctatis. *Vitis idaeae Baccae, Folia.*

Preisselbeere. H. m. spitzeständ. nickenden Trauben, verkehrteyförm. umgerollten ganzrandigen unten getüpfelten Blätt. ♄

| | Kronsbeeren, Krausbeeren, rothe H., Steinbeeren, Griffelbeeren, Kranbeeren, Hölperlebeeren.
W. Wälder. Bl. 4–6.
Oxycoccos. | 4. V. fol. integerrimis revolutis ovatis, caulib. repentibus filiformibus nudis. [Schollera Oxycoccus Roth. Oxycoccus palustris Pers.] Oxycoccos Baccae.
Moosbeere. | H. m. ganzrandigen umgerollten epförm. Blätt., kriechenden fadenförm. nackten Stämmen. ♄ Sumpfbeere, Fennbeere, Kranichbeere, Winterbeere, Affenbeere, Rauschgrün.
W. Torfmoore, sumpfige u. morastige Gegenden. Bl. 5. 6.

300. ERICA. *Cal.* 4-phyllus. *Cor.* 4-fida. *Filam.* receptaculo inserta. *Anther.* bifidae. *Caps.* 4-locularis.
300. Heide. Kelch 4-blätterig. Blume 4-spaltig. Staubfäd. hälterständig. Staubbeutel 2-spaltig. Kaps. 4-fächerig.

* *Antheris aristatis, foliis oppositis.*
* Mit grannigen Staubbeuteln, entgegengesetzten Blättern.

vulgaris. | 1. antheris aristatis, corollis campanulatis subaequalibus, calycibus duplicatis, fol. oppositis sagittatis. Ericae Flores.
gemeine. | H. m. grannigen Staubb., glockenförm. fastgleichförm. Blumen, verdoppelten Kelchen, entgegengesetzten pfeilförm. Blätt. ♄
W. Sandige, torfige Gegenden, Berge. Dient zu Besen, Streu, Pottasche. Bl. 6–9.

—— *foliis ternis.* —— mit dreyzähligen Blättern.
Halicacaba. | 2. E. anth. aristatis, cor. ovatis inflatis, stylo incluso, flor. solitariis, fol. ternis [linearibus]
judenkirschartige. | H. m. grannigen Staubbeut., epförm. aufgeblasenen Blum., eingeschlossenem Griffel, einzelnen Blüth., dreyzähligen schmahlen Blätt. ♄
W. Vorgeb. der guten Hofn. an steilen Felsen. Gewächshauspfl. Bl. 5. 6.
scoparia. | 3. E. anth. aristatis [cristatis], cor. campanulatis stigmate exserto peltato, fol. ternis.
besenförmige. | H. m. gekammten Staubb., glockenförmiger Blume, schildförmiger hervorragender Narbe, dreyzähligen Blätt. ♄
W. Portugal, Spanien, Südfrankreich auf grossen wüsten Feldern. Dient zu Besen. Gewächshauspfl. Bl. 3–5.
arborea. | 4. E. anth. aristatis, cor. campanulatis [campanulato-globosis], stylo exserto, fol. ternis [quaternisque], ramulis incanis.
baumartige. | H. m. grannigen Staubbeut., glockenförmig-kugeligen Blumen, hervorragendem Griffel, drey- u. vierzähligen Blätt., grauen Zweigen. ♄
W. Südeuropa. Engl. Gärten. Gewächshauspflanze. Bl. 11–5.

Octandria. Achtmännige Pflanzen.

—— *foliis quaternis.* —— mit vierzähligen Blättern.

Tetralix. 5. E. anth. aristatis, cor. ovatis, stylo incluso, fol. quaternis ciliatis, flor. capitatis.

grasse. H. m. grannigen Staubb., epförm. Blumen, eingeschlossenem Griffel, vierzähligen gefransten Blätt., knopfigen Blüth. ♃ Sumpfheide.
W. Sümpfe, Moore, morastige Wälder und Heiden. Dient zu Besen. Bl. 5. 7 u. 9. 10

[sessiliflora. 6. E. anth. aristatis, cor. clavatis, stylo exserto, fol. quaternis senisque, flor. sessilibus deflexis. — E. spicata *Thunb. Willd.*]

ährenblätrige. H. m. grannigen Staubb., keuligen Blum., hervorragendem Griffel, vier- u. sechszähligen Blätt., stiellosen herabgebogenen Blüth. ♃
W. Vorgeb. der guten Hofn. auf Bergen. Gewächshauspfl. Bl. 5. 6.

** *Antheris cristatis, foliis ternis.*
** Mit gekammten Staubbeuteln, dreyzähligen Blättern.

triflora. 7. E. anth. cristatis, cor. globoso-campanulatis [magnitudine calycis], stylo incluso, fol. ternis, flor. terminalibus.

dreyblumige. H. m. gekammten Staubbeut., kugelig-glockenförm. so grossen Blum. als der Kelch, eingeschlossenem Griff., dreyzähligen Blätt., spitzeständ. Blüth. ♃
W. Gipfel des Tafelberges. Gewächshauspfl. Bl. 6-8.

baccans. 8. E. anth. cristatis, cor. globoso-campanulatis tectis, fol. ternis imbricatis.

beerartige. H. m. gekammten Staubb., kugelig-glockenförm. eingehüllten Blum., dreyzähl. geschindelten Blätt. ♃
W. Vorgeb. der guten Hofn. Gewächshauspfl. Bl. 5.

corifolia. 9. E. anth. cristatis, cor. ovatis, stylo incluso, cal. turbinatis, fol. ternis, flor. umbellatis. *Stigma capitatum.*

erdkieferblätterige. H. m. gekammten Staubb., epförm. Blumen, eingeschlossenem Griffel, kräuselförm. Kelchen, dreyzähligen Blätt., doldigen Blüth. ♃
W. Vorgeb. der guten Hofnung auf Sandfeldern. Gewächshauspfl. Bl. 6-8.

—— *foliis quaternis.* —— mit vierzähligen Blättern.

[arbutiflora. 10. E. anth. cristatis inclusis, cor. globoso-campanulatis calyce ovato aequalibus, fol. quaternis linearibus serrulatis. — E. baccans *Thunb.* ab E. baccante *Linn.* diversa].

beerenförmige. H. m. kammigen eingeschlossenen Staubb., kugelig-glockenförm. so langen Blumen als der epförmige Kelch, vierzähl. schmahlen schwachsägigen Blätt. ♃
W. Vorgeb. der guten Hofnung auf sandigen Hügeln. Gewächshauspfl. Bl. 4-8.

*** *Antheris muticis inclusis: foliis oppositis.*
*** Mit unbewaffneten eingeschlossenen Staubbeuteln, entgegengesetzten Blättern.

tenuifolia.	11. E. anth. muticis inclusis, cor. calyceque sanguineis, fol. oppositis.
dünnblätterige.	H. m. unbewaffneten eingeschlossenen Staubb., blutrothen Blum. u. Kelch, entgegengesetzten Blätt. ♄ W. Vorgeb. der guten Hofn. Gewächshauspfl. Bl. 9.

—— *foliis ternis.* —— mit dreyzähligen Blättern.

albens.	12. E. anth. muticis inclusis, cor. ovatis oblongis acutis, fol. ternis, racemis secundis. *Calyx et Corolla alba.*
weißliche.	H. m. unbewaffneten eingeschlossenen Staubb., eyförmig-länglichen spitzen Blumen, einseitigen Trauben. Kelch und Blume weiß. ♄ W. Vorgeb. der guten Hofn. Gewächshauspfl. Bl. 4. 5.
capitata.	13. E. anth. muticis mediocribus, cor. tectis calyce lanato, fol. ternis, flor. sessilibus.
knopfförmige.	H. m. unbewaffneten mäßiglangen Staubb., mit wolligen Kelche bedeckten Blumen, dreyzähligen Blätt., stiellosen Blüth. ♄ W. Vorgeb. der guten Hofn. Gewächshauspfl. Bl. 4-7.
absynthioides.	14. E. anth. muticis inclusis, cor. ovato-campanulatis, stylo exserto, stigmate infundibuliformi, fol. ternis.
wermuthartige.	H. m. unbewaffneten eingeschlossenen Staubb., eyförmig-glockenförm. Blum., hervorragenden Griffeln, trichterförm. Narbe, dreyzähl. Blätt. ♄ W. Vorgeb. der guten Hofn. Gewächshauspfl. Bl. 6. 7.

—— *foliis quaternis.* —— mit vierzähligen Blättern.

coccinea.	15. E. anth. muticis subinclusis, cor. clavatis grossis, stylo incluso, cal. hirsutis, fol. quaternis [glabris]. *Corollae pubescentes, Flores copiosi.*
hochrothe.	H. m. unbewaffneten fasteingeschlossenen Staubb., keuligen dicken Blum., eingeschlossenem Griff., struppigen Kelch., vierzähligen glatten Blätt. Blumen haarig. Blüthen häufig. ♄ W. Vorgeb. der guten Hofnung auf Hügeln. Gewächshauspfl. Bl. 4-9.
cerinthoides.	16. E. anth. muticis inclusis, cor. clavatis grossis, stigmate incluso cruciato, fol. quaternis [villosis]. *Flores subcapitati, pubescentes. Calyx quasi duplicatus.*
wachsblumenartige.	H. m. unbewaffneten eingeschlossenen Staubb., keuligen dicken Blum., eingeschlossener gekreuzter Narbe, vierzähl. zottigen Blätt. Blüthen fastknöpfig, haarig. Kelch gleichsam verdoppelt. ♄ W. Vorgeb. der guten Hofnung auf Hügeln. Gewächshauspfl. Bl. 4-10.

**** Antheris muticis exsertis, foliis quaternis pluribusque.
**** Mit unbewaffneten hervorragenden Staubbeut., vier- und mehrzähligen Blättern.

herbacea. 17. E. anth. muticis exsertis, cor. oblongis, fol. quaternis, flor. secundis.

krautartige. H. m. unbewaffneten hervorragenden Staubb., länglichen Blumen, hervorragendem Griffel, einseitiger Blüth. ♄

W. Das gemässigte Europa auf schattigen trockenen Anhöhen. Zierpfl. Die Blüthen zeigen sich im Herbst, und öfnen sich im Frühling.

multiflora. 18. E. anth. muticis exserta, cor. cylindricis, stylo exserto, fol. quinis, flor. sparsis.

vielblüthige. H. m. unbewaffneten hervorragenden Staubb., walzenförm. Blum., hervorragendem Griff., zerstreuten Blüth. ♄

W. England, Languedoc. Zierpfl. Bl. 7-9.

301. DAPHNE. *Cal.* [Cor.] 0. *Cor.* [Cal] 4-fida, corollacea, marcescens, stamina includens. *Bacca* [Drupa] 1-sperma.

301. Seidelbast. Blume 0. Kelch 4-spaltig, blumenartig, welkend, die Staubgefässe einschliessend. Pflaume 1-saamig. Kellerhals. Zeiland.

* Floribus lateralibus. Mit seitenständigen Blüthen.

Mezereum. 1. D. floribus sessilibus ternis caulinis, foliis lanceolatis deciduis. *Mezerei Cortex, Radix.* — *Coccognidii Semina s. Baccae, Grana cnidia, Cocci cnidii.*

Kellerhals. S. m. stiellosen dreyzähl. stammständ. Blüthen, lanzigen abfallenden Blätt. ♄ Wolfsbast, Bergpfeffer, deutscher Pfeffer, Pfefferstrauch, Pfefferbeere, Brennwurz, Stechbeere.

W. Wälder. Zierpfl. Engl. Gärten. Bl. 3-4.

Laureola. 2. D. racem. axillaribus quinquefloris, fol. lanceolatis glabris. *Mezerei Cortex.*

immergrüner. S. m. winkelständ. fünfblüthigen Trauben, lanzigen glatten Blätt. ♄

W. Oesterreich, Schweiz, Frankreich, England. Engl. Gärten. Bl. 1-5.

** Floribus terminalibus. Mit spitzeständigen Blüthen.

Cneorum. 3. D. flor. fasciculatis terminalibus sessilibus, fol. lanceolatis nudis mucronatis.

wohlriechender. S. m. büscheligen spitzeständ. stiellosen Blüth., langen nackten stachelspitzigen Blätt. ♄

W. Warme sandige Gegenden. Zierpfl. Engl. Gärten. Bl. 3-5.

Gnidium. 4. D. panicula terminali, fol. lineari-lanceolatis acuminatis. *Thymelaeae Cortex.*

rispenblüthiger. S. m. spitzeständiger Rispe, schmahllanzigen zugespitzten Blätt. ♄

W. Südeuropa an steinigen Oertern. Engl. Gärten. Bl. 5. 6.

302. STELLERA. *Cal.* 0. *Cor.* 4- [s. 5-] fida. *Stam.* brevissima. *Sem.* [Nux] 1, rostrat.

302.

Trigynia. Dreyweibige.

302. **Spatzenzunge.** Kelch o. Blume 4= u. 5=spaltig. Staubgef. sehr kurz. Nuß 1, geschnabelt.

Passerina.   1. S. foliis linearibus, floribus quadrifidis.
winkelblüthige.   S. m. schmahlen Blätt., vierspaltigen Blumen.
    W. Dürre Felder, Aecker. Bl. 7. 8.

DIGYNIA. Zweyweibige.

303. MOEHRINGIA. *Cal.* 4-phyllus. *Pet.* 4. *Caps.* 1-locularis, 4-valvis.

303. **Möhringie.** Kelch 4=blätterig. Blume 4=blätterig. Kaps. 1=fächerig, 4=klappig.

muscosa.   1. Moehringia.
moosige.   Möhringie. ☉
    W. Feuchte steinige Oerter. Bl. 5=7.

TRIGYNIA. Dreyweibige.

304. POLYGONVM. *Cal.* o. *Cor.* 5-partita, calycina. *Sem.* 1, angulatum.

304. **Knöterig.** Kelch o. Blume 5=theilig, kelchartig. Saame 1, kantig.

* Bistortae: *spica unica.* Natterwurz: m. einziger Aehre.

Bistorta.   1. P. caule simplicissimo monostachyo, fol. ovatis in petiolum decurrentibus. *Bistortae Radix.*
Schlangen=   K. m. höchsteinfachem einährigem Stamme, eyförm. in kraut.   einen Blattstiel auslaufenden Blätt. ♃ Otternwurzel, Krebswurzel, Drachenwurz, Schuppenwurz, Gänseampfer.
    W. Berge, feuchte Wiesen. Bl. 5=7.

** Persicariae, *pistillo bifido, aut stamina minus 8.*

** Flöhkraut mit zweyspaltigem Stempel oder weniger wie 8 Staubgefässe.

amphibium.   2. P. flor. pentandris semidigynis, spica ovata. *Persicariae acidae Herba, Radix.*
Sommerlocken.   K. m. fünfmännigen halbzweyweibigen Blüth., eyförmiger Aehre. ♃
  α. aquaticum caule repente, fol. glabris.
    Seehalden m. kriechendem Stamme, glatten Blätt.
  β. terrestre caule stricto, fol. hirtis.
    ländlicher m. geradem Stamme, rauhen Blätt.
    W. α. Gräben, Teiche, Sümpfe, Ufer. β Aecker, Gärten, Wiesen. Bl. 6=9.

Hydropiper.   3. P. flor. hexandris semidigynis, fol. lanceolatis, stipul. submuticis. *Persicariae urentis s. Hydropiperis Herba.*
Wasserpfeffer.   K. m. sechsmännigen halbzweyweibigen Blüth., lanzigen Blätt., fastunbewaffneten Afterblätt. ☉ Flöhpfeffer, Pfauenspiegel, Pfauenkraut, Bitterling, Rüttig, Mückenkraut.
    W. Gräben, stehendes Wasser, feuchte Plätze. Bl. 6=11.

Octandria. Achtmännige Pflanzen.

Persicaria. 4. P. flor. hexandris digynis, spicis ovato-oblongis, fol. lanceolatis, stipulis ciliatis. *Persicariae mitis Herba.*

Rötschel. K. m. sechsmännigen zweyweibigen Blüth., eyförmig-länglichen Aehren, lanzigen Blätt., gefranzten Afterblätt. ☉ Rüttig.

orientale. 5. P. flor. heptandris digynis, fol. ovalis, caule erecto, stipul. hirtis hypocrateriformibus.

schöner. K. m. fastsiebenmännigen zweyweibigen Blüth., eyförmigen Blätt., aufrechtem Stamme, rauhen nagelförm. Afterblätt. ☉
W. Asien. Zierpfl. Bl. 7-10.

*** *Polygona foliis indivisis, floribus octandris.*
*** Wegetritt m. ungetheilten Blättern, achtmännigen Blüthen.

aviculare. 6. P. flor. octandris trigynis axillaribus, fol. lanceolatis, caule procumbente herbaceo. *Centumnodiae Herba.*

Jungferntritt. K. m. achtmännigen dreyweibigen winkelständ. Blüth., lanzigen Blätt., niederliegendem krautartigem Stamme. ☉ Wegegras, Blutkraut, Tennengras, Saugras, Zehrgras, Wegelauf, Tausenknoten.
W. Wüste Plätze, Aecker, Gärten, Wege, Straßen, Hecken. Bl. 6-9.

**** *Helxine, foliis subcordatis.*
**** Heidekorn m. fastherzförmigen Blättern.

tataricum. 7. P. fol. cordato-sagittatis, caule inermi erecto, semin. subdentatis.

tatarischer. K. m. herzförmig-pfeilförmigen Blätt., unbewaffnetem aufrechtem Stamme, schwachgezahnten Saamen. ☉ Sibirischer Buchweizen.
W. Sibirien. Getreide. Bl. 6-8.

Fagopyrum. 8. P. fol. cordato-sagittatis, caule erectiusculo inermi, seminum angulis aequalibus. *Fagopyri Semen.*

Buchweitzen. K. m. herzförmig-pfeilförmigen Blätt., ziemlichaufrechtem unbewaffnetem Stamme, gleichförm. Kanten der Saamen. ☉
W. Asien, verwildert auf Aeckern. Getreide. Bl. 5-8.

Convolvulus. 9. P. fol. cordatis, caule volubili angulato, flor. obtusatis. *Antherae violaceae.*

Kletternder. K. m. herzförm. Blätt., windendem kantigem Stamme, stumpfen Blüth. ☉ Kletternder Buchweizen, Buchwinde, Heidelwinde, Vogelzunge, schwarze Winde, wild Heidekorn.
W. Aecker, Gärten, Hecken. Als Getreide empfohlen. Bl. 6-8.

dumetorum. 10. P. fol. cordatis, caule volubili laevi, flor. carinato-alatis. *Antherae albae.*

Vogelzunge. K. m. herzförm. Blätt., windendem ebenem Stamme, gekielt-geflügelten Blüthen. ☉ Heidelwinde.
W. Gesträuche. Bl. 7-9.

305. SAPINDVS. *Cal.* 4-phyllus. *Pet.* 4. *Caps.* carnosae, connatae, ventricosae.

305. Seifennuß. Kelch 4=blätterig. Blume 4=blätterig. Kapseln fleischig, zusammengewachsen, bauchig. Seifenbaum.

Saponaria. 1. S. fol. impari-pinnatis, [foliol. lanceolatis, rachi alata], caule inermi. *Saponariae Nucleae.*
gebräuchliche. S. m. unpaargefiederten Blätt., lanzigen Blättchen, geflügelter Spindel. ♄
W. Brasilien, Jamaica.

TETRAGYNIA. Vierweibige.

306. PARIS. *Cal.* 4-phyllus. *Pet.* 4, angustiora. *Bacca* 4-locularis.

306. Einbeer. Kelch 4=blätterig. Blumenbl. 4, schmäler. Beere 4=fächerig.

quadrifolia. 1. Paris. *Paridis Herba, Radix.*
vierblätterige. Einbeer. ♃ Wolfsbeere, Sauauge, Sternkraut.
W. Wälder. Bl. 4-6.

307. ADOXA. *Cal.* 2- s. 3-fidus, inferus. *Cor.* 4- s. 5-fida, supera. *Bacca* 4- s. 5-locularis, calyce coalita.

307. Waldrauch. Kelch 2= oder 3=theilig, unten. Blume 4= oder 5=spaltig, oben. Beere 4= oder 5=fächerig, mit dem Kelch verwachsen. Bisamkraut.

Moschatellina. 1. Adoxa.
Bisamkraut. Waldrauch. ♃
W. Wälder, Büsche, Hecken. Bl. 3-5.

308. ELATINE. *Cal.* 4-phyllus. *Pet.* 4. *Caps.* 4-locularis, 4-valvis, depressa.

308. Hendelweiß. Kelch 4=blätterig. Blume 4=blätterig. Kaps. 4=fächerig, 4=klappig, plattgedrückt. Wasserpfeffer.

Hydropiper. 1. E. fol. oppositis.
Wasserpfeffer. H. m. entgegengesetzten Blätt. ♃
W. Klare stehende Wasser, überschwemmte Gegenden. Bl. 6-8.

Neunte Klasse.
ENNEANDRIA.
Neunmännige Pflanzen.

MONOGYNIA. Einweibige.

509. LAURUS. *Cal.* 0. *Cor.* 6-petala, [4- 7-partita], calycina. *Bacca* 1-sperma. *Nectarii* glandulae 2-setae.

Lorbeer. Kelch 0. Blume 4: bis 7:theilig, kelchartig. Beere 1:saamig. Honigdrüsen 2:borstig.

510. ANACARDIUM. *Cal.* 5-partitus. *Cor.* 5-petala. *Stam.* decimo castrato. *Nux* receptaculo carnoso.

Akaju. Kelch 5:theilig. Blume 5:blätterig. Staubgef. mit einem zehnten unfruchtbaren. Nuß auf fleischigem Hälter.

TRIGYNIA. Dreyweibige.

511. RHEUM. *Cal.* 0. *Cor.* 6-fida. *Sem.* 1, triquetrum.

Rhabarber. Kelch 0. Blume 6:spaltig. Saame 1, dreyseitig.

HEXAGYNIA. Sechsweibige.

512. BUTOMUS. *Cal.* 0. *Cor.* 6-petala. *Caps.* 6, polyspermae.

Kameelheu. Kelch 0. Blume 6:blätterig. Kaps. 6, vielsaamig.

MONOGYNIA. Einweibige.

509. LAVRVS. *Cal.* 0. *Cor.* calycina, 6-partita. *Nectar.* glandulis 3, bisetis, germen cingentibus. *Filam.* interiora glandulifera. *Drupa* 1-sperma.

309. Lorbeer. Kelch 0. Blume kelchartig, 6:theilig. Nectar. aus 3 zweyborstigen, den Fruchtknoten umgebenden Drüsen. Staubf. innere drüsentragend. Pflaume 1: saamig.

Cinnamomum. 1. L. fol trinerviis ovato-oblongis: nervis versus apicem evanescentibus. *Cinnamomi Cortex.* — *Cassiae Flores?*

Zimmetbaum. L. m. dreyrippigen eyförmig-länglichen Blätt., mit gegen die Spitze hin verschwindenden Rippen. ♄ W. Ostindische Inseln, besonders Zeylon, Malabar, Isle de France, Brasilien, einige Antillen. Zahm daselbst. Seine Rinde das unter dem Namen Zimmt oder Canel bekannte Gewürz. Bl. 1.

Cassia. 2. L. fol. triplinerviis lanceolatis. [*Secundum Thunb.*

Monogynia. **Einweibige.**

varietas praecedentis]. *Cassiae ligneae, Canellae malabaricae Cortex. Malabathiri Folia.*

Caffie. 2. L. m. drepfachgerippten lanzigen Blätt. ♄
W. Zeplon. Liefert die Caffienrinde. Abart des vorigen.

Camphora.
Kampferbaum. 3. L. fol. triplinerviis lanceolato-ovatis. *Camphora.*
L. m. drepfachgerippten lanzig-epförm. Blätt. ♄
W. Japan in Wäldern. Liefert den Kampfer.

Culilaban.
Culilawan. 4. L. fol. triplinerviis oppositis. [*An varietas L. Cassiae?*] *Culilawan Cortex.*
L. m. drepfachgerippten entgegengesetzten Blätt. ♄
W. Ostindische Inseln.

nobilis.
gemeiner. 5. L. fol. lanceolatis venosis perennantibus, flor. quadrifidis. *Lauri Folia, Baccae.*
L. m. lanzigen abrigen immergrünen Blätt., vierspaltigen Blüth. ♄
W. Südeuropa. Gewächshauspfl. Bl. 5. 6.

Benzoin.
Benzoin. 6. L. fol. enerviis ovatis utrinque acutis integris annuis.
L. m. rippenlosen epförm. bepderwärts spitzen ganzrandigen abfallenden Blätt. ♄
W. Virginien in feuchtem und fettem Boden. Engl. Gärten. Bl. 4.

Sassafras.
Sassafras. 7. L. fol. trilobis integrisque. *Sassafras Lignum, Cortex.*
L. m. dreplappigen und ganzen Blätt. ♄
W. Nordamerica, Mexico, Brasilien in dürrem Boden. Engl. Gärten. Bl. 4. 5.

310. ANACARDIVM. *Cal.* 5-partitus. *Pet.* 5, reflexa. *Antherae* 9: unico castrato. *Nux reniformis supra receptaculum carnosum.*

310. Akaju. Kelch 5=theilig. Blumenbl. 5, zurückgebogen. Staubf. 9 fruchtbare, 1 unfruchtbarer. Nuß nierenförmig auf dem fleischigen Hälter. Nierenbaum.

occidentale. 1. A. [filamentis decem, unico castrato]. *Anacardium occidentale.*
Kaschu. A. m. zehn fruchtbaren, einem unfruchtbaren Staubfaden. ♄
W. Malabar, Zeplon, Brasilien, Guiana, Caraibische Inseln.

[orientale. 2. A. pentandrum. — *Semecarpus Anacardium Linn. Suppl. Willd.*] *Anacardium orientale.*
ächter. A. fünfmännig. ♄
W. Ostindien.

TRIGYNIA. Drepweibige.

311. RHEVM. *Cal.* o. *Cor.* 6-fida, persistens. *Sem.* 1, triquetrum.

311. Rhabarber. Kelch o. Blume 6=spaltig, bleibend. Saam. 1, drepseitig.

Rhaponticum. 1. R. fol. [obtusis] glabris, petiolis subsulcatis. *Rhapontici Radix.*

Rhaponik.	1. R. m. glatten stumpfen Blätt., schwachfurchigen Blattstielen. ♃
W. Thracien, Romanien, Südrußland, Sibirien. Zierpfl. Bl. 6. 7.
[hybridum.	2. R. fol. acutis glabris, petiolis subsulcatis].
verbaſterter.	R. m. ſpitzen glatten Blätt., ſchwachfurchigen Blattſtielen. ♃
W. Nordaſien. Zierpfl. Bl. 6. 7.
Rhabarbarum.	3. R. fol. subvillosis undulatis, petiolis aequalibus. Rheum undulatum Linn. Spec. pl. Rhabarbari s. Rhei Radix.
krausblätteriger.	R. m. etwaszottigen wogigen Blätt., gleichförmigen Blattſt. ♃
W. Sibirien in ſteinigem Boden. Zierpfl. Bl. 6. 7.
palmatum.	4. R. fol. palmatis acuminatis. Rhabarbari s. Rhei Radix.
ſpitzblätteriger.	R. m. handförm. zugeſpitzten Blätt. ♃
W. Mongoley. Zierpfl. Bl. 6. 7.
compactum.	5. R. fol. sublobatis obtusissimis glaberrimis lucidis denticulatis. Rhabarbari Radix?
dichter.	R. m. etwaslappigen ſehrſtumpfen ſehrglatten durchſcheinenden gezähnelten Blätt. ♃
W. Bucharey. Bl. 6. 7.
Ribes.	6. R. fol. granulatis, petiolis aequalibus.
pockiger.	R. m. pockigen Blätt., gleichförm. Blattſt. ♃
W. Perſien, Libanon, Carmel. Bl. ſelten bey uns.
[tataricum.	7. R. fol. cordato-ovatis integris planis glaberrimis, petiolis semiteretibus angulatis, panicula sulcata].
herzblätteriger.	R. m. herzförmig-eyförmigen ganzen flachen ſehrglatten Blätt., halbrunden kantigen Blattſtiel, gefurchter Riſpe.
W. Die kleine Tatarey.

HEXAGYNIA. Sechsweibige.

312. BVTOMVS. Cal. 0. Pet. 6 Caps. 6, polyspermae.
312. Kameelheu. Kelch 0. Blume 6=blätterig. Kapſ. 6, vielſaamig. Waſſerliſch.

umbellatus.	1. Butomus.
Roſenbinſe.	Kameelheu. ♃ Blumenbinſen, Binſenſchwertel, Waſſerreibchen, Blumenrohr.
W. Sümpfe, Gräben. Bl. 6=8.

Zehnte Klasse.
DECANDRIA.
Zehnmännige Pflanzen.

MONOGYNIA. Einweibige.
  * *Fl. polypetali irregulares.*
  * **Blüthen vielblätterig, unregelmässig.**

313. SOPHORA. *Cor.* papilionacea: Vexillo adscendente. *Legum.* torulis remotis. *
    Sophora. Blume schmetterlingsförmig: m. aufsteigender Fahne. Hülse mit entfernten Höckern.

314. CERCIS. *Cor.* papilion.: alis vexilliformibus. *Nectar.* glandula styliformis, sub germine.
    Cercis. Blume schmetterlingsf.: m. fahnenförm. Flügeln. Nectar. eine griffelförmige Drüse unter dem Fruchtknoten.

315. HYMENAEA. *Cor.* subaequalis. *Legum.* lignosum pulpa farinosa.
    Curbaril. Blume fastgleichförm. Hülse holzig m. mehlartigem Brey.

317. POINCIANA. *Cor.* petalo summo maiore. *Legum.* compressum.
    Poinciane. Blume m. grösserem obersten Blatte. Hülse zusammengedrückt.

319. [MYROXYLON. *Cor.* petalo supremo maiore. *Legum.* 1-spermum, apice dilatatum].
    Cabureiba. Blume m. grösserem oberstem Blatte. Hülse 1-saamig, an der Spitze breiter.

318. CAESALPINIA. *Cor.* petalo infimo pulchriore. *Legum.* rhombeum. *Sem.* rhombea.
    Brasilienholz. Blume m. schönerem unterstem Blatte. Hülse rautenförm. Saam. rautenförm.

324. TOLUIFERA. *Cor.* petalo infimo maiore. *Cal.* campanulatus.
    Toluine. Blume m. grösserem unterstem Blatte. Kelch glockenförmig.

316. CASSIA. *Cor.* inaequalis. *Anth.* rostratae. *Legum.* isthmis interceptum.
    Cassie. Blume ungleichförm. Staubbeut. geschnabelt. Hülse mit Verengerungen.

320. GUILANDINA. *Cor.* subaequalis, calyci insidens. *Legum.* rhombeum. *Sem.* ossea. **

---

*) *Sophora* Willd. *Cor.* papilion.: Vexillo adscendente. *Lomentum* moniliforme.
  Podalyria Willd. *Cor.* papilion.: Vexillo adscendente ventricosum, polyspermum.
**) *Guilandina* Willd. *Cor.* subaequal. calyci insidens. *Legum.* rhombeum. *Sem.* ossea.
  Hyperanthera Willd. *Cor.* subaequalis. *Legum.* 3-valve. *Sem.* alata.

320. Guilandine. Blume fastgleichförm., kelchständig. Hülse rautenform. Saam. steinhart.
322. DICTAMNUS. Cor. patula. Filam. pulveracea. Caps. 5, connexae. Sem. arillata.
Diptam. Blume klaffend. Staubf. staubig. Kapseln 5, zusammenhängend. Saam. überzogen.

** *Fl. polypetali aequales.*
** **Blüthen vielblätterig, gleichförmig.**

325. HAEMATOXYLON. Pistilli stigma emarginatum. Siliqua [Legum.] valvis navicularibus.
Campecheholz. Narbe ausgerandet. Schote m. schiffförmigen Klappen.
327. MELIA. Nectar. tubulosum, 10-dentatum. Drupa Nucleo [Nuce] 5-loculari.
Zederach. Nectar. röhrig, 10-zähnig. Pflaume m. 5-fächeriger Nuß.
326. SWIETENIA. Nectar. tubulosum, 10-dentatum. Caps. lignosa, 5-valvis. Sem. imbricata, margine membranaceo.
Mahagoni. Nectar. röhrig, 10-zähnig. Kaps. holzig, 5 klappig. Saam. geschindelt, m. häutigem Rande.
321. GUAIACUM. Cal. lacin. 2 exteriores minores. Caps. carnosa, 3-s. 5-locularis, angulata.
Guajak. Kelch m. 2 kleineren äusseren Lappen. Kaps. fleischig, 3' oder 5-fächerig, kantig.
323. RUTA. Germen punctis 10 melliferis. Caps. 5-fida, 5-locularis, polysperma.
Raute. Fruchtkn. m. 10 Honigpuncten. Kaps. 5-spaltig, 5-fächerig, vielsaamig.
328. QUASSIA. Caps. 5, bivalves, 1-spermae, insertae receptaculo carnoso.
Quassie. Kaps. 5, 2-klappig, 1-saamig, auf dem fleischigen Hälter.
329. MONOTROPA. Cal. corollinus, basi gibbus. Caps. 5-locularis, polysperma.
Ohnblatt. Kelch blumenartig, an der Basis wulstig. Kaps. 5-fächerig, vielsaamig.
336. CLETHRA. Pistilli stigmata tria. Caps. 3-locul., polysperma.
Clethra. Stempel m. 3 Narben. Kaps. 3-fächerig, vielsaamig.
337. PYROLA. Antherae sursum bicornes. Caps. 5-locul., polysperma.
Wintergrün. Staubb. oben 2-hörnig. Kaps. 5-fächerig, vielsaamig.
332. LEDUM. Cor. plana, 5-partita. Caps. 5-locul., polysperma.
Porst. Blume flach, 5-theilig. Kaps. 5-fächerig, vielsaamig.
330. DIONAEA. Cal. 5-phyllus. Stigma fimbriatum. Caps. 1-locul. Sem. baseos capsulae.
Fliegenfalle. Kelch 5-blätterig. Narbe gesäumt. Kaps. 1-fächerig. Saam. im Boden der Kapsel.
† GERANIUM. Storchschnabel. PORTULACA. Portulak. PEGANUM. Harmela.

*** *Fl. monopetali aequales.*
*** **Blüthen einblätterig, gleichförmig.**

334. ANDROMEDA. Cor. campanulata, rotunda. Caps. 5-locul.

Monogynia. Einweibige.

334. Grenze. Blume glockenförm., rund. Kapſ. 5-fächerig.
333. RHODODENDRON. Cor. infundibulif. Stam. declinata. Caps. 5-locularis.
   Alpbalſam. Blume trichterförm. Staubgef. abwärtsgeneigt. Kapſ. 5-fächerig.
331. KALMIA. Cor. limbo subtus 5-corniculato. Caps. 5-locularis.
   Kalmie. Blume m. unten fünfhörniger Mündung. Kapſ. 5-fächerig.
335. ARBUTUS. Cor. ovata, basi diaphana. Bacca 5-locularis.
   Sandbeere. Blume eyförm. m. durchſcheinender Baſis. Beere 5-fächerig.
338. STYRAX. Cor. infundibulif. Drupa disperma.
   Storax. Blume trichterförm. Pflaume 2-ſaamig.
   † VACCINIUM. Heidelbeere. ANACARDIUM. Akaju.

**** Fl. apetali s. incompleti. Blüthen unvollſtändig.

339. [AQUILARIA. Cal. 5-partitus. Nectar. 5-fidum, lobis bifidis. Caps. 2-locularis, 2-valvis].
   Adlerholz. Kelch 5-theilig. Nectar. 5-ſpaltig: m. 2-ſpaltigen Lappen. Kapſ. 2-fächerig, 2-klappig.
340. COPAIFERA. Cal. 0. Cor. 4-petala. [Legum. monospermum].
   Copaiba. Kelch 0. Blume 4-blätterig. Schote 1-ſaamig.
   † BOCCONIA. Bocconie.

DIGYNIA. Zweyweibige.

345. SCLERANTHUS. Cor. nulla. Cal. 5-fidus, superus. Sem. 2.
   Knauel. Blume keine. Kelch 5-ſpaltig, oben. Saam. 2.
342. CHRYSOSPLENIUM. Cor. nulla. Cal. superus. Caps. 2-locularis, 2-rostris.
   Goldmilz. Blume keine. Kelch oben. Kapſ. 2-fächerig, 2-ſchnäbelig.
341. HYDRANGEA. Cor. 5-petala. Cal. 5-fidus, superus. Caps. 2-locularis, 2-rostris, circumscissa.
   Hydrangea. Blume 5-blätterig. Kelch 5-ſpaltig, oben. Kapſ. 2-fächerig, 2-ſchnäbelig, durchſchnitten.
343. SAXIFRAGA. Cor. 5-petala. Cal. 5-partitus. Caps. 1-locularis, 2-rostris.
   Steinbrech. Blume 5-blätterig. Kelch 5-theilig. Kapſ. 2-fächerig, 2-ſchnäbelig.
344. MITELLA. Cor. 5-petala. Cal. corolliferus. Caps. 2-valvis. Pet. pectinata.
   Biſchofshut. Blume 5-blätterig. Kelch blumentragend. Kapſ. 2-klappig. Blumenbl. bürſtenartig.
346. GYPSOPHILA. Cor. 5-petala. Cal. 5-partitus, campanulatus. Caps. 1-locularis, globosa.
   Kalkwurz. Blume 5-blätterig. Kelch 5-theilig, glockenförm. Kapſ. 1-fächerig, kugelig.
347. SAPONARIA. Cor. 5-petala. Cal. tubulosus, basi nudus. Caps. 1-locularis, oblonga.
   Seifenwurz. Blume 5-blätterig. Kelch röhrig, an der Baſis nackt. Kapſ. 1-fächerig, länglich.
348. DIANTHUS. Cor. 5-petala. Cal. tubulosus, basi squamosus. Caps. 1-locularis, oblonga.
   Nelke. Blume 5-blätterig. Kelch röhrig, an der Baſis ſchuppig. Kapſ. 1-fächerig, länglich.
   † HORTENSIA. Hortenſia.

TRIGYNIA. Dreyweibige.

549. *a* HORTENSIA. *Caps.* 1-locularis. *Pet.* cucullata.
Hortenſia. Kapſ. 1-fächerig. Blumenbl. tutenförmig.
552. ARENARIA. *Caps.* 1-locularis. *Pet.* integra, patentia.
Sandblume. Kapſ. 1-fächerig. Blumenbl. ganz, klaffend.
551. STELLARIA. *Caps.* 1-locularis. *Pet.* bipartita, patentia.
Meierich. Kapſ. 1-fächerig. Blumenbl. 2-theilig, klaffend.
549. *b* CUCUBALUS. *Caps.* 3-locularis. *Pet.* bifida, fauce nuda.
Taubenkropf. Kapſ. 3-fächerig. Blumenbl. 2-ſpaltig, mit nacktem Schlunde.
550. SILENE. *Caps.* 3-locularis. *Pet.* bifida, fauce coronata.
Silene. Kapſ. 3-fächerig. Blumenbl. 2-ſpaltig, m. gekröntem Schlunde.

† TAMARIX. Tamariſke. CRATAEGUS. Weißdorn.

PENTAGYNIA. Fünfweibige.

553. COTYLEDON. *Caps.* 5, ad nectaria. *Cor.* 1-petala.
Cotyledon. Kapſ. 5, bey den Nectarien. Blume 1-blätterig.
554. SEDUM. *Caps.* 5, ad nectaria. *Cor.* 5-petala.
Zumpen. Kapſ. 5, bey den Nectarien. Blume 5-blätterig.
559. SPERGULA. *Caps.* 1-locul. *Pet.* integra. *Cal.* 5-phyllus.
Spark. Kapſ. 1-fächerig. Blumenbl. ganz. Kelch 5-blätterig.
558. CERASTIUM. *Caps.* 1-locul. *Pet.* 2-fida. *Cal.* 5-phyllus.
Pettel. Kapſ. 1-fächerig. Blumenbl. 2-ſpaltig. Kelch 5-blätterig.
556. AGROSTEMMA. *Caps.* 1-locul., oblonga. *Cal.* tubuloſus, coriaceus.
Raden. Kapſ. 1-fächerig, länglich. Kelch röhrig, lederartig.
557. LYCHNIS. *Caps.* 3- [ſ. 5-] locularis, oblonga. *Cal.* tubuloſus, membranaceus.
Wiederſtoß. Kapſ. 3- oder 5-fächerig, länglich. Kelch röhrig, häutig.
555. OXALIS. *Caps.* 5-locul., angulata. *Cor.* baſi ſubcohaerens.
Säuerling. Kapſ. 5-fächerig, kantig. Blume an der Baſis zuſammenhängend.

† ADOXA. Waldrauch. GERANIUM. Storchſchnabel.

DECAGYNIA. Zehnweibige.

300. PHYTOLACCA. *Cal.* 5-phyllus, corollinus. *Cor.* nulla. *Bacca* 10-cocca.
Kermesbeere. Kelch 5-blätterig, blumenartig. Blume keine. Beere 10-knöpfig.

MONOGYNIA. Einweibige.

313. SOPHORA. *Gal.* 5-dentatus, ſuperne gibbus. *Cor.* papilionacea: alis longitudine vexilli *Legumen.*
313. Sophora. Kelch 5-zahnig, oben wulſtig. Blume ſchmetterlingsförm., mit ſo langen Flügeln als die Fahne. Hülſe.

Senna.	2. C. fol. seiugis subovatis, petiolis eglandulatis. *Stipulas patentes.*
Senne.	C. m. ſechspaarigen faſteyförm. Blätt., drüſenloſen Blattſt. ♄
	α. *alexandrina* fol. acutis. *Sennae alexandrinae Folia, Folliculi.*
	alexandriniſche m. ſpitzen Blätt.
	β. *italica* foliol. obtusis. *Sennae italicae Folia.*
	italieniſche m. ſtumpfen Blättch.
	W. α. Oberegypten, Arabien. β. Italien, Provence.
marilandica.	3. C. fol. octoiugis ovato-oblongis aequalibus, glandula baseos petiolarum.
ſtaudenartige.	C. m. achtpaarigen eyförmig-länglichen gleichförmigen Blätt., m. einer Drüſe an der Baſis der Blattſt. ♄
	W. Virginien, Maryland. Zierpfl. Engl. Gärten. Bl. 8. 9.

317. POINCIANA. *Cal.* 5-phyllus. *Pet.* 5: summo maiore. *Stam.* longa: omnia foecunda. *Legumen.* [*Caesalpiniae generi merito iunxit Swartz.*]

317. **Poinciane.** Kelch 5=blätterig. Blumenbl. 5: das oberſte gröſſer. Staubgef. lang, alle fruchtbar. Hülſe.

pulcherrima.	1. P. aculeis geminis.
ſchöne.	P. m. zweyzähligen Stacheln. ♄
	W. Oſtindien. Gewächshauspfl. Bl. 12=1.

318. CAESALPINIA. *Cal.* 5-fidus: lacinia infima maiori. *Pet.* 5: infimo pulchriore. *Legumen.*

318. **Braſilienholz.** Kelch 5=ſpaltig: m. gröſſerem unterſtem Lappen. Blumenbl. 5: m. ſchönſtem unterſtem. Hülſe.

[*brasiliensis.*	1. C. inermis, foliolis ovato-oblongis, staminibus corolla brevioribus]. *Brasiletto Lignum.*
Braſiletto.	B. unbewaffnet, m. eyförmig-länglichen Blättch., kürzern Staubgef. als die Blume. ♄
	W. Carolina, Jamaica, Braſilien. Färbeholz, unter dem Namen Braſilettholz.
[*echinata.*	2. C. caule ramisque aculeatis, foliol. ovatis obtusis, leguminibus echinatis]. *Lignum Brasilia.*
ächtes.	B. m. ſtachligem Stamme u. Aeſten, eyförmigen ſtumpfen Blättch., igeligen Hülſen. ♄
	W. Braſilien. Liefert das ächte Braſilienholz, welches vermuthlich mit dem Fernambukholz einerley iſt, und zum Färben dient.
Sappan.	3. C. caule aculeato, foliol. oblongis inaequilateralibus emarginatis.
Sappan.	B. m. ſtachligem Stamme, länglichen ungleichſeitigen ausgeranderen Blättch. ♄
	W. Oſtindien. Liefert das färbende Sappanholz, oſtindiſche Braſilienholz.

319. [**MYROXYLON.** *Cal.* campanulatus, 5-dentatus. *Pet.* 5: summo maiore. *Germ.* corolla longius. *Legum.* 1-spermum.

319. **Cabureiba.** Kelch glockenförm., 5=zähnig. Blumen=

gemeine.	1. R. m. zwiefach-zusammengesetzten Blätt., seitenständ. vierspaltigen Blüth., ganzrandigen Blumenblätt. ♄ Weinraute.
	W. Südeuropa, Nordafrica. Küchengew. Bl. 6. 7.

324. TOLVIFERA. *Cal.* 5-dentatus, campanulatus. *Pet.* 5, infimo maximo, obcordato. *Styl.* nullus.

324. Toluine. Kelch 5-zahnig, glockenförm. Blumenbl. 5, das unterste das größte, verkehrteyförm. Griffel keiner. Tolubaum.

Balsamum.	1. Toluifera. *Balsamum tolutanum.*
balsamische.	Toluine. ♄
	W. Mexico, Honduras.

325. HAEMATOXYLVM. *Cal.* 5-partitus. *Pet.* 5. *Caps.* lanceolata, 1-locularis, 2-valvis: valvis navicularibus.

325. Campecheholz. Kelch 5-theilig. Blume 5-blätterig. Kaps. lanzig, 1-fächerig, 2-klappig, mit schiffförmigen Klappen. Blutholz.

Campechianum.	1. Haematoxylum. *Lignum campechense s. Campescanum.*
färbendes.	Campecheholz. ♄
	W. Das wärmere America, besonders Campechebay. Zahm auf Jamaica, Domingo ꝛc. Färbeholz.

326. SWIETENIA. *Cal.* 5-fidus. *Pet.* 5. *Nectar.* cylindricum, ore antheras gerens. *Caps.* 5-locularis, lignosa, basi dehiscens. *Sem.* imbricata, alata.

326. Mahagoni. Kelch 5-spaltig. Blume 5-blätterig. Nectar. walzenförm., m. staubbeuteltragender Oefnung. Kaps. 5-fächerig, holzig, an der Basis aufspringend. Saam. geschindelt, geflügelt.

Mahagoni.	1. S. [fol. subquadriiugis, foliol. ovato-lanceolatis basi aequalibus, paniculis axillaribus]. *Swieteniae Cortex.*
gemeines.	M. m. fastvierpaarigen Blätt., eyförmig-lanzigen an der Basis gleichförm. Blättch., winkelständ. Rispen. ♄
	W. Caraibische Inseln, Jamaica, in steinigem Boden, Werkholz, Bauholz.

327. MELIA. *Cal.* 5-dentatus. *Pet.* 5. *Nectar.* cylindraceum [dentatum fauce], ore antheras gerens corollae. *Drupa* nucleo [nuce] quinqueloculari.

327. Jederach. Kelch 5-zahnig. Blume 5-blätterig. Nectar. walzenförm., gezahnt, m. staubbeuteltragender Oefnung. Pflaume mit fünffächeriger Nuß.

Azedarach.	1. M. fol. bipinnatis.
doppeltgefiederter.	Z. mit doppeltgefiederten Blätt. ♄
	α. foliol. laevibus subquinatis.
	glatter m. ebenen fastfünffingerigen Blättch.
	β. sempervirens foliol. rugosiusculis subseptenis. [Species ab α distincta].

schmahlblät- 2. K. m. lanzigen Blätt., seitenständ. Sträußen. ♄
terige.   W. Nordamerica. Engl. Gärten. Bl. 5. 6.

332. LEDVM. *Cal.* 5-fidus. *Cor.* plana, 5-partita. *Caps.* 5-locularis, basi dehiscens.

332. Porst. Kelch 5=spaltig. Blume flach, 5=theilig. Kapf. 5=fächerig, an der Basis aufspringend.

palustre. 1. L. [fol. linearibus margine revolutis]. *Rosmarini sylvestris Herba.*

schmahlblät- P. m. schmahlen am Rande umgerollten Blätt. ♄ Post,
tiger.   Kühnpost, Mattenkraut, wilder Rosmarin, weiße Heide, Grenze.
               W. Sumpfige Wälder, Moore. Bl. 6. 7.

333. RHODODENDRON. *Cal.* 5-partitus. *Cor.* subinfundibulif., *Stam.* declinata. *Caps.* 5-locularis.

333. Alpbalsam. Kelch 5=theilig. Blume fasttrichterförm. Staubgef. abwärtsgeneigt. Kapf. 2=fächerig.

ferrugineum. 1. R. fol. glabris subtus leprosis, coroll. infundibuliformibus. (*Cal. interdum nullus*).

rostfarbiger. A. m. glatten unten krätzigen Blätt., trichterförmigen Blumen. (Manchmal ohne Kelch). ♄
               W. Südeuropäische Alpen. Zierpfl. Bl. 6.

[*chrysan-* 2. R. fol. oblongis scabris margine reflexis subtus gla-
thum.]   bris, umbelis terminalibus, coroll. rotatis: petalis obovatis irregularibus]. *Rhododendri Herba.*

Schneeroſt. A. m. länglichen harschen am Rande umgebogenen unten glatten Blätt., spitzeständ. Dolden, radförmigen Blum., verkehrteyförm. unregelmäßigen Blumenbl. ♄
               W. Sibirische Gebirge.

ponticum. 3. R. fol. nitidis lanceolatis utrinque glabris, racem. terminalibus, [petal. lanceolatis].

schöner.   A. m. glänzenden lanzigen beyderseits glatten Blätt., spitzeständ. Trauben, lanzigen Sträußen. ♄
             W. Am schwarzen Meer u. bey Gibraltar. Zierpfl. Bl. 7.

maximum.   4. R. fol. nitidis ovalibus obtusis venosis margine acuto reflexo, pedunc. unifloris, [umbellis terminalibus, petal. subrotundis].

größter.   A. m. glänzenden elliptischen stumpfen aderigen am scharfen Rande umgebogener Blätt., spitzeständigen Dolden, fastbrettförm. Blumenbl. ♄
             W. Virginien, Carolina an Felsen. Zierpfl. Bl. 6-8.

334. ANDROMEDA. *Cal.* 5-partitus. *Cor.* ovata: ore 5-fida. *Caps.* 5-locularis.

334. Grenze. Kelch 5=theilig. Blume eyförmig: mit 5=spaltiger Oefnung. Kapf. 5=fächerig.

polifolia. 1. A. pedunc. aggregatis, coroll. ovatis, fol. alternis lanceolatis revolutis.

kleine.   G. m. gehäuften Blüthenst., eyförm. Blum., abwechselnden lanzigen umgerollten Blätt. ♄ Kleiner Porst, Roßmarinheide, Torfheide.
             W. Morastige Gegenden, Heiden, Torfmoore. Bl. 5. 6.

Da-

umbellata. 4. P. pedunculis subumbellatis.
W. Wälder. Bl. 5:7.
doldentragendes. W. m. fastdoldigen Blüthenst. ♄ Staudiges Wintergrün.
W. Wälder. Bl. 5:7.
uniflora. 5. P. scapo unifloro
einblumiges. W. m. einblüthigem Stengel. ♃
W. Wälder. Bl. 5:7.

333. STYRAX. *Cal.* inferus. *Cor.* infundibuliformis [5- s. 7-partita: tubo brevi, calyci inserta]. *Drupa* [1- s.] 2-sperma.

333. Storax. Kelch unten. Blume 5= oder 7=theilig, m. kurzer, kelchständiger Röhre. Pflaume 1= oder 2=saamig.

officinale. 1. S. [fol. ovatis subtus villosis, racemis simplicibus folio brevioribus]. *Storax, Styrax, Styrax Calamita,*
ächter. St. m. eyförm. unten zottigen Blätt., einfachen kürzern Trauben als das Blatt. ♄ Storarbaum.
W. Südeuropa, Nordafrika, Levante. Liefert den zum Räuchern dienenden Storax. Bl. 6.

[Benzoin. 2. S. fol. oblongis acuminatis subtus tomentosis, racemis compositis longitudine foliorum]. *Benzoe, Benzoinum, Assa dulcis.*
Benzoin. St. m. länglichen zugespitzten unten filzigen Blätt., zusammengesetzten so langen Trauben als die Blätter. ♄ Benzoebaum.
W. Sumatra.

330. [AQVILARIA. *Cal.* campanulatus, 5-fidus. *Cor.* o. *Nectar.* campanulatum, 5-fidum. *Caps.* 2-locul., 2-valvis, lignosa. *Sem.* solitaria].

339. Adlerholz. Kelch glockenförm., 5=spaltig. Blume o. Nectar. glockenförm., 5=spaltig. Kaps. 2=fächerig, 2=klappig, holzig. Saam. einzeln.

[ovata. 1. Aquilaria]. *Lignum Aloes?*
eyförmiges. Adlerholz. ♄
W. Malaga auf Bergen.

340. COPAIFERA. *Cal.* o. *Pet.* 4. *Legum.* ovatum. *Sem.* 1, arillo baccato.

340. Copaiba. Kelch o. Blume 4=blätterig. Hülse eyförmig. Saam. 1, mit beerigem Ueberzug. Copaiva.

officinalis. 1. Copaifera. *Balsamum Copaivae, Copaibae, de Copahu, brasiliense.*
balsamischer. Copaiba. ♄
W. Das wärmere America. Zahm daselbst und auf den Antillen. Liefert den Copaivabalsam.

DIGYNIA. Zweyweibige.

341. HYDRANGEA. *Caps.* 2 locularis, 2-rostris, circumscissa.

rundblätteriger. S. m. nierenförm. gezahnten gestielten stammständigen Blätt., rispigem Stamme. ♃
W. Südeuropäische Alpen. Zierpfl. Bl. 5-7.

granulata. 6. S. fol. caulinis reniformibus lobatis, caule ramoso, radice granulata. *Germen inferum.*

körniger. St. m. nierenförm. lappigen stammständ. Blätt., ästigem Stamme, körniger Wurzel. ♃ Weisser, gemeiner St., Steinkraut.
W. Sandige, warme Wiesen, Berge und Hügel. Zierpfl. Bl. 4-6.

*** *Foliis lobatis, caulibus erectis.*

*** Mit lappigen Blättern, aufrechten Stämmen.

tridactylites. 7. S. fol. caulinis cuneiformibus trifidis alternis, caule recto ramoso.

Hennenkraut. St. m. keiligen dreyspaltigen abwechselnden stammständigen Blätt., geradem ästigem Stamme. ☉ Heidelkraut.
W. Felsen, Berge, Mauern, sandige Felder. Bl. 4-6.

caespitosa. 8. S. fol. radicatis aggregatis linearibus integris trifidisque, caule erecto subnudo subbifloro.

rasiger. S. m. wurzelnden gehäuften schmahlen ganzen u. dreyspaltigen Blätt., aufrechtem fastnacktem fastzweyblüthigem Stamme. ♃
W. Hohe Alpen. Zierpfl. Bl. 5. 6.

**** *Foliis lobatis, caulibus procumbentibus.*

**** Mit lappigen Blättern, niederliegenden Stämmen.

hypnoides. 9. S. fol. caulinis linearibus integris trifidisque, stolonib. procumbentibus, caul. erecto nudiusculo.

liegender. St. m. schmahlen ganzen und dreyspaltigen stammständigen Blätt., niederliegenden Sprossen, aufrechtem ziemlichnacktem Stamme. ♃
W. Oesterreichische, schweizerische, pyrenäische, westmoreländische Alpen. Zierpfl. Bl. 5. 6.

[decipiens. 10. S. fol. pilosis palmatis quinquefidis trifidisque, caule folioso paniculato, petalis subrotundis].

täuschender. S. m. haarigen handförmigen fünf- und dreyspaltigen Blätt., blätterigem rispigem Stamme, fastkreisförmigen Blumenbl. ♃
W. Felsen. Zierpfl. Bl. 5. 6.

344. MITELLA. *Cal.* 5-fidus. *Cor.* 5-petala, calyci inserta: petalis pinnatifidis. *Caps.* 1-locularis, 2-valvis: valvulis aequalibus.

344. Bischofshut. Kelch 5-spaltig. Blume 5-blätterig, kelchständig: mit halbgefiederten Blättern. Kaps. 1-fächerig, 2-klappig: mit gleichförm. Klappen. Bischofsmütze.

diphylla. 1. M. scapo diphyllo, [foliis cordatis subtrilobis dentatis].

zweyblätteriger. B. m. zweyblätterigem Stengel, herzförm. fastdreylappigen gezahnten Blätt. ♃ Federmützenblum.
W. Nordamerica. Zierpfl. Bl. 4. 5.

345. SCLERANTHVS. *Cal.* 1-phyllus. *Cor.* nulla. *Sem.* 2, calyce inclusa.

Lightning Source UK Ltd.
Milton Keynes UK
UKOW05f2020221015

261210UK00010B/348/P